Das Verstehen-Wollen

Beate Reinecker

Das Verstehen-Wollen

Bibliografische Information der Deutschen Nationalbibliothek:
Die Deutsche Nationalbibliothek verzeichnet diese Publikation in
der Deutschen Nationalbibliografie; detaillierte bibliografische
Daten sind im Internet über http://dnb.dnb.de abrufbar.

Verlag: BoD · Books on Demand GmbH, Überseering 33,
22297 Hamburg, bod@bod.de

Druck: Libri Plureos GmbH, Friedensallee 273, 22763 Hamburg

ISBN: 978-3-8192-2791-2

Inhaltsverzeichnis

9

Einleitung

Das Verstehen-Wollen

Es ist ein Geschenk, eine wunderbare Voraussetzung und gleichzeitig eine immerwährende Anstrengung im Leben eines Menschen, wenn er verstehen will, erkennen will und die Zusammenhänge seiner Existenz begreifen will. Die Neugierde, das Lernen-Wollen, treibt das Verstehen-Wollen an. Bedauerlicherweise wird das Erkennen-Wollen vielen Menschen abtrainiert, denn der Fragende, der Hinterfragende, ist vielen Herrschenden, Etablierten und Dogmatischen ein Dorn im Auge. „Warum ist das so?" Die Beantwortung dieser Frage könnte bereits ein Buch füllen. Die Beantwortung dieser Frage in Hinsicht auf historische Kontexte ein weiteres. Die Zeiten ändern sich, die Gesellschaftsformen ebenso und die Lebensbedingungen der einzelnen Menschen unterliegen diesen Veränderungen. Wollen wir einzelne Individuen, gesellschaftliche Rahmenbedingungen und historische Kontexte und die immerwährenden existentiellen Fragen der Menschheit verstehen, so wird schnell klar, dass ein begrenzter, einseitiger Blick nicht förderlich ist. In der Wissenschaft forschen viele sehr genau und detailliert zu einem Thema und das über eine lange Zeit, manchmal über Jahre und Jahrzehnte, da die Komplexität einer Forschungsarbeit dies zwingend erfordert. Die fachbezogene Forschungsausrichtung bedarf eines zielgerichteten Blickes, ohne sich der Möglichkeiten auf Neues, Unentdecktes, Unvorhergesehenes zu verschließen. Das ist in der hochkomplexen, wissenschaftlichen Arbeit notwendig. Gleichzeitig beinhaltet das Verstehen-Wollen der menschlichen Existenz, der zentralen Fragen des Menschseins an sich eine weitgefächerte inhaltliche Arbeit. Es ist die Arbeit, sich der Sinnfrage anzunähern und die damit verbundenen Fragestellungen zu beleuchten. Jeder Einzelne von uns ist herausgefordert, seinen Blick auf die Welt offen zu halten. Jeder Einzelne von uns ist herausgefordert, die Kontexte der Existenz zu überdenken und gleichzeitig seine individuellen Rahmenbedingungen zu hinterfragen. Wir erleben uns im Wandel der Zeit. Gerade heute verändert sich eine Gesellschaft sehr schnell, da die Voraussetzungen sowohl wirtschaftlicher, technologischer und politischer Art im Allgemeinen und im Besonderen einer rasanten Entwicklung unterliegen. Wir alle sind davon betroffen und können nicht alle Bedingungen und Faktoren überblicken. Doch es wäre fatal zu resignieren oder zu sagen: „Es ist mir zu anstrengend mitzudenken, mich zu informieren, zu lernen. "Das Verstehen-Wollen wird uns antreiben. Der möglichst freie, neugierige, analysierende Blick in die Welt wird uns motivieren, wird uns eine Chance auf neue Erkenntnisse ermöglichen. Es ist eine der größten Lebensaufgaben eines Menschen, sich das Lernen-Wollen zu bewahren. „Wir sollten nicht abstumpfen, wir sollten nicht aufgeben, wir sollten uns nicht aufgeben, indem wir uns der Welt verschließen und mit und durch einen Tunnelblick verkümmern. Wir können durch viele Irrwege, Süchte und Unterdrückungsmechanismen unsere Freiheit, unsere Neugierde, unseren Kompass verlieren. Wir können uns selbst verlieren, ehe alles begann. Wir können fehl- und fremdgesteuert werden. Je mehr wir verstehen und je mehr wir verstehen wollen, desto besser sind wir vor Indoktrinationen, Gehirnwäschen und Irreführungen geschützt. Es existieren zu viele Fehlgeleitete, die andere zu ihren Zwecken missbrauchen und somit ausnutzen wollen. Unsere Freiheit bedarf des immerwährenden Verstehen-Wollens. Unsere Selbstbestimmung basiert auf unserem Lernen, unserer Aufklärung. Wir dürfen nicht nachgeben, nicht bequem, lethargisch und selbstgefällig werden. Auch wenn es anstrengend und unbequem wird, so werden uns nur der Mut und unser Gerechtigkeitssinn weiterhelfen. Der Opportunismus behindert den freien Blick und der Gierige, der Geizige, der Vorteilsbedachte wird seinen freien Blick verloren haben. Der

Tunnelblick der Gier hat schon viele Menschen ein freies, selbstbestimmtes und der Ethik verpflichtetes Leben gekostet. Ausbeutung und Sinnkrisen bedingen sich gegenseitig. Das Verstehen-Wollen kann uns ein Leben lang begleiten und die Voraussetzung für ein selbstbestimmtes Leben schenken. „Lasst uns niemals bequem und opportunistisch durch das Leben schlittern! Lasst uns neugierig und voller Mut lernen und handeln!"

Es ist die Bescheidenheit

Sokrates wusste um sein begrenztes Wissen. Er wusste, dass er niemals ein allumfassendes Wissen erreichen konnte und er übte sich in Bescheidenheit. Ein zentraler Satz seiner Philosophie lautet: „Ich weiß, dass ich nichts weiß!" Diese Aussage zeugt von dem Wissen, nicht alles erkenntnistheoretisch erreichen zu können, egal wie bemüht man auch sein mag. Sokrates war sehr bemüht, ohne einen gehobenen Wissensstand bei seinen Zuhörern vorauszusetzen und zu erzwingen. Als er seinen zentralen Satz aussprach, nutzte er seine Möglichkeiten, mit Menschen ins Gespräch zu kommen. Er führte seine Diskussionen unbeirrt fort und war den Herrschenden ein Dorn im Auge. Durch seine Gespräche ließ er Menschen reifen, denn sie konnten sich aufgrund der angeregten Konversation selbst über eine Vielzahl von Themen ein Bild machen, ohne in eine Dogmatik oder Stagnation zu verfallen, denn die Gespräche gingen weiter. Es gab kein Ende. Als Sokrates genötigt wurde, den Schierlingsbecher zu leeren, hatte er nicht wenige Menschen auf den Geschmack gebracht zu diskutieren, zu reflektieren und philosophische Diskussionen zu führen. Die Saat der vielen Dialoge hatte Früchte getragen und Sokrates ist bis heute unvergessen. Seine Diskussionspartner wollten lernen, Zusammenhänge erkennen. Sie arbeiteten gemeinsam mit Sokrates an ihrer Mündigkeit. Sie waren bereit, alle angesprochenen Themen zu diskutieren, denn der Gesprächsrahmen bot die

Chance auf Freiwilligkeit. Niemand war gezwungen, mit Sokrates zu diskutieren, denn er scharrte die Menschen auf öffentlichen Plätzen um sich. Niemand war gezwungen, dorthin zu gehen oder eine Zeit lang zu bleiben. Das bedeutet, dass die Diskussionspartner motiviert und lernwillig waren. Sie bemühten sich um philosophische Themen und waren somit Suchende. Sokrates konnte die Menschen in seiner Bescheidenheit erreichen. Ihm lag ein dogmatisches, autoritäres Verhalten völlig fern, denn es würde im Widerspruch zur Erkenntnisorientierung stehen. Wenn ein Mensch verstanden hat, dass wir alle Fehlern, Denkfehlern und Fehlinformationen zum Opfer fallen können und dass es eine niemals endende Arbeit darstellt, sich zu orientieren, so bleibt der Suchende ein Bescheidener. Die bescheidene dem Leben zugewandte Haltung des Sokrates zeugt von seiner Weisheit. Der Überhebliche, der Arrogante, kann in seinem Wahn sein begrenztes Wissen und den Mangel seiner Urteilskraft nicht erfassen. Die Diskussion mit einem überheblichen Charakter kann nicht auf Augenhöhe gelingen. Ein herrschaftsfreier Diskurs ist unmöglich. Umso erfreulicher kann das Lernen-Wollen und die freie Diskussionskultur des Sokrates anerkannt werden. Die Türen des Erkennens dürfen sich öffnen. Die Kommunikation trägt Früchte, denn es geht um Wahrheit, Klarheit. Angesichts der Sicherheit, dass niemand ein allumfassendes Wissen erreichen kann, wird die Suche nach Fenstern, nach Lichtquellen, Erkenntnismöglichkeiten wertgeschätzt.

Die Verfehlung

Die Beweggründe des menschlichen Handelns sind ausschlaggebend. Stellt eine Person seine Ohren stets auf Durchzug, wenn es um die tragenden Themen der menschlichen Existenz geht, so wird seine Reifung schwer oder kaum gelingen. Es werden andere Beweggründe eine Rolle spielen. Vielleicht geht es um die Anhäufung von materiellen Gütern, das gesellschaftliche Ansehen oder um den Genuss eines „süßen" Lebens. Es gibt so viele Triebfedern menschlichen Handelns, bei dem philosophisch ausgerichtete Gespräche nur stören. Es ist nicht selten zu beobachten, dass leidvolle, sehr schmerzliche Erfahrungen wie zum Beispiel der Verlust eines geliebten Menschen oder die eigene Krankheit zum Umdenken führen. Eitelkeit und Vorteilsdenken rücken nicht selten in den Hintergrund, wenn die menschliche Zuwendung, echte Gespräche und eine authentische Begegnung herbeigesehnt werden. Der schnelle Wagen kann in einer Lebens- und Sinnkrise wenig trösten und ein angeberischer Freund nicht helfen. In der Not zeigen sich die Charaktere. In der Not offenbaren sich die Menschen. Wenn Abgründe nicht mehr zugedeckt werden können, wird die Sicht in die Tiefen der Existenz für jeden verdrängenden zur Bedrohung. Geiz, Gier und Eitelkeit werden unerträglich, wenn sich die Stürme des Lebens ankündigen und der kalte Wind zu spüren ist. „Wer wird einem Menschen sein Leid anvertrauen, von dem er weiß, dass er nur vorteilsbedacht ist?" Die Verfehlung einer menschlichen Haltung zeigt sich in der Krise. Sollte eine Katharsis möglich werden und aus der Krise ein Umdenken entstehen, wird auf dem Weg der sinnstiftenden Suche vieles deutlich und klarer werden. Eine innere Umkehr ist möglich, wenn das Verstehen-Wollen einsetzt. Jeder Mensch ist gefordert, seine Haltung grundsätzlich zu überdenken. Wir können uns in Demut und Bescheidenheit auf den Weg machen.

Der innere Betrug

In deinem Inneren tobten viele Stimmen und in deinem Leben tobten Widersprüche. Du wolltest gesehen, gehört und ernst genommen werden. Eher unbewusst bedientest du dich einiger Mittel, die dir ohne Geld und Einfluss zur Verfügung standen. Irgendwann gehörte es zu deiner Persönlichkeit, zu deiner Sicht auf deine Individualität. „Ich will Chirurgin werden!" Immer, wenn du diesen Satz äußertest, waren dir Aufmerksamkeit und Zuwendung gewiss. Du wurdest bewundert, du wurdest dafür bewundert, diese Pläne zu äußern und dein Streben in diese Richtung wurde bestärkt. Die Festlegung auf diesen Berufswunsch wurde zu einer Obsession und die Vielfalt des Lebens rutschte in den Hintergrund. „Wir haben so viel zu entdecken und zu lernen! Wir dürfen nach links und rechts sehen. Die Vielfalt der Inhalte bedarf einer großen Offenheit, denn ein funktionales Kreisen lässt uns in der Gefangenschaft zurück." Die Strebsamkeit in Hinsicht auf eine Karriere und das Verfolgen einer Lebenslinie werden nicht selten als konsequent und zielsicher anerkannt. Derjenige, der ohne Umschweife einen Beruf ergreift, wird geachtet. Doch das Leben, die Sicht auf das Leben, erfordert mehr, viel mehr! Es erfordert einen freien Blick und ein freies Denken. Funktionales Kreisen schränkt den Blick ein und sei es auch noch so zielorientiert, berufsorientiert. Die Bildung wird häufig als Mittel zum Zweck missbraucht. „Wir brauchen das Abitur, um studieren zu können!" Das Abitur als Station, als Bedingung. Doch Bildung kann mehr und sollte mehr sein. Bildung kann ein Türöffner sein. Bildung erhält der Mensch selbstverständlich nicht nur in der Schule. Natürlich ist es ein Privileg, eine gute Bildung zu erfahren, doch das Verstehen geht über das Abspulen von vorgegebenen Inhalten hinaus, denn wir sind gefordert, Kontexte zu erarbeiten. Die Zusammenhänge der Existenz begreife ich nicht, wenn ich Formeln und Daten um ihrer selbst willen abspule. Sollten gute Schulnoten den Antrieb geben, so ist es zwar angesichts des Numerus clausus verständlich, doch der Antrieb, etwas verstehen zu wollen, rückt in den Hintergrund. Es sind Fehlleitungen, wenn Heranwachsende für Zensuren lernen, sich eine Anerkennung erhoffen und auch bekommen, wenn sie mit Noten und Berufswünschen glänzen können und wollen. Diese Funktionalität im Denken und Handeln verhindert eine inhaltliche

Reifung. Es werden überwiegend nur Themen überarbeitet, die zu guten Zensuren führen und das funktionale Denken erfasst nicht selten die gesamte Persönlichkeit. „Wie soll ich Menschen, Inhalte und das Leben verstehen, wenn ich mit der Schere der Funktionalität ausgestattet bin. Wie soll ich Menschen und Inhalten in Freiheit begegnen, wenn ich Aussagen tätige, um Eindruck zu machen, Menschen nur wertschätze, wenn ich einen Vorteil wittere?" Der funktional Kreisende wird sich viel an Lebensbegegnungen wegnehmen, da er bewusst oder unbewusst die Schere des Vorteilsdenkens bedient. Er wird gute Begegnungen nicht wertschätzen können und auch Menschen übersehen, wenn er annimmt, keinen Vorteil durch sie zu generieren. Er wird ihnen nicht offen begegnen, da das Verstehen-Wollen um seiner selbst nicht gelebt wird. Die Zielstrebigkeit wird gefeiert und diese heißt: Ich lerne, um ein Ziel zu erreichen und ich lerne nicht unbedingt um zu verstehen. Ich möchte gute Noten erlangen und mit diesen kann ich meinen Berufswunsch verwirklichen. Der wahrhaftig Interessierte und inhaltlich Arbeitende wird das funktionale Kreisen schnell durchschauen. Vielleicht wird er inhaltliche Angebote machen, ein Buch vorschlagen, ein Thema ansprechen. Der funktional Kreisende wird voraussichtlich nicht spontan, frei und offen genug auf diese Angebote eingehen können. Er ist gefangen in der funktionalen Zielstrebigkeit und dem damit verbundenen Kreisen. Das: „Was habe ich davon? Kann ich damit punkten?" nimmt den Menschen gefangen. Das Sich Verschenken, das Verstehen-Wollen, heißt, den Blick in die inhaltliche und sinnstiftende Richtung zu lenken. Niemand wird abstreiten, dass der Beruf der Chirurgin nicht sinnvoll sei, doch das Leben bedeutet Lernen, Veränderungen, zu akzeptieren und eine Vielzahl von Themen zu überdenken, die auch losgelöst vom direkten Berufsgeschehen auf den Menschen zuströmen. Es ist erstrebenswert, in Freiheit zu denken, zu diskutieren und sich weiterzuentwickeln. Wir würden uns belügen und betrügen, wenn wir annähmen, dass eine einseitige Sicht auf das Leben unsere Flexibilität und Erkenntnismöglichkeit fördern. Wir dürfen auch über das direkte Berufsgeschehen hinaus ein Leben lang lernen!

„Bist du bereit?"

Ein lebenslanges Lernen findet selbstverständlich nicht nur in Institutionen statt, die von sich behaupten, die Stätten der Wahrheit und Weisheit zu sein. Die institutionellen Orte des Lernens, seien es Schulen, Elternhäuser, Kirchen und Orte der Gemeinde prägen das Denken und Handeln. Es bedarf einer genauen psychologischen Analyse, um zu erkennen, inwiefern ein Individuum noch Spielräume seiner Identität aufweist, die noch nicht besetzt oder fremdbestimmt sind. Die Prägung durch die Schule und die Macht der Erziehungsberechtigten im Allgemeinen und besonderen dürfen nicht unterschätzt werden. Ein freies Denken und möglichst selbstbestimmtes Handeln können nur gelingen, wenn Zusammenhänge überdacht und kritisch hinterfragt werden. Dieses kritische Bewusstsein kann durch Menschen gefördert, aber auch nachhaltig behindert und torpediert werden. Im Kontext des Verstehen-Wollens können die Personen positiv bewertet werden, deren Anliegen eine möglichst selbstständige, selbstbestimmte Persönlichkeit darstellt. Jeder Erzieher und Pädagoge, jedes Elternteil und jeder Religionsvertreter, der den unbedingten Gehorsam und somit die Unterwerfung bezüglich strikter Anweisungen einfordert, behindert die Mündigkeit einer Person in ihrer Entwicklung. Wer nicht mit Einsicht und Freiwilligkeit Entscheidungen trifft, treffen kann, kann nicht die Stärke und Kompetenz erarbeiten, selbstständig ethisch zu denken und zu handeln. Dieser Anspruch an eine ethische Kompetenz beinhaltet ein Wissen, das über das reine Faktenanhäufen hinausgeht. Der Mensch bedarf der Bildung, der Orientierung und der Chance auf ein sich entfaltendes Bewusstsein, das sich in der reifen Persönlichkeit widerspiegelt. Reife beinhaltet auch immer die Möglichkeit, Sinnzusammenhänge herzustellen, um eigene Entscheidungen treffen zu können. Das Gegenteil von einer ausgewogenen Entscheidungskultur mit der Übernahme der Verantwortung für das eigene Handeln sind die Strukturen eines Mitlaufens. Regeln und Gebote, Verbote unter der Androhung von Strafe, Liebesentzug oder dem drohenden Verlust materieller Güter bedingen die Einschüchterung, die Unterwerfung und Ohnmacht. Der Unterworfene erliegt der Anpassung. In der Regel weiß der Autoritätshörige nicht, warum er sich dieser oder jener Regel unterworfen hat. Das Anpassen, das sich Unterwerfen, schließt einen Bewusstwerdungsprozess entweder aus oder dämmt ihn ein. Der um die gesellschaftlichen und damit zusammenhängenden inhaltlichen Kontexte Bemühte wird dagegen fragen: „Warum fordert diese oder jene Person diese Handlungsweisen? Warum vertritt diese oder jene Person diese Auffassung? Was steckt dahinter? Welche Regeln, Gebote oder Verbote geben den Ausschlag?" Sollte sich ein Mensch aus dogmatischen oder autoritären Verhältnissen befreien wollen, so wird er den Weg des Verstehen-Wollens einschlagen. Dogmatismus und eine gehörige Portion der damit verbundenen Schuldgefühle behindern das freie Denken und Handeln. Die Persönlichkeit ist auf Grund der Erziehung und dem damit verbundenen Regelwerk häufig so stark eingeschränkt, dass nicht selten therapeutische Hilfe in Anspruch genommen werden muss. Doch bevor diese Hilfe zur Selbsthilfe überhaupt wirksam werden kann, bedarf es einer großen Portion Mut und der Bereitschaft sich bezüglich tragender Themen und der inneren Ausrichtung kritisch zu beleuchten. Es geht dabei um die Befreiung der eigenen Persönlichkeit, indem aufgearbeitet wird, warum Hemmschwellen zur Selbstentfaltung bestehen. Es müssen die übernommenen Werte und Normen überdacht werden. Es sollte eine möglichst eigenständige Haltung zum Leben erarbeitet werden. Diese Bemühungen muss das Individuum aus sich heraus wollen und selbstständig leisten.

Die Hilfe zur Selbsthilfe ist dabei nicht zu unterschätzen. Erlebte Erziehungsmuster und die damit verbundenen Aussagen, Werte und Normen würden überdacht und wenn nötig kritisch beleuchtet. Es gilt den Weg der Reflexion und Suche zu beschreiten, um eigene, selbstständige Auffassungen und Einschätzungen über das Leben und die eigene Handlungsstruktur zu erfassen. Das ist der Weg und der Weg ist somit das Ziel. Das Lernen wird nie aufhören und wer das verstanden hat, wird solange er mental dazu in der Lage ist, auf diesem Weg des Lernens und Verstehen-Wollens bleiben. Die Freiheit und Offenheit, die Lernbereitschaft und Neugierde verhalfen dem Menschen zum lebenslangen Verstehen-Wollen.

Der doppelte Betrug

Als du jung, kräftig und gesund warst, vernachlässigtest du die Inhalte, während du in einer Verschlagenheit um dich kreistest. Diese kostbare Zeit, in der der Mensch voller Kraft und Neugierde lernen darf, lernen könnte, nutztest du nicht, um der Wahrheit näher zu kommen. „Es ist die Haltung zum Leben. Will ich wahrhaftig lernen, begreifen und die Kontexte durchleuchten oder gebe ich mich dem funktionalen Kreisen hin?" Dir erschien es einfacher und zielführender, in einer Bauernschläue zu verharren, während du dein Selbst und das Verstehen deiner Mitmenschen, sinnvoller Inhalte und Zusammenhänge vernachlässigtest. Das Lernen für Noten und das Sich-Positionieren erschienen dir wichtig und richtig. Während du das Gespräch nutztest, um andere zu beeinflussen, zu manipulieren, verlorst du das Vertrauen in die Menschen, denn du konntest dir selbst nicht vertrauen. Dein Umfeld kam einem Schachbrett gleich und du schobst die Figuren hin und her. Wenn dir jemand sein Vertrauen schenkte, nutztest du diese Vorleistung, indem du deiner Spionagetätigkeit nachgingst. Der Spalt zum Du war deine Chance. Die Informationen könnten nützlich sein, um Intrigen zu schmieden oder scheinbare Vorteile abzugreifen. Dein Denken kreiste um ein vordergründiges System aus scheinbaren Inhalten und materiellen Zuwendungen. „Wer die Liebe nicht versteht, kann nicht aus ihr heraus handeln und denken. Wer der Wahrheit nicht verpflichtet ist, wird sie mit Füßen treten. Wer perfide Pläne umsetzen will, wird Menschen wie Schachfiguren hin und herschieben." Du hattest es als Erfolg verbucht, als du Menschen manipuliertest und von sich selbst wegtriebst, entfremdetest. Sie waren auf deine Scheinheiligkeit hereingefallen und wachten erst auf, als sie sich in Ketten wiederfanden. Die Fäden der Lüge hatten sie umwickelt. Die schweren Ketten der Heuchelei nahmen ihnen die Unbeschwertheit und den federnden Gang. Sie hatten die Köder gefressen und diese zerstörten ihr Innenleben. Doch nicht nur die Opfer werden unbeweglich, krank und unzufrieden. Der Opportunist selbst wird auch immer schwächer und im Laufe der Jahre schlägt das Pendel zurück. Die Denkenden werden die Flucht ergriffen haben. Sie mussten sich in Sicherheit bringen, denn das Gift der Lügen und Widersprüche führt grundsätzlich zu Misstrauen und Zerstörung. Keiner traut dem anderen und die Gespräche kreisen um Äußerlichkeiten. Die Scheinkommunikation dient der Täuschung. Das gesprochene Wort führt zur Desorientierung und Verletzung. „Wenn die Lüge zur Wahrheit erhoben wird, so erfolgt ein doppelter Betrug: Das Gegenüber wird in die Irre geführt und der Heuchler erleidet einen Selbstverlust." Die Folgeerscheinungen der Manipulationen, der Lügen und Widersprüche können nicht in ihrer gesamten Fülle vorausgesehen werden. Jede Fehlinformation führt zu neuen fatalen Auswirkungen und das destruktive Karussell dreht sich immer schneller. Was aus einer Bauernschläue heraus begann, wächst sich zu sozialen Verwerfungen aus. Die verbrannte Erde wird sichtbar. Die Schäden unüberschaubar, denn die Eigendynamik der schlechten Saat entzieht sich jeder Kontrolle. Doch genau diese Kontrolle sollte von Anfang an zur Macht verhelfen. Der Schauspieler, der Heuchler, suchte den vordergründigen Vorteil, die Einflussnahme und absolute Dominanz. Macht, Gier und Kontrolle sollten dem eigenen Aufstieg dienen, Lügen und Intrigen den Weg ebnen. Doch die Wahrheit scheint durch jede Ritze. Der Gierige verbaute sich den Weg zur Erkenntnis. Er vergraulte die echt Lachenden und Weinenden. Er schlug die Denkenden in die Flucht und so verpasste er den Anschluss an die Erkenntnisorientierten. Der Lügner verkümmerte immer mehr und die vielen Äußerlichkeiten konnten seine Degeneration weder aufhalten noch übertünchen. Es roch nach Lug und Betrug, nach Angeberei und Hochstapelei. „Niemand kann ein ernstgemeintes Gespräch führen, der es nicht ernst meint! Niemand kann für andere eine Bereicherung sein, der tricksen und täuschen will!" Es kommt einer schweren Belästigung gleich, wenn man mit einem Heuchler ins Gespräch kommt. Es gilt die absolute Vorsicht und die vielen inhaltlichen Verdrehungen müssen anschließend fein säuberlich herausgearbeitet werden. Ein Gespräch mit dem Opportunisten ist harte Arbeit. Die Gefahr manipuliert und verletzt zu werden, ist grundsätzlich gegeben. Somit erfährt der Mensch eine Schwächung, wenn er sich mit dem Lügner beschäftigt. Der Betrüger schwächt sich und andere. Eine vertrauensvolle Kommunikation kann nicht stattfinden.

Der Denunziant

Gestern durchwühltest du deine Handynachrichten. Du wolltest irgendetwas finden und wenn du nichts finden würdest, so wirst du etwas erfinden. Du gierst nach der Abwertung der anderen. Du suchst nach Spuren, irgendwelchen Fehlern. In der Abwertung spürst du deine Aufwertung. Doch dies kann grundsätzlich kein stabiles Fundament sein, denn wer nicht mehr zu bieten hat als die Abwertung anderer, um sich zu positionieren, steht auf Treibsand. Bei den anderen warst du nie zimperlich, während dein Fehlverhalten grundsätzlich vertuscht werden sollte. „Kehre vor deiner eigenen Türe! Bei dir stinkt es zum Himmel, denn du machst dir keinerlei Mühe, etwas zu verstehen! Du suchst nach Fehlern und verbannst die Kraft der Liebe, des Verstehens. Deine Aura verbreitet Angst und Schrecken. Niemand möchte dir im Flur begegnen, denn jeder kann sicher sein, das die gespielte Freundlichkeit deine Intrigen befeuern. Morgen wirst du wieder die Handynachrichten durchsuchen, um irgendetwas zu finden. Da dich niemand mehr einlädt und keiner ernsthaft mit dir sprechen will, bleiben dir nur noch böse Phantasien. Dir wird nichts anvertraut und nur Böses zugetraut. Du fristest das Dasein eines Denunzianten, eines Spions, mit dem niemand etwas zu tun haben will.

Der Spion

Der Spion hatte sich auf die Abwertung anderer spezialisiert. Das Aushorchen war die Voraussetzung jeglicher Intrigen. Während grundsätzlich nicht an konstruktiven Wegen und inhaltlichen Fundamenten gearbeitet wurde, verschlang die Spionage jegliche Zeit und Energie. Es ging nicht um Inhalte, sondern um einen billigen Tratsch, der Menschen in ein schlechtes Licht rücken sollte. Es gehört zum System dazu, dass man vor allem den inhaltlich Bemühten abwerten will. „Wer könnte dem Spion gefährlich werden? Wer könnte ihn entlarven?“ Der Wahrheitsorientierte, der inhaltlich Arbeitende verfügt über das analytische Denken, um den Sumpf der Spionage freizulegen. Die Konsumorientierten und Abgelenkten, die Verdrängenden werden den Spion nicht so leicht erkennen können. „Höre genau zu! Merke dir die Argumente! Wer widerspricht sich und wer täuscht die anderen? Wer fragt gern aus und gibt über sich nichts Preis?“ Der Schweigsame wird dir dubios vorkommen, wenn er nur allzu gerne alles über dich erfahren möchte und aggressiv reagiert, wenn du eine ernstgemeinte Frage stellst. Niemand wird eruieren können, wozu der Spion wirklich steht. Eine echte Kommunikation wird nicht stattfinden. Diese einseitige Gesprächsführung kann man als Gesprächsverweigerung entlarven. Wer nicht ernsthaft spricht, verdient kein Vertrauen. Wer nicht ernsthaft fragt und diskutiert, zeigt, dass das Verstehen nicht sein Anliegen ist. Der Spion horcht aus. Der Spion verdient nur deine Vorsicht. Hüte dich vor dem Spion!"

Das Verstehen dürfen

Als du in deiner Kindheit langsam aber sicher verstanden hast, dass das Lernen etwas mit dem Verstehen und das Verstehen mit der Bildung zu tun hat, warst du sofort bereit, die Kontexte des Weltgeschehens zu überdenken. Dir wurde schnell bewusst, dass deine Lektüre im Deutschkurs genauso mit dem Verstehen zu tun hat, wie die Kapitel deines Philosophiebuches. Es ging also nur sekundär um Noten, Abschlüsse und die Bewertungen deiner Lehrer. Es ging um dein Selbst, dein Verstehen, deine Persönlichkeit. Die Bildung war somit der Schlüssel zur Welt. Es war der Schlüssel zum Verstehen und zu deiner Reifung. Doch dir wurde auch nach und nach bewusst, dass du nicht nur in der Schule lerntest. Die Menschen, die es ernst mit dir meinten, fragten nach dir und sie diskutierten mit dir auf Augenhöhe. Du durftest an ihren Erfahrungen partizipieren. Du durftest reifen, während du kommuniziertest. Dir wurde ebenso klar, dass diese Gespräche voller Gold eines wahrhaftig gelebten Lebens strotzten und der Mix aus dem Erzählten und Gelesenen bereicherte dein Lernen, dein Verstehen. Da du nicht im Elfenbeinturm der Überheblichkeit verweiltest, konntest du frei und offen diskutieren. Die Menschen liebten es, mit dir zu sprechen, denn sie spürten deine Wissbegierde, die ein Ausdruck deines Verstehen-Wollens war. Du wolltest dein Gegenüber verstehen und deshalb wolltest du unvoreingenommen zuhören. Der Schlüssel zum du und zu dir war somit der gleiche. Der Schlüssel zur Welt ebenso, denn du erkanntest in dir die

Kraft des Großen und Ganzen, während du voller Neugierde und Bescheidenheit deinen Lernbedarf realisiertest. Manchmal warst du verwundert über die Aufgeblasenheit einiger Zeitgenossen, die heuchelten, alles zu wissen, ohne es explizit zu sagen. Sie täuschten diese Allwissenheit vor und gaben sich selbstsicher, während sie ihren auswendig gelernten Text herunterleierten. Es war der Tonfall eines Täuschenden, der möglichst schnell und unverbindlich antworten wollte. Der Denker wird sich Zeit nehmen. Der Lernende wird in den Inhalten eintauchen. Der nach der Wahrheit Ausschau haltende wird die Gesprächsbeiträge überdenken und ohne Arroganz voller Interesse die Inhalte überprüfen. Dieses Überprüfen steht jenseits einer rigiden Bewertung. Es geht um den Wert der Inhalte, die uns Menschen reifen lassen. Als du den Schlüssel umdrehtest und die Tür sich öffnete, war es der Zugang zum Wissen, zum Verstehen-Wollen und zu der niemals endenden Verknüpfung von Inhalten. Alles war und ist in Bewegung. Du bist in Bewegung und dein Lernen bedeutet Bewegung. Solange du lernen, dich bewegen willst, solange partizipierst du an der konstruktiven Entwicklung der Existenz. Alles fließt und du bist dabei, mitten drin. Du bist ein Teil des Flusses. Du hattest die Tür geöffnet. Nun darfst du lernen, verstehen und am Großen und Ganzen partizipieren. Du bist ein liebevoller Erdenbürger, der in die Welt schaut und genau weiß, dass er nur einen Bruchteil verstehen wird. Voller Demut, Neugierde und Euphorie erwartest du den nächsten Morgen, während du in der Nacht deine Gedanken sortierst.

Mitten im Leben

Es fühlte sich nun alles richtig an, denn du wusstest, dass Fehler zum Leben dazugehören. Das Gold der Erfahrung schürft man nicht auf dem Kuschelsofa. Das Gold der Liebe bekommt man nicht an die Haustür geliefert und die Chance auf Wissen will erkannt werden. Du wusstest, dass die Freude an der Existenz mit Mut, Arbeit und Demut zu tun hat. Du wusstest, dass Bequemlichkeit und Bauernschläue, Überheblichkeit und Arroganz dem Lernen im Weg stehen. „Ich weiß, dass ich nichts weiß!" Dieser Satz erzählt vom Lernen-Wollen, vom Lernen-Dürfen, denn wir alle lernen, solange wir offen und lernbereit durch die Welt gehen. Alles befindet sich im Lebensfluss und dies zu erkennen ist eine grundlegende Erkenntnis, die uns bewegt, in Bewegung hält. Die Stagnation gilt es aufzuheben, wenn Ängste und Vorurteile wüten. Die Unbeweglichkeit gilt es aufzuheben, wenn die Gier das Verstehen-Wollen torpediert und der Opportunismus einen Schleier über die Welt wirft. Dieser Schleier wird vielleicht nicht sofort bemerkt, da die Ablenkungen und Genüsse den Gaumen kitzeln. „Höre in dich hinein! Versuche, deine innere Stimme zu empfangen! Was möchtest du wirklich und wofür schlägt dein Herz? Du bist ein Teil dieser Welt und dir gebührt Respekt! Respektiere deine inneren Impulse und verleugne sie nicht. Das Gold der Dichter und Denker wird dir, dein Denken zu schulen. Die Bildung deines Intellektes wird dir helfen, dich besser zu verstehen. Es hat nichts mit Egoismus zu tun, wenn du dich verstehen willst. Während du zu dir stehst und dich ernst nimmst, erlernst du die Fähigkeit, auch dein Gegenüber zu erfassen, zu erkennen und den Weg des Verstehen-Wollens gemeinsam zu gehen. Dies ist der Weg des Friedens.

Der Weg des Friedens

„Gehe mit mir den Weg des Friedens!" Dieser Weg kann nicht der Weg der Spaltung sein. Dieser Weg bedeutet, verstehen zu wollen. Der Weg der Spaltung, der Ausbeutung und der Ignoranz führt zu den Verwerfungen dieser Existenz. Solange du verstehen willst, bist du auf dem Weg des Friedens. Wer den anderen in seiner Pracht und Blüte erfassen will, wird ihn anerkennen und nicht abwerten. Wer den anderen schätzt und so ansehen will, wie er wirklich ist, wird die Kommunikation fördern und niemals behindern oder torpedieren. Der Destruktive kann die Wirklichkeit nicht erkennen. Er hat die Tür des Verstehen-Wollens noch nicht geöffnet. Er befindet sich im Tunnel des Vorteilsdenkens und Haben-Wollens, während er auf der Verliererseite vegetiert. „Du bist ein Mensch! Du darfst denken und kommunizieren! Nutze diese Möglichkeiten! Lasse dich nicht vom Menschsein entfremden! Frieden wird über die Kommunikation entstehen und gesichert bleiben. Wer nicht verstehen will, kann den Frieden nicht sichern. Im Austausch liegt der Schlüssel zum Verständnis!"

So lange du lebst

Es erfordert viel Mut und klares Denken, den freien Fluss des Lebens ohne Angst zu lieben und willkommen zu heißen, mögliche Blockaden zu erkennen und sich nicht in Ketten legen zu lassen. Farbe bekennen, sich zu sich selbst bekennen und im freien Fluss des Lebens zu bestehen, bedeutet, den Kontakt zur Welt zu suchen, ohne die destruktiven Kräfte ungefiltert und in ihrer tödlichen Kraft auf dich einströmen zu lassen. Um dies leisten zu können, brauchst du Bildung und die Liebe zum lebenslangen Lernen. Frage dich täglich: „Handel ich nach meinen Überzeugungen? Bin ich in der Lage, meine Lebenskontexte zu erfassen? Bin ich bereit dazu, mir die Zusammenhänge genau anzusehen? Arbeite ich kontinuierlich an meiner eigenen Aufklärung?" Dein Kontakt zu dir ist der Kontakt zur Welt. Wenn du es zulässt, dir die Augen verbinden zu lassen, so brauchst du dich nicht zu wundern, wenn du stolperst! Wenn du es zulässt, dir das Denken zu verbieten, so brauchst du dich nicht wundern, dass du Lügen und Intrigen nicht erfassen kannst! Alles fließt und dieser Lebensfluss schenkt dir die Fruchtbarkeit deiner Existenz. Du darfst schwimmen lernen. Du darfst im Fluss des Lebens reifen und stark werden! „Solange du lebst, darfst du lernen! Hüte dich vor denen, die dir das Sehen und Schwimmen verbieten wollen! Hüte dich vor denen, die verhindern wollen, dass du in deiner Kraft und Stärke zur Wahrheit und Klarheit vordringst. Menschlichkeit und Gerechtigkeit sind mit der Wahrheit verknüpft. Du kannst dieser Spur folgen, wenn du deine Kraft bündelst und wenn du dich nicht von dir entfremden lässt! Du selbst bist die Voraussetzung für deine Erkenntnisse, deine Lebensarbeit! Solange befindest du dich im Prozess des Erkennens. Dieser setzt deinen Willen zur Klarheit voraus. Lasse dir nicht die Augen verbinden und die Flügel stutzen!" Alles fließt und du wirst den Veränderungsprozess akzeptieren können, wenn du dich als einen Teil des Großen und Ganzen begreifst. Du darfst schwimmen, ab- und auftauchen. Du darfst sehen, fühlen, denken. Lass dich dir nicht wegnehmen!

Die Falle schnappt zu

Du tänzeltest in einer Sorglosigkeit und Naivität um die Falle herum. Diese schimmerte golden im Sonnenlicht und obwohl dir intuitiv klar war, dass es sich um eine Falle handelt, belogst du dich und sagtest zu dir: „Das ist ein schöner Tag! Mir geht es gut und dieser goldene Schatz wird mir die nötige Absicherung schenken!" Du wolltest frei sein, aber nichts dafür tun! Du wolltest den Erfolg, aber niemals Farbe bekennen. Die Denkenden störten, denn sie könnten dich spiegeln. Die echt Weinenden könnten dich verunsichern, denn es existiert ein Leben in und mit der Wahrheit. Diese Strahlen der wahrhaftigen Existenz blendeten dich bereits, denn du warst seit Jahren nicht mehr gewohnt, klar zu denken und nach wahrhaftigen Überzeugungen zu handeln. Du hattest für ein wenig Komfort alles verraten, was einmal für dich wichtig war. Während du nun zum Traumtänzer verkommen warst und dich in deinen Traumwelten selbst erhöhtest, wuchsen die Schlingpflanzen um deinen Körper. Sie nahmen dir die Luft, die Sicht und schnürten dir die Kehle zu. Du hattest Schlingpflanzen gegossen, weil es dir deine Circe befahl.

Du hattest die gute Saat verfaulen lassen. Um nicht zu sterben, zertrampeltest du im Dunkeln den einen oder anderen Ableger der todbringenden Pflanze. Du wolltest nicht ersticken. „Wann bist du bereit, diese Bedrohung mit der Wurzel herauszureißen? Wann bist du dazu bereit, dir einzugestehen, dass es sich um eine todbringende Schlingpflanze handelt?" Du hattest vor langer Zeit gegen deine innere Stimme gehandelt. Nun liegst du geschwächt am Boden. Du hattest vor langer Zeit das Denken und Sehen vernachlässigt. Du hattest der Spur der Bequemlichkeit einen freien Lauf gegeben. Du hast zu viele Lügen in dein Leben gelassen und während du dich selbst mit weiteren Ausreden und Lügen beruhigtest, wurdest du immer unsicherer und schwächer. Die Pflanze nahm dir die Luft, die Sicht und den letzten Rest deines Mutes. Während du um dein Leben kämpftest, wurde dir klar, dass du diese Pflanze mit ihren Wurzeln und an ihren Wurzeln herausreißen musstest. Es konnte keinen Kompromiss mehr geben. Es gab keine Zwischenlösung. Jeder faule Kompromiss konnte deine Auslöschung bedeuten. „Nimm deinen ganzen Mut zusammen! Du hast die Pflanze als todbringend identifiziert. Du weißt, um welches Gewächs es sich handelt! Nun solltest du handeln!"

Die Zeit wird knapp

Es war nun ein alltäglicher, routinierter Blick, dich zu überprüfen und zu sehen, ob etwas aus dem Ruder lief. „Wie sehen die Beine aus? Sind die Gelenke geschwollen? Gibt es Auffälligkeiten?" Du schaust wieder einmal an dir herunter und du liebst deinen Körper. Er hat dich bereits bisher dein Leben lang begleitet und du durftest mit und durch ihn viel erleben. Die Spuren des gelebten Lebens werden deutlicher. Du weißt, dass deine Lebenszeit dein kostbares Gut ist und du weißt, dass eine lange Strecke des Weges hinter dir liegt. Du willst dich immer noch ins Meer schmeißen und die Gerüche der Lavendelfelder atmen. Du willst leben! Als du die Texte der Stoiker erneut gelesen hast, erinnertest du dich an deine Studienzeit. Den Affekten trotzen und den Tugenden eine Chance geben, der Gier eine Abfuhr erteilen und um Wahrheit und Klarheit kämpfen, das war und ist immer noch die Triebfeder. Den Weg der Ethik niemals verlassen, das ist dir gelungen, ohne dich zu verbiegen. Es durchströmt dich ein warmes Gefühl, denn egal, ob und wann dich die anderen verstanden haben, du hast deinen Kurs nicht aufgegeben. Du hast dich nicht in der Gier verloren. Die Zeit wird knapp und es freut dich, dass du in dir ruhen darfst. Du kennst die Arbeit am Selbst, die niemals endende Arbeit mit dir und in dir. Diese Arbeit wirst du genießen bis zum letzten Atemzug.

Falsch verstandenes Glück

Du redetest nicht viel und gabst dich verständnisvoll. Jeder tappte im Dunkeln, der mit dir zu tun hatte. Dir war es wichtig, gut und verständig zu erscheinen. Während du von der großen Karriere träumtest und eifrig Kurse belegtest, verfehltest du, ehrlich zu sein und zu bleiben. Ein kleiner Selbstbetrug hier und ein kleiner Verrat an deinen Freunden dort, ein Leugnen der Wahrheit und eine Fülle an Verdrehungen. Du verlorst den Überblick und musstest immer mehr Lügen bemühen. Du wolltest den Erfolg, das Glück und ein Leben voller Anerkennung. Während du glänzen wolltest, legte sich der Schleier der Lüge, des Selbstbetrugs über dich. Dir fiel es nun schwer zu atmen, klar zu denken, denn du hattest dir vor Jahren erlaubt, Lügen zu erfinden und Abwertungen auszusprechen. Deine Entscheidungen basierten nicht auf der Annäherung an die Wahrheit und Klarheit, sondern auf einem Gemisch aus Angst und Überheblichkeit. Ausweichen und Verstecken, Abtauchen und Verdrehen beherrschten nun den Alltag. Du musstest davon ausgehen, entdeckt, entlarvt zu werden. Du warst nun auf der Flucht. In dir schäumte der Cocktail aus Unzufriedenheit und Frustrationen, die immer häufiger kompensiert werden wollten. Das kostete Zeit und Energie. Es raubte dir Geld und deine kostbare Lebenszeit. Es ist das giftige Gemisch aus Lügen und Widersprüchen, die dem Menschen die Chance auf ein Leben in Freiheit raubt. „Niemand wird sich als frei und in sich ruhend erleben, der vor sich und der Wirklichkeit flüchtet. Die Stille ist der Feind des Lügners." Die Ruhe wird für denjenigen unerträglich, der vor sich flüchten muss. Der in sich Ruhende arbeitet an sich und seiner Lebenskontexte. Er wird das Geröll der Widersprüche beseitigen und die dunklen Ecken ausleuchten. Er wird die angeblichen Tatsachen überdenken. Er wird seine unmittelbare Umgebung und die gesellschaftlichen Kontexte kritisch überprüfen. Es sind die Hausaufgaben eines Lebens in und mit der Klarheit. Der ersehnte Erfolg konnte sich bei dir nicht einstellen, denn es reicht nicht aus talentiert zu sein, während man sich selbst und die Fakten, die Wirklichkeit verleugnet.

Der kranke Blick

Du fielst nicht weiter auf, als du mit dem Blick der Gier und des Neides auf die Welt starrtest. Es gab so viele in deinem Umfeld, die das Gleiche taten. Während du wenig Aufwand betreiben wolltest und gleichzeitig das Glänzen und Protzen zum Ziel erklärtest, dachtest du dir in deiner Bauernschläue immer neue Strategien aus: „Wie werde ich meine Ziele erreichen?" Niemand konnte erkennen, wofür du standest. Inhaltliche Orientierungsarbeit gab es nicht, während du an den Strategien deiner Wohlstandspläne basteltest. „Wie kann ich das Lernen umschiffen und gleichzeitig zu Reichtum kommen? Wer wird mir weiterhelfen können, ohne dass ich mich anstrengen muss?" Unter Weiterkommen verstandest du das Anhäufen von Gütern, Autos und Statussymbolen. Die Hohlheit einer unreflektierten Existenz störte dich keines falls, ganz im Gegenteil. Es war für dich erstrebenswert, selten zu reflektieren und noch weniger inhaltlich zu denken: „Das Lesen lenkt mich nur ab! Ich habe so viel zu tun!" Während du dich um deine Äußerlichkeiten bemühtest und jedem hinterherliefst, der dir von Vorteil sein könnte, verlorst du den Kontakt zu dir. Du stumpftest ab, du konntest kein tiefes Glück empfinden, da dir der Zugang zu einer tiefen, reifen Glückseligkeit fehlte. Du hattest nicht gelernt, in dir und aus dir zu schöpfen. Das angebliche Glück spielte sich außerhalb deines eigenen, inneren Zentrums ab. Es war grundsätzlich irgendwo in der Welt der Güter zu finden. Die Ruhe war für dich unerträglich, da die innere Hohlheit schmerzte. „Was muss ich noch anschaffen? Wann werde ich glücklich sein?" Dein Blick zeigte nach außen, während sich die Mängel und Frustrationen in dir ausbreiteten. Die giftige Pflanze des Neides und der Gier saugte dich aus. Völlig erschöpft fielst du abends ins Bett, während du darüber nachdachtest, was du noch kaufen solltest. Du konntest dich nicht verstehen und du fragtest dich. „Wann werde ich glücklich sein?"

Das Interesse

Verstehen-Wollen heißt, wahrhaftig zuzuhören und dem anderen Raum zu geben, sich zu erklären, mitzuteilen. Die Entwicklung eines anderen Menschen wird man nur nachvollziehen können, wenn die Bereitschaft dazu da ist, die Lebenssituation, das Innenleben in der Vielfältigkeit verstehen zu wollen. „Du wirst den anderen nicht erreichen können, wenn er nicht zuhören will oder nicht gelernt hat, wahrhaftig und offen die Gesprächsbeiträge des anderen zu empfangen." Diese Empfangsbereitschaft, diese Offenheit, ist das grundlegende Fundament eines gelungenen Austausches. Sollte der Gesprächspartner die Kommunikation missbrauchen, um nur sich selbst zu präsentieren, um sich in den Vordergrund zu rücken und kein wahrhaftig offenes Ohr für sein Gegenüber zu haben, so kann kein Gespräch im fruchtbaren Sinne stattfinden. Das Verstehen-Wollen setzt das Zuhören voraus. Das Verstehen-Wollen setzt die Bereitschaft zu einer empathischen Haltung voraus, denn die Offenheit beinhaltet Mitdenken und Mitfühlen. Ein konstruktives Gespräch lebt vom lebendigen Austausch. Der Gesprächspartner wird erkennen, ob das Gegenüber wahrhaftig interessiert ist oder lediglich seine Interessen durchsetzen möchte. Wir alle werden uns an unfruchtbare Scheingespräche erinnern, bei dem kein wahrhaftiger Austausch möglich war. Vielleicht lebte der Kommunikationspartner in seiner eigenen Welt und konnte aus einer Empathie und Interessenlosigkeit heraus den Inhalten nicht folgen. Vielleicht konnte er keine wahrhaftige Offenheit entwickeln. Vielleicht interessierte er sich ausschließlich für sich selbst, so dass kein Austausch möglich war. Es existiert eine Fülle abgestufter Varianten, warum Gespräche scheitern, warum es sich nur um Scheingespräche ohne echten Austausch handelt. Konstruktive Lösungen können nur erreicht werden, wenn das Verstehen-Wollen im Vordergrund steht. Als schlechtes, abzulehnendes Beispiel mögen die endlosen Debatten im Bundestag sein, wo viele der Abgeordneten den Themenpräsentationen nicht folgen und auf ihr Handy starren. Diese Art und Weise, mit inhaltlichen Vorträgen umzugehen, zeugt von einer unerhörten Ignoranz. Das Zuhören, das Nachvollziehen inhaltlicher Beiträge, bleibt die Grundlage des Verstehen-Wollens.

Dummheit und Interessenlosigkeit

Der um sich Kreisende wähnte sich auf der sicheren Seite, da er jede Chance nutzte, seine eigenen Interessen zu verfolgen, während er die der anderen nicht für wichtig befand. „Konnte er, wie geplant, dabei erfolgreich sein? Konnte er im Zusammenspiel mit anderen wirklich seine Interessen durchsetzen und umsetzen?" Das funktionale Kreisen schreckte auf Dauer zu viele Mitmenschen ab. Vielleicht vertuschte der Ichbezogene seine wahrhaftige Haltung nicht gut genug. Das geheuchelte Interesse wurde immer häufiger entlarvt. Der um sich Kreisende wurde als solcher ertappt. Es gehört eine gehörige Portion Dummheit und Interessenlosigkeit dazu, sich in Höchstgeschwindigkeit zu verdrehen. Die Ohren stehen auf Durchzug, wenn die Mitmenschen auf Verständnis hoffen. Der „Freund", der „Partner", ist ein Mittel zum Zweck. Er soll dem eigenen Glück zuarbeiten. Ein wahrhaftiges Interesse am Du existiert nicht und somit drehen sich die Scheingespräche um den eigenen Vorteil. „Wird man in eine fruchtbringende Diskussion eintreten können, wenn einer der Gesprächspartner nur seine Interessen durchsetzen will und nicht an einer sachbezogenen, realitätsorientierten Lösung interessiert ist?" Es zeugt von Dummheit und Interessenlosigkeit, andere als Zuarbeiter und Gehilfen zu degradieren. Der Respekt vor dem anderen beinhaltet eine Gesprächskultur, bei der man die Argumente des anderen wertschätzt. Die Friedfertigkeit wird vom Verstehen-Wollen getragen.

Keine Isolation

Der um sich Kreisende verfügte weder über das Wissen noch über die Erfahrung, um ein Bewusstsein dafür zu entwickeln, dass Ignoranz in eine menschliche Sackgasse führt. Da der fruchtbringende Austausch fehlt, kann es keine hilfreiche Gesprächsführung geben. Die Sprache wird zur Manipulation missbraucht und der Gesprächspartner nicht ernst genommen. Nur eine konsequente Arbeit am eigenen Selbst könnte die innere Isolation aufbrechen. „Verlasse den Weg des Egoismus` und nimm eine offene Haltung ein. Du wirst dich im Du spiegeln können und tagtäglich dazulernen, wenn du zuhörst, wenn du Informationen als solche wertschätzt. Du kannst es schaffen, wahrhaftig zu lernen, wenn du deine Mitmenschen ernst nimmst! Das Interesse am Du schenkt dir eine völlig neue Perspektive. Deine Lebensenergie wird nicht länger durch das Um-Sich-Kreisen verschleudert. Öffne dich für einen wahrhaftigen Austausch! Lerne, auf deine Mitmenschen zuzugehen! Du wirst deiner Isolation aus Egoismus und Ignoranz entkommen können, wenn du deine Haltung veränderst!" Die tiefe Befriedigung einer menschlichen Existenz kann es nicht im Egoismus geben. „Öffne deine Türen und versuche zu verstehen! Verstehen-Wollen beinhaltet Lernen-Wollen. Lernen fördert deine Entwicklung, dein Wachstum. Verlasse die Isolation!"

Der Ungebrochene

Der Ungebrochene schaute immer wieder gern zurück und es erfreute ihn, dass er sich nicht hat unterdrücken lassen. Er kämpfte in der Schule, im Freundeskreis und überall dort, wo und wann er unterworfen werden sollte. Es war der Friedens-, der Wahrheitskampf und es gab nur das Wort, das Denken und den Mut zur Klarheit. Den Sturm der Entrüstung gab es gratis dazu, aber es konnte zu jeder Zeit ungemütlich werden: Gespräche wurden abgebrochen, Drohungen ausgesprochen und Lügen in Umlauf gesetzt. Die Aura des Unbequemen zieht Neugierige an, doch wenn die Flamme der Wahrheit glüht, ziehen sich viele zurück. Es ist ein verrücktes Spiel aus Anziehung und Abwertung. Menschen spüren, wann und wo es ehrlich zugeht, doch nicht viele können die Wahrheit aushalten. „Der Mensch kann die Wahrheit vertragen!" Der Ungebrochene wollte diese Überzeugung niemals aufgeben, denn sie galt und gilt für ihn. Der Lernbereite wird verstehen wollen. Der Interessierte wird nachfragen. Der Empathische wird vieles intuitiv erfassen, aber sein Bauchgefühl nicht verraten. Der Suchende wird sich den Menschen zuwenden und sich nicht auf einen hohen Sockel setzen. Der Thron der Dummheit und Arroganz kommt für ihn nicht in Frage, da Verdrängen und Wegsehen zur Unfreiheit und Schwäche führen. Der Bequeme wird verkümmern und der Wendehals wird sich verlieren, ehe er verstehen konnte, was er im Leben suchte. „Du wirst überall und zu jeder Zeit dazulernen, wenn du bereit bist zuzuhören. Du solltest nicht im Vorfeld

Vorurteile pflegen und mit dem Stempel der Arroganz agieren. Deine Erfahrung, dein Wissen, wird durch deinen Willen zum Lernen, zum Verstehen-Wollen vorangetrieben. Du darfst zuhören, diskutieren und voller Interesse immer deutlicher die Zusammenhänge verstehen. „Lass dich nicht vom Fragen und Lernen abhalten, auch wenn du für deine Neugierde, dein Verstehen-Wollen abgemahnt wirst!" Der kritische Denker schaut über die Mauern. Er möchte wissen, was sich hinter den Verboten und Abgrenzungen abspielt. Der Ungebrochene wird die Schere im Kopf nicht akzeptieren und es dem Mitläufer niemals gleichtun.

Dein Training

„Du wirst nicht stärker, wenn du dich selbst erhöhst! Du wirst nicht mehr verstehen und nicht konstruktiv an deiner Erkenntnis arbeiten, wenn du dem Neid und der Gier eine Chance gibst!" Eine Abwertung anderer zeugt von Schwäche. An der Destruktivität erkennst du den schwachen Charakter. Der Lernende möchte im Training bleiben, denn er weiß, dass das Verstehen-Wollen niemals aufhört. Alles befindet sich im Prozess und der Bescheidene weiß um die Fülle der Inhalte. Alles fließt und der Motivierte weiß um die neuen Erkenntnismöglichkeiten. „Du wirst den Zugang zur Wirklichkeit verlieren oder niemals bekommen, wenn du dich auf den Sockel der Arroganz stellst." Die Menschen werden an dir vorbeirauschen oder scheinheilig applaudieren, je nachdem, wie viel Macht du dein eigen nennst. Du wirst auf dem Thron der Abgehobenheit verkümmern, da du dich nicht spiegeln kannst. Vielleicht wird man dir zuwinken, vielleicht wird man aus Furcht grüßen. Vielleicht wird man dir zum Mund reden. Ein echtes Training sieht anders aus. Es beinhaltet echte authentische Gespräche. Es beinhaltet den herrschaftsfreien Diskurs. „Steige vom Sockel herab! Lass es zu, wahrhaftig zu sprechen! Lass es zu, ernsthaft zu denken! Werte den Unbequemen nicht ab und gib allen ernstgemeinten Argumenten eine Chance! Dein Wachstum bedarf der Chance eines echten Lernprozesses. Du darfst reifen! Nutze alle Wege zur Erkenntnis und verbaue dir nicht die fruchtbaren Wege der Reifung. Jede Selbsterhöhung arbeitet gegen dich! Suche den herrschaftsfreien Diskurs!"

Das Leben stärkt dich!

„Öffne die Türen zur Welt! Du kannst nur gewinnen!" Während du loslässt, wachsen dir kräftige Flügel! Während du gibst, erfährst du Erfüllung! Der Lebensfluss wird das Betonbett verlassen. „Presse deinen Fluss nicht in künstliche Läufe." Dein Leben stärkt dich, wenn du die Kraft des Unbegreiflichen akzeptierst. Du kannst nicht alles erklären und trotzdem viel lernen. Du wirst niemals alle Wissenschaften beherrschen und dennoch viele Zusammenhänge und Details verstehen. Das Lernen hört niemals auf, denn die Vielfalt der Existenz ist überwältigend. „Du akzeptierst den Tod und feierst den Moment, da dieser durch den ersteren kostbar wird. Alles fließt und während du schwimmst, überwindest du deine Angst, denn du bist und bleibst im Training!" Dein Halt entsteht immer neu. Du findest den Halt in dir, wenn du im Training bleibst und das Leben immer neu begrüßt. Du wirst einen tiefen Halt in dir spüren, wenn du den Fluss des Lebens in seiner Fruchtbarkeit erkennen kannst.

Bequemlichkeit und Hörigkeit

„Du darfst dich stärken! Du kannst dich schwächen!" Es ist nicht verwunderlich, dass der Mensch schwächer und unflexibler wird, wenn er sich nicht fordert. Ein Muskel verkümmert, wenn er nicht oder zu selten genutzt wird. „Auch du verkümmerst, wenn du dich nicht forderst, informierst und an einem kritischen Bewusstsein arbeitest!" Die Freude

41

war groß, als sich Wege auftaten, die bequem und eben erschienen. Der Eindruck einer einfachen Lösung, eines bequemen Weges, eines gemachten Nestes drängte sich auf. Flüsterer säuselten etwas von Geld, Einfluss und schönen Aussichten. Mitlaufen wurde zur alltäglichen Routine. „Wenn ein anderer die Richtung vorgibt und Gehorsamkeit verlangt, schleicht sich der Weg der Hörigkeit ein. Vielleicht meldeten sich noch warnende Stimmen. Vielleicht flackerten Impulse der Wahrheit und Klarheit auf. Die kleinen Lebensflammen aus früheren Zeiten leuchteten zaghaft und oft unbemerkt. Es existierten kleine Feuer der Selbstachtung und Stärke. Manchmal wärmten sie einen ganzen Tag. Manchmal leuchteten sie nur Sekunden. Es gab diese Feuer. Es gab die Erinnerung. „Du wirst die Zeiten der Freiheit und Selbstbestimmung niemals vergessen! Du wirst deine selbstbestimmte, abenteuerliche Zeit tief in dir tragen!" Der Pfad der Bequemlichkeit hatte sich ausgedehnt. Der Weg der Hörigkeit hatte sich wie eine Wüste in deinem Leben ausgebreitet. Die Hitze, die Trockenheit, bedrohte dein Selbst, während die Drohenden nun fordernder wurden. Es ist die Dürre der Phantasielosigkeit, da deine Meinung nicht mehr gefragt war. Du hattest nun zu gehorchen, während dir äußerlich und vordergründig viel abgenommen wurde. Es wurde dir die Entscheidungsfreiheit, die Selbstbestimmung, langsam aber sicher abtrainiert, abgewöhnt, abgekauft. Während dir der Weg der Bequemlichkeit schöngeredet- und ein sorgloses Leben möglichst ohne Höhen und Tiefen schmackhaft gemacht wurden, sollten sich deine Erinnerungen verabschieden. Du solltest dich von deinem selbstbestimmten Dasein verabschieden. Eigene Pläne und selbstbestimmte Entwürfe sollte es nicht mehr geben. Ehemalige Weggefährten mussten aufgegeben werden. Sie könnten Erinnerungen wecken. Sie könnten dich aufwecken. Du solltest immer bequemer, angepasster und unterwürfiger werden. Du wurdest zum Schatten deiner selbst. „Wann werden dich deine Unterdrücker fallen lassen, wenn du langweilig und ohne Selbstbewusstsein dahinvegetierst?"

Die Schwäche

Im Unterbewusstsein brodelte es gewaltig und es forderte Kraft und Stärke, die Lügen zu verdrängen. Diese ungesunden Prozesse kosteten dich deine Lebenszeit und schlussendlich deine Identität. Ein Verbogener wird die Wirklichkeit nicht erkennen. Ein sich selbst Täuschender wird im tiefsten Inneren stetig unsicherer. Er wird sich selbst nicht mehr vertrauen können, da er seine Überzeugungen verraten hat. Er wird sich unsicher und schwach fühlen, auch wenn er äußerlich mit Geschmeide eingewickelt ist. Die echte Stärke braucht keine äußerlichen Insignien der Macht. Der Reflektierte wird den Angeber vom Wahrheitsliebenden unterscheiden können und der Bequeme muss seine Bequemlichkeit vertuschen. Der Hörige muss seine Lebenslügen verstecken. Der Gekaufte muss sein Schattendasein mit viel Glamour überstrahlen. Doch diese Strahlung ist keine gute, gesunde Strahlkraft. Es sind die künstlichen Reflexe äußerlicher Feuerwerke, die schnell verglühen und immer wieder teuer bezahlt werden müssen. Sie werden in die Luft geschossen und sie verbrennen. Sie können kurz unterhalten, aber nicht wärmen. Sie können belustigen, aber nichts erklären. Sie mögen ein wenig unterhalten, aber nichts ausleuchten, nichts genau erkennen lassen. Der Verdrängende sucht die Feuerwerke, aber nicht das Verstehen. Der Lügner sucht Ablenkung. Er hält es nicht mit sich selbst aus. Er hasst die Stille. Er will Zerstreuung und neue Angebote, Unterhaltungsprogramme und immer wieder Vorteile, Zuwendungen, neue Märchen. Er kann sich im Fahrwasser des Betruges nicht der Wirklichkeit stellen und er wird Wahrheitsliebende meiden. In der Gesellschaft anderer Heuchler wird er sich ablenken: Von sich, von der Wahrheit und den vielen Baustellen

seines Lebens, die lebensgefährlich und unvollendet auf Klärung und In-
standsetzung warten. Er wird um sie herumfahren und so tun, als gäbe
es sie nicht mehr.

In bester Gesellschaft

„Ich bin in bester Gesellschaft und alle, die hier sind, haben es geschafft!" „Was sollen diese Menschen geschafft haben? Was haben sie
verstanden und wofür brennen sie?" Es muss einem Denker zu denken
geben, wenn Menschen sich damit rühmen, es geschafft zu haben. Der
stetige Fluss des Lebens, der Prozess, das niemals Endende, spricht gegen die Scheinannahme, es für alle Zeit geschafft zu haben, allein schon
aus dem Grunde, dass wir alle sterben müssen. „Man kann dir dein Haus
und deine Konten plündern, doch du wirst derjenige sein, der du in dir
bist. Du bist, was du vermagst! Lass dich dir nicht wegnehmen!" Die gute
Gesellschaft prostete dir zu. „Wird sie dich auch noch hochleben lassen,
wenn du arm und krank sein solltest?" Es ist manchmal gut und ratsam,
sich nichts vorzumachen. „Du fällst nicht tief, wenn du dich nicht belügst! Intuitiv weißt du genau, wer nur in deiner Nähe bleibt, weil du
Geld hast!" Es ist wichtig, sich im Klaren darüber zu sein, wer auf Äußerlichkeiten anspricht und inhaltliches Interesse heuchelt. Der Heuchler
wird sich schnell verabschieden, wenn es unbequem wird. Der Bequeme wird das Weite suchen, wenn er sich bemühen soll. Der Betrüger
wird verschwinden, wenn er sich nicht mehr selbst und andere belügen
kann. Er wird flüchten, denn er möchte nicht mit der Wahrheit, dem
Licht der Klarheit, konfrontiert werden. Er schaut lieber zu, wie Knall-
körper gezündet werden und Sektkorken knallen. Er liebt das süße Leben mit bitterem Beigeschmack. Er nimmt den Kater der Verlogenheit
und Hohlheit in Kauf. Er duldet diese Krankheit der Verdrängung.

Der Rückblick in Liebe

Du darfst mit Liebe und Erfüllung zurückschauen. Du hast alles gegeben, doch du kannst weder den Tod noch die Dummheit bezwingen. Deine Haltung entspricht nicht der Kapitulation, sondern einer inneren Haltung in Frieden und Sicherheit, dass du alles, was dir möglich war, möglich gemacht hast. Die Vergangenheit wird sich, solange du denken kannst, dir nicht entziehen, du darfst zurückschauen. Die inneren Bilder sind das Gold deiner Erfahrungen und diese kannst du nun positiv betrachten, da du dich mit der höchstmöglichen Kraft deines Selbst für deine Werte und Ziele engagiert hast. Somit darfst du mit der Vergangenheit in Ruhe abschließen, ohne zu verdrängen, ohne zu vergessen. Alles fließt und alles fließt durch deinen Kopf. Du bist in der Lage, den Gedankenfluss zuzulassen und zu genießen. Du brauchst dich nicht zu belügen. „Eine Lüge zieht weitere nach sich! Eine Lüge sät die ungesunde Saat weiterer Lügen! Der sich Belügende belügt auch andere. Er wird die Wirklichkeit verdrehen und die Vergangenheit in seine Lügenwelt einsortieren." Der Lügner ist gezwungen, sich und andere zu täuschen. Dieser Lebensfluss ist gestört und er muss um die Hürden und Betonpfeiler herum fließen. Einen freien Fluss eines gesunden Lebens, einer Existenz in Freiheit und Selbstbestimmung, kann es nicht geben, wenn Lügen und Widersprüche das Leben vergiften, verhindern. „Alles befindet sich im Fluss! Du brauchst keine Angst zu haben, wenn du deinen Lebensfluss nicht einbetonierst! Der Lebensfluss wird für dich nicht zum Feind, wenn du ihn respektierst! Schütze den freien Fluss in dir! Schütze dein Selbst!" Der Lügner hat Angst vor der Wahrheit. Er will den Wahrheitsliebenden nicht begegnen. Er könnte mit seinem korrupten System auffliegen. Hastig und fahrig versteckt der Verlogene seine faulenden Ecken. Er übertüncht die Missstände und will mit einer makellosen, unnatürlichen, sauberen Fassade blenden. Protzen und Prahlen sollen funktionieren, während die Lügen weitere nach sich ziehen. Lügner ertragen keinen freien Fluss des Lebens, da sie Angst haben, dass schmierige Abfälle nach oben gespült werden. Ein Lügner will den Fluss beherrschen und kontrollieren. Das wird ihm nicht gelingen!

Panta rei

„Alles fließt und du schwimmst immer noch voller Kraft und ungebrochener Energie!" Dein innerer Energiefluss konnte erhalten bleiben. Niemand konnte dich von dir entfremden und dich in sein System der Fremdbestimmung einfangen. „Es ist eine der größten Leistungen im Leben eines Menschen, sich nicht an Scheinwelten zu verkaufen und seine Selbstbestimmung abzutreten!" Der eine unterwirft sich dem Haben-Wollen. Der andere versklavt sich, weil er der Manipulation anderer folgt. Es blüht die Vielfalt der Abhängigen, die ein klares Bewusstsein ausschließen und eine Möglichkeit des klaren Denkens verleugnen. „Niemand kann bewusst und selbstbestimmt leben! Wir alle verdrängen so viel!" Das hörte ich dich nachts mir zurufen. Es war die Rechtfertigung deines Lebensstils, da du der Spur aus Geld und Schein folgtest. Inhalte wurden gebeugt und du liefst verbogen umher, ohne der Wahrheit eine Chance zu geben. „Niemand kennt die Wahrheit! Es gibt keine Wahrheit! Was heute wichtig ist, gilt morgen nichts mehr!" Du warst zum korrupten Mitläufer geworden und schwammst im Honigtopf der Lügen, immer kurz vor dem Ertrinken, vor dem Ersticken und voller Angst, entdeckt zu werden. Der Geruch des Honigs hatte dich angelockt. Später verklebten deine Flügel. Nun verabschiedeten sich deine authentischen Gedanken und mit ihnen deine Kreativität. Du sitzt voller Panik vor leeren, weißen Blättern und ungenutzten Leinwänden. Du hattest dem Leser, dem Betrachter, nichts mehr zu sagen, da du keinen Standpunkt entwickeln konntest. „Was kann man seinen Mitmenschen vermitteln, wenn man keine echte, authentische Meinung vertritt? Was kann man der Nachwelt überlassen, wenn die Inhalte unkoordiniert und

unstrukturiert ohne Tiefgang und Substanz durcheinanderwirbeln?"
Deine Blockade ließ keine Eingebungen mehr zu. Du warst gescheitert.
Du kreistest nun im Honigtopf. Du wurdest immer dicker und unflexibler, während du der Basis deines verpfuschten Lebens huldigtest: „Es
gibt keine Wahrheit! Wir alle können nichts bewusst entscheiden! Alles
ändert sich doch sowieso! Hauptsache, mir geht es gut!" Du hattest vieles durcheinandergewirbelt und noch mehr verdreht. Natürlich verändert sich alles immer wieder. Dass alles fließt, ist eine Tatsache. Doch
den stetigen Fluss des Lebens als Rechtfertigung einer fatalen Denkfaulheit zu missbrauchen, ist besonders verlogen. Während sich der Selbstbestimmte im Fluss des Lebens um Standpunkte bemüht, kreistest du
behäbig im Honigtopf. Es war ein Zappeln und Strampeln mit verklebten
Flügeln und es war das Vegetieren in einer aussichtslosen Lage der
Rechtfertigung. Du verteidigtest immer noch deine Grundlagen einer
verkorksten Existenz. Immer wieder schlucktest du einen kräftigen Zug
aus dem Honigtopf. Er ließ dich überleben, während du dich bereits aufgegeben hattest. Deine Hülle war noch sichtbar, während du innerlich
völlig schwach und ausgehöhlt dahinvegetiertest. Den anderen spielst
du immer noch vor, dass es dir an nichts fehlen würde, und du versuchst
ihnen den klebrigen Honig schmackhaft zu machen. Auch ihre Flügel sollen verkleben, wenn sie vom Sud der Trägheit und Faulheit, der Bauernschläue und Schlitzohrigkeit, trinken. Die Falle schnappt zu und jegliche
Freiheit verschwindet. Was bleibt, ist ein Leben in Gefangenschaft. Der
wilde, natürliche Fluss des Lebens fließt an denen vorbei, die im Honigtopf kreisen.

Das Verstehen-Wollen

In der heutigen Zeit wird wohl niemand von sich behaupten können, ein
Universalgelehrter zu sein. Es ist eher zu beobachten, dass Wissenschaftler, ganz egal in welchem Fachbereich sie auch forschen mögen,

stolz darauf sind, Spezialisten zu sein. Der Forschende geht in die Tiefe und sucht nach neuen Erkenntnissen. Diese themenbezogene Forschung und Spezialisierung findet in Forschungsarbeiten, Doktorarbeiten und wissenschaftlichen Erhebungen seinen Ausdruck. Es ist auch zu beobachten, dass die Industrie keinesfalls selbstlos ganz bestimmte Forschungsaufträge finanziell unterstützt. Die Geisteswissenschaften leiden hingegen unter Einsparungen. Das kritische Bewusstsein, die Chance auf eine umfassende Möglichkeit, Zusammenhänge zu begreifen und einzuordnen, kann nicht losgelöst von einer fächerübergreifenden Denkkultur erreicht und umgesetzt werden. Somit verhindert bzw. behindert die sehr eng vergebene Forschungsarbeit oftmals den Blick über den Tellerrand. Doch umfänglich interessierte Wissenschaftler jeglicher Couleur möchten den Anschluss an das Denken anderer Inhalte und Denkrichtungen nicht verlieren. Jeder Denker und jeder vielseitig Interessierte weiß um die Komplexität, die Dynamik der Zusammenhänge in den einzelnen Disziplinen. Das „Große und Ganze" soll nicht aus den Augen verloren werden und man selbst möchte nicht als Fachidiot scheitern. Der Einzelne mag im begrenzten Forschungsbereich großes leisten, doch wenn der Spezialist den Kontext des Seins vernachlässigt, wird seine Mündigkeit in vielen Bereichen des Lebens verkümmern, wie soziale Kompetenzen, empathische Beurteilungskriterien und vieles mehr. Der Mensch ist mehr als ein fachbezogener Forscher oder ein rechnender Computer. Die Fülle der Existenz kann nicht aus einem eingeengten Blickwinkel erfasst werden, wobei jedem klar sein sollte, dass die Komplexität der Welt nicht vollkommen verstanden werden kann. Wir können uns an etwas herantasten, erforschen, partiell erklären und bleiben dennoch Suchende und Findende gleichermaßen. Wir sollten angesichts der Vielfältigkeit und Unbegreiflichkeit bescheiden bleiben. Das Verstehen-Wollen als Motor ist positiv einzuordnen, denn jeder Mensch, der sich um Zusammenhänge bemüht, wird sich nicht so leicht fernsteuern, missbrauchen lassen. Er wird nicht so leicht zum billigen Konsumenten, zum Durchlauferhitzer fremder Ansprüche. Der Missbrauch am Menschen geschieht überall dort, wo die Würde seiner Existenz mit Füßen getreten wird und wo der Mensch ein armseliges, fremdbestimmtes Dasein fristet. Die Fülle der Verbrechen und Schieflagen kann an dieser Stelle nicht aufgezeigt werden, doch wenn wir die Grundrechte des Menschen ernst nehmen, können wir doch deutlich erkennen, in welchen Bereichen der Einzelne Missachtung und Unmenschlichkeit erfährt. Wenn wir uns die Philosophen des antiken Griechenlands ansehen, so erkennen wir die Komplexität ihres Denkens, da sie sowohl naturwissenschaftlich als auch politisch orientiert geforscht und geschrieben haben. Somit können sie als Vorbild fungieren und uns heute mit ihrer Haltung ermahnen, nicht zum Fachidioten zu degenerieren. Alles hängt mit allem zusammen! „Wir dürfen die Zusammenhänge nicht aus den Augen verlieren! Der Motor des Verstehen-Wollens ist die Hinwendung zur Existenz." Der Interessierte wird die Zusammenhänge verstehen wollen!

Allmachtphantasien

Der Erfolg eines Menschen wird heutzutage über das Geld, den wirtschaftlichen Erfolg definiert. Dabei spielt es in vielen Kreisen kaum eine Rolle, woher das Geld kommt. Privatiers werden hofiert, Sozialhilfeempfänger abgewertet. Es gilt das Prinzip der Macht, der Macht des Geldes. Die Abgehobenheit wächst nicht selten mit dem Reichtum oder einem gehobenen Wohlstand, weil die Anerkennung auf Grund irgendwelcher Äußerlichkeiten gesellschaftlich stark verbreitet ist. Die Insignien der Macht sollen Eindruck machen und sie sollen ihre Wirkung nicht verfehlen. Die Bilder in der Werbung beeinflussen das Unterbewusstsein und der Bürger sehnt sich nach einem Haus mit Garten, einem schicken Auto und teuren Urlaub. Wenn das Haben erst einmal das

Denken, die Persönlichkeit eines Menschen erfasst hat, so folgen daraus viele asoziale Ableitungen. Andere Menschen werden nach ihrem Wohlstand oder nicht vorhandenen Wohlstand eingeordnet oder abgestempelt. Die Persönlichkeit gerät ins Hintertreffen. Der materiell Orientierte möchte um jeden Preis mithalten. Die wahrhaftig Wohlhabenden entwickeln Konsumgelüste bis hin zu Allmachtphantasien, die Menschheit mit neuen medizinischen und technologischen Errungenschaften zu beglücken. Natürlich trifft das nicht auf alle Superreichen zu, doch die Tendenz, sich mit seinem Geld Einfluss zu verschaffen, ist offensichtlich. Wir wissen zum Beispiel um die Macht und den Einfluss bestimmter Banken und Konzerne. Diese Zusammenhänge gilt es zu verstehen. Die Welt der Medien wird von den großen Geldgebern gesteuert und es wird ein Menschenbild vermittelt, das in diese Denkstruktur hineinpasst. Es werden Wünsche geweckt und Bilder gezeigt, denen der Bürger entsprechen soll. Die Allmachtphantasien vieler Superreichen werden somit in die Köpfe der Bürger transportiert. Es gehört kritisches Bewusstsein dazu, diese Lebensentwürfe, diese Bilder zu hinterfragen. „Deine Mündigkeit hängt davon ab, inwiefern du dein Leben jenseits dieser Bilderwelten einzurichten weißt!"

Die Welt der Affekte

Wir können in den vielfältigsten Bereichen des Lebens als Gefangener enden. Das Gefühl von Ausweglosigkeit und Unfreiheit breitet sich aus, wenn wir nicht mehr in der Lage sind, unsere Affekte auf ein natürliches, gesundes Maß zu reduzieren. Es wäre voraussichtlich vermessen zu behaupten, völlig frei von Affekten zu sein, man denke an Eifersuchts- oder Wutgefühle, die das eine oder andere mal unkontrolliert hochschwappen können. Doch im Spektrum der Affekte, im Spektrum der ungebändigten Leidenschaften und Abhängigkeiten, gibt es sehr unterschiedliche Ausmaße. Die Unfreiheit setzt in dem Moment ein, wenn wir uns nicht mehr frei entscheiden können, wenn wir automatisch in unkontrollierter Art und Weise reagieren, überreagieren. Das gesunde Maß wird überschritten, wenn Gier, Neid und Eifersucht den Alltag bestimmen. Der Sog des Haben-Wollens befeuert eine übertriebene Sucht nach mehr, immer mehr und der Getriebene hat seine Gelassenheit verloren oder nie besessen. „Wenn du geliebt werden willst, so liebe! Wenn du dich und andere glücklich machen willst, so gib von Herzen!" Der Gebende wird nicht alle Investitionen mit einem berechnenden Auge abgleichen und von anderen mehr erwarten. Das von Herzen Lieben, Geben, Sich-Verschenken ist eine Haltung außerhalb der Berechnung. Das Glück liegt weder in der Kontrolle noch in der Berechnung und wir werden das Glück nicht erzwingen, wenn wir es mit allerlei materiellen Investitionen einkaufen wollen. Der Superreiche fühlte sich oft isoliert, einsam und gelangweilt, da er das natürliche Leben ausgeschlossen hat. Die riesige Yacht muss die Spazierwege ersetzen, da er nirgendwo erkannt werden will. Die Verplanung und das hohe Maß an Security behindern jegliche Spontaneität. Es gibt keine spontanen, natürlichen Begegnungen, denn beinahe jeder fremde Mensch könnte ein Feind sein und einen Überfall planen. Das Absichern beherrscht den Alltag, wenn der Reichtum eine gewisse Grenze überschritten hat. „Du kannst dem natürlichen Lebensfluss nichts befehlen. Du kannst dem Tod nicht entkommen, doch du kannst sehr viel dazu beitragen, in dir zu Ruhe! „Wenn du einem Menschen begegnest, wenn du ins Gespräch kommst, so ist es ein Geschenk an dich. Du darfst an den anderen Gedanken partizipieren und aus der Begegnung lernen. Versuche, dem Gegenüber auf Augenhöhe zu begegnen. Versuche, den anderen zu verstehen." Auch in der Abgrenzung zu einer uns nicht kompatiblen oder angemessenen Sichtweise sollten wir lernen. Wir vergleichen und überdenken die Standpunkte, ohne uns zu überheben. Wir dürfen uns distanzieren, wir dürfen uns näherkommen. Alles ist möglich, wenn wir uns in Freiheit begegnen. Wir dürfen auch Grenzen ziehen, wir dürfen uns distanzieren, doch dazu ist eine Begegnung die unbedingte Voraussetzung. Wenn wir nur von Personal oder anders gearteten Abhängigen umgeben sind, werden wir uns nicht wahrhaftig spiegeln können. Die Annehmlichkeiten, der Luxus, wird uns weder ein echtes Feedback noch echte Chancen einer ernstgemeinten Kommunikation ermöglichen. Das Sehen und Gesehen-Werden entsprechen nicht einer ernsthaften Gesprächskultur. „Begegne den Menschen mit Wohlwollen und produziere keine Ängste, nur so werden die Menschen sich dir öffnen. Wenn du nur deine Interessen im Focus hast und die anderen deine Gehilfen sein sollen, werden sich die Mitmenschen distanzieren, um ein gesundes, ausgewogenes Leben zu führen. Der Affektbesessene kreist um sich und seine Wünsche, Gelüste und Pläne. Die anderen haben sich dem Abgehobenen unterzuordnen. Im Kreise des Dominanten, des Ichbezogenen wird es keine Freiheit geben. Der von seinen Affekten Beherrschte befindet sich in einem Karussell aus Begierden, Ansprüchen und schlechten Angewohnheiten. Beherrscht er erst eine Person, so wird er sie wie in einem Suchtmodus immer mehr gängeln wollen. Der Affektbeladene macht sich und andere unglücklich. Er schaut nicht darauf, was er bereits kann und besitzt, sondern giert nach mehr, nach mehr Besitz und Abhängigen. Es wird immer noch etwas geben, was er nicht besitzt und wenn er sich alles nur Erdenkliche gekauft hat, so wird er mehr Macht und Einfluss wollen. Vielleicht träumt er davon, den Tod zu besiegen.

Die Wachsamkeit

Die Wachsamkeit setzt ein hohes Maß an Wissen und Intuition voraus. Du bist beinahe überall gefährdet, in ein klebriges Netz zu geraten. Die Werbung springt dir entgegen, während du entspannen willst. Andere säuseln dir etwas vor, was du denken sollst. Sie sprechen von neuen Anschaffungen und Reisen. Bewahre deinen Zustand der Ausgeglichenheit und Freiheit. Deine Ausstrahlung wird viele verwundert zurücklassen, wenn sie es nicht schaffen, aus dir einen Neidbesetzten zu machen. Doch deine Gelassenheit ist ein Gut an sich und du wirst es nicht anstreben, um bei anderen Eindruck zu machen. Die innere Haltung der Gelassenheit geht mit deiner Wachsamkeit Hand in Hand. Du kannst dich von der Werbung und Angeberei distanzieren. Du fällst nicht in ein Loch aus Gier und Unzufriedenheit wenn Protzen und Prahlen seinen Lauf nehmen. Du planst nicht die Ausbeutung anderer, um noch mehr zu horten. „Leichtigkeit ist ein hohes Gut! Lass dich nicht von den Gewichten irgendwelcher überflüssiger Must-Haves in den Abgrund zerren!" Du brauchst dich nicht, mit kontrollierenden Augen zu vergleichen, während du durch die Straßen schlenderst. Es gibt so viel zu entdecken, wenn du den freien Blick eines Gelassenen bewahren kannst!

Der Spinner

Der Spinner war kein Spinner. Er wurde von vielen verhöhnt, da er nicht bereit war, seine Visionen zu verraten. Er war nicht dazu bereit, hinter seine Erkenntnisse zurückzutreten, denn er hatte die Erfahrung gemacht, dass einmal klar Verstandenes und Erfahrenes seine Berechtigung haben. Er wollte seine Visionen und Überzeugungen nicht aufgeben und er wollte sein Rückgrat nicht brechen lassen. Er glaubte immer noch an den Weg des Friedens, an die Möglichkeit, das Gespräch zu suchen und er wusste, dass Gewalt immer mehr Gewalt nach sich zieht. Er wusste, dass die Bereitschaft zum Verstehen-Wollen die Grundvoraussetzung ist, Konflikte zu besprechen und auch zu lösen. Er glaubte an die Macht der Sprache, der Kommunikation, und wollte grundsätzlich die Macht des Geldes kritisch betrachten. „Wenn die Macht des Geldes aus-

gebaut werden soll, werden Menschen nicht ehrlich und unvoreingenommen gefragt oder ernst genommen." Es regieren die Machtbesessenen, Gierigen und sie zeigen sich in ihren Deckmänteln. Es regieren
Banken und Konzerne und sie bezeichnen sich als Menschenfreunde.
Der „Spinner" glaubte immer noch an die Kraft der Liebe und er sagte:
„Wenn du die Liebe suchst, dann liebe! Wenn du den Frieden suchst,
dann verrate ihn nicht! Folge nicht den Bestechlichen und folge niemals
denen, die dich kaufen wollen!" Er war überzeugt von der Kraft der
Friedfertigkeit und sagte: „Wenn du dich als Mensch nicht verraten
willst, so verrate niemals die Menschlichkeit! Lass dich nicht verbiegen
und versuche nicht, den Anderen Gewalt anzutun! Die Gewalttätigkeit
beginnt mit der Abwertung! Der Friedfertige wird verstehen wollen. Der
Liebende wird diskutieren und dem Wort eine Chance geben. Als die
Denunzianten, Mitläufer und Korrupten ihn hörten, lachten sie ihn aus.
Sie verhöhnten ihn, nannten ihn abermals Spinner oder Traumtänzer.
Der „Spinner" blieb aber friedlich. Er konnte auf seine Gelassenheit zählen, denn er wusste, dass er auf dem richtigen Weg war. Die Ergebnisorientierung der Geldzähler und Machtbesessenen interessierte ihn
nicht, denn er wusste, dass sie dem Weg keine Chance gaben. Die Sucht
nach mehr ließ nur Gewinne, sprich Rendite gelten. Die Machtansprüche ließen nur ihre Dominanz wachsen und es ging ihnen nicht um das
Wohl der Menschen. Diese sollten den Machtapparat stützen und den
Gewinn mehren. Den Mitläufern sollte suggeriert werden, das alles zu
ihrem Vorteil wäre, während sie lediglich zu funktionieren hätten. Die
Gehirnwäsche ermöglichte die Fernsteuerung der allermeisten. Niemand ist gerne ein Außenseiter. Niemand möchte beschimpft oder ausgeschlossen werden und so reihten sich immer mehr in den Weg der
Destruktivität ein. „Wir kämpfen für den Frieden! Gespräche haben kei-
nen Erfolg!" Der „Spinner" wurde als Verräter und Utopist verschrien.
Als er wieder einmal abgewertet wurde, sagte er zu sich: „Ich bin kein

Spinner und ich werde, solange ich lebe, für die Liebe eintreten. Ich suche den Frieden und deshalb glaube ich weiterhin an das Gespräch!" Sein Weg sollte auf Menschlichkeit beruhen. Daher war er stetig gefordert, den Friedensprozess zu unterstützen, sichtbar werden zu lassen. Der Austausch, das Verstehen-Wollen und die herrschaftsfreie Kommunikation standen im Vordergrund, während sich die Abwerter weiterhin hochschaukelten und dem Verstehen-Wollen keine Chance einräumten.

Der Friedliebende

Der Friedliebende wird den Weg des Austausches suchen und zur Abrüstung, zum Gespräch auffordern. Der Mensch kann und darf sprechen. Der Mensch kann zur Gerechtigkeit beitragen, wenn er weder funktional noch berechnend seine Kommunikation gestaltet. Wir können gemeinsam auf der Suche zur Wahrheit unsere Kommunikation gestalten. Ein Angeber wird andere abschrecken. Ein Lügner wird mit vielem hinter dem Berg halten. Ein Betrüger wird seinen Gesprächspartner manipulieren und ein Gewalttätiger wird über den Weg der Sprache angreifen. Er wird unmenschliche Wege gehen und zum Beispiel den Satz: „Angriff ist die beste Verteidigung", nutzen. Der Gewaltbereite sucht nicht eine gemeinsame Verbesserung im Leben des Menschen. Er versucht, sich zu positionieren, aufzuwerten. Der Friedliebende ist gut beraten, sich in der Kommunikation bestens auszukennen, denn er sollte in der Lage sein, die Angriffe zu erkennen, um ihnen die Kraft zu nehmen. Der Friedensbote glaubt an die Kraft der konstruktiven Kommunikation und er sollte Angriffe zu erkennen können. Während sich der Lügner in Schweigen hüllt und der Abwerter die Kommunikation meidet, weiß der Friedliebende: „Man kann nicht „nicht" kommunizieren!" Das Ausbleiben der Gesprächsbereitschaft zeugt von Ignoranz und Härte. Der Verweigerer meidet den Austausch, da er nicht an einer Klärung, einer Aufklärung interessiert ist. Diese Haltung kann niemals der Wahrheitssuche und somit einem stabilen Frieden dienen und lässt Missverständnisse, Lügen und Klüfte weiterhin bestehen und wachsen. Der Friedliebende wird dies erkennen und gleichzeitig jede Chance zur Klärung nutzen. Er wird sich weder verbiegen noch anbiedern müssen, denn der Frieden wird um seiner selbst willen gesucht. Liebe, Gerechtigkeit und Menschlichkeit sind im Leben eines Menschen alternativlos und der Konstruktive wird alles versuchen, diesen Kräften eine Chance zu geben. Er lässt sich weder von der Ignoranz noch von der Unmenschlichkeit beeindrucken, stören und zerstören. Sein Weg ist sein Ziel!

Innere Balance

Für eine innere Balance zu sorgen, erfordert mehr Mut, Aufmerksamkeit und Wissen als zunächst angenommen. Vielleicht glaubt der Eine oder Andere, dass eine innere Ausgeglichenheit und Zufriedenheit mit der materiellen Absicherung automatisch in das eigene Leben Einzug erhalten. Viele werden sich wundern, dass dies nicht erwartungsgemäß und automatisch erfolgt. Natürlich sollten die Grundbedürfnisse eines Lebens abgesichert sein. Jeder braucht ein Dach über dem Kopf, sauberes Trinkwasser und niemand möchte frieren. Während diese Faktenlage für sehr viele beinahe einen befremdlichen Eindruck macht, da dies als selbstverständlich angenommen wird, haben andererseits viele, unterliegen viel zu viele einem erbitterten Überlebenskampf. Man denke zum Beispiel an die steigende Altersarmut in Deutschland, in ganz Europa und die unsäglichen Verhältnisse in Kriegsgebieten. Es sind nicht nur Schwellenländer von einer großen Armut betroffen, sondern auch westliche Staaten, wie die USA, in denen einige Superreiche immer reicher werden und gleichzeitig zum Beispiel auf den Straßen von Los Angeles eine immer stärker anwachsende Anzahl von Obdachlosen ihr Leben fristet. Diese Schere zwischen Arm und Reich wächst und wir alle werden nicht wegsehen können, wegsehen dürfen. Die gesellschaftlichen Abgründe zeigen sich immer deutlicher und der sozial Engagierte, der gesellschaftlich Reflektierte wird eine emotionale und kognitive Herausforderung spüren, da die Betroffenheit und oft empfundene Hilflosigkeit Spuren hinterlassen. Politiker fordern viel und ihre Vorstellungen laufen oft ins Leere, nicht selten ins Chaos, denn sie befeuern das asoziale Weiter-So. Doch es soll hier keine Analyse der Parteipolitik erfolgen. Vielmehr stellt sich die Frage, inwiefern wir trotz der Krisen, Kriege und sozialen Verwerfungen eine innere Balance realisieren können. „Was kann ich tun? Was darf ich leisten und wo kann ich Verantwortung übernehmen? Was könnte mein Wirkungsfeld ausmachen und inwiefern kann ich meine Möglichkeiten verwirklichen?" Wir alle möchten nicht ohnmächtig und hilflos in Passivität und Depressionen verfallen. Niemand möchte in einer Zuschauerrolle verharren und sich tagtäglich die Meldungen von Krieg und Terror ansehen. Es ist eine seelische Überforderung, stets von Kriegsbildern überflutet zu werden und sich gleichzeitig als hilflos und wirkungslos zu erleben. Das Fernsehen überfordert uns mit Bildern, die wir nur schwer verkraften können. Diese Bilder hinterlassen Spuren. Nicht jeder hat einen Partner oder Mitbewohner, mit dem er über das Gesehene sprechen kann. Nicht jeder kann sich über ein Gespräch befreien. Viele bleiben verängstigt zurück. Viele werden zu Opfern der überschäumenden Nachrichten und sie tauchen ab in Angst oder Depression. Die Hilflosigkeit breitet sich aus, wenn sich die schlechten Nachrichten übertreffen. „Wie kann ich zu einem inneren Frieden zurückgelangen? Was kann ich tun? Wo ist die Grenze des Erträglichen?" Wir sind keine asozialen Monster, wenn wir es nicht ertragen, immer wieder die Bilder des Schreckens zu sehen. Die Bilder überfluten uns. Doch wer kann das verkraften? „Was kann ich mir zumuten? Was kann ich ertragen?" Wir sollten ehrlich zu uns sein. Wir sollten uns selbst verstehen lernen und gut auf uns aufpassen. Wir können helfen, wenn wir die Möglichkeit, die Kraft und das Geld dazu haben. Wir dürfen uns in guten Taten erleben, doch wir sollten uns nicht überfordern! Die Achtsamkeit uns selbst gegenüber ist wichtig, damit uns unsere mentale und körperliche Gesundheit erhalten bleibt. Das Gefühl der Hilflosigkeit bringt niemanden in die Richtung einer inneren Balance. Die Hilflosigkeit sollte überwunden werden und somit fördern wir unser Wohlbefinden, indem wir das angehen, was wir leisten können. Wir müssen uns informieren, doch wir sollten uns nicht von Bildern überfluten lassen und uns später als hilflos und verängstigt wahrnehmen. „Was kannst du in deinem Wirkungskreis realisieren? Bist du in der Lage, auf andere zuzugehen? Sorgst du für deine innere Balance? Dein innerer Frieden hängt auch davon ab, inwiefern du dich selbst realisieren und ins Spiel bringen kannst! Was sind deine Stärken? Versuche, dich zu verstehen! Schütze dein Selbst!"

Nichts bleibt, wie es ist.

Obwohl du bereits die absolute Schallgrenze des Alterns durchbrochen hattest, gabst du dich vordergründig unantastbar. Du wolltest nicht akzeptieren, dass alles dem Wandel unterworfen ist und auch du sterben musst. Alles ist der Veränderung preisgegeben und auch du solltest erkennen, dass das Werden und Vergehen kontinuierlich gegeben ist. Die Materie wandelt sich, die Umwandlung der Stoffe ist ein nicht zu übersehendes Naturgesetz. Auch du unterliegst diesem Wandel, dem Alterungsprozess, und dein krampfhaftes Bemühen, alles zu halten und zu beherrschen, wirkt besonders abschreckend und verstörend, seit du auf die Schallgrenze der menschlichen Existenz zugehst. Die Alterszahl Hundert hindert dich nicht daran, in alter Manier zu handeln: Du willst herrschen, beherrschen. Dein Motto lautet: „Jeder ist käuflich! Ich verfüge über Geld und deshalb besitze ich die Macht! Niemand wirft mich vom

Thron!" Du bist das lebendige, eindrucksvolle Beispiel dafür, dass Menschen bis ins hohe Alter die Tatsache verdrängen können, dass sich alles im stetigen Wandel befindet. Der Tod wird, solange es geht, verdrängt und die Tatsache, dass bereits beinahe alle Freunde verstorben sind, hat immer noch kein Umdenken bewirkt. Die Weigerung, die Verweigerung der Anerkennung des Lebensflusses verhindert ein Leben lang einen Reifungsprozess, der notwendig ist, sich den entscheidenden Themen zu stellen. Wer Kraft seines Geldes Menschen verbiegt und Tatsachen verdreht, hat nicht begriffen, was Freiheit und Verantwortung bedeuten. Sowohl der Herrschende als auch der Beherrschte, der Gekaufte, haben sich dem natürlichen Lebensfluss verweigert. Der Gekaufte wird niemals erleben dürfen, was aus ihm geworden wäre, wenn er möglichst frei und in Eigenverantwortung gehandelt hätte. Der Herrscher, der Geldgeber, wird niemals wissen können, was der Gekaufte aus sich heraus freiwillig und selbstbestimmt entschieden hätte. Jede Begegnung ist somit eine künstlich beeinflusste Lebenssituation, die von Geldflüssen dominiert wird. Schmiergelder sind die Ketten einer Existenz, denn der Zahlende will den bedingungslosen Gehorsam. Die Allmachtphantasien steigern sich, wenn der „Gönner" keine Grenzen zulässt, wenn er keine Grenzen erfährt. Somit ist ihm der natürliche Lebensfluss fremd geworden. Er hat Flussläufe ausheben lassen und so manche Kurve begradigt. Er wollte dem Fluss seine Natürlichkeit und Wildheit nehmen und er wollte sich über die Naturgesetze hinwegsetzen. Der Mächtige will keine Grenzen zulassen, nur seine Herrschaft ausbauen. Er wird weder die freie Natur einer Flora und Fauna wertschätzen, noch die Persönlichkeit eines Menschen ernst nehmen. Das Natürliche steht ihm im Weg, denn der alles beherrschen Wollende hat keinen Zugang zur wilden, ursprünglichen Natur und Entfaltung. Das „Widerspenstige" ist ihm zuwider. Das „Unbezähmbare" stört und der eigenständig Denkende wird ignoriert. Der Herrschende, der Kontrollierende, liebt nicht das Freie, das Natürliche, das Unvorhersehbare. Alles und alle sollen unterworfen und somit kontrollierbar sein. Der routinierte Ablauf des Lebens darf nicht gestört werden. Man möchte sich der Illusion hingeben, dass alles so weitergehe wie bisher. Menschen sollen kontrolliert und geschmiert werden und alles möge dem Plan des Herrschers genügen. Es wird kein „Unkraut" im Garten des Herrschenden wachsen. Er glaubt, alles beherrschen zu können, auch eine authentische Meinung seines Gegenübers interessiert ihn nicht. Er will die Macht und seinen Machtausbau. Er wird aber nicht das ewige Leben kaufen können. Auch er wird zu Staub, doch das Verdrängen wird solange ein Teil seines Lebens sein, solange er atmen kann. Doch er kennt weder Bescheidenheit noch Selbstreflexion. Er kennt weder das Gespräch auf Augenhöhe noch die Möglichkeit, in Freiheit zu denken und in Freiheit zu lernen. Alles ist der Sucht nach Macht untergeordnet. Jeder, der stören könnte, wird unwillkürlich ausgegrenzt. „Alles soll so bleiben, wie es ist!" Dies widerspricht dem natürlichen Lebensfluss und somit wird er als Mensch scheitern.

Die Erinnerung

„Du darfst an deinen und aus deinen Erinnerungen lernen!" Die Erinnerungen sprechen zu dir, wenn du die Wahrheit zulässt! Dein Erlebtes ist deine Chance der Erfahrung, denn du durftest dich im Lebensstrom bewähren. „Versuche dich nicht zu belügen! Versuche deine inneren Filme zu bewahren! Es wäre nicht gut, im Nachhinein Fakten zu verdrehen und Menschen abzuwerten, die der Wahrheit näher kommen wollen und im ethischen Sinne handeln. Deine Erinnerungen werden hell und klar leuchten, wenn du deine Filme wertschätzt. Das Gold der Erinnerungen wird in dunklen Stunden dein Leben ausleuchten. Die schweren, verletzenden Erinnerungen darf man bergen und bearbeiten, damit sie durch die Verarbeitung ungefährlicher werden. Somit ist das Verklären, Verdrehen und auch das Verdrängen zu hinterfragen. „Dein Erlebtes gehört zu dir, denn es hat dich zu dem gemacht, wer du bist. Schließe Frieden mit dem Erlebten und nutze die Lektionen für deine Zukunft!"

Der gelangweilte Blick

Als ich dir gegenüber saß, versuchte ich Kraft meiner Empathie und Menschenkenntnis die Inhalte meiner Anliegen möglichst spannend und somit bildhaft zu untermalen. Da dieses Vorgehen seine Wirkung nicht erzielte und das spannende Erzählen, ausführliche Begründen und vor allem die Werthaltigkeit der Informationen auf taube Ohren stießen, stellte ich mir die Frage: „Warum dringe ich nicht zu dir durch, warum regt sich kein echtes Interesse?" Es ging nicht darum, Sachverhalte nachzuplappern, es ging nicht darum, dogmatische Gesetze nachzusprechen, es ging um einen gemeinsamen Austausch über gehaltvolle Themen, es ging darum, gemeinsam im Gespräch miteinander seinen Horizont zu erweitern und ein wenig mehr zu verstehen. Es ging um die Möglichkeit einer Reflexion, einer kritischen Beleuchtung gesellschaftlicher Kontexte, die sich permanent ändern. Du schautest gelangweilt und du signalisiertest erst ein Interesse, als es wieder einmal um deine extrinsische Motivation und deine Aussicht auf Gewinn ging. Es schien dich kaum noch etwas anderes zu interessieren. Dein angebliches Vorankommen, deine Vorteilsnahme, hatte sich über dein Denken und Fühlen gelegt. Der Blick war somit versperrt und du konntest dich nicht den komplexen Inhalten in einer lebendigen Welt öffnen. Dir entging, dass dieser primitive Zugriff auf die Realität zu eng, zu schmalspurig und zu verfälschend war. Zuviel wurde ausgeblendet, noch weniger durchdacht und zur Kenntnis genommen. Es ist der Tunnelblick der Ignoranz und der Fixierung auf materielle Werte, die ein umfassendes Interesse verhindern. Während du borniert und zwanghaft deine Karriere fixiertest, entging dir, dass dieser einseitige Blick dir alles verbaute, denn ein Mensch verfehlt das Verstehen, wenn der Tunnelblick das wesentliche ausschließt. Das Dilemma ist eindeutig. Während du den schnellen Vorteil suchst, kannst du deinen Weg nicht richtig ausleuchten: Menschen werden falsch gedeutet, Inhalte verleugnet, Kontexte übersehen und die vielen Fehleinschätzungen führen zu Fehlentscheidungen. Die Einseitigkeit und Ignoranz führen generell in Sackgassen. Du starrst auf dein Vorankommen und definierst dieses über den Zugang zu Geld und Prestige. Es werden Berufswünsche geäußert, die dies ermöglichen sollen. „Ich will Ärztin oder Anwältin werden!" Während du ein paar vordergründige Argumente zum Besten gibst, wird das Ausmaß der extrinsischen Motivation deutlich. Das Ansehen in der Gesellschaft und ein hohes Einkommen sind die Beweggründe. Du willst schnell und ohne Umschweife zum „Ziel" kommen. Du willst mit den allerbesten Zensuren glänzen und einen Studienplatz ergattern. Inhalte spielen eine untergeordnete Rolle und sind dem Vergessen preisgegeben. Ein sehr guter Schulabschluss ist nur ein Mittel zum Zweck und Menschen können sich nur mit dir treffen, wenn sie dir vordergründig hilfreich sind: „Durch wen habe ich Vorteile? Ich mache Karriere!". Nur bei der Formulierung dieser „Ziele" leuchten deine Augen kurz auf und kein anderes Thema kann dich begeistern. Die vordergründige Fixierung auf einen Berufswunsch zeugt von der Unfähigkeit, die Welt verstehen zu wollen. Der Schmalspurblick auf das Leben, der stark eingegrenzte Blick lässt dich langfristig im Leben scheitern. Angetrieben von einem vordergründigen Prestigedenken kannst du für kaum ein Thema ein Interesse entwickeln. Es ist dir nicht möglich, die Welt der Wissenschaft wertzuschätzen. Ein vielseitiges, umfassendes Studium erfordert mehr als ein bauernschlaues Denken. Der Tunnelblick führt in die Irre. „Dir fehlen die Leidenschaft zu lernen und die Freude am Erkennen. Du starrst blind links auf dein Ziel: Geld und Prestige. Während du dich vorteilsorientiert und zielsicher gibst verpasstest du die Chancen, dich umfassend zu bilden.

Die Themen langweilen dich, wie die Gespräche, an denen du partizipieren könntest. Deine Erwartungshaltung ist vordergründig und zeugt von deiner Schieflage. Andere sollen dich begeistern. Andere sollen in dir ein Feuer entfachen, doch du brennst nicht für die Inhalte und Erkenntnisse, sondern du kokelst vor dich hin und träumst vom großen Geld.

Die Mühe lohnt sich

Das Verstehen-Wollen ist mehr als ein Abrufen irgendwelcher Inhalte. Es ist mehr als ein vordergründiges Denken, bei dem funktionale Schachzüge austaxiert werden. „Wer wirklich verstehen will, kann nur den Weg einer Klärung, einer Aufklärung, und einer ernst gemeinten Orientierungsarbeit gehen." „Davon habe ich nichts! Ich mache mir keine Gedanken über Themen und Anliegen, die mir keinen Nutzen bringen!" Diese Haltung zeigtest du mir in Worten und Taten und wenn eine Thematik anstrengend oder inhaltlich komplexer wurde, zeigtest du dich gelangweilt. „Ich will nicht denken! Das Leben ist kompliziert genug!" Wieder einmal nutztest du Gesprächsstörer, um mich ruhig zu stellen. Du wolltest mich erziehen, lenken, beeinflussen. Ich sollte nicht die unbequemen Themen der Existenz ansprechen, denn du wolltest dich amüsieren. Es war jedoch auffällig, dass deine Launenhaftigkeit große Ausmaße annahm und der unbedingte Wille zum Spaß und Abenteuer nicht häufig genug zielführend war. „Was lief schief? Was behinderte den freien Fluss einer Spaßorientierung?" Genauer betrachtet war und ist es der grobe Filter, den du in deinem Leben zum Einsatz brachtest. Es ist der Filter, der das Unangenehme heraushalten, entfernen sollte. Das Störende, das Komplizierte, sollte keinen Raum in deinem Leben einnehmen. Leicht eingängige Inhalte, Slogans und Werbemaßnahmen wurden von dir gern übernommen, denn du wolltest modern wirken und bei den Menschen gut ankommen. Vieles lief unbewusst, denn du konntest selten begründen, warum du diese oder jene

Entscheidung trafst. „Das machen alle so!" Während du mit dem E-Roller bereits einen Unfall verursacht hattest, rastest du neuerdings viel zu schnell mit dem E-Bike zur Arbeit. Deine Augen waren nicht mehr die besten, doch du konntest und wolltest auf keinen Trend verzichten und der Bus kam nicht in Frage. Dein Motto lautete: „Was sollen die Leute denken? Ich bin sportlich und aktiv!" Die Außenwirkung lag dir am Herzen, während du deinen Reflexionsradius eingeschränkt und oberflächlich hieltest. Das Denken wurde vom Thema Finanzen gesteuert und in Anspruch genommen, denn die Planungen rund um Hausbau, Urlaub und Konsum ließen dich in einem schlechten, nervösen Zustand zurück. Das tieferliegende Verstehen-Wollen hätte Offenheit und geistige Flexibilität vorausgesetzt. Nun kam der gnadenlose Filter immer wieder zum Einsatz: „Was habe ich davon? Kann ich Geld sparen? Ist dieser oder jener Tarif von Vorteil?" Diese Fragen beschäftigten dich und die Wahl deiner Mitmenschen fiel einer vordergründigen Checkliste zum Opfer: „Habe ich durch diesen oder jenen einen Vorteil? Wo ist das besagte Vitamin B zu finden?" Während du diese Schere bedientest, verletztest du die guten Zweige und du ließest schlechte Triebe stehen. Du konntest die Menschen kaum begreifen. Da deine Gespräche an der Oberfläche blieben und du dich um tieferliegende Inhalte selten bis gar nicht gekümmert hattest, konntest du nun weder die Aussagen noch die Gesprächspartner richtig einordnen. Es sollte sich für dich alles lohnen, auszahlen. Du wolltest glänzen und anerkannt werden. Du wolltest dich jedoch nicht unnötig anstrengen. Du wolltest viele Themen erst gar nicht beleuchten. Sie passten dir nicht, sie lagen dir nicht. Du wolltest dich auch nicht mit den unbequemen Menschen abgeben. Sie passten dir auch nicht und sie sprachen Themen an, die dich störten. Sie störten dich in deiner oberflächlichen Wahrnehmung. „Die tiefen Wurzeln der Existenz sind nicht ganz oben zu finden! Die tieferliegenden Gedanken

erschließen sich nicht aus der Werbung oder überflüssigen Fernsehbei-
trägen! Der Sinn wird sich dir nicht aus oberflächlichen Sprachsequen-
zen erschließen. Du wirst vieles nicht verstehen und noch weniger begreifen können, wenn du den Spaßfilter bemühst!" Du spürtest immer
häufiger, dass du bei einer Vielzahl von Themen nicht mehr mitreden
konntest. Selbst bei deiner Kindererziehung kamst du schnell an deine
Grenzen. Deine Kinder sollten dich glücklich machen, doch sie hatten
ihren eigenen Kopf und Charakter. Du hattest keine fundierten Vorstellungen von Erziehung. Es sollte alles möglichst bequem und reibungslos
laufen. Doch das Leben tickt anders. Wenn du kein wahres Interesse
zeigst und hast, wenn du überwiegend ohne Empathie agierst, wird das
Pendel zurückschlagen. Die Menschen spüren, wann und wo es echt
und warmherzig zugeht. Deine Kinder erkennen, ob du es mit ihnen
ernst meinst. Der äußere Schein verfliegt und nichts bleibt, wie es ist. In
der Krise zeigt sich deine Stärke und diese erwächst nicht aus den Launen einer Spaßkultur. Denn du verstehst, dass die Inhalte um ihrer
selbst willen einen Wert haben. Zuhören und Lernen können dir helfen,
mehr zu begreifen. Du wirst Lernen als Chance begreifen. Du wirst die
Fakten und so viele Themen nicht mehr ablehnen und du wirst gerne
zuhören oder lesen. Diese „Mühe" wird für dich zur Freude. Diese Arbeit
befreit dich aus dem Elfenbeinturm der Überheblichkeit. Die Haltung
der Bescheidenheit und Demut hilft dir beim Lernen. Der andere könnte
auch Recht haben. Viele Dichter und Denker durchdachten und erlitten
viel Ungemach. „Du hast die Chance zu lernen und zu verstehen, du
musst es allerdings wollen!"

Die Lernbereitschaft

Das Verstehen-Wollen setzt eine Lernbereitschaft voraus. Ein tieferliegendes Verstehen geht über vordergründiges Abrufen von Fakten oder

auswendiggelernten Sachzusammenhängen hinaus. „Ich habe mein Leben im Griff und ich bewältige meinen Alltag! Mir kann nichts passieren!" Es ist immer wieder zu hören, dass Menschen sich daran messen, ob sie ihre Alltagswelt in einer gewissen Routine bewältigen. Dies kann jedoch kein befriedigender Maßstab sein, wenn Sinnzusammenhänge diskutiert und verstanden werden wollen. Der Mensch tappt in Fallen. Er gibt sich häufig mit Lebensbedingungen zufrieden, um in Bequemlichkeit und Denkfaulheit zu leben: „Das betrifft mich nicht! Ich habe mein Auskommen!" Es ist ein Kreisen um Alltagsabläufe, profane kleinkrämerische Entscheidungen nach dem Motto: „Welche Jeans erwerbe ich, mit oder ohne Schlag? Welcher Kaffee passt zu welchem Kuchen? Nehme ich Filterkaffee oder Espresso?" Solche „Probleme" nehmen das Denken so sehr in Anspruch, dass Reflexionen zu kurz kommen. Die Welt des Konsums und des „Genusses" wird von der Werbung gefeiert. Es ist schwer, sich dagegen zu wehren. Wir sitzen in einer Nussschale und die Wellen sind immer wieder meterhoch. Wir sind eingebunden in die Bedingungen der Existenz, der ungeklärten und teilweise angedachten Phänomene dieser Welt, in die wir hineingeworfen wurden. Die Wissenschaften forschen, suchen und versuchen zu deuten, zu erklären und auch vieles zu beweisen, man denke zum Beispiel an die physikalischen, biologischen und medizinischen Erklärungsmodelle, die auch wieder verworfen werden müssen, wenn neue Erkenntnisse alte Interpretationen überholen. Wir befinden uns als Mensch immer in einer Entwicklungsphase, in einem Prozess, sei es in unserem Alltag oder im wissenschaftlichen Arbeiten. Nichts bleibt, wie es ist, und wir sehen in voller Bescheidenheit, dass wir ein Teil dieses Prozesses dieser Veränderung sind. Unser Körper und auch unser Denken verändern sich stetig. Uns dessen bewusst zu werden, sollte uns bescheiden stimmen. Diese Bescheidenheit ist eine Grundvoraussetzung, um nicht in einer überheblichen Lebenshaltung zu verkümmern, als Mensch zu versagen.

Der Überhebliche wird sich in seinem Leben überheben. Das kann unterschiedliche Auswüchse annehmen: Vielleicht wird er sich in einer arroganten Manier über andere hinwegsetzen oder sogar Menschen ignorieren. Derjenige, der nicht ernsthaft verstehen will, findet keinen fruchtbaren Weg zum Du. Er wird Themen ausklammern, umgehen oder sogar verbieten. Das dogmatische Verhalten einer Abgehobenheit beinhaltet grundsätzlich eine Überheblichkeit, die zu einer Fehleinschätzung der eigenen Person und die der anderen führt. Ein Kontakt auf Augenhöhe kann kaum gelingen. Der herrschaftsfreie Diskurs wird an Rechthaberei scheitern, die durch Arroganz und Überheblichkeit geprägt ist. „Was nicht passt, wird passend gemacht! Wer sich nicht anpasst, kann gehen"! Wer widerspricht, muss die Konsequenzen tragen!" Wir alle kennen diese Haltungen und Denkmuster. Wir kennen sie, weil sie überall vorkommen können. Geldgeber beeinflussen die Forschung, die somit ihren Wert an sich einbüßt. Es handelt sich um die Entwertung einer Suche nach messbarem, objektivem Wissen. Wer die Wissenschaft beugt, wer Menschen kauft, verfolgt dubiose Ziele und mit Sicherheit nicht die Klärung unserer Welt, die Aufklärung von Kontexten in der Gesellschaft, in der soziologischen Grundlagenforschung. „Hüte dich vor dem, der nicht verstehen will! Hüte dich auch vor dem, der dich bei deinem Verstehen-Wollen behindert! Hüte dich vor dem Einflussnehmer, der die Menschen verbiegt!" Deine Lernbereitschaft ist dein Lebensfeuer, das es zu speisen gilt. Deine innere Flamme kann kräftig leuchten und dir den Weg zeigen, solange du verstehen willst! Derjenige vegetiert, der nur noch nachplappert, mitläuft und sich unterworfen hat! Somit ist die Lernbereitschaft ein Indiz für deine Lebendigkeit, für die Unversehrtheit deines inneren Kerns!"

Deine Phantasie

Du sprühst voller Phantasie und stehst auf dem Boden der Tatsachen. Die Phantasie zeugt von deiner Lebendigkeit! Du stehst auf dem Boden der Tatsachen, da du weder arrogant noch abgehoben bist. Deine Augen und Ohren stehen nicht auf Durchzug und du willst lernen, verstehen. Du lässt deine Phantasie zu, da du keine Angst vor der Veränderung hast. Deine inneren Eingebungen sprechen zu dir und setzen neue Impulse, die notwendig sind, dein Selbst zu fördern und lebendig zu erhalten. Alles ist im Fluss und deine Flexibilität lässt dich im Meer der Existenz überleben. „Du kannst denken, du kannst lernen, reflektieren und forschen. Du schaffst und sorgst für die Bedingungen, die es ermöglichen, dass du lebendig und voller Lernbereitschaft durchs Leben gehst. Deine Antennen stehen auf Empfang und du wirst für Aufklärung sorgen. Während dir deine Phantasie Flügel verleiht, stehst du auf dem Boden der Tatsachen, von denen du weißt, dass sie sich stetig verändern. Du hast keine Angst vor der Wahrheit, ganz im Gegenteil! Du suchst und du willst die Aufklärung und gleichzeitig ist dir klar, dass dieser Weg, diese Suche, niemals enden wird. Alles fließt und du wehrst dich nicht dagegen, denn es ist schön, das Gesetz der Existenz zu verstehen und immer ein wenig mehr zu begreifen, während du weißt, dass du immer nur am Anfang stehen kannst.

Freiheit, Überheblichkeit, Bescheidenheit

Der Überhebliche wird die Realität falsch einschätzen. Der Destruktive kann die Wirklichkeit nicht erkennen. „Was hat das eine mit dem anderen zu tun? Gibt es einen Zusammenhang und wenn, warum?" Da sich der Überhebliche häufig über die real gegebenen Bedingungen, Fakten und Tatsachen hinwegsetzt, wird er in und mit seiner Selbsterhöhung scheitern. Er muss nicht zwangsläufig verarmen oder am Rande der Gesellschaft vegetieren. Er muss auch nicht automatisch ein Leben in der

Isolation führen. Der Überhebliche entwirft ein Bild von sich selbst und dieses Bild ist von einer sich überhebenden Haltung geprägt. In der Eigenwahrnehmung wird das Selbst überhöht und kann schlimmstenfalls narzisstische Ausmaße einnehmen. Die Variationen einer Selbsterhöhung sind vielfältig und jeder Charakter wird in seiner ganz individuellen Lebenssituation andere Strategien entwickeln. Der Überhebliche kreist um sich selbst und verpasst die Chancen, sich im Kontext mit anderen angemessen auszutauschen und zu spiegeln. „Warum?" In der Überhebung verlasse ich den Boden der Realität und es ist nicht ein Zeichen einer gesunden, sinnstiftenden Phantasie, wenn ich mich erhöhe, über andere erhebe und mich somit meinen Mitmenschen, Gesprächspartnern nicht auf Augenhöhe nähere. In der Kommunikation wird die Angewohnheit deutlich, wenn zum Beispiel andere Meinungen abgewertet werden. Die Überheblichkeit zeigt sich auch in einer Gesprächsverweigerung. Sollte unbewusst oder mit Kalkül ein Gespräch vermieden werden, so beweist sich die Ablehnung eines Austausches. In diesem Kontext soll erwähnt werden, dass sogar sehr fruchtbringende, intellektuell hochwertige Gespräche vermieden werden, um sich nicht spiegeln zu müssen. Unterlegene Gesprächspartner können Gehör finden, da der Überhebliche diesen Menschen sofort seine Überlegenheit zeigen möchte. Dabei gibt es inhaltlich keine hochwertige Kritik, da der intellektuelle Horizont des Unterlegenen dazu nicht ausreicht. Diese Haltung Menschen gegenüber kann zu großen Fehleinschätzungen der Realität führen, wobei die erste sich bereits in einer unangemessenen Eigeneinordnung des eigenen Selbst offenbart. Der sich Überhöhende kann sich nicht in einer bescheidenen Haltung zurücknehmen und adäquat reflektieren. In der Umgebung, im engeren Umfeld, werden keine ernst zu nehmenden Konkurrenten geduldet, wobei der Begriff des Konkurrenten hier nicht im selektiven Sinn verstanden werden soll. Der Überhebliche meidet den Austausch mit fähigen, kritischen Personen, die nicht nur nicken oder loben. Das führt dazu, dass sich überhebliche Menschen häufig isolieren. Sie dulden keinen authentischen Austausch und keine sachlichen, objektiven, realitätsbezogenen Einschätzungen, denn der Überhebliche hält an seiner überhöhten Wahrnehmung fest. Der Blick auf die Realität ist eingetrübt. Die Selbstwahrnehmung verzerrt. Die Kommunikation mit anderen behindert. Der freie Fluss eines konstruktiven Austausches findet nicht statt. Da der Überhebliche in der Regel vorteilsbedacht ist, wird er in die Fallen irgendwelcher Abhängigkeiten geraten, von denen er sich einen pekuniären, gesellschaftlichen oder Karriere orientierten Vorteil erhofft. Das strategische Denken verhindert abermals klares Bewusstsein. Da sich die Überheblichkeit mit der Abgehobenheit und Eitelkeit in vielen Variationen zeigt, muss es nicht verwundern, wenn ein tiefer Fall, ein Absturz des Ignoranten, die Folge seiner Fehleinschätzung nach sich zieht. In den Luftschlössern der Eitelkeit und Überheblichkeit verirrt sich der Charakter. In den Scheinwelten der Selbsterhöhung haben realitätsbezogene Persönlichkeiten keinen Platz. Es fehlt die Erdung, die echte, sinnstiftende Kommunikation. Ein Anspruch auf Authentizität und Freiheit wird es nicht geben, wenn die Realität ausgeschlossen wird. Die Lüge wird zur Wahrheit erhoben: Menschen werden abgewertet, Tatsachen übersehen oder verdreht. Es werden böse Märchen erfunden und der Blick auf die Vergangenheit wird genauso verzerrt wie der Blick in die Zukunft. Freiheit aber zeigt sich in einem inhaltsorientierten Austausch, der nicht eingegrenzt und von einer Person dominiert wird. Wer die Wahrheit nicht vertragen kann und im Elfenbeinturm der Überheblichkeit sitzt, wird ein Leben in Lug und Trug führen, denn Selbstbetrug gehört zur Überheblichkeit und das Schauspiel anderen gegenüber ebenso. Der Überhebliche führt ein Leben in Unfreiheit: Er kann nicht klar denken und nicht offen und ehrlich sprechen. Er verkauft von sich ein Bild, das nicht mit der Realität übereinstimmt. In der Eigenwahrnehmung verwischen sich die Grenzen, die Fakten und der Überhebliche verirrt sich in Trugbildern. Er ist der Gefangene seiner Scheinwelten.

Machtgier

Die Machtgier ist eine Extremform der Gier, die andere destruktive Haltungen des Menschen beinhaltet. „Der Destruktive kann die Wirklichkeit nicht erkennen und der Machtgierige vermeidet die Gesellschaft der Wahrheitssuchenden". Er will seine Herrschaft ausdehnen und nutzt die Methoden der Manipulationen. Sollte der Machtgierige über Kapital verfügen, so wird er die Käuflichen mit Geldzuwendungen füttern und sie somit vereinnahmen. Das Verdrehen von Fakten und die Abwertung der Menschlichen gehören ebenso zum Programm eines Machthungrigen. Dieser Hunger wird nicht zu stillen sein und schaut man in die Historie der Menschheit zurück, so finden wir genügend destruktive Herrscher, die buchstäblich über Leichen gingen. In ihrer Abgehobenheit, Eitelkeit und Selbstüberschätzung führten sie Kriege und billigten, dass Millionen von Menschen ihr Leben verloren. Doch der Machthunger ist auch in kleinen sozialen Gruppen zu finden. „Wer verschmäht das ernsthafte Gespräch? Wer lockt mit materiellen Zuwendungen, um Einfluss zu nehmen? Wer lässt keine objektive Kritik zu und wer giert in einer selbstüberhöhenden Art und Weise nach immer mehr Macht und Einfluss?" Die Bauernschläue des Machtgierigen macht es oft möglich, den Ausbau seines Systems kontinuierlich voranzutreiben. Er wird - je nach Situation und sozialen Gegebenheiten - sein Spiel aus Zuckerbrot und Peitsche ausdehnen. Vielleicht wird er sich den Mantel des Idealisten umwerfen und in Stiftungen investieren. Vielleicht wird er in einer frömmelnden Haltung andere überreden und an sich binden. Er lockt mit der Aussicht auf Gewinn und legt dem anderen schwere Ketten um den Hals, während er von Freiheit und Gerechtigkeit spricht.

Die Verlogenheit wird sichtbar, wenn das Handeln mit den Worten, den Versprechungen, nicht übereinstimmt. Manchmal dauert es lange, bis sich der Machtgierige so sehr in Widersprüchen verstrickt, dass ihm die Argumente oder Mittel ausgehen. Bedauerlicherweise gehen nicht selten viele, viel zu viele den Weg in eine existentielle Sackgasse, da sie sich Vorteile erhoffen und zum Mitläufer werden.

Die Verkrampfung

Als du die Sechzig überschritten hattest und der Alterungsprozess unübersehbar an dir nagte, begannst du, kopflos zu werden. „Niemand wird mich aufhalten können und ich knüpfe an die Erfolge meiner Jugendzeit an!" Das Problem offenbarte sich darin, dass du weder in einer abgeklärten noch einer altersgerechten Art und Weise deine Erfolge feiern wolltest. Im Jugendwahn verhaftet wolltest du die Wirklichkeit ignorieren und mit deinem künstlichen Hüftgelenk genauso tanzen und singen wie in deinen Zwanzigern. Die Gier nach Aufmerksamkeit beherrscht kontinuierlich dein Denken und Fühlen. Die Gier, im Mittelpunkt zu stehen, lässt dich die Wirklichkeit und somit dein Alter verklären. Geld und Einfluss sollten dein Vorhaben ermöglichen, während deine Gelenke schmerzten. Du willst dir nicht eingestehen, dass dein Gesundheitszustand von dir Ruhe und Gelassenheit einfordert. Es bedeutet zu lernen, eine innere Haltung einzunehmen, die es ermöglicht das anzunehmen, was nicht zu ändern ist. Es bedeutet eine Haltung der Disziplin, sich nicht zu überfordern und gleichzeitig daran zu arbeiten, sich zu fördern. Der Erhalt der Gesundheit ist nicht mit dem Größen- und Jugendwahn zu vereinbaren. Deine Verkrampfung wird in deiner angespannten Haltung deutlich. In deiner Welt gibt es keine Krankheiten und Falten. In deiner Welt kommt es einem Versagen gleich, nicht mehr so zu agieren wie ein Mensch im jugendlichen Alter. Du vergleichst dich mit dreißig Jahren jüngeren Tänzern, die keinerlei gesundheitliche

Einschränkungen haben. „Lache und tanze, so wie es deinem Alter entspricht und so, wie es dir gut tut! Du brauchst weder dir noch anderen etwas vorzugaukeln! Es ist eine Größe, in Würde zu altern! Jede Aktivität, die dir guttut, ist willkommen, doch verstehe den Kreislauf des Lebens und verkrampfe dich nicht länger!"

Die Eifersucht

Die Eifersucht ist ein verbreitetes aber nicht sinnvolles, nicht zielführendes Phänomen. Wir kennen sicherlich alle den Moment, in dem uns Gefühle der Eifersucht heimsuchen. Doch die Arbeit am eigenen Selbst kann uns mehr und mehr von dieser Sucht befreien, da die Eifersucht niemandem weiterhilft. Manchmal fühlen wir uns schwach oder zu unbedeutend oder zu wenig anerkannt, wenn die Wogen der Eifersucht über uns hinweg schlagen. Vielleicht waren wir schwach, nicht gesund oder verunsichert und sind zusätzlich abgewertet worden. Doch es sollte ein Ziel sein, gut mit uns umzugehen. Es sollte ganz oben auf unserer Agenda stehen, uns zu stärken und wahrhaftig an Stärke und Gelassenheit zu gewinnen. Dies ist ein Prozess, der den Körper und die mentale Kraft betrifft. Unser Körper einschließlich unseres Gehirns braucht eine gute Versorgung und regelmäßiges Training. Wir können an uns arbeiten. Wir können lernen und erfahren, was uns weiterhilft und gut tut. „Der in sich Ruhende, der Ausgeglichene, der sich mit sich im Einklang befindet, wird eher in der Lage sein, nicht kontrollierend und eifersüchtig zu reagieren." Übertriebene Eifersucht ist der Ausdruck einer Schwäche und schadet sowohl dem Eifersüchtigen selbst als auch dem Umfeld. „Wer den Kreislauf des Lebens akzeptieren kann, wer die Freiheit des anderen anerkennt und das Werden und Vergehen nachvollziehen, schauen kann, befindet sich auf der konstruktiven Seite dieser Existenz." Somit haben Eitelkeit und Überheblichkeit negative Auswirkungen, die in destruktiven Haltungen münden. Die Eifersucht mit ihren kontrollierenden und beherrschenden Symptomen verhindert ein konstruktives Leben in Freiheit und Selbstbestimmung. Der Herrschsüchtige, Eitle, wird voller Eifersucht darauf achten, dass niemand auch nur ansatzweise zu viel glänzen oder an Einfluss gewinnen kann. Doch der Eifersüchtige wird sein Umfeld auf Dauer zermürben. Viele werden die Flucht ergreifen. Der von dem Eifersüchtigen unterworfene, der in Ketten liegende, wird keine gute Ausstrahlung vorweisen. Der Eifersüchtige wird Menschen einkesseln und er wird die Auswüchse seiner destruktiven Haltung zu spüren bekommen. Er wird in seiner Sucht die falschen Worte wählen und die falschen Entscheidungen treffen. Es ist nicht ratsam, der Eifersucht nachzugeben. Es gibt viele Gründe, warum es Menschen nicht schaffen, anderen ihre Selbstbestimmung und die damit verbundene Freiheit zu gönnen. So wird der Machtgierige zum Beispiel die zarten Pflanzen der Selbstbestimmung zertreten und der Eitle die freiheitlichen Bestrebungen nicht würdigen, da es immer und immer wieder um ihn selbst geht. Das Kreisen um sich selbst führt zu einer schweren Desorientierung. Es verhindert jegliches Verstehen.

Selbstliebe und Selbstkritik

Du verstehst unter dem Lernen-Wollen das Reproduzieren von Texten, Inhalten und Vorgaben, die von dir weit entfernt und nichts unmittelbar mit dir zu tun haben. In den Gesprächen mit deinen Mitmenschen wolltest du glänzen und deine Interessen durchsetzen. Das Angeben, Prahlen, bekam eine besondere Note, da die Aufwertung deiner Person mit einer Fülle an Strategien umgesetzt werden sollte. Es ging dir schon lange in Fleisch und Blut über, deine Aussagen vor deinem inneren Selbst zu zensieren, denn du wolltest gut dastehen. Es verselbstständigte sich über die Zeit eine Haltung, in der du es dir bequem eingerichtet hattest. Nichts sollte dich beunruhigen können und deshalb wurden die Personen aus deinem Umfeld gestrichen, die es wagen könnten und jemals gewagt hatten, den Tatsachen ins Auge zu sehen und auch dir als Teil der Wirklichkeit kritisch gegenüber zu treten, wenn es nötig war. In der Psychologie bedient man sich der Supervision um voranzukommen, die du allerdings zu vermeiden suchtest. Die bequeme Haltung einer Selbsterhöhung und Abwertung kritischer Denker sollte deiner Selbstliebe entgegenkommen. Dabei hattest du die Chance auf eine konstruktive Korrektur vergessen. Es verhält sich ähnlich wie mit einer Pflanze, die sich dem Licht entgegenstreckt, die leben und sich entwickeln will und dringend Helligkeit benötigt. Auch du hättest das Licht, das Licht der Wahrheit und Erkenntnis, dringend benötigt um zu wachsen, weiter zu kommen, dich zu entwickeln. Du zogst dich schnell zurück, gabst nach und beleuchtetest immer seltener die Kontexte deiner Lebensumgebung, während dein Mantra in deinem Kopf in einer Dauerschleife abgespult wurde: „Mir geht es gut, solange ich Vorteile einstreichen kann!" In der Welt des Habens, in deiner Welt des Haben-Wollens schnitt die Schere alles ab, was nicht dem vordergründigen Vorteil aus Macht und Geld dienlich war. Doch auch in dieser Welt kanntest du dich nicht aus, denn auch in dieser Wirklichkeit aus Geld und Macht muss man lernbereit sein. Alles fließt, alles verändert sich und du kanntest dich nicht mehr aus, denn dein Rückzug zeigte die Wirkungen einer Verdrängung, einer Flucht. Du konntest dich nicht entwickeln, adäquat wachsen und gedeihen. Du hattest dich vom Licht entfernt und du sitzt in der Schattenwelt, während du dich nicht mehr trautest hinauszugehen, frei zu denken und zu fühlen. „Wer hatte es dir verboten?" Zunächst hattest du den Schmeichlern vertraut, die sich als Diktatoren zeigten. Du hattest denjenigen dein Herz ausgeschüttet, von denen du glaubtest, unterstützt und gefördert zu werden. Sie legten dir Ketten, schwere Handschellen um und behaupteten, dich zu lieben. Da du Verwöhnen, Heucheln und Lügen als Liebesbeweise deutetest, warst du in die Fallen getappt. Du nahmst von dir selbst an, dass du gut für dich sorgst, wenn du diesen „Gönnern" nicht widersprechen würdest. Du glaubtest, mit wenig Aufwand und vor allem mit keinem kritischen Bewusstsein gut zu segeln. Der Wind dreht sich, nichts bleibt, wie es ist und wer das Segeln nicht gelernt hat, wird schnell kentern. Du wurdest mal hierhin und mal dorthin geschubst. Du wusstest nicht mehr, wie dir geschah. Deine angestrebte bequeme Lebensform gab es schon lange nicht mehr. Man hatte dich gekauft und unterdrückt. Die Schwäche resultierte aus der Desorientierung und der Verkümmerung deiner Talente. „Was man nicht nutzt, verkümmert! Was man nicht fördert, tritt nicht zu Tage, es wird weder gesehen noch gehört!" Du wurdest nicht mehr gehört, da du es dir abgewöhnt hattest, deine Stimme zu nutzen und zu erheben, weil du diejenigen verraten hattest, die dir ernsthaft zugehört hatten. Nun hörtest du nur noch die Stimmen der Circen: „Komm mit! Mach mit! Dir wird es gut ergehen, wenn du das umsetzt, was wir von dir verlangen!" Deine falsch verstandene Selbstliebe hatte dich in diese Lebensfalle laufen lassen. Bevor diese zuschnappen konnte, hattest du es aufgegeben, selbstkritisch zu denken. Du wolltest es bequem und du erhöhtest dich selbst. In deiner Abgehobenheit warst du jemand anderes, als es die Realität hergab. Diese Abgehobenheit kostete dich deine Freiheit und der Verlust deiner Freiheit zeigte sich nun überall in deinem Leben: Du konntest nicht frei denken, handeln und entscheiden. Als Mitläufer arbeitetest du nun die Pläne der Blutsauger ab. Sie hatten dich anfänglich nur gelobt, später bestochen, gekauft und nun schubsten sie dich hin und her. Du bist ihnen egal. Sie brauchen dich nur für ihr „Glück" und Glück ist für sie die Verwirklichung ihres Egoismus´. Du wolltest es bequem und nun sitzt du in der Falle, während du unreflektiert und unkritisch fremde Pläne abarbeitest. „Wer bist Du? Wo wolltest du einmal hin? Was waren deine Ziele? Kannst du dich noch an bessere Zeiten der Freiheit und Selbstbestimmung erinnern, als du einfach nur so durch die Straßen liefst und mit denjenigen offen und ehrlich sprachst, die dir etwas zu sagen hatten? Kannst du dich noch an das Gefühl der Freiheit erinnern? Welche Inhalte kamen zu jener Zeit in deinen Gesprächen und Selbstgesprächen vor? Wirst du in der Lage sein, ins Licht zu sehen und die Helligkeit wieder zuzulassen?" Zur Selbstliebe gehört auch die Selbstkritik! Zur Selbstliebe gehört es auch, unterscheiden zu können, wer es ehrlich mit dir meint, wer dich frei leben und entscheiden lässt und wer dich benutzt, wer dich in Ketten legt. „Verlasse den Trampelpfad der Bequemlichkeit! Versuche, dich selbst zu verstehen! In der Ehrlichkeit liegt deine Chance! Unter dem Müll des scheinbar bequemen Lebens wächst die Pflanze der Freiheit und Selbstbestimmung! Entdecke sie! Pflege sie! Nimm alle Mühen auf dich, so wirst auch du wachsen und gedeihen!" Der Erkennende machte sich an die Arbeit. Der Lernende nutzte die Selbstkritik. Seine Selbstliebe wuchs und die Liebe zur Welt ebenso. Er konnte die anderen endlich wieder hören. Er wollte sie verstehen. Er liebte das Leben! Er konnte sich retten und die Ketten ablegen.

Die Welt verstehen und die Welt entdecken

„Du bist ein Teil der Welt und es ist eine der schwersten Aufgaben, dich selbst zu verstehen, zu entdecken und dem Weg des Lernens treu zu bleiben. Wage dich vor in die Welt der freien Assoziationen und bewahre dir die Kraft und den Mut, mit dem wohlwollenden Auge einer Kritikfähigkeit die Welt und auch dich als Teil davon zu erkunden! Dies kannst du bis ins hohe Alter vorantreiben, wenn dir deine Bildung die Türen geöffnet und du es angenommen hast." Der freie Blick der Assoziationen ermöglicht einen kreativen Umgang mit den täglichen Erfahrungen. Er ermöglicht es uns immer, neue Wege zu gehen, ohne auf Altbewährtes zu verzichten. Assoziationen sind der Ausdruck der Kreativität und umfassen die Chance auf Eingebungen, Bilder, Denkrichtungen, die wachsen und gedeihen, wann immer wir sie brauchen. Es ist der

Fluss, der Strom, der geistige Versorger in schlechten und guten Zeiten. Je mehr wir uns in der Kindheit mit neuen Informationen beschäftigten und versorgten, desto größer bleibt die Chance auf eine Fülle an Assoziationen, die uns im Alltag trägt. Die Bildung des Intellektes und die Bildung unseres emotionalen Zentrums bedingen sich gegenseitig, da der empathische Zugriff auf die Welt unser Verstehen erst möglich macht. Während wir lesen, Geschichten hören oder gute Filme sehen, werden wir mit neuen Informationen versorgt. Wir wollen die Welt verstehen und durch die Fülle der Angebote können wir dies immer besser. Das authentische Gespräch wird uns reifen lassen. Es wird uns geistig anregen und neue Verknüpfungen in unserem Innenleben ermöglichen. Es wird uns nicht überfordern, wenn wir unsere Bildung genießen und in die Welt der Dichter und Denker abtauchen. Es gibt viele Wege, uns zu fördern, zu bilden. Es wird uns helfen, unser Dasein besser zu überdenken, wenn wir möglichst umfangreich an der Bildung partizipieren. „Alles hängt mit allem zusammen!" Die alten Griechen nutzten die fließenden Übergänge der einzelnen Wissenschaftsbereiche, um dem Großen und Ganzen näher zu kommen. „Erkenne deine Chancen auf Bildung als etwas Positives! Nutze alle Möglichkeiten, um dich umfassend zu informieren. Auch wenn die Fülle der Informationen überwältigend ist, so lasse dich niemals entmutigen! Der Weg ist das Ziel und dein Weg wird mit inneren Bildern und guten Einfällen begleitet werden, wenn dir deine Bildung am Herzen liegt. Folge nicht der Bequemlichkeit, sondern erhalte dir deine Lebendigkeit, indem du dich weiterentwickelst! Du kannst dich glücklich schätzen, wenn du die Chance auf Bildung erhalten hast und du dir deine Lernwilligkeit bewahrt hast!" Die Bildung bleibt die Lebensquelle deiner Assoziationen! Deine Kreativität und dein Reichtum an Assoziationen ermöglichen es dir, ein guter Steuermann zu bleiben. Ein guter Segler, ein guter Wanderer durch das Leben, wird die Routen überdenken und nicht zum Mitläufer werden. Die Bereitschaft zum Lernen fördert unsere Resilienz, unsere Widerstandsfähigkeit. Wir werden das frische Wasser neuer Lebensquellen suchen und nicht in den stinkenden Tümpeln der Dummheit vegetieren. Der Mut und die Kraft, neue Wege auszuprobieren, hängen unmittelbar mit unserer Phantasie zusammen. Je mehr Bilder wir unser eigen nennen, je mehr Assoziationen in uns wachsen können, desto mehr werden wir uns vorstellen und in die Tat umsetzen. Wir verstehen die Welt und unsere Mitmenschen besser, wenn wir in uns die Fähigkeit entwickelt haben, andere Vorstellungen nachvollziehen zu können. Je größer unsere Innenwelt ist, desto mehr können wir uns vorstellen. „Alles fließt und versuche lebendig und lernwillig zu bleiben! Deine Beweglichkeit schützt dich in schwierigen Zeiten und weist dir den Weg deiner inneren Assoziationen! Dieser frische, kreative Umgang mit dem Leben ist das Gegenteil von Berechnung, Denkfaulheit und Angst vor dem Lebensfluss."

Die Frustration

„Der Weg zu dir ist der Weg zur Welt!" Als du wieder einmal voller Unmut und Niedergeschlagenheit aufwachtest, musstest du dir eingestehen, dass eine Menge in deinem Leben schief läuft. Du hattest bereits das eine und das andere Mal eine tiefe Erschöpfung erfahren, obwohl die Menge deiner Aktivitäten nicht sehr groß und die Anzahl deiner Arbeitsstunden im Rahmen waren. Es musste also mit anderen Faktoren zusammenhängen. Du erinnertest dich gerne an dein Leben in Freiheit und Selbstbestimmung, während du allerlei Lügen bereithieltest, dich zu trösten und dich zu belügen. Niemand durfte dir den Spiegel vorhalten. Niemand durfte dich kritisieren, konstruktiv spiegeln, denn Kritik würde dir zu viel Wahrheit und Licht in dein Leben tragen. Du scheutest das Licht, die konstruktive Auseinandersetzung, das ehrliche Gespräch. Deshalb sagtest du im Kreis der echt lachenden und weinenden nichts und du verschwandst schnell, wenn die Denkenden eine Frage an dich stellen könnten. Du hattest den Faden der faulen Kompromisse um dein Leben gesponnen und dieser Faden raubte dir nun den Atem, die Sicht und dein Selbstbewusstsein. „Dein Selbstbewusstsein entspringt deiner Selbstreflexion und der Spiegelung auf Augenhöhe. Dein Selbstbewusstsein wird gestärkt durch das authentische Gespräch, denn in ihm erfährst du Liebe und Respekt!" Der Heuchler wird dich über den Tisch ziehen. Der Lügner wird dich betrügen, denn er spielt dir etwas vor und will dich zu etwas bewegen, das dir nicht entspricht. Der funktionale Märchenerzähler wird dir eine Menge Blödsinn einreden, um dich gefügig zu machen. Er lockt dich in das Hexenhaus und saugt dich aus. „Du wirst zur Hülle, wenn du nicht dein Selbst beschützt! Du begehst ein Siechtum auf Raten, wenn du dich von deinem natürlichen Kern entfernst!" Als die Hexe um ihr Haus schlich, war sie perfekt geschminkt. Ihr Schmuck sollte dich blenden. Ihr materieller Reichtum sollte deinen Hunger auf Gewinne wecken. Du solltest das Gefühl bekommen, dass du auf der richtigen Spur bist. Du solltest vom Honigtopf schlecken. Verwirrt und unerfahren tapptest du in die Falle der scheinbar guten Gesellschaft. Deine Bequemlichkeit und Denkfaulheit hatten den Weg in die Welt aus oberflächlichem Genuss und verlorener Selbstbestimmung freigemacht. Du klebtest an der Spur aus Zuckerguss und Strafe, denn jeder Alleingang wurde getadelt. Das freie Denken war verboten und die wahren Künstler wurden abgewertet. Du hattest zu dienen, zu gehorchen und du hattest zu funktionieren, schließlich wurdest du für deine Zuarbeiten geschmiert. In der Morgendämmerung erlaubtest du dir ab und zu einen Rückblick in die schöne Zeit, in der du wahrhaftig und frei denken konntest. Damals war es für dich selbstverständlich. Du hattest um deine Freiheit nicht kämpfen müssen. Vielleicht ist sie dir deshalb abhandengekommen. Der klebrige Faden darf durchtrennt werden. Du bist derjenige, der die Erlaubnis geben darf. Du darfst es dir selbst erlauben und du darfst selbst handeln. Deine Selbstbestimmung beginnt mit dem Durchtrennen des Fadens, der dich umspinnt und dir die Sicht, die Freiheit nimmt!

Um sich kämpfen

Die Verantwortung, die du für dich trägst, zeigt sich in deiner Authentizität, Menschlichkeit und Empathie. Es bedeutet, den friedlichen Kampf um das eigene Selbst zu leben und sich seiner Verantwortung bewusst zu werden. Vielleicht wurde dir in deiner Kindheit und Jugend viel Freiheit gewährt und du konntest dir ein anderes Leben gar nicht vorstellen. Doch es gibt ein Leben in Angst und Unfreiheit. Die Dominanten lieben keine selbstbestimmten Charaktere und sie werden in ihrer Destruktivität jeden unterwerfen, der sich unterwerfen lässt. „Kämpfe um dich! Sorge für dich!" Auch ein Pazifist muss um sich kämpfen, wenn die geballte Macht der Vernichtung heran rollt. „Lass dich nicht einschüchtern! Lass dich niemals einer Gehirnwäsche unterziehen!" Es gehört eine große Portion Mut und Bildung dazu, den Schauspielern und den Schlitzohren die Stirn zu bieten. Deine Bildung gewährt dir das Rüstzeug, die Kontexte deines Lebens zu überdenken und zu erfassen. Je mehr du durchschaust und erkennst, desto schlechter wird man dir Handfesseln umlegen können. „Deine Lebensfreude und Kreativität werden dir erhalten bleiben, wenn du selbstbestimmt denkst und handelst. Kämpfe um dich! Du hast es verdient!" Deine Empathie bleibt dir erhalten, wenn du dich nicht von dir entfremdest. Deine Strahlkraft bleibt dir erhalten, solange du deine Authentizität beschützt. Wenn du singst, wirst du die Menschen erreichen. Wenn du malst, wirst du es voller Herzblut umsetzen. Deine Sicherheit lebt in dir, während du genau weißt, dass alles fließt. Du bist ein Teil dieses Prozesses und während du aus dir heraus blühst, bist du stolz darauf, dass du deinen inneren Kern fühlst. Du darfst blühen, dich verschwenden und dich auf den neuen Tag freuen.

Deine Größe liegt in deiner Freude, Liebe und Kreativität. Sie lädt sich neu auf, während du sie verschwendest!

Die selbstverschuldete Unmündigkeit

Es ist schwer, einer selbstverschuldeten Unmündigkeit zu entkommen, da das Bedingungsgefüge einer Gesellschaft nicht immer den Prozess einer Mündigkeit unterstützt, ganz im Gegenteil. Der Strom einer Gesellschaft fließt schnell, die Kraft dieses mitreißenden Wassers zieht und zerrt an jedem Menschen und so mancher Lebenstraum scheint niemals in Erfüllung zu gehen, weil er zu individuell und besonders ist. „Was willst du werden?" Wir kennen diese Fragen, die bereits im Kindergarten gestellt werden. Die Kommentare der Erzieherinnen oder der Eltern lassen nicht lange auf sich warten: „Das geht aber nicht! Wie willst du das verwirklichen?" Viele Eltern wünschen sich einen Apotheker oder Anwalt als Sohn. Die Tochter möge Lehrerin oder Erzieherin werden. Wir alle kennen das Schubladendenken vieler Erwachsener. Die Phantasie der Kinder, die Kinderseelen sind noch lebendig, sie bersten über vor neuer Ideen und vor kreativer Eingebungen. Nicht selten sollen diese „verrückten" Ideen vertrieben werden. „Denke an deine Zukunft und verdiene gutes Geld!" Die Kinder werden nach und nach ihrer spontanen, selbsterfundenen Ideen beraubt, da sie sehr oft nicht ernst genommen werden. „Haben die Erwachsenen die bittere Pille der Selbstverleugnung geschluckt? Haben sie sich mit dem Strom mitreißen lassen, da es leichter und erfolgsversprechender erschien? Wurde Erfolg mit Geld und Sicherheit gleichgesetzt?" Welcher Lehrplan setzt sich in den Schulen und Universitäten durch? Welcher Lehrplan lebt in den Köpfen der etablierten Erwachsenen? Es bedeutet, sich seiner Arbeit an sich selbst zu stellen, wenn man Träume leben will. Es bedeutet Arbeit, harte Arbeit, ein mündiger Bürger zu werden! Die Courage erzählt von der Lebendigkeit und geistigen Freiheit! „Was hat das eine mit dem anderen zu tun?" Ein von sich Entfremdeter wird kaum noch lebendige, authentische Lebensträume zulassen. Er hat gelernt, sich anzupassen. Er hat gelernt, „diplomatisch" zu sein. „Was bedeutet das im Kontext der Mündigkeit?" Ein Kind, ein Jugendlicher, der immer wieder bestraft wird, wenn eigene Ideen, neue individuelle Vorstellungen abgewertet oder als störend kritisiert werden, wird nach und nach die Freude an der selbstbestimmten Ideenwelt verlieren. Nur sehr mutige, starke Charaktere werden es nicht aufgeben, der eigenen inneren Stimme zu folgen. Sie werden sich nicht unterwerfen oder ganz allmählich einpflegen lassen. Dieses Eingliedern muss analysiert werden, um dem Prozess der Entfremdung näher zu kommen. Wir alle leben in einer Gesellschaft, in der Recht und Gesetze gültig sind. Diese Übereinkunft soll nicht in Frage gestellt werden, wenn mehr Selbstbestimmung und Courage als wünschenswert zur Geltung kommen sollten. Es geht um die Chance und die Notwendigkeit, inneren Impulsen zu folgen und wenn nötig, gegen den Strom zu schwimmen. Es geht um die Möglichkeit, sich selbst zu erleben, auszuleben und dies nicht auf Kosten oder zum Nachteil anderer. Niemand schadet einem anderen Menschen, wenn er seiner konstruktiven, inneren Stimme folgt und zum Beispiel ein Künstler werden will. Eine selbstverschuldete Unmündigkeit zeigt sich häufig in einem politischen Unwissen und einer Bereitschaft, zu viel nachzuplappern. Es zeigt sich darin, dass die Autoritätshörigkeit überhandnimmt. Es zeigt sich in der Bereitschaft, sich zu unterwerfen. Die mangelnde Mündigkeit wird sichtbar, wenn eine inhaltliche Orientierung und das dazugehörige Faktenwissen nicht erwünscht sind. Mit dem Strom zu schwimmen bedeutet die unkritische Übernahme einer gängigen Meinung. Die Ansicht der Mehrheit in der Gesellschaft wird bereitwillig übernommen. Der angepasste Bürger möchte keine Probleme oder Nachteile und rutscht in die Fallen eines Mainstreams. Die gängige Meinung wird gar nicht oder zu wenig hinterfragt. Der mündige Bürger befindet sich im Kampf um sich selbst, einer von Fakten unterlegten Einschätzung der Realität, der gesellschaftlichen Lage. „Alles hängt mit allem zusammen!" Der Gebrochene, der Manipulierte, wird seinen Traum nicht leben. Er wird ihn verdrängen und eventuell vergessen. Das Kind, das einmal ein Künstler werden wollte, wird vielleicht ein Anwalt, weil der Vater es so vorgesehen hatte. Der phantasievolle Junge, der im Deutschunterricht abgewiesen und nicht gehört wurde, wird vielleicht aufgeben und keine Geschichten mehr erfinden. Er wird somit kein Schriftsteller werden. Er wird die Freude am Geschichtenerzählen verlieren. Die junge Frau, die mehr Gerechtigkeit im Unterricht gefordert hatte und abgewiesen worden war, wird vielleicht ihre inneren Impulse verschweigen, verleugnen oder eventuell unterdrücken. Doch der Mündige muss einen sehr guten Kontakt zu sich selbst bewahren. Der gute Kontakt zum eigenen, inneren Kern ist die Basis einer gelungenen Mündigkeit. Die beschädigte Identität kann nicht den Mut und die Kraft aufbringen zu kämpfen, zu suchen und kann es nicht schaffen mit lauter Stimme aufzubegehren. Der Kampf um sich selbst ist der Kampf um die Mündigkeit, denn nur das lebendige Selbst wird die Lügner entlarven, da es noch selbst keine Lügen in sich zulässt. Wer zu sich steht und seiner Stimme vertraut, hat noch nicht mit der Selbstverleugnung, mit dem Selbstbetrug begonnen. „Gebt den Kindern eine Stimme! Ihre Träume entspringen ihrem Selbst! Ein starkes Selbst führt zu einer stabilen Mündigkeit! Der um die Wahrheit bemühte wird sich nicht scheuen, Lügen aufzudecken. Wer sich nicht selbst belügt, lässt andere Lügen nicht zu. Deine Mündigkeit schenkt dir die Freiheit. Aus der Freiheit heraus kannst du deine Verantwortung tragen!"

Ich habe keine Angst

„Angst darf mir niemals meine Entscheidungsfreiheit nehmen! Angst darf mich nicht blockieren und mir meinen Mut rauben!" Klares Denken ist ein Ausdruck von Angstfreiheit, da die Denkverbote durchbrochen werden. Einschüchterungen haben keine Chance. Kein Gegenwind wird dich stoppen! Falsche Erwartungen werden durchschaut: „Solltest du dich als Künstler zurücknehmen und deine Überzeugungen unter den Teppich kehren? Solltest du dich anpassen und in einer Gefälligkeit präsentieren? Solltest du dich gegen deine Intuitionen und Gefühle entscheiden?" Dein Selbst braucht Schutz und Kraft, neue Inspirationen und deine Lebendigkeit speist sich aus deiner Freiheit! „Lass dich niemals kleinmachen oder unterkriegen!" Deine Freude entspringt deiner Lebendigkeit. Ein angstfreier Raum ist die Voraussetzung für eine ungehinderte Schaffenskraft. „Lass dich niemals einengen und von dir entfremden! Deine Mündigkeit ist ein Teil deiner intakten Persönlichkeit. Solange du in der Lage bist, deine innere Stimme zu hören, solange du in der Lage bist, sie ernst zu nehmen und ihr zu folgen, solange wirst du aus deinem inneren Kraftzentrum schöpfen können. Überdenke dein Handeln und lass dich weder einschüchtern noch unterwerfen!" Die Angst wird dem Mut und der Zuversicht weichen, wenn du keinerlei Fremdbestimmung zulässt. Du bleibst dein Steuermann und du bleibst gesund und flexibel, wenn du dein Selbstvertrauen stärkst. Die positive Energie strömt zu dir zurück, wenn du sie mit deinen Aktivitäten an die Welt verschenkst. „Die Liebe und die Hoffnung verbrauchen sich nicht! Angst verfliegt, wenn die Kraft der Liebe zu dir zurückströmt."

Das kranke System

Das kranke System wird an dem nicht Verstehen-Wollen zu erkennen sein. Kranke werden in ihrer Vorteilssucht die Wirklichkeit nicht erkennen und sich von den Wahrheitsliebenden gestört fühlen. „Erkenne das kranke System und erwarte von den Ichbezogenen keinen Willen, die Erkenntnis voranzutreiben. Funktionales Kreisen verhindert einen klaren Blick auf das Sein." Ein Destruktiver kann die Wirklichkeit nicht erkennen und er wird den Blick auf angebliche Vorteile verstärken. „Wer kann mir auf der Karriereleiter hilfreich sein? Wer gibt mir Geld und wer ist einflussreich?" „Kann diese Haltung sinnvoll und zielführend sein?" Eine Karriere voranzutreiben, muss nicht zwangsläufig dazu führen, die Wirklichkeit zu verdrehen, ganz im Gegenteil. Viele Dichter und Denker sind der Beweis für ein inhaltsorientiertes Leben, welches der Aufklärung diente. Das kranke, unmenschliche, fehlgeleitete System zeigt sich in der Missachtung einer Klärung, einer Aufklärung. Fakten werden verdreht, Menschen, die der Wahrheit näher kommen, werden diskriminiert. Der reißende Strom einer gesellschaftlichen Stimmung wird als unabänderlich und normal akzeptiert, um nicht anzuecken. Es wird die Mühe einer Wahrheitsfindung verweigert. Das mit dem Strom Schwimmen wird nicht hinterfragt und Vorteilsdenken dominiert die Entscheidungen. Menschen, die ein kritisches Bewusstsein pflegen, passen nicht in dieses System. Man bleibt unter sich und sollte jemand zu einer Belastung oder unbequem werden, so wird er abserviert. Das funktionale Kreisen schließt eine Wahrheitssuche aus. Sollte sich der Wahrheitssuchende dem kranken System nähern, so muss er um seine Gefährdung wissen. Die systemimmanenten Ignoranten sind nicht um ein objektives Verstehen bemüht. Sie sind nicht auf der Spur einer echten Suche, einer wahrhaftigen Klärung. Sie haben sich einer äußeren nicht klar denkenden Welt unterworfen, in der an der Oberfläche des Lebens gesurft wird. Je nach Stimmung und vorgegebenen Trends eines nicht hinterfragten Mainstreams werden Entscheidungen getroffen, die man besser mit einem Mitlaufen, einem Nachahmen, bezeichnen sollte. „Wer kann selbstbestimmt denken und handeln? Wer kann verantwortungsbewusst entscheiden?" Es wird nicht der Mitläufer sein! Der Wahrheitsliebende wird sich im Rudel der Ignoranten niemals sicher und verstanden fühlen. Der Selbstherrliche, der Vorteilsbedachte, wird sich erhöhen und dem Wahrheitsliebenden kein Gehör schenken. Der um sich Kreisende wird in einer selbstherrlichen Art und Weise über jede Kritik erhaben sein. Der Destruktive kann die Wirklichkeit nicht erkennen und er gibt sich nicht die Mühe, wahrhaftig und inhaltsorientiert zuzuhören. Somit steckt jeder Opportunist tief im Sumpf des Nicht-Verstehens. Er bringt sich selbst um die Chance, der Wirklichkeit näher zu kommen. Er wird die Wahrheitsliebenden verabscheuen.

Das Leben verstehen

„Du wirst es verstehen zu leben, wenn du das Leben verstehen willst!" Das Verstehen-Wollen ist deine Voraussetzung zur Erkenntnis. Die Erkenntnis ermöglicht es dir, schrittweise die Zusammenhänge zu begreifen. Es kann keine Weisheit und Liebe zur Wahrheit ohne ein echtes Interesse am Verstehen zu leben und dieses täglich zu pflegen. Wir sind grundsätzlich gefordert, Zusammenhänge zu erkennen, inhaltlich zu überdenken, um Schlüsse daraus zu ziehen. Wenn wir Fakten beugen und funktional kreisen, werden wir uns von der Wahrheit entfernen. Dies schadet sowohl dem Ignoranten als auch denjenigen, die mit ihm zu tun haben. Eine Lüge zieht weitere nach sich. „Steigst du einmal in den falschen Zug, so sind alle darauffolgenden Stationen falsch!" Opportunistisches Denken ist nicht ethisch orientiert. Wir können uns niemals auf der Schleimspur einer Scheinwelt menschlich ethisch bewegen. Vielleicht wird der eine oder andere ohne auszurutschen durchs Leben schleichen oder rasen. Er wird jedoch nicht auf durchdachten Wegen und auf erkenntnisorientierten Pfaden bewusst gehen. Der wahrhaft Verstehen-Wollende fragt nach und stellt sich der Wirklichkeit. Er weigert sich, im Sumpf des Verbrechens mitzumachen. Er wird Widerstand leisten und sich der Lügenwelt nicht anschließen. „Es gibt kein richtiges Leben im falschen!" „Deine Chance liegt darin, die Menschen und ihre Wirklichkeit verstehen zu wollen! Du wirst dich weiterentwickeln und viel lernen, wenn du die Haltung des Unverbogenen einnimmst!" Der Prozess des Lernens wird niemals enden, solange du gesund genug bist um zu verstehen. „Dein Weg ist der Weg der Erfahrung, des Erlebens und des Verstehens!" Der Prozess der Erkenntnis kann ein Leben lang andauern. Dieser Weg erfordert Mut zur Wahrheit! „Der Prozess des Lernens ist niemals zu Ende. Feier dich und dein Leben und habe den Mut zum Verstehen-Wollen!"

Natürlicher Respekt

„Du kannst dem Wind nichts befehlen und die Gedanken der anderen nicht kontrollieren!" Autoritäre Charaktere und Institutionen fordern den Respekt um seiner selbst willen. Es geht ihnen um Macht und nicht um eine echte, wahrhaftige Einsicht. Es erfordert grundsätzlich eine genaue Analyse, um bestimmte Charaktere zu hinterfragen und ihr verbales und grundsätzliches Handeln zu analysieren. Es ist auffällig, dass eher autoritäre Personen den unbedingten Respekt bis hin zum Gehorsam einfordern. Es ist ebenso auffällig, dass gleichermaßen Diskussionen um die Richtigkeit des erwarteten Gehorsams nicht geduldet werden, um einer inhaltlichen Auseinandersetzung zu entkommen. Der Vater, der Respekt und Gehorsam einfordert, beruft sich auf seine exponierte Stellung innerhalb der Familie und lässt an seiner Position keinen Zweifel aufkommen. Ein Lehrer, der aus unterschiedlichen Gründen nicht gern diskutiert und das Abrufen von Inhalten bevorzugt, beruft sich gern auf seine Autorität und die damit verbundene Machtposition, die unter anderem in der Notengebung ihren Ausdruck findet. Das rote Buch dient der Einschüchterung, der Einforderung von Respekt und Gehorsam. Die Machtstrukturen beeinflussen somit die kommunikative Auseinandersetzung und die Möglichkeit auf eine inhaltliche Orientierung, die einer fruchtbringenden Wahrheitsfindung dienen könnte. Es werden Chancen auf neue, sinnstiftende Perspektiven verhindert, wenn sich der Mächtige nicht freiwillig in Richtung herrschaftsfreien Diskurs bewegt. Die Strukturen in der Familie, in der Schule und in der Gesellschaft im Allgemeinen, schaffen Bedingungen und Räume, die sich entweder positiv oder negativ auf die Entwicklung der Bürger auswirken. Autoritäre Eltern mögen folgsame Kinder heranziehen, doch sie werden der Entfaltung der Heranwachsenden immer wieder einschränkende Grenzen setzen. „Suche dir einen Beruf mit einem sicheren Einkommen. Lass deine Träume platzen! Die brotlose Kunst kommt nicht in Frage!" Dies soll nur ein Beispiel von unzähligen Möglichkeiten sein, inwieweit Vorgaben und Ratschläge das Leben von Heranwachsenden bestimmen und einengen. Je enger und massiver die Vorgaben und Richtlinien sind, desto weniger bleibt die Chance auf eine Entfaltung und selbsterarbeitete Mündigkeit. Sollte zum Beispiel die Schule in erster Linie auf das Abrufen von vorgegebenen Inhalten abzielen, so bleibt die Entwicklung des selbstbestimmten Denkens auf der Strecke. Die Kommunikationskultur entscheidet über die Aura eines pädagogischen Rahmens. Der Lehrer, der um Inhalte ringt und mit den Schülern diskutiert, wird nach logischen Schlüssen und einsehbaren Ergebnissen suchen. Er wird weder einen blinden Gehorsam noch ein stumpfes Auswendiglernen einfordern. Formeln und Fakten werden zu erlernen sein, das ist klar, da dies die Grundvoraussetzungen einer Lerneinheit darstellen, doch es geht letztendlich um das selbstständige Denken, das logische Ableiten und ethisches Bewusstsein, das viel mehr erfordert als ein stumpfes Auswendiglernen. Wir alle wissen, dass jede Sprache, die Mathematik oder sämtliche Naturwissenschaften ein Grundwissen voraussetzen. Dieser Erwerb bildet den Boden unserer Bildung. Darüber hinaus darf sich ein kritisches Bewusstsein bilden, das weit über die Reproduktion von Inhalten hinausgeht. Das selbstbestimmte Denken, das kritische Bewusstsein, führt zu einem mündigen Handeln, das in allen Lebensbereichen des Menschen gefordert ist. Unsere Urteilskraft gibt uns die Chance auf ein möglichst freies Denken. Der mündige Bürger stellt die Säule einer funktionierenden Gemeinschaft und Gesellschaft da. Eine demokratische Gesellschaftsform kann nur von dem mündigen Bürger getragen und erneuert werden. Die Einsicht in verantwortbare Handlungsstrukturen setzt Bildung und somit die Kompetenz voraus, die schließlich zielführend sein kann. Der Respekt gegenüber leitenden Personen erwächst aus der Anerkennung des Wissens und des guten Willens. Wirkliche Vorbilder strahlen aus sich heraus. Sie sind in der Lage, ihre Entscheidungen zu begründen. Sie legen Wert darauf, verstanden zu werden. Ein fairer Lehrer wird respektiert, ein autoritärer gefürchtet. In einer Ellbogengesellschaft werden ausgleichende, friedensorientierte Denker ausgelacht und als realitätsfern abgestempelt. Die Aura einer Gesellschaft prägt alle Institutionen. „Wer Gerechtigkeit und Wahrheit, Frieden und die Mündigkeit der Bürger anstrebt, wird dem Drohen, Unterdrücken und Unterwerfen keine Chance geben. Der natürliche Respekt will verdient sein. Er erwächst aus dem Mut zur Freiheit und Selbstbestimmung.

Alles in Bewegung

Du bist alt geworden, doch du hältst es aus, den natürlichen Lebensfluss zu akzeptieren, mehr noch, du liebst es, in Bewegung zu bleiben. Du erfreust dich an der Freiheit der anderen, denn du hast es geschafft, in dir die Freiheit zu bewahren. Es gibt viele, die dich verbiegen und dir die Freiheit nehmen wollen. Sie durchkreuzen deine Träume und lachen dich aus. Du sagtest: „Das bringt kein Geld, doch es ist wertvoll für die Menschheit!" Die Geldmenschen verstanden dich nicht. Die Neider bekämpften dich und die Abwerter erzählten böse Märchen. „Den Neid der anderen musst du dir erarbeiten!" Es war und ist eine Aussage, die dich immer noch betroffen zurücklässt, doch die Aura des freien Denkers provoziert. Zu viele sitzen in den goldenen Käfigen und schauen gelangweilt heraus, während das opulente Essen trösten und der Champagner die Laune heben soll. Sie hatten aufgegeben zu kämpfen und aufgegeben, frei zu denken und mutig zu handeln. Sie kreisten im Sumpf eines deprimierenden Alltags und sie brauchten das frische Blut der Unangepassten. Die Bilder der Künstler sollten den sterilen Räumen Lebendigkeit schenken. Doch sie kauften den Namen und verstanden die Kunst nicht. Die geistige Haltung des Künstlers interessierte den Käufer nicht, während er sich mit den Bildern selbst nur aufwerten wollte. Diese Konsumenten hatten keinen Zugriff zur freien Kultur und einer schöpferischen Haltung, denn die Unfreiheit durchzog ihr Denken und Handeln. „Was nichts kostet, ist nichts wert!" Die Kataloge der Galerien wurden durchsucht und die Empfänge dienten der Unterhaltung. Man wollte keine aufrührerischen Künstler sehen, denn sie hätten im übertragenen Sinne an den Gitterstäben ihrer Villen gerüttelt. Man wollte die Kunst der Belustigung und der Geldanlagen. Man wollte sich schmücken und aufwerten. Die feine Gesellschaft duldet keine Provokationen. Sollten genau diese eingeplant sein und jemand einen Farbtopf an die Wand werfen, so kann man sicher sein, das der hohle Alltag der unkritischen Haltung nicht hinterfragt wird. Aufregung ja, doch alles soll so bleiben, wie es ist und immer schon war, wobei dies bereits eine Lüge und Täuschung ist. „Nichts bleibt, wie es ist!" Alles ist in Bewegung und wer sich dem Lebensfluss entgegenstellt, ihn übersieht, nicht schwimmt und nicht denken will, wird überrollt. Dieses Überrollen braucht keine Geschwindigkeit und auch kein lautes Getöse, es ist vielmehr der leise, schleichende Prozess der Anpassung, Denkfaulheit und Unterwerfung. Vielleicht applaudiert man noch bei den etablierten Stars und Sternchen, die es zu etwas gebracht haben. Vielleicht liest man noch ein Buch auf der Bestsellerliste, doch das eigene Brennen ist lange her, da man es bekämpfte und nicht zuließ. Sicherheit stand im Vordergrund und die Planbarkeit zog die Zäune. Berechnung durchkreuzte die Träume und die Liebe schlich sich aus dem Leben. Niemand möchte auf Grund seines Geldes geliebt werden und das Misstrauen wird größer und größer. Neid und Eifersucht zerstören die Lebensqualität und wer voller Misstrauen in die Welt sieht, entdeckt nichts Natürliches und Liebenswertes, denn die Eifersucht ist der Tunnel des Unglücks. „Alles ist in Bewegung! Alles fließt und du hast viel verstanden, wenn du den natürlichen Fluss des Lebens nicht einbetonieren willst!" Dein Verstehen gibt dir Kraft, die natürlichen Begebenheiten der Existenz zu erfassen.

Das tanzende Herz

Das tanzende Herz bleibt jung, auch wenn die Gelenke etwas schmerzen. Der innere Vulkan der Kreativität bleibt unberechenbar. Du weißt heute nicht so genau, wo morgen die Reise hingeht, da alles Sprudeln, Brennen und Denken immer wieder neu geschieht und die Batterien beim Handeln neu aufgeladen werden. Das Staunen bleibt, wenn der natürliche Strom der Lebenskraft nicht unterbrochen wird. Deine innere Stimme ist lebendig, denn du hast sie nicht ausgesperrt. Sie spricht zu dir und schenkt dir Impulse, Eingebungen. Es ist die natürliche Kraft der Kreativität, die bleiben wird, solange du gesund bist. Du willst keine Blockaden, keine goldenen Fäden und du meidest die Sümpfe der Intrigen. Die negativen Kräfte rauben Zeit, Energie, deine Gesundheit. Der freie Fluss der Existenz will nicht aufgehalten werden. Du willst nicht aufgehalten werden. Das wilde, frische Wasser schenkt dir Kraft. Der kostbare Boden einer natürlichen Umgebung lässt dich wachsen und gedeihen. „Wer geht schon freiwillig in die Region einer verseuchten Umgebung? Wer sucht das Gift der Zerstörung?" Dein tanzendes Herz zeigt dir den Weg und dein Bauchgefühl wird dich warnen. Vielleicht kannst du dir nicht alles erklären, doch du traust deiner inneren Stimme. Der Bezug zu dir soll dir erhalten bleiben. Du möchtest nicht fremdbestimmt durchs Leben gehen. Du willst tanzen! Du willst kreativ bleiben! Du passt auf dich auf!

Die Störung

Du wärst niemals selbst auf die Idee gekommen, dass dein Glänzen-Wollen in einer gestörten Sichtweise mündet. Der Hang zu Äußerlichkeiten, zum Konsum und Status blockierte die Wahrnehmung. Du wolltest ein Image verkörpern und gut angesehen werden. Die Außenwirkung wurde zum Ziel, das Angeben zur Sucht. Die Begleiterscheinung war und ist ein Desinteresse, wenn es um Inhalte geht, die nicht unmittelbar mit den äußeren Insignien einer Wohlstandskultur zusammenhängen. Die Kultur eines gehobenen Konsums hatte dich gefangen genommen, obwohl du weit entfernt davon warst, den Lebensstil eines Betuchten umzusetzen. Die Bilder der Reichen und Schönen wurden zur Leitkultur. Die Bücher der Denker und Dichter, der Suchenden, gingen dich nichts mehr an. Diese inhaltlichen Ansprüche behinderten dich scheinbar in deinem Streben nach Spaß und Genuss. Dies war und ist deine Erklärung für dein mangelndes, kulturelles Interesse. Das Gespräch diente nur mehr zum kurzen Abgleich alltagsbedingter Informationen, die einem funktionierenden Haushalt und einer reibungslosen Arbeitskultur dienen sollten. Niemand sollte dich übertreffen, mehr glänzen oder mehr besitzen. Das Haben-Wollen hatte dich fest im Griff, doch du blockiertest deinen Zugang zu Informationen aller Art, sodass deine Chance auf einen weiten Blick und wachsenden Überblick immer chancenloser wurde. Du konntest das Leben nicht in seiner Fülle erfassen, umarmen, an dich heranlassen. Dieser Tunnelblick einer verengten Wahrnehmung lässt ein inhaltlich orientiertes Leben nicht zu. Das Salz des Lebens kann nicht wahrgenommen werden, wenn der gute Geschmack nur um Äußerlichkeiten kreist. Du konntest den warmherzigen

Menschen nicht erkennen, höchstens aus funktionalen Gründen für dich einspannen. Doch Menschen flüchten, wenn sich die echte Liebe zum Leben nicht mehr erahnen lässt. Menschen wollen nicht ausgenutzt werden. Menschen wollen verstanden und um ihrer selbst willen geliebt werden. Das funktionale Kreisen ließ keine ausgeglichene, inhaltlich orientierte Gesprächskultur zu. „Was habe ich davon?" Dies war und ist dein Satz einer anscheinenden Bewertung deiner Handlungen. Du wolltest etwas von den Menschen haben. Sie sollten deine Wünsche erfüllen. Du wolltest etwas von deiner Lebenszeit haben, denn du wolltest möglichst viele Annehmlichkeiten genießen. „Was nichts kostet ist nichts wert! Was kein Geld bringt, ist verschwendete Zeit!" „Was hast du davon?" Diese Frage stelltest du dem Künstler, der dir ein Bild näher bringen wollte. Der Maler wandte sich entsetzt von dir ab. Er war erschüttert, als er diese Ignoranz erkannte und er wollte seinerseits keine Zeit mit einem nicht authentischen Menschen verbringen. Er erkannte die Störung einer schwerwiegenden Desorientierung, die zu einer Blockade führte. Das funktionale Kreisen hatte das Interesse an der authentischen Kunst zerstört. Vielleicht wollte man sich noch mit den Gemälden teurer Künstler schmücken. Doch es ging wieder mal nur um den Schein und nicht um das Sein. Das Glänzen-Wollen hatte den Menschen verformt und verkümmert.

Ohne Angst

Du wirst deine innere Stimme nur klar und deutlich hören, wenn du angstfrei und in gelassener Atmosphäre deinen Eingebungen ein Gehör schenkst. Solltest du eingeschüchtert werden und unter einen psychischen Druck geraten, so bedarf es einer großen Anstrengung und dem Mut zur Freiheit, um innere Eingebungen zu empfangen. Die Bereitschaft, sich seiner selbst und seiner Intuition zu stellen, zu vergewissern, bildet die Voraussetzung für einen intakten Zugang zu sich selbst und damit die Voraussetzung für ein Leben in Freiheit und Verantwortung. Wir alle wissen um die Fallstricke der Abhängigkeiten, die zur Unfreiheit führen. Vielleicht lockt ein finanzieller Vorteil, vielleicht schränkt eine innere Bequemlichkeit den freien Denk- und Handlungsraum ein. Es bedeutet, immer auf der Hut zu sein, sich zu orientieren und sich zu informieren, um nicht ein Opfer von Bequemlichkeit zu werden. Niemand möchte in ein Loch der Unfreiheit fallen und dennoch passiert es nur allzu häufig, da der seichte Weg lockt und die Aussicht auf einen Vorteil das Gehirn vernebelt. „Strebe den Zustand der inneren Gelassenheit und Angstfreiheit an, um mit dir ins Gespräch zu kommen. Empfange deine inneren Eingebungen. Höre auf dein Bauchgefühl, denn es warnt oft genug vor voreiligen oder faulen Kompromissen, die in Sackgassen führen. Alle Pfade, die dich deiner Freiheit und vollen Verantwortungsübernahme berauben, legen dich in Ketten. Deine Überzeugung ist gefragt und diese will erarbeitet werden. Das Nachplappern ist keine Option, denn es geschieht in den Sümpfen der Unwissenheit und Bequemlichkeit. „Unterwirf dich niemals einem Machtmenschen, der dich deiner Freiheit berauben wird!" Deine Studien, dein Lernen, deine Chance auf Wissen, stärken dich in deiner Urteilskraft. Angst ist ein schlechter Berater. „Meide solche Menschen, die dir Angst machen und dich unterdrücken. Auf dem Boden der Angst wird nichts Fruchtbares wachsen!" Angst verleitet zur Flucht. Die Angst flüstert dir allerlei vordergründige Scheinlösungen ins Ohr. Vielleicht wirst du viele Fakten verdrängen und Lösungen bei Seite schieben. Vielleicht wirst du immer wieder flüchten und doch nichts grundlegend überdenken. Viele Handlungsweisen werden sich aus der Bereitschaft zur Verdrängung und Flucht wiederholen. Du kannst nicht ohne den Mut zur Wahrheit einen sinnvollen Weg einschlagen. Es gibt viele Wege der Unfreiheit und sie stellen sich auf dem Weg der faulen Kompromisse von selbst ein. „Suche den angstfreien Raum!" Es ist der Ort, an dem du dich selbst verstehst.

Es ist der Ort der Wahrheitssuche und der Gerechtigkeit, denn Freiheit bedarf der Gerechtigkeit. Der angstfreie Raum schließt die Unterwerfung aus. Ein Mensch, der sich unterwerfen soll oder der dies bereits getan hat, kann nicht frei und verantwortlich handeln. Er wird die Pläne anderer abarbeiten. Er ist somit ein unfreier Gehilfe oder ein willfähriger Mitläufer. Einem Unterworfenen kann niemand trauen, denn er führt die Anordnungen anderer aus. Vielleicht wird die innere Stimme des Mitläufers immer schwächer und er wird sie nicht mehr empfangen. Vielleicht wird die innere Stimme noch anklopfen und andere Perspektiven anmahnen. Der unfreie Gehilfe wird seiner Angst nachgeben und somit der Person, die ihm droht, die ihn gängelt, die ihn quält. Die Qual liegt in der nicht ausgelebten Freiheit, in der Unselbstständigkeit, denn jeder Unterworfene wird nicht frei entscheiden. „Sorge für einen angstfreien Raum! Sorge für ein Leben in Freiheit und Verantwortung! Sorge dafür, dass du dich selbst verstehen kannst! Ergreife die Chance, du selbst zu sein! Lass dich dir nicht wegnehmen! „Du wirst in einem angstfreien Raum dich selbst spüren. Deine Chance auf Freiheit erwächst aus dem Mut zur Wahrheit! Gehe ehrlich mit dir um!" Dein Glück stellt sich von selbst ein, wenn du den Mut zur Freiheit und Selbstbestimmung lebst. Du wirst über die Fülle deiner Ideen und Talente erstaunt sein, wenn du dich befreit hast.

Kerker der Kälte

Als du wieder einmal nicht zuhören wolltest und deine Oberflächlichkeit offensichtlich war, dachtest du, auf der sicheren Seite des Lebens zu surfen. Das Leid und die Probleme der anderen sollten dich erneut nichts angehen, obwohl du gut und gerne das offene Ohr der anderen schätztest, wenn es dir schlecht ging. Es war die Einseitigkeit einer Lebenshaltung, bei der man gerne nahm und wenig gab. Doch diese Haltung führt in ein inneres Gefängnis. Die Lebensströme fließen nicht frei.

Die Bewegungen gehen nur in eine Richtung und jeder weiß, dass eine einseitige Lebenshaltung zu Frustrationen führt. Du glaubtest, dich nicht belasten zu müssen und die innere Haltung der Ignoranz führte in ein Denksystem des scheinbaren Vorteils: „Was gehen mich die Probleme der anderen an? Vielleicht höre ich mal kurzfristig zu, während ich über anderes nachdenke, mich betrifft das nicht und ich habe mit mir selbst zu tun." Diese Haltung bleibt den Mitmenschen nicht verborgen, denn auch sie wollen gehört, gesehen und verstanden werden. Die Einseitigkeit in einer Kommunikation vergiftet diese auf Dauer und wer nicht wahrhaftig daran interessiert ist, Zusammenhänge und das Leben der anderen zu verstehen, wird sich isolieren. Die Menschlichkeit wird im Verstehen-Wollen sichtbar. Das innere Kreisen um sich selbst verhindert den Zugang zum Du und letztendlich auch zum eigenen Selbst, denn ein Mensch ohne ein wahrhaftiges Interesse am anderen entfernt sich vom Mitmenschen. Diese Entfernung, Distanz, verhindert den natürlichen Fluss einer Kommunikation, einer Spiegelung, dabei leben wir vom Austausch. Im Kerker der Kälte gibt es kein echtes Fragen, Anteilnahme und auch kein echtes Interesse an den Problemen der anderen. Vielleicht vergleicht sich der nicht wahrhaftig von Herzen Interessierte mit den anderen und beäugt deren Möglichkeiten des Konsums. Das Sein konnte er nicht erfassen, denn dazu gehört ein wahrhaftiger Austausch. Das Kreisen um Äußerlichkeiten nimmt den in sich Gefangenen immer wieder in Anspruch, denn die Zeichen eines Wohlstandes lassen sich ohne ein echtes menschliches Interesse abschätzen: „Welches Auto fährt der Nachbar? Was mag das neue Haus wohl kosten?" Dieser Blickwinkel auf das Leben bindet die kostbare Energie, die in ein echtes Interesse am anderen hätte fließen können. Wer die Frage: „Wie geht es dir?" nicht ernst meint, nicht aus wahrem Interesse stellt, will nicht verstehen, will nicht die Lebensumstände des anderen erfassen und muss sich nicht wundern, wenn der andere sagt: „Am liebsten gut!". Wir kennen die oft nicht ernstgemeinte Fragestellung: „Wie geht es dir?" Der sich nicht ernst Genommene antwortet sicherlich nicht detailliert und voraussichtlich nicht ehrlich, denn diese Scheinfrage mit dem damit verbundenen Scheininteresse bleibt jedem normal empfindenden Menschen nicht verborgen. Man kann niemandem trauen, der ein Interesse heuchelt und Scheinfragen stellt. Die Ignoranz führt in die dunklen Abgründe einer Unmenschlichkeit, bei der das Schicksal des anderen nicht wahrhaftig von Interesse ist. Auf dem Boden der Ignoranz wachsen das Wegsehen, Weghören und die Kälte der Unmenschlichkeit. Wer nicht wahrhaftig verstehen will, wird sich auch nicht ehrlich äußern. Er hat kein echtes Interesse an der Kommunikation. Der Austausch von Floskeln lässt alle Beteiligten unbefriedigt zurück.

Die Frustration

Wieder einmal starrtest du auf dein Handy, als der nette Nachbar ehrlich fragte: „Geht es dir besser? Du hattest eine Infektion und du warst lange zu Hause, nicht wahr?" Die überhebliche Haltung erstaunte den Nachbarn abermals, obwohl es keine einmalige Sache war, denn der nicht gezollte Respekt und die Unfähigkeit zur Kommunikation hatten sich schon mehrfach wiederholt. Die Demonstration der ablehnenden Haltung verursachte beim Mitmenschen ein großes Unwohlsein. Vielleicht fühlte der echt und ernsthaft Fragende eine Ablehnung und fragte sich: „Warum bekomme ich keine Antwort? Warum ernte ich diese Ablehnung?" Der Wortkarge und Überhebliche starrte nur allzu gerne auf sein Handy und versprühte einen Mix aus Kälte und Ignoranz. „Doch wer will überhaupt nochmals den Versuch einer Ansprache unternehmen, wenn schlechte Erfahrungen vorausgegangen sind? Wer verschenkt nette und ernstgemeinte Worte, wenn man die Ignoranz einer Überheblichkeit erntet?" Der Ablehnende beherrscht nicht die einfachsten

Gepflogenheiten einer höflichen Kommunikation. Es kommt einer Launenhaftigkeit gleich. Es kommt einer Machtdemonstration gleich, wobei die ablehnende Haltung davon zeugt: „Ich bin auf dich nicht angewiesen. Ich brauche deine Worte nicht." Letztendlich gibt sich der Überhebliche als solcher zuerkennen und man kann davon ausgehen, dass eine Kommunikation auf Augenhöhe nicht stattfindet. Der Fragende wird demnächst einen Bogen um den unfreundlichen Nachbar machen. Dieser wird sich in seiner ignoranten Haltung immer weiter isolieren. Der bedauerliche Zustand von Arroganz und Unhöflichkeit führt letztendlich zur Frustration des Unfreundlichen. Er wird gemieden und die Chancen auf eine ernsthafte Spiegelung bleiben aus.

Der Schleimer

Der Schleimer gab sich kritisch und aufgeklärt. Er wollte weder wahrhaftig verstehen, noch aufrichtig kritisieren. Er wollte gut unterhalten. Die Täuschung liegt in dem scheinkritischen Anspruch, der nur so weit geht, wie eine harmlose Unterhaltung es zulässt. Die Lüge manifestiert sich in einer unklaren Position, denn die Grenze der Klärung ist abgesteckt und niemand darf darüber hinaus Fragen stellen oder Argumente liefern. „Warum verkommen kritische Diskussionsrunden zu einer Kultur ohne Ernsthaftigkeit?" Wenn der Rahmen einer Gesprächsrunde inhaltlich festgelegt und die Sprechbeiträge vorhersehbar bleiben, so verbirgt sich dahinter eine unfreie Gesprächskultur. Freiheit und Verantwortung eines echten, authentischen Gesprächs ergeben sich aus einer voll umfänglichen, verantwortlichen Übernahme inhaltlicher Beiträge. Sollte der Diskussionsleiter vorher Absprachen und Verbote aussprechen, so handelt es sich nicht mehr um eine authentische Gesprächs- und Diskussionskultur. Wir alle kennen Scheingespräche, in denen einem einflussreichen Menschen zum Mund geredet wird. Vielleicht ist es ein Lehrer, der andere, fortschrittliche Perspektiven auf Inhalte ablehnt und mit schlechten Noten droht. Vielleicht ist es ein Vater, der am Sonntag von seiner Familie nur seine Meinung wiederholt haben möchte. Vielleicht ist es der Leiter einer Talkshow der sich kritisch gibt und dennoch keine unbequemen Gesprächsbeiträge zulässt. Die Liste der ignoranten Kommunikationspartner ist lang, wenn der kritische Denker die Gesprächsführungen inhaltlich und formal überprüft. Gespräche, die scheinkritisch sind, zeichnen sich durch systemimmanente Grenzen aus. Der Patriarch wird keine Kritik an seiner Machtposition dulden. Der regierungsfreundliche Sender wird letztendlich scheinkritisch bleiben. „Doch wie können wir ein echtes Verstehen erreichen und pflegen?" Es wird nur gelingen, indem wir keine Zäune der Macht einer freien und verantwortlichen Denk- und Gesprächskultur vorziehen. Der Filter der Herrschaft nutzt grundsätzlich nur dem Mächtigen. Es kann keine freie Diskussion stattfinden, wenn im Hintergrund die Einflussnahme tobt. Wer auch immer den Herrschaftsanspruch stellt, er kann nicht von Herzen verstehen wollen. Der Herrschende will weiterhin herrschen. Der Mächtige spürt sich über seine Dominanz. Die Strukturen einer nicht freiheitlichen Denk- und Gesprächskultur werden an Hand eines Herrschaftsanspruchs deutlich. Die Familienmitglieder des Patriarchen werden sich unterwerfen müssen, wenn sie es nicht schaffen sollten, sich zu emanzipieren. Die scheinkritischen Journalisten werden keine Systemfragen stellen. Sie wissen, wie weit sie zu gehen haben. Sie kennen die Grenzen eines systemimmanenten Unterhaltungsanliegens. Sie werden weder echt brennen, noch wahrhaftig fragen. Sie werden ihr Image pflegen und angepasste Fragen stellen. Es ist der Betrug innerhalb einer scheinbar aufgeklärten Medienkultur, wenn es kein wahrhaftiges Interesse am Verstehen gibt, denn die Grenzen einer etablierten Meinung, entsprechen der Meinung der Herrschenden. Diese spiegelt jedoch nicht die Vielfalt der menschlichen Auffassungen wieder. Der

Schleimer wird sein Fähnchen nach dem Winde drehen. Er hat sein funktionales Denken eintrainiert und steuert somit grundsätzlich am wahrhaftigen Verstehen vorbei. Es kann innerhalb des funktionalen Kreises keine wahrhaftige Verantwortung geben. Der Freiheit kann keine Chance eingeräumt werden, wenn das bauernschlaue Vorteilsdenken regiert. An der Gesprächskultur erkennt man den wahrhaftigen Denker und Kritiker. Am Gespräch erkennt man den Charakter. Ein Schleimer wird nicht ehrlich sein!

Wenn Fakten nicht zählen

Du hattest mehrere Säulen zu deiner Identität verklärt. Diese Säulen lagen und liegen außerhalb deines unmittelbaren Wirkungskreises und du kannst nur beobachten. Du willst diese Säulen nicht realistisch sehen und du fürchtest den Zusammenbruch deiner Persönlichkeit, wenn du die vielen verfaulten, beschädigten Stellen deiner Säulen zur Kenntnis nehmen würdest. Deine Partei darf nicht hinterfragt werden und die vielen Fehleinschätzungen und Entscheidungen eben dieser werden von dir ignoriert. Du hattest irgendwann deine Person ganz fest an diese Partei gekettet und du bist nun nicht mehr in der Lage, den nötigen Abstand einzunehmen, um einen offenen Blick zu wagen. Als du dich in deiner Jugend für diese Parteipolitik entschieden hattest, wurde sie zu einem festen Sockel deiner Identität. Doch dieser Sockel modert schon lange vor sich hin und die Partei hat längst ihre Richtung und Auffassungen verändert. Ihr Name ist geblieben, doch die Inhalte und die Ausrichtung haben sich so stark gedreht, dass niemand, der ernsthaft nachdenkt, diese Partei wiedererkennen kann. Der Wind hatte sich in einen Orkan verwandelt und du surftest, ohne tiefgreifend nachzudenken. Du wolltest nicht ertrinken. Diese Art zu leben, zeigte sich verstärkt auch in anderen Bereichen deines Umfelds. Du hattest dich auf einige Säulen gestellt und an andere gekettet, so dass du immer unbeweglicher wurdest. Der kritische Blick aus einer angemessenen Distanz war nicht möglich. Du konntest weder deine Ehefrau, noch deine Kinder in lichten Momenten realistisch betrachten. Sie gehörten zur Sippe und diese durfte nicht hinterfragt werden. Die Faktenresistenz ging mit Weggucken und Wegducken einher und du ließest dich zu allerlei überreden, was deinem eigenen Anliegen nicht entgegenkam. Du löstest dich auf in der Summe der Ansprüche und du glaubtest immer noch, gut eingebettet und sozial abgesichert zu sein. Die Sucht nach Harmonie kostete dich die Urteilskraft und der Hang zum Verdrängen kostete dich ein gesundes Bauchgefühl. Niemand durfte sich über deine Partei oder Familie kritisch äußern. Niemand durfte deine Säulen in Frage stellen. Du fühltest dich in deiner Identität bedroht und du hattest noch immer nicht realisiert, dass deine Kinder längst erwachsen waren und ihrer eigenen Urteilskraft vertrauten. Du hattest versäumt Grenzen zu ziehen. Du hattest versäumt ein eigenständiges Leben zu leben. Dies hatte nun zur Folge, dass du dich pausenlos in einer unangemessenen Art und Weise in das Leben deiner Kinder einmischen wolltest. Die Freiheit und Verantwortung konntest du ihnen nicht überlassen und du selbst warst in deiner Freiheit und Übernahme einer echten Verantwortung völlig überfordert, da sich deine Person an Säulen gekettet hatte, die dich unfrei zurückließen. „Ein unfreier Mensch kann keine klaren Entscheidungen treffen! Er wird haltlos reagieren, wenn seine Säulen kritisch hinterfragt werden." Du warst über die Zeit zu einem Mitläufer eines Parteiprogramms geworden. Du warst diese Partei und du konntest die Inhalte nicht mehr kritisch überprüfen. Die Verschmelzung kam schleichend. Die Zeit, die Gewohnheit, hatte ihr übriges dazugetan und das Knäuel aus Lügen und Widersprüchen hing an dir, während das Wirrwarr irgendwelcher Inhalte nicht mehr logisch hinterfragt werden konnte. Du hattest es aufgegeben, Inhalte kritisch zu hinterfragen und in deiner Familie funktioniertest du wie auf Knopfdruck, obwohl dir schon so einiges gegen den Strich ging. „Doch wie soll man Widersprüche ansprechen, wenn man inhaltlich überfordert ist und sich der Prozess der Anpassung seit Jahrzehnten hingezogen hat? Wie soll man die eigene Stimme erheben, wenn man sie weder trainiert noch gestärkt und unterstützt hat?" Du hattest auf den Säulen anderer gestanden. Du warst nun zu dieser Person geworden, die sich abstützte und die diese Pfähle nicht hinterfragte. Du wolltest deine kurzen, wachen Momente nicht ernst nehmen. Du wolltest deiner zaghaften, inneren Stimme kein Gehör schenken, denn du hättest zu viel hinterfragen müssen. Deine Verdrängung machte es auch weiterhin möglich, dass deine Person auf den modrigen Pfählen stehenblieb und du steckenbliebst. Du warst die Rolle, die Maske, es schien kein Entkommen zu geben. Der erste Schritt in die richtige Richtung hätte viel Mut erfordert. Du hättest dir deine Mitmenschen genau ansehen müssen. Die Unehrlichkeit liegt im Selbstbetrug und dem damit verbundenen Lügengebäude, das wiederum nach außen hin verteidigt werden sollte. Der Selbstbetrug zog somit grundsätzlich den Betrug an anderen nach sich. Du wolltest nicht ins Wanken geraten, doch alles schwankte immer mehr, denn deine Identität stand auf modrigen Säulen. Die Nebelwand der Lüge ließ keinen Klarblick zu und du rastest nun immer öfter und schneller vor Mauern. Der schmerzhafte Untergang einer unehrlichen Haltung ohne Freiheit und Verantwortung wirkte sich fatal aus. Die anderen konnten sich nicht an dir orientieren, da du orientierungslos nach Luft schnapptest. Du hattest nicht gelernt, in Gefahrensituationen selbstständig zu navigieren. Die hohen Wellen eines plötzlich herbeiströmenden Orkans schlugen gegen deine maroden Säulen. Spätestens jetzt hättest du die faulenden Plattformen verlassen müssen. Du erstarrtest voller Angst, während sich dein Bauchgefühl zaghaft meldete. Das Verdrängen funktionierte nicht mehr reibungslos. Deine Unbeweglichkeit resultierte aus deinen

Ketten der Unfreiheit und dir wurde klar: „Ein Mensch in Ketten kann nicht schwimmen!"

Innerer und äußerer Laufstall

Dein Sicherheitsbedürfnis hatte dich unfrei werden lassen, während du die maximale Absicherung suchtest. Es sollte ein überschaubarer Rahmen dein Leben umgeben. Die Partnerschaft sollte ohne Höhen und Tiefen funktionieren, während du keine Überraschungen liebtest. Der Laufstall schien dir Sicherheit zu geben und dieser Ort der Sicherheit führte dich in ein Chaos aus Angst und Kontrollzwang. Die Bedrohung kam von außen. Jeder, der etwas kritischer, aufmerksamer und aufgeklärter sprach, dachte und lebte, wurde zur Bedrohung. Die Menschen, die eigenverantwortlich und freiheitsliebend waren, wurden als Konkurrenten und aufrührerische Zeitgenossen erlebt. Sie könnten dein gleichförmiges Leben hinterfragen und inhaltliche Anregungen von sich geben. Diese Neuigkeiten, diese Informationen, beunruhigten dich, denn du wolltest weder in deiner inneren Welt noch in deiner äußeren Ordnung gestört werden. Es sollte gleichförmig und ruhig in deinem Leben zugehen. Es sollte sich möglichst nichts verändern und somit arbeitetest du stetig gegen das Leben an. „Nichts bleibt, wie es ist!" Du wolltest diese Wahrheit weder denken noch akzeptieren und dein Sicherheitsbedürfnis beinhaltete auch dein Tragen einer Maske, wobei es weder eine Augenklappe noch eine andere Gesichtsverdeckung war. Es war und ist dein künstliches Lächeln, das per Knopfdruck angeknipst wird, wenn sich dir Menschen nähern. Du willst dein Inneres nicht preisgeben und das unnatürliche Grinsen offenbart deinen Zustand aus Unsicherheit und Hilflosigkeit. „Mir geht es gut! Ich habe alles perfekt durchorganisiert! Mir kann nichts passieren!" Niemand sollte dir zu nahe kommen und Freigeister waren sowieso nicht erwünscht. Sie könnten etwas Unvorhergesehenes fragen oder neue unvorhersehbare Themen ansprechen. Es gab zu viele Tabus in deinem Leben, in deinem Kopf, in deiner Festung aus Angst und Kontrolle. Dein Gartenzaun war stets frisch gestrichen, die Beete gepflegt, kein Eichhörnchen würde sich verirren dürfen und kein Vogel bei dir nisten. Du warst zur Maske geworden und nichts fürchtetest du mehr als die Veränderung. Das Leben tickt anders und du fühltest dich von jedem freien Denker bedroht. Ein Freigeist sollte sich bei dir niemals verirren. Du könntest zusammenbrechen.

Deine Rolle

Mittlerweile warst du zu deiner Rolle geworden. Dein Image war dir heilig. Niemand sollte dich in Frage stellen. Niemand sollte die Gelegenheit bekommen, dich zu hinterfragen. Diese Rolle ließ dir wenig Spielraum. Du hättest dich neu erfinden müssen, wenn du dir etwas Anderes, etwas Neues erlauben dürftest. Du müsstest in eine neue Rolle schlüpfen, denn du wolltest nicht in die Tiefe deiner Existenz vordringen. Ruhe quälte dich. Die Stille sollte nicht anklopfen. Unvorhergesehene Gäste durften nicht erscheinen, denn der Perfektionsdrang duldete keine Schwachstellen. Diese „Schwachstellen" wären etwas Unordnung oder Staub, nicht genau platzierte Kissen oder leicht verrückte Sessel gewesen. Das „Verrückte" dufte es nicht geben, während du dich vor deinen eigenen Launen fürchtetest. „Es lässt mich aus der Haut fahren, wenn meine Routine unterbrochen wird. Ich will meine Termine alle im Minutentakt einhalten und ich dulde keine Störung!" Dieser Anspruch erzeugte großen Stress und die Verplanung der Lebenszeit führte in die Sackgasse der Unfreiheit. „Was kann dem Menschen begegnen, wenn dieser keine Begegnungen zulässt? Wer kann in Ruhe und Gelassenheit denken und kommunizieren, wenn man eine halbe Stunde Leerlauf fürchtet?" Die Verplanung duldete keine Spontaneität, keine freie Begegnung und keine schöpferischen Einfälle. Alles musste seine Ordnung haben und etwas bringen, einen Nutzen haben. „Wer wird den Sinn und das Glück des Lebens verstehen, der keine spontane Begegnung und Menschlichkeit zulässt?" Berechenbarkeit verscheuchte die Kreativität, Eifersucht und Kontrolle die Liebe. Geiz, Menschlichkeit und Hass torpedierten jeden liebevollen Blick auf die Welt. Das alles war dir nicht bewusst, denn du lebtest deine Unfähigkeit. Für dich war es völlig normal zu kontrollieren und abzuwerten. Die freien und kreativen Zeitgeister waren für dich Spinner, die gemieden werden mussten.

Innere Stärke

Neue Impulse und kreative Ideen melden sich an und diese Geschenke darfst du empfangen. Du bekommst täglich sehr viel, was nichts kostet und für dich selbstverständlich erscheint. Die Sonne geht auf und dein Herz schlägt. „Wofür schlägt dein Herz?" Deine Leidenschaften wollen gelebt werden! „Erkennst du deine innere Kraft?" Diese Stärke existiert jenseits einer Berechenbarkeit und sie wird wachsen, auch wenn du nicht damit rechnest. Es geschieht so viel ohne Berechnung und immer mehr, wenn du es zulässt, du selbst zu sein. Du wirst dich verstehen, wenn du deine innere Stimme empfängst. Der natürliche Lebensfluss strömt auch in dir. Behindere ihn nicht. „Alles fließt!" Dieses Fließen wirst du verstehen, wenn du den Laufstall verlässt. Der innere und äußere Laufstall stärkt dich nicht, denn er grenzt dich ein, während du eine freie Entfaltung benötigst. Es ist wie ein Muskel, der verkümmert, wenn er nicht gebraucht wird. Deine Lebensquelle speist sich neu, wenn du von ihr trinkst. Deine innere Stärke wird neu aufgeladen, wenn du diese Kraft nutzt. „Alles fließt! Nichts bleibt, wie es ist!" Werde ein Teil des Flusses und erkenne deine Kraft. Du wirst dich über dich wundern, was alles in dir steckt. Freiheit ist ein Teil der Realität. Verschließe dich nicht und nutze deine innere Kraft!

Die Komposition

Die Musiker waren frei und empfingen die inneren und äußeren Impulse, während sie komponierten. Ihre Vorbereitung bestand in der maximalen Durchlässigkeit der inneren und äußeren Schwingungen. Sie hörten und dachten, komponierten und ließen ihrem Flow freien Lauf. Der innere Prozess einer künstlerischen Kraft fliegt dir entgegen. Es zeigt sich in deiner Sprache. Es zeigt sich in deiner Schwingung. Du kannst ins Schwingen geraten, wenn du es zulässt. Du kannst mit anderen gemeinsam schwingen, wenn ihr es wollt. Die Bereitschaft dazu gibt es im freien Fluss des Lebens. Kein Blockierer darf dir die Freiheit nehmen. Schwinge in dir und mit anderen! Du wirst dich wundern, was alles in dir steckt! Der freie Fluss einer kreativen Leistung zeigt sich in seiner Schönheit. Alles fließt aus dir heraus und anderes dir zu. Der Lebensstrom ist wild und schön!

Spuren hinterlassen

Die Erinnerung bleibt und du wirst Spuren hinterlassen. Du hast alles gegeben und du brauchst nichts zu bereuen. Du hinterlässt die Spur der Liebe und Erkenntnis. Die Menschen werden sich gern an dich erinnern, denn du wolltest sie verstehen, sie ernst nehmen. Du konntest zuhören und ihre Träume annehmen. „Es gibt das große Verstehen. Es setzt die Tatsache voraus, den anderen nicht verbiegen zu wollen." Die Menschen werden sich gern an dich erinnern, denn du suchtest und lebtest den Frieden. Vielleicht werden dich einige einen Träumer nennen. Vielleicht werden sogar einige behaupten, dass du zu gutmütig und versponnen warst. Doch es ist schwer, den Friedensboten zu erkennen, wenn die Zeiten auf Krieg stehen. Es ist schwer, zu dem Friedfertigen zu stehen, wenn eine Atmosphäre der Gewalt über dem Land liegt. Du magst ein Träumer sein. Du magst ein unbequemer Friedensbote gewesen sein, doch deine Spuren bleiben, denn die Menschen werden sich an dich erinnern. Du hattest etwas zu sagen und deine Botschaften gelten noch immer.

Deine Natur

Du suchst nach den Spuren der Gerechtigkeit und Freiheit. Du weißt, dass es ohne Gerechtigkeit keinen Frieden geben kann. Die Ausbeutung blüht auf den Feldern der Ungerechtigkeit. Das Elend wächst auf den Spuren der Ausbeutung. Du selbst erlebtest Ungerechtigkeit, weil du der Gerechtigkeit eine Chance geben wolltest. Du wurdest denunziert und abgewertet. Es braucht einen klaren Geist und den Mut zur Erkenntnis, die Ungerechtigkeit in ihren vielen, unterschiedlichen Gewändern zu erfassen. Lethargie überzieht das Land, wenn Gewalt und Ungerechtigkeit hingenommen werden. Du befreitest dich täglich aufs Neue von den Lügen und Widersprüchen. Diese Arbeit der Aufklärung kostet viel Kraft. Diese Arbeit an den Inhalten, die Arbeit an der eigenen Erkenntnis bedarf des Mutes. „Du willst die Zusammenhänge erfassen. Du willst dich nicht ablenken und berieseln lassen! Du willst nicht lebendig begraben sein!" Aufzugeben war nie eine Option und solange du lebst, wirst du den Stein der Erkenntnis den Berg hinauf rollen. Viele und vieles wird sich dir entgegenstellen. Es sind die Genusssüchtigen, die Mitläufer, die Denunzianten. Es sind die Opportunisten und schwachen Charaktere. Sie fühlen sich wohl in der Meute und werden mit Worten und Taten über dich herfallen, da du sie an ihre Lügen und Vergehen erinnerst. Du liebst die Freiheit und die Gerechtigkeit, während die Mitläufer beides aus den Augen verbannt haben. Ihnen wurde schwindelig, als sie das Fähnchen nach dem Winde drehten. Später wussten sie nicht mehr, was sie denken und glauben sollten. Der eigene Kompass war verloren. Sie hatten sich nicht mehr der Mühe einer Aufklärung angeschlossen. Der Sumpf einer angepassten und somit verlogenen Lebenshaltung hatte sie stecken und stehen lassen. Sie prosteten sich zu und belogen sich und andere. Sie wollten niemanden verstehen, sondern sich die Zeit vertreiben. Der Gerechte störte und wenn die Zeichen auf Krieg standen, nannten sie es alternativlos. Sie hatten weder die Kraft noch das Bedürfnis, für Frieden und Gerechtigkeit einzutreten. Sie hätten recherchieren und klar denken müssen. Sie gingen immer einen bequemen Weg. Es ist und war für sie der Tunnel des Mitläufertums. „Jeder Krieg ist durch Dialoge beendet worden." Darüber wollten die Verdränger nicht nachdenken. Sie liefen mit und hinterher. „Damals war alles anders. Die letzten Weltkriege sind lange vorbei und heute ist eine andere Zeit!" Die historischen Kontexte dienten nicht der Aufklärung und somit verstrickte man sich erneut in scheinbar alternativlose Kriegsbegründungen. „Jeder Krieg kann nur mit dem unbedingten Willen zum Frieden beendet werden. Nur der Dialog kann den Frieden einleiten. Er ist und bleibt alternativlos!" Deine Natur entspricht auch heute noch einer Friedfertigkeit. Du lässt dich nicht von deinem Kurs abbringen. Wenn du Träumer genannt wirst, reagierst du wohlwollend und sagst: „Ich bin nicht der einzige auf diesem Planeten!"

Du wolltest bewegt werden

Deine Reisen standen dafür, bewegt zu werden. Du wolltest die Aussicht genießen, dich aber nicht sonderlich anstrengen. Du wolltest unterhalten werden, aber nicht viel nachdenken. Du wolltest genießen und dieser Genuss hing mit deinem Konsum zusammen. Das Kreuzfahrtschiff stieß in See und du erwartetest das Glück. Es sollte sich in deinen Schoß legen und du glaubtest, mit deinem Ticket das Recht auf Glück und Zufriedenheit gekauft zu haben. Das Rundum-Sorglos-Paket war und ist der unausgesprochene Anspruch an eine Fremdbespaßung. Während du dem Anspruch auf Genuss und Unterhaltung genügen wolltest, wuchs deine Bequemlichkeit. „Heute lasse ich mich schminken! Morgen soll der Friseur mich stylen. Ich habe es verdient, dass ich mich darum nicht mehr kümmern muss!" Der fordernde Ton deiner Stimme entsprang der Überheblichkeit. Auf dem Traumschiff entwickeltest du eine immer stärker wachsende Konsumfreudigkeit. Sänger und Animateure sollten die Langeweile vertreiben, während deine Gedanken um neue Kleider kreisten. Keine Schiffsboutique war vor dir sicher und die reichhaltigen Buffets reichten dir nicht mehr. „Heute esse ich wieder a la carte! Ich stelle mich in keine Schlange mehr. Das Anstellen und Einreihen nervt mich. Es entspricht nicht meiner Vorstellung von Erholung!" Als du bei einem Landausflug schnell aus der Puste kamst, hattest du sofort eine Ausrede parat: „Gestern ist es etwas später geworden! Beim nächsten Mal muss ich mich noch mehr ausruhen!" Um Ausreden warst du nie verlegen und die Völlerei ließ dich immer gewichtiger werden. Alles geriet aus den Fugen, da die Ansprüche eine zerstörerische Wirkung hatten. Die körperliche und geistige Bewegungslosigkeit bis hin zur Faulheit forderte ihren Tribut.

Die Chance auf Freiheit

Während du immer mehr Hilfe und Konsum beanspruchtest, verlorst du gleichzeitig deine Unabhängigkeit. Die Zahl der Helfer nahm zu und der Tag war nun gefüllt von Terminen, die dafür sorgten, dass es dir an nichts fehlte. Du kamst nicht zur Ruhe und du wolltest nicht denken. „Ich will nicht denken! Ich habe Spaß!" Das Wort Spaß war nun dein Lieblingswort und niemand sollte dir die Laune verhageln. Ein reibungsloser Ablauf deines Lebens im Konsumrausch war prall gefüllt mit dem Kreisen um Äußerlichkeiten: Shopping und Styling, Events und das Sehen und Gesehen-Werden. Nichts war schlimmer als ein Tag ohne Termine, nichts war bedrohlicher als Stille. Deine Maske musste perfekt angepasst werden, wenn du dein Grinsen anknipstest. Die gute Laune sollte auf Knopfdruck sprudeln und du erwartetest von deinen Mitmenschen, gut unterhalten zu werden. Die anderen sollten für interessante

Themen sorgen und du geselltest dich gern zu den geistig Aktiven. Dort konnte man sicher sein, dass keine peinlichen Momente der Stille aufkamen. Der Denker sollte dir zuarbeiten, während der Kellner um dich kreiste. Die Arbeit des Denkens wolltest du selbstverständlich anderen überlassen, so wie das Putzen und Aufräumen. Sorglosigkeit sollte dich umgeben und deshalb verzogst du das Gesicht, wenn ein Denkender einen inhaltlich anspruchsvollen Satz äußerte. Das war zu viel des Guten. Die Grenzen des Small-Talks sollten nicht überschritten werden. Dieser Anspruch auf Spaß beschnitt alle um dich herum und dich selbst auf ein freies Gespräch und Leben in Freiheit. „Wer den anderen nicht ernst nimmt und ihn nicht mit seinen Anliegen verstehen will, nimmt ihm die Freiheit der Kommunikation!" Du sortiertest aus und zensiertest die Themen: „Ich will gut unterhalten werden! Ich möchte Spaß haben!" Du liebtest die Aura der Denkenden, denn es wurde um sie nie langweilig. Du wolltest aber nicht tiefer in Themen eintauchen, denn so hättest du selbst denken und recherchieren müssen. Der Konsum an Themen, Inspirationen und neuen Ideen zog dich zu den geistig Wachen und Lernenden, doch dir war es zu anstrengend zu lesen oder wenigstens zuzuhören. Das Verstehen-Wollen wurde nicht beachtet, während du die Sorglosigkeit anstrebtest. Doch niemand wird immer sorglos sein und kein Traumschiff der Welt wird dir eine Existenz der immerwährenden Unterhaltung schenken können. Du wolltest zu viele Faktoren des Lebens verbannen und du scheitertest an deiner Haltung zum Leben. Deine Chance auf Freiheit liegt in deiner Unabhängigkeit und der Bereitschaft, dich selbst zu bemühen. So wie ein Muskel trainiert werden muss, um nicht zu verkümmern, so sollte auch dein Gedächtnis bewegt und genutzt werden. Das ernsthafte Verstehen-Wollen wird dir die Chance auf Lernprozesse eröffnen, doch dies muss man wollen. Die Bereitschaft zum Lernen schenkt neue Chancen auf Erkenntnis und Wachstum! Die Freiheit strömt in dein Leben, wenn du die Barrieren der Bequemlichkeit, Überheblichkeit und Ignoranz wegräumst.

Der Lügner braucht ein gutes Gedächtnis

„Wem habe ich was erzählt?" Während der Authentische aus sich heraus leuchtete, warst du bemüht, die richtigen Worte zu finden. Diese Sätze sollten gut ankommen, denn du wolltest gefallen. „Was ist mein Standpunkt und was äußerte ich gestern?" Der Mensch ohne wahrhaftige Überzeugungen navigiert in einer völlig unsicheren Manier. Er wird die Richtungen wechseln und sein Fähnchen nach dem Winde drehen. Lange tiefere Gespräche müssen gemieden werden, denn Verstrickungen in Lügen und Widersprüchen kann schnell geschehen. „Was dachte ich gestern? Was sagte ich vorgestern?" Der Heuchler gerät ins Schwimmen und Unsicherheit wird deutlich, weil er keine Zeit zur Vorbereitung hatte. Er muss sich Argumentationsstrukturen zu Recht legen, da diese keiner wahrhaftigen, fundierten Überzeugung entspringen. Der authentische, denkende Kommunikationspartner braucht keinerlei Angst vor einer Diskussion zu haben. Er wird aus sich heraus frei und inhaltlich kompetent argumentieren. Der Stratege gerät schnell ins Schlingern. Er verfolgt Ziele und hangelt sich von einer Reißleine zur nächsten, ohne eine wahrhaftige Kompetenz vorweisen zu können. Der Blender wirkt fahrig und seine Sprache hölzern, wenn er außerhalb seiner Vorlagen argumentieren soll. Der Lügner wird die Kommunikation beenden, wenn er an die Grenzen seiner Lügengebäude stößt. „Die Wahrheit scheint durch jede Ritze und holt jeden ein!"

Die Welt der Tugenden

„Du denkst nicht zeitgemäß! Die Zeit der alten Griechen ist schon lange vorbei und ich beschäftige mich mit aktuellen Themen! Sokrates hat seine Zeit vergeudet und kein Geld verdient. Wir leben heute in einer digitalisierten Welt und da möchte ich bestehen können!" Es ist schwer, mit einem Menschen zu diskutieren, der die Zeitlosigkeit der Tugendlehre nicht erkennen kann. Es ist sehr schwer auszuhalten, wenn ein Gesprächspartner Personen nach ihrem Nettogehalt beurteilt und jede Chance auf inhaltliche Gespräche abwehrt. Ignoranz und Arroganz kennen keine Grenzen. Hochmut kommt vor dem Fall. „Wann ist ein Mensch dazu bereit, inhaltlich zu arbeiten und vor allem ethische Ansprüche auch auf sich selbst zu beziehen?" Die Realität holt jeden ein und dies betrifft mit Sicherheit nicht nur den pekuniären Aspekt des Lebens, denn Wohlstand ist keine Garantie für Glück und die Inhaltsleere wiegt schwer, wenn maßgebliche Entscheidungen getroffen werden müssen. „Ich brauche mir keine Sorgen zu machen, denn ich kann mir alles leisten! Wenn etwas schief geht, werde ich es schon richten!" Auch wenn Ungerechtigkeiten an jeder Ecke lauern und Politiker viele Fehlentscheidungen treffen, existiert das Ideal einer gerechten Entscheidung. Es gibt die Idee der Gerechtigkeit und sie kommt überall dort zum Vorschein, wo Menschen um gerechte Lösungen ringen. Sie wird erkennbar, wenn Lehrer, Mütter oder Väter, Erzieher oder ältere Menschen Gerechtigkeit im Denken und Handeln suchen. Wir können das Gefühl der Gerechtigkeit empfinden, wenn es in einer Gruppe, Familie, Gemeinschaft gerecht zugeht. Wir können über gerechte Entscheidungen, Taten nachdenken, wenn wir es zulassen und wollen und wir können über eine möglichst gerechte Ausrichtung diskutieren. „Die Gerechtigkeit wird es nur dort geben, wo Ausbeutung und Unterwerfung chancenlos sind." Wir werden uns sowohl emotional als auch rational der Struktur einer Gerechtigkeit annähern, indem wir über anstehende oder bereits getroffene Entscheidungen reflektieren. Ungerechtigkeit zeigt sich in unterschiedlichen Gewändern. Das Bevorzugen oder Vernachlässigen ebenso. Der Ausdruck der Ungerechtigkeit wird in verwerflichen Handlungen deutlich, wobei Sprechhandlungen ebenso Taten sind. Der Erzieher, der Lehrer, die Mutter oder der Vater werden zuhören, zuhören müssen um zu verstehen, was die Kinder, die Heranwachsenden, wollen, denken und welche Beweggründe sie antreiben. Die Politiker können nur sinnvolle Entscheidungen treffen, wenn sie das Wohl der Bürger im Auge haben. Der Verstoß gegen Gerechtigkeit geschieht im Detail, im Kontext der sozialen Gefüge. Das Abwägen braucht Zeit und Besonnenheit. Wir können uns nur der Gerechtigkeit annähern, indem wir die Bedingungsgefüge der Handlungen erfassen. Wir müssen uns die jeweiligen Situationen mit ihren Voraussetzungen bewusst machen. Kein Entscheidungsträger wird sich der Gerechtigkeit annähern, der aus Eigennutz und Eitelkeit, dem blanken Opportunismus heraus handelt. Oberflächliche und vorschnelle Urteile oder Entscheidungen sind abzulehnen, wenn man der Gerechtigkeit eine Chance geben will. Wir können uns sehr wohl von Sokrates inspirieren lassen, indem wir uns an seiner Diskussionskultur orientieren. Er nahm sich die Zeit zuzuhören. Er pflegte den offenen Diskurs und stellte sich den Fragen seiner Diskussionspartner. Es ging ihm nicht darum, Recht zu haben. Es ging ihm ums Klären und Verstehen. Es ging ihm um die gemeinsame Suche nach der Wahrheit. Als du entgegnetest: „Die Wahrheit liegt im Auge des Betrachters und es gibt keine Gerechtigkeit", so war mir klar, dass du diese Ansprüche, diese Bemühungen nicht in dein Leben integrieren wolltest. Vielleicht war dir das Denken zu mühsam oder vielleicht handeltest du schon seit längerem nicht aus gerechten Beweggründen heraus. „Ich muss sehen, wo ich bleibe und Geld regiert die Welt! Du wirst noch spüren, das du auf dem falschen Dampfer bist!" Danach verschwandest du in der Dunkelheit.

Die Weisheit

Ein Weiser wird sich zurücknehmen und nicht vorschnell urteilen. Er wird in Demut und Bescheidenheit nach Lösungen suchen. Da die Zusammenhänge grundsätzlich mit einbezogen werden, kann es keine sinnvollen Entscheidungen geben. Der Weise wird sich vorbereiten, Informationen einholen und nachdenken. Er wird nicht irgendwelchen Parolen und oberflächlichen Ansprüchen genügen wollen, denn die Weisheit schließt ein Mitläufertum aus. Der Weise weiß um die Kostbarkeit der Informationen. Er weiß um die Kostbarkeit von Bildung und wird keinesfalls Fakten, Inhalte und Meinungen anderer quasi autoritätshörig nachplappern. Der Weise wird sich weiterentwickeln wollen und für das Leben ein Leben lang lernen. Er weiß, dass die Inhalte nicht um ihrer selbst willen reproduziert und für Zensuren kurzzeitig gespeichert werden sollen. Die Welt der Tugenden existiert jenseits der Welt des vordergründigen Opportunismus´. Jeder Mensch, der Inhalte lediglich reproduziert, um vordergründige Vorteile zu erringen, hat nicht verstanden, dass Werte um ihrer selbst willen existieren und in der Tugendlehre für den Menschen ihren Ausdruck finden. Der Opportunist wird nicht verstehen, dass ein Mensch um die Gerechtigkeit selbst bemüht ist. Er wird das Streben nach Werten eher als Zeitverschwendung und einen Hinderungsgrund ansehen, wenn vordergründige Vorteile locken. Das tiefe Streben nach Gerechtigkeit und Mäßigung wird jeder Ausbeuter ablehnen. Rechtfertigungsversuche gibt es in Hülle und Fülle. Ausreden und Lügen ebenso. Die Wirkung ungerechter Taten zeigt sich in der Einseitigkeit der Vorteilsnahme. Ob es ungerechte, einseitige Handelsabkommen oder Müllentsorgungen, die Einfuhr extrem billiger Rohstoffe oder das Vertreiben von Menschen ist. Die Brutalität und Gewalt ungerechter Handlungen zeigt sich in destruktiven Entscheidungen, die in der Ausbeutung oder Vernichtung von Mensch und Natur münden.

Jeder Dialog und jedes Ringen um Wahrheit und Gerechtigkeit ist wertvoll. Jede zerstörerische Maßnahme wie Vertreibung, Folter und Krieg kann nicht auf einem Weg der Tugend entstanden sein. Der Lügner mag sich bei einer Vorteilsnahme grandios fühlen, doch er hat als Mensch versagt. Der Vertreiber, der Räuber, mag sich mit seiner Beute vordergründig gut fühlen, doch er hat die Werte an sich mit Füßen getreten. Jede destruktive Handlung trägt zur Ungerechtigkeit und zur Gewalt bei. Die Folgeschäden sind groß, denn Gewalt zieht immer mehr Gewalt nach sich. Rauben und Morden, Vertreibung und die Missachtung von Menschenrechten zieht weitreichende Konsequenzen nach sich. Manchmal dauert es Jahrzehnte, bis sich nachfolgende Generationen zur Aufarbeitung zusammenraufen. Ungerechte Taten sind wie eine schlimme Krankheit, die schließlich ausbricht. Auf dem Boden der Missachtung menschlicher Werte wird nichts auf Dauer gedeihen können. Die Blutspur existiert und wenn es nur in den Erzählungen der Nachkommen ist.

Die Tapferkeit

In der Welt der Tapferkeit wird die Suche nach Wahrheit grundsätzlich immer eine Rolle spielen, denn der Tapfere wird nicht wegsehen, wenn der Ungerechtigkeit Vorschub geleistet wird. Der Tapfere wird hinsehen, hinhören und versuchen der Ungerechtigkeit die Stirn zu bieten. Er wird auch unter der Androhung von Nachteilen, unter der Gewalt von Erpressungsversuchen nicht zurückweichen. Vielleicht wird er abwarten, sich informieren, juristischen Rat einholen oder die Hintergründe der Ungerechtigkeiten studieren. Der Tapfere wird sich der Realität stellen und aktiv zur Verbesserung der Lage beitragen. Die Aufklärungsarbeit und die Verbesserung der Gesamtsituation werden von tapferen Menschen angestrebt. In Zeiten der Krisen wird der um Wahrheit bemühte nicht dem Druck von Erpressern nachgeben. Die Unterdrücker werden sich an dem Tapferen die Zähne ausbeißen, da er die Gerechten nicht verraten wird und gegen den Strom schwimmt. Er hat sich nicht aufgegeben und angepasst. Er hat seine Sicht auf die Welt nicht verraten. „Nur wer die Tapferkeit besitzt, gegen den Strom zu schwimmen, gelangt zur sauberen Quelle!" Mut und Tapferkeit hängen unmittelbar zusammen. „Der Wahrheitsliebende braucht ein schnelles Pferd." Er wird oft verfolgt und abgewertet. Der Mitläufer hingegen zeichnet sich durch seinen Drang zur Anpassung aus. Er will nicht anecken und Vorteile einstreichen. Er sieht seine Chance im Schweigen oder in der Zustimmung. Vielleicht fehlen ihm die Inhalte, die Hintergrundinformationen. Doch seine Unmündigkeit ist letztendlich selbstverschuldet, da das Weggucken und Wegducken, nicht zu recherchieren und nicht dazu zu lernen seine moralische Inkompetenz bedingt hat. Der Ahnungslose, der Desorientierte bleibt somit ein Unmündiger aus Unwissenheit. Es ist schwer nachzuvollziehen, dass oft gebildete, gut situierte Menschen gezielt weggucken. Vielleicht gehört es für viele dazu, ihre Ohren auf Durchzug zu stellen, um ungetrübt und in angeblicher Ahnungslosigkeit ihre Privilegien auszukosten, erst recht, wenn es zulasten der Armen geht.

Tugend und Selbstbestimmung

Die Tapferkeit zeigt sich im Alltag! Die Tapferkeit wird sichtbar, wenn wir uns trauen, der Wahrheit eine Chance zu geben. Es bedeutet, sehr klar denken, sprechen und handeln zu wollen, um der Wahrheit und Gerechtigkeit eine Möglichkeit im Alltagsgeschehen einzuräumen. Wir wissen, dass wir Menschen nicht immer die Wahrheit sagen, sagen können und es ist nicht damit gemeint, immer und jeder Zeit dazu in der Lage zu sein, die Wahrheit auszusprechen. Manchmal siegen die Angst und manchmal die Feigheit. Doch es geht um etwas Grundsätzliches, ohne sich zu einem Moralapostel zu erheben und mit dem Zeigefinger auf andere zu zeigen. Es geht um die Ausrichtung, der Wahrheit möglichst näher zu kommen und an der Aufdeckung von Lügen und Widersprüchen zu arbeiten. Es geht auch darum, vor sich selbst zu bestehen und nicht immer wieder nachzugeben oder sich sogar fremden Lügengebäuden zu unterwerfen. Unsere Courage ist oft gefordert, denn es werden immer wieder Meinungen an uns herangetragen, die wir eigentlich nicht teilen wollen oder sollten. Wir kennen Situationen, in denen unser Bauchgefühl rebelliert und wir etwas mittragen sollen, hinter dem wir inhaltlich nicht stehen. Wir kennen diese Situationen aus der Arbeitswelt und ebenso im Umfeld der Familie. Vielleicht soll ein Verwandter abgewertet werden. Vielleicht wird ein Arbeitskollege unberechtigterweise kritisiert. Wir kennen auch das Problem eines allgemeinen gesellschaftlichen Narratives, das wir nicht teilen können. Als Pazifist werden wir auf einen Dialog und nicht auf Kriegshandlungen setzen wollen. Die Liste der Situationen, in denen wir gefordert sind, uns inhaltlich einen Standpunkt zu erarbeiten, ist lang und wir sind täglich aufgefordert zu entscheiden und zu handeln. Ein Feigling wird sich wegducken. Ein Opportunist wird dem gängigen Narrativ folgen. Er möchte nicht anecken und der eigene Vorteil steht wie immer im Vordergrund. Doch worin besteht die Gefahr einer nicht tugendorientierten Haltung? Worin liegt das Problem von Feigheit und Bequemlichkeit? Worin besteht die Gefahr, sich von der Wahrheit und Gerechtigkeit zu entfernen? „Es gibt keine Gerechtigkeit! Es gibt keine Wahrheit!" Wir kennen die Sätze derjenigen, die den Anspruch an eine Wahrheitssuche aufgegeben haben. Sie gehen von einer unumstößlichen Lügenwelt aus und sie schwimmen mit dem Strom und mit den Lügen, die in Umlauf gebracht werden. Das Interesse einer Klärung steht nicht auf ihrer Agenda. In der Regel ducken sich diese Menschen weg, wenn sie gefordert sind, eine plausible Meinung zu vertreten. Die Meinung der Herrschenden wird meistens zu ihrer und so glauben sie, sich nicht anstrengen zu müssen. Vielleicht richtet man sich nach Gönnern, also denjenigen, die Geld haben und ab und zu verteilen, vielleicht hat der Vorgesetzte komplett das Sagen und dessen Inhalte werden kritiklos übernommen. Auch in anderen zwischenmenschlichen Beziehungen knickt ein Feigling ein und verleugnet sogar eigene Vorstellungen und Impulse schlimmstenfalls solange, bis sich diese inneren Eingebungen und Bilder nicht mehr melden und die Fremdbestimmung chronisch vom Mitläufer Besitz ergriffen hat. Einem Fremdbestimmten kann man nicht vertrauen, da er sich in der Welt der Anpassung aufgelöst hat. Er wird sein Fähnchen nach dem Winde drehen. Er wird auf kurzfristige oder größer angelegte Vorteile hoffen, die sich wie eine Schlinge um seinen Hals legen. Der Mitläufer bemüht sich nicht um einen gerechten, wahrheitsorientierten Durch- und Überblick. „Wir können uns kein Bild über andere Nationen machen, wir stecken da nicht drin!" Wir kennen diese Ausreden. Wir wissen um die Bequemlichkeit so vieler, die zu unbeholfen sind, die Quellen der vielschichtigen Informationen zu nutzen. Sie werden viel nachplappern und noch weniger verstehen. Sie werden in ihrer selbstverschuldeten Unmündigkeit verharren und schwächer werden. Sie werden immer weniger verstehen, da die Zusammenhänge nicht erfasst werden. Sie selbst haben durch ihre Bequemlichkeit und vordergründige Vorteilsnahme ihre Chance auf eine mündige Lebenshaltung verspielt. Irgendwann waren sie falsch abgebogen und nun sind alle Stationen falsch. Sie werden ihre Schwäche immer wieder spüren, denn das Fehlen jeglicher Urteilskraft ist bitter. Sie wollten den unbedingten Vorteil und ernteten eine schwache Haltung, die sie verunsichert und schwach zurücklässt.

Der Unterworfene

Ein Unterworfener dreht sich stetig im Kreis. Er kann sich nicht angemessen entwickeln und er kann nicht frei und selbstbestimmt handeln. Er ist ein Abhängiger. „Das darf ich nicht sagen. Das wird mir übel genommen. Diese und jene Person muss ich meiden! Das wird von mir erwartet. Früher habe ich mal andere Werte vertreten, aber das ist lange her! Wer bin ich eigentlich?" Das ist die berechtigte Frage eines Unterworfenen. Es ist die berechtigte Frage eines Fremdbestimmten. „Wird sich der Verwirrte trauen, wieder einen klaren Kurs zu fahren? Wird sich der Unterworfene wieder an Fakten halten und nach Hintergründen suchen? Die Arbeit an einer selbstbestimmten Lebenshaltung kann nur von der Person selbst angestrebt werden. Es ist wie mit einer Sucht. Wenn der Süchtige es ernsthaft will, wird er eine Therapie absolvieren. Nur wenn der Unterworfene die Arbeit an der Klärung seiner Situation aufnimmt und der Wahrheit eine Chance gibt, wird er der Mündigkeit näherkommen. Dieses Wollen ist eine Grundvoraussetzung. Der Mut zur Aufklärung geht einer Selbstbestimmung voraus. Der Gekaufte, der Geschmierte, scheut die Wahrheit. Der Ängstliche weicht der Konfrontation aus. Der Unterworfene befindet sich nicht auf einem klaren Kurs. Somit geht die Klärung, die Aufklärung, nur über das Wissen und das Sammeln von Fakten. Der Lügner ist nicht an wahren Grundlagen interessiert und somit kann jeder Wahrheitsorientierte den Menschen fernab der Tugenden an seiner Ignoranz erkennen. Ignoranz und Hochmut sind typische Eigenschaften eines Hochstaplers. Dieser befindet sich außerhalb menschlicher Werte. Das Ausüben von Macht dominiert sein Dasein. „Lass dich von niemandem unterwerfen und sei wachsam! Bediene dich deines logischen Denkvermögens und erarbeite dir die Kontexte deiner Standpunkte! Diese Arbeit darf dich mit Freude erfüllen, denn du stärkst mit ihr deine Urteilskraft!"

Der Freigeist

Der Freigeist wird immer wieder viel Mut beanspruchen, denn echte Freiheit bedarf einerseits einer Leichtigkeit und gleichzeitig einer enormen Kontinuität im konsequenten Denken und Handeln. Ob als Künstler oder Politiker, Politologe, als Mutter und Vater, der freie Geist braucht den Mut zur Ansprache und Aussprache, zur Klärung und der immerwährenden Selbstreflexion. „Nichts bleibt, wie es ist!" Alles ist im Fluss und diese Tatsache schließt sowohl das persönliche Umfeld als auch die gesellschaftlichen Bedingungsgefüge mit ein. „Du kannst sehr schnell deine Freiheit verlieren! Du kannst sehr schnell den Anschluss verpassen und du wirst deiner Orientierung keinen Gefallen erweisen, wenn du aus Bequemlichkeit, Angst oder Opportunismus zum Mitläufer wirst!" Der Mitläufer kann nicht frei handeln, sprechen oder denken, da er nicht selbstständig und verantwortungsvoll an den Kontexten seiner Existenz arbeitet. Nachplappern, sich Unterwerfen oder Wegsehen behindern das Denken und Handeln in Freiheit. Somit kann ein Mitläufer nicht für voll genommen werden und sich dennoch schuldig machen. Eine Mutter, die wegsieht, wenn der Vater brutal und ungerecht ist, eine Lehrerin, die wegschaut, wenn ein Kind Auffälligkeiten zeigt, die Liste der offensichtlichen Verwerfungen ist unendlich lang und wir alle sind aufgefordert, genau hinzusehen und hinzuhören. Wir sind ebenso dazu aufgefordert, uns zu informieren und sehr genau zu recherchieren. „Fallen wir auf Lügen herein? Wer steckt hinter welcher Kampagne? Wer hat ein Interesse daran, uns zu manipulieren?" Wir sind täglich gefordert, uns ein Bild zu erarbeiten. Dieser Anspruch bedeutet, mit Mut und Interesse unsere Welt wahrzunehmen. Familiäre und gesellschaftliche Bedingungen verändern sich kontinuierlich. Unser Interesse sollte der Klärung und Aufklärung dienen. Dies ist nur umzusetzen, wenn wir voller Mut und Lernwilligkeit der Wirklichkeit zugewandt sind. Ein freier

Blick in die Welt erfordert Mut, Zuversicht und immer wieder die Hinwendung zur Wahrheit. Unsere Tapferkeit wird deutlich, wenn wir uns nicht einschüchtern lassen und wenn wir uns eine freie Sicht erarbeiten. Die Arbeit an der eigenen Freiheit hört nie auf und wir können stolz auf uns sein, wenn wir uns gegen alle Widerstände nicht unterworfen haben. Jeder Mensch kommt an Kreuzungen, an maßgebliche Punkte, wo und wann er gefordert ist, Farbe zu bekennen. Ein Uninformierter oder Desorientierter kann sich glücklich schätzen, wenn er nicht in Fallen tappt. Er mag zufällig Glück gehabt haben, aber es ist nicht sein Verdienst. Ein Orientierter, ein Aufgeklärter, kann seinen Mut zusammennehmen und den Manipulationen etwas entgegensetzen. Ein Freigeist zu bleiben, erfordert Fleiß, Mut und Ausdauer. Ganz egal, was wir auch tun, wir müssen um unsere Freiheit stets bemüht bleiben. Nur so werden wir verantwortlich handeln können.

Das Selbstbewusstsein

Das echte, wahre und berechtigte Selbstbewusstsein hat nichts mit einer Überheblichkeit zu tun, ganz im Gegenteil. Ein konstruktiver Charakter wird sich um die Erfassung und Einschätzung der Wirklichkeit bemühen. Er wird sich nicht pausenlos fragen: „Komme ich gut an? Wie gefalle ich den anderen? Was muss ich sagen, um diesen oder jenen Vorteil zu erlangen?" Der um die Wahrheit bemühte arbeitet täglich an der Erfassung der Wirklichkeit und wenn ihn sein Mut und seine Kraft nicht verlassen, so wird er sich den fremden Ansprüchen, die er nicht teilen kann, nicht anpassen oder unterwerfen. Somit hängt ein gesundes Selbstbewusstsein mit dem Verstehen-Wollen, dem Interesse an Wahrheit und Wirklichkeit zusammen. Der Denker wird immer wieder zu seinen Erkenntnissen stehen können und müssen, um nicht verbogen zu werden. Der Erkenntnisorientierte braucht sein Selbstbewusstsein, um in entscheidenden Situationen nicht einzuknicken. Dieses Selbstbewusstsein setzt eine kontinuierliche Orientierungsarbeit voraus und die Anfeindungen von außen dürfen den Denker, den Wahrheitsorientierten nicht von seiner Arbeit abhalten. Er weiß, dass die Mündigkeit ein immer neu zu erarbeitendes Gut ist. Das Selbstbewusstsein erschließt sich aus der Freude am Lernen und der Kraft, auch in schwierigen Zeiten zur eigenen Meinung zu stehen, die aus der inhaltlichen Arbeit erwachsen ist. Echtes Selbstbewusstsein unterscheidet sich maßgeblich von Überheblichkeit. Der Ausdruck einer Überheblichkeit wird beim Blenden der Mitmenschen deutlich, während die Täuschung unmittelbar dazugehört. Die Pose der Arroganz entspringt einer übertriebenen Suche nach Anerkennung. Diese soll sich oftmals mit der Präsentation gewisser Äußerlichkeiten einstellen. Der Überhebliche fordert Anerkennung geradezu ein, indem er ein bestimmtes Image forciert. Die Attribute des Geldes, der Macht sollen ihre Wirkung erzielen. Man möchte sich positionieren, beeindrucken. Sollte der Überhebliche inhaltlich gefordert sein, so wird die Maske fallen. Das berechtigte Selbstbewusstsein entbehrt der Suche nach Täuschung und vordergründiger Beeindruckung. Der Suchende, der Lernende, wird eher bescheiden auftreten, da er sich der Aussage Sokrates anschließen wird: „Ich weiß, dass ich nichts weiß!" Angesichts der Fülle an Inhalten, angesichts der immer neu hinzukommenden Wissenszuwächse, kann nur ein Wirklichkeitsferner und überheblicher Charakter eine arrogante, wirklichkeitsferne Position einnehmen. Der Denkende wird bescheiden auftreten, denn er weiß um die Komplexität der Zusammenhänge. Es beinhaltet eine große Gefahr, Menschen auf Grund äußerlicher Attribute zu bewerten. In der Zeit der schnellen Bilder, der Filter und der Suche nach Konsum und Äußerlichkeiten werden zu viele zu schnell von äußerlichen Posen beeindruckt. Ein echtes Selbstbewusstsein entsteht aus einer Arbeit am eigenen Selbst, am Charakter und der Einschätzung der Wirklichkeit. Diese setzt

Wissen voraus. Die erschreckende Naivität der Blender und Poser entspringt der Suche nach Anerkennung über Äußerlichkeiten. Leider bedeutet dieser Zugang zur Wirklichkeit einen Realitätsverlust, der sich negativ auswirkt. Man denke an die vielen verpfuschten Schönheitsoperationen oder die angehäuften Schulden, weil man einem bestimmten Bild entsprechen wollte. Insofern muss das oberflächliche Posieren hinterfragt und die Arbeit am eigenen Selbst angegangen werden. Die Wirklichkeit holt jeden ein! Die Wahrheit scheint durch jede Ritze! „Lasst uns an unserer inhaltlichen Kompetenz und der damit verbundenen Aufklärungsarbeit arbeiten! Lasst uns die Denker und Dichter zur Hilfe nehmen!"

Die Mäßigung

In der Welt der Tugenden spielt die Mäßigung zu Recht eine zentrale Rolle. „Wir werden uns unwohl fühlen, wenn wir uns der Völlerei hingeben. Wir werden Schaden nehmen, wenn wir zu viel konsumieren." Doch die Mäßigung spielt auch in einer Fülle anderer Aspekte eine entscheidende Rolle: Haltlose, Süchtige nach Ruhm und Anerkennung, Eitle und Kompensierende werden nicht zur Ruhe kommen. Innere Ruhe und Kraft können nicht auf der Überholspur der Äußerlichkeiten gefunden werden. Das ständige Kreisen um Anerkennung und ausufernden Genüssen verhindern eine sinnstiftende, innere Einkehr. Übertriebene Eitelkeit und die Sucht nach überzogener Bestätigung und Genuss werden der Mäßigung im Weg stehen oder sie grundsätzlich verhindern. Während es dem Zeitgeist entspricht, der Nachhaltigkeit zu folgen und zum Beispiel getragene Kleidung zu nutzen und Energie einzusparen, kreisen die Bilder der Schönen und Reichen um den Erdball. Während das Einsparen von Ressourcen gefordert wird, erfreut sich das Posten der Bilder elitärer Genüsse und ausufernder Shoppingerlebnisse großer

Beliebtheit. Prahlen und Prassen geschehen zeitgleich, obwohl ein Anspruch auf Mäßigung immer wieder gefordert wird. „Warum werden die Bilder der Stars und Sternchen so hoch gehandelt, während eine Politik der Nachhaltigkeit gepredigt wird?" Wir leben in Zeiten größter Widersprüche. Es ist sinnvoll, sich einen eigenen, unabhängigen Standpunkt zu erarbeiten. „Wir werden unsere eigene Stimme nicht empfangen, wenn wir uns zu oft und zu laut berieseln lassen. Wir werden unsere Leidenschaften, unsere Fähigkeiten vernachlässigen, wenn wir dem Konsum zu viel Zeit und Raum schenken. Wir werden uns weder körperlich noch seelisch wohl fühlen, wenn wir uns über das Konsumieren definieren. Wir werden vielleicht sogar erkranken, wenn wir die Gefahr bestimmter Süchte nicht erkennen. Halte inne und erfasse, was dich im Kern ausmacht. Du hast es nicht nötig, dich zu berauschen und zu berieseln. In der Mäßigung steckt Freiheit! In der Mäßigung liegt auch die Selbstbestimmung, denn je unabhängiger du bist, desto freier und selbstbewusster wirst du dein Leben gestalten können! Werde nie zum Sklaven deines Konsums! Erkenne die Widersprüche in einer Zeit der schnellen Bilder und wende dich den Inhalten zu. Lass dich nicht von dir entfremden! Alles hängt mit allem zusammen! Du gehörst zu den Reflektierten, wenn du Mäßigung nicht als Verzicht ansiehst!"

Zugang zur Wirklichkeit

Dir wurde es immer wieder bewusst, dass dein Zugang zur Wirklichkeit mit einer angstfreien, ausgeglichenen Haltung verbunden war. Deine dunklen Stunden haben dich viel gelehrt, dennoch musstest du immer wieder aufs Neue für einen möglichst angstfreien Raum sorgen. Deine schmerzhaften Erfahrungen durften dich niemals überwältigen, denn dein Denken sollte der Klarsicht entspringen und dein Mut sollte ungebrochen bleiben. Du brauchtest grundsätzlich die Kraft der Zuversicht, um für Aufklärung zu sorgen. Zu viele um dich herum wollten vieles weder sehen noch hören und dir war klar, dass du nur diejenigen erreichen würdest, die an der Wirklichkeit wahrhaftig und ernsthaft interessiert sind. Einige täuschten dir etwas vor und hörten scheinbar interessiert zu, doch sie handelten in Unfreiheit und waren durch ihren Opportunismus gefangen. Der Zugang zur Wirklichkeit muss immer neu freigelegt werden. Es bedeutet Arbeit, sich einen freien Blick zu verschaffen. In der Welt der Manipulationen und Indoktrinationen wird viel verdreht und noch mehr gelogen. „Wir müssen wachsam sein! Gleichzeitig dürfen wir nicht auf Tricks und Täuschungen hereinfallen und wir sollten uns fragen: Wer profitiert von wem und wer glaubt, sich durch diese oder jene Aussagen einen Vorteil zu verschaffen?" Dein Mut war und ist unverzichtbar, wenn du auf deinem Kurs, auf dem Kurs zur Wahrheit fortfahren willst. Dein Mut ist unverzichtbar, wenn du der Gerechtigkeit eine Chance geben willst. Dein Mut ist absolut gefragt, wenn du den Weg des Friedens gehen willst. Zu viele drehen ihr Fähnchen nach dem Wind. Zu viele sind zu schwach, gegen den Strom zu schwimmen und in ungemütlichen, verwirrenden Zeiten ist es geboten, klar zu denken und an seiner Aufklärung zu arbeiten. „Dein Mut, der Gerechtigkeit eine Chance zu geben, bedeutet die Aufarbeitung deiner Lebenskontexte. Du bist gefordert, unvernebelt hinzusehen. Du bist ebenso gefordert, eine Meinung zu vertreten." Die eigene Freiheit bedarf des Mutes, für sie einzustehen. Jeder Mensch ist gefordert, eine Orientierungsarbeit zu leisten, um überhaupt Verantwortung zu übernehmen. Es ist ein Trugschluss zu glauben, dass man frei und selbstbestimmt handeln könne, wenn man der Bequemlichkeit nachgibt. Andere werden bestimmen und die Macht an sich reißen, wenn der Denkfaule der Gemütlichkeit den Vortritt lässt. „Es wird weder gemütlich noch entspannt sein, wenn du das Denken anderen überlässt! Du wirst als Fremdbestimmter aufwachen, wenn du an den entscheidenden Stellen nicht wachsam und engagiert bleibst!" Auch die Kreativität wird verblassen, wenn sich die Selbstbestimmung verabschiedet hat. Insofern bedingen sich Freiheit, Selbstbestimmung und Mündigkeit. Insofern bleibt die Flamme der Kreativität nur erhalten, wenn du dein Ich, dein inneres Zentrum pflegst. Es wäre ein Zeichen der Verwirrung und Handlungsunfähigkeit, wenn du deine innere Stimme nicht mehr erkennen könntest. Es wäre Kapitulation und Selbstaufgabe, wenn du zum Mitläufer würdest. Mitläufer sind gefährlich, denn sie führen Befehle aus, die sie weder überblicken noch eigenständig durchdacht haben.

Der Mut zur Erkenntnis

Wenn das Säbelrasseln wieder chic und die Aggressionen zum guten Ton gehören, wird es einsam um dich, denn es gehört viel Mut dazu, den Aggressor zu benennen und die Lügen aufzudecken. „Es gibt keine Wahrheit und es gibt keine Gerechtigkeit!" Wir kennen die Vertreter dieser Behauptungen, da sie auf Grund der Vielfalt der Verbrechen, die täglich geschehen, diese Auffassung äußern und in einer überheblichen Art und Weise jeden friedliebenden, an der Wahrheit interessierten als Träumer abstempeln. Doch der Mut zur Erkenntnis setzt den Mut zur Wahrheit voraus. Es wurden immer wieder Zeitzeugen des Verbrechens umgebracht oder eingesperrt, die es wagten, der Wahrheit eine Chance zu geben. „Es erfordert sehr viel Mut, in verlogenen Zeiten seine Stimme zu erheben. Es ist ein Ausdruck stärkster innerer Kraft, zu seinen Überzeugungen zu stehen." Tapferkeit zeigt sich in der Bereitschaft, Verantwortung zu übernehmen. Mündigkeit erhellt den Raum der Feigheit. Eine starke Identität wird in dunklen, schwierigen Zeiten sichtbar, da sie in der Umgebung der Lüge zum Widerspruch aufruft. Der Mutige wird sich die Realität nicht schönreden. Er wird vor der Wahrheit nicht die Augen verschließen. Der freie Blick duldet keine Filter. Der in Gerechtigkeit und Verantwortung Lebende wird weiterhin den ungetrübten Blick suchen. Auch wenn es hart und mühsam ist, die Augen vor der brutalen Wirklichkeit nicht zu verschließen, gilt es, jede Chance zur Aufklärung und Mündigkeit zu nutzen, an der Aufklärung und Mündigkeit zu arbeiten. „Die Wahrheit ist keine Lüge! Der Frieden ist kein Krieg!" Die Verdreher sind keine empathischen Menschen und einem Lügner sollte man nicht trauen. Wer sich durch Lügen Vorteile verschaffen will, hat jegliche Chance auf Wahrhaftigkeit verspielt. Der Weg in Richtung Wahrheit ist die Chance auf ein Leben in Menschlichkeit.

Wenn du dir selbst im Weg stehst

Vielleicht lähmt dich deine Angst. Vielleicht hält dich ein Gestrüpp aus Geboten und Verboten gefangen und es ist dir nicht bewusst, was zu dir passt, zu deiner Natur, zu deinem Selbst und was nicht. Die Komplexität deiner Prägung, deiner Erziehung, lässt dich immer wieder an Grenzen stoßen und es gehört zu deiner Lebensaufgabe, das Sinnvolle vom Unsinnigen, vom Inhaltsleeren und Hinderlichen, zu unterscheiden. Du wirst dies nur über Bildung, über das Lernen-Wollen schaffen, und es ist sinnvoll, dir mehr und mehr Horizonte zu erarbeiten: „ Auch wenn dich die Fülle der Themen, Inhalte und kulturellen Aspekte oftmals überflutet, so gib nicht auf, immer Neues verstehen zu wollen. Das Leben ist ein Lernprozess und solange du über einen gesunden Geist, eine intellektuelle Kraft und den Mut zum Lernen verfügst, solange wirst du staunen und verstehen. Die Angst vor dem Neuen sollte der Neugier und dem Lernen-Wollen weichen. Lass nicht nach und gib der Bequemlichkeit keine Chance! Bleibe geistig aktiv und öffne dein Herz, deine Augen und deinen Verstand! Wir dürfen die Ketten ablegen. Wir dürfen aus der Höhle klettern! Wir dürfen der Erkenntnis eine Chance geben. „Wage es, neue Inhalte zu durchdenken. Wage es, neue Horizonte zu erklimmen. Du wirst staunen, wie viel du verstehen kannst, wenn du es nur zulässt." Notwendige Schritte einer inneren Befreiung gehen mit dem Verstehen-Wollen Hand in Hand. Schau dir die Welt und die Menschen an und vergiss nie, mit dir in einem guten Kontakt zu bleiben! Du wirst schädlichen Manipulationen entkommen können, indem du immer mehr die Zusammenhänge verstehst. Dein Schutz sind dein Wissen und deine Erfahrung! Dein Schutz sind dein Mut und die Bereitschaft zum konsequenten Handeln. Wenn du etwas verstanden und erkannt hast, so bist du in der Lage, auf dieser Basis zu entscheiden. Deine Entscheidungsfreiheit ist ein Teil deiner Mündigkeit.

Nicht auf Knopfdruck

Wahre Erkenntnis und echtes Verstehen geschehen nicht auf Knopfdruck. Wahre, authentische, innere Eingebungen und Prozesse werden dir nicht auf Knopfdruck entgegen strömen. Es ist die Begegnung mit dem Wissen, dem Erkennen und dies geschieht auf unterschiedliche Art und Weise. Vielleicht hast du das Glück, einem nach Erkenntnis strebenden Lehrer zu begegnen. Vielleicht darfst du eine echte, großartige Freundschaft pflegen, in der Tipps und gute, gehaltvolle Inhalte zum Tragen kommen. Vielleicht geht man ein Stück gemeinsam durchs Leben und diskutiert intensiv und inhaltlich orientiert. Die Impulse des Lebens strömen auf dich zu und sie erscheinen in unterschiedlichen Gewändern. Es können Menschen, Bücher und Filme sein. Reisen erweitert den Horizont und ein Verstehen anderer Kulturen erweitert das eigene Bewusstsein. Man kann vielleicht die Reiseroute im Groben planen, doch wer dir wann begegnet, kann ein Geschenk an dich sein. Diese ungeplanten Überraschungen sind kostbare Begegnungen und sie erstrahlen in dem Licht deiner Gedanken und Emotionen. Dies alles geschieht nicht auf Knopfdruck, dies alles strömt dir zu, wenn du bereit bist, neue Impulse und die damit verbundenen Inhalte zu empfangen. Du lernst, du erkennst und du entwickelst dich. „Tauche voller Neugierde in die Gespräche ein und versuche weder besserwisserisch noch überheblich

zu sein!" Dir wird viel entgegen strömen, wenn du in der Lage bist zuzuhören. Deine Lebensreise lässt dich wachsen. Deine Offenheit öffnet die
Türen zum Du und zu Dir im Wechselspiel. Ein freier, neugieriger Geist,
Intellekt, ist die Voraussetzung, um zu lernen und um kreativ zu sein.
„Meide diejenigen, die dich in deinem Lernen, in deinem Vorangehen
hindern wollen!" Die Welt der Einfälle, der kreativen Eingebungen,
strömt auf dich zu, wenn du die Hindernisse und Blockaden aus dem
Weg geräumt hast. „Diese Arbeit endet nie. Diese Aufgabe bleibt dir für
immer, solange du lebst, erhalten! Es ist eine Arbeit für dich, für deine
Freiheit und Mündigkeit!" Die freie Sicht auf die Welt entspringt und
entspricht deiner inneren Freiheit. Du wirst deine innere Stimme hören
und die Botschaften erhalten, wenn du die Voraussetzungen dafür erarbeitest. „Höre in dich hinein! Wohin geht deine Reise?" Deine Kreativität entspringt einer Lebendigkeit, die deiner Unterstützung bedarf. Du
hast die Aufgabe zu erfüllen, für die notwendigen Voraussetzungen und
Räume zu sorgen. Wenn du dich verstehen willst, gib dir Zeit, dich zu
erleben. Wenn du die anderen verstehen willst, so öffne dich und empfange die Botschaften voller Empathie. Sorge für die nötige Freiheit,
dich selbst und andere zu verstehen!

Ignorieren, übersehen, nicht verstehen wollen

Deine Beweggründe waren nicht unmittelbar sichtbar, wenn du den für
dich üblichen Satz: „Das will ich nicht hören", sagtest. Anfänglich über-
raschte es mich, diese Äußerung aus deinem Mund zu hören, später
nicht mehr, denn es offenbarte deine durchgehende Haltung. Viele Bereiche des menschlichen Lebens waren dir trotz deines hohen Alters
fremd geblieben. Vielleicht war es dir unangenehm, in die Bereiche einer politischen und ethisch anspruchsvollen Sichtweise vorzudringen.
Vielleicht wolltest du auch die historischen Kontexte nicht überdenken.
Der Satz. „Das wollen wir nicht hören", zeugte von einer Arroganz und

Überheblichkeit, die dir selbst im Weg stand. Während du diesen Befehl äußertest, fühltest du dich erhaben, denn du wolltest den Ton angeben und deinen Gesprächspartner in seiner Kommunikation unterbrechen, bevormunden. Der andere sollte zu diesem Thema schweigen und zu anderen für dich unterhaltsamen Anliegen wechseln. Du wolltest das Gespräch nicht nur führen, sondern grundsätzlich die Themenbereiche vorgeben. Somit verhindertest du deine eigene Aufklärungsarbeit und zerstörtest eine wahrhaftige Auseinandersetzung. Das Desinteresse an den unterschiedlichsten Themen war zu erkennen und zog sich wie ein roter Faden durch deine Scheinkommunikation. Die Ignoranz bezog sich auf alle schwerwiegenden Themen bezüglich der Wirtschaft und kritischen Gesellschaftspolitik. Du entsprachst der gängigen Haltung: „Über Politik und Religion spricht man nicht", während du aber selbst immer wieder diese Themen ansprachst. Der Widerspruch war offensichtlich und die Überforderung deiner Gesprächspartner ebenso, denn sie wollten mit dir nicht in Streit geraten. Du surftest auf der Oberfläche einer Vielzahl politisch relevanter Themen, um dir ein Image der Aufklärung anzulegen. Dir war es wichtig, akzeptiert zu werden und du torpediertest gleichzeitig jede ernste Kommunikation. Deine vielen Tabus sollten von deinem Gesprächspartner beachtet werden, während du eine für dich unterhaltsame Ablenkung genießen wolltest. Dieser Unterhaltungsanspruch konnte nur realisiert werden, wenn Gesprächspartner bereit waren, die Einschränkungen zu erdulden. Somit reduzierte sich der Kreis möglicher Kommunikationspartner immer mehr. Selbst der billige Anspruch eines Plauderns war stark eingeschränkt, da die Befürchtung verletzt zu werden, grundsätzlich bestand. Wer nicht in die Tiefe der Zusammenhänge menschlicher Anliegen eintauchen will, beschneidet sich und andere im Prozess des Verstehen-Wollens. Wer in dominanter Art und Weise die Auswahl der Themen beherrschen will, schränkt seine Gesprächsteilnehmer so sehr ein, dass sie nicht frei reden können. Ein echtes, gehaltvolles Gespräch zeichnet sich durch einen wahrhaftigen Anspruch auf Erkenntnisfortschritt aus. Das Ringen um Inhalte setzt eine Bereitschaft zum Reflektieren und zum herrschaftsfreien Diskurs voraus. Wer nicht verstehen will, wird mit ablehnenden Worten und arrogantem Verhalten das Gespräch stören. „Erkenne an der Haltung deines Gesprächspartners, ob es ihm um ein echtes Verstehen-Wollen geht. Sollten dir Ignoranz und Arroganz entgegen strömen, so wird sich kein fruchtbares Gespräch entwickeln. Der wahrhaftig Interessierte zeichnet sich durch eine offene, bescheidene Art aus, die grundsätzlich signalisiert: „Der andere könnte auch Recht haben."

Es kann keine gerechten Kriege geben

Der Mensch kann den Frieden wollen. Der Mensch kann verstehen wollen. Ohne das Verstehen, ohne eine friedenstiftende Kommunikation kann man keinen ersten Schritt in Richtung Klärung gehen und ohne das Verstehen-Wollen kann man langfristig keinen Frieden sichern. Wenn sich zwei Gesprächspartner treffen und nur an vordergründige Vorteile denken, werden sie weder in Offenheit noch Freiheit oder in einer echten, friedenliebenden Perspektive kommunizieren. Wenn nur ein Gesprächspartner an einer echten Klärung interessiert ist und der andere in einer Bauernschläue verhaftet bleibt, so wird kein echter, lösungsorientierter Diskurs möglich sein. Der Verschlagene wird manipulativ agieren. Der Verlogene wird seine Chance zur Verdrehung nutzen. Vielleicht wird er den anderen über den Tisch ziehen, vielleicht wird er gekonnt getarnt seine Strategie durchsetzen. Doch das Lügengebäude steht auf dünnem Eis. „Die Wahrheit scheint durch jede Ritze! Die Lügen werden ans Licht kommen! Der Lügner wird entlarvt werden!" Das Denken, das Verstehen, setzt grundsätzlich die Bereitschaft zur Klärung voraus. Nur ein wahrhaftiges Interesse an einer Klärung kann zur Befriedung, zu einer gerechten Lösung führen. „Es gibt keine Gerechtigkeit! Es gibt keine Freiheit! Der Mensch wird immer böse bleiben!" Wir kennen diese vernichtenden Sätze, die jegliche Hinwendung zu einer ethischen Orientierung torpedieren. Auch wenn sich die Menschheit immer wieder in Kriege verstrickt, so gibt es ebenso die Hinwendung zur Befriedung und Gerechtigkeit. Es sind die Versuche einer friedenstiftenden Orientierung. Diese Lösungen befinden sich auf einem Weg der Aufklärung und logischen Aufarbeitung, bei der der Hass keine Chance, keinerlei Platz erhält. „Warum ist der Konflikt ausgebrochen? Warum ist es zum Krieg gekommen? Warum sind Zerwürfnisse entstanden?" Die treibende Kraft der Gewalt sollte erkannt und die Missstände müssen beim Namen genannt werden! Nur so können sie beseitigt werden. Nur so ist eine Umkehr möglich. Die destruktiven Kräfte verbergen sich oft hinter Scheinargumenten und scheinheiligen Handlungen. Es gilt, die Hintergründe aufzudecken. Es gilt, Klärung zu suchen. Das echte, authentische, wahrheitsorientierte Gespräch nähert sich der Wahrheit mit all seinen Hintergründen an. Es mag kompliziert sein, doch die Arbeit am Frieden ist alternativlos, wenn man der Menschlichkeit eine Chance geben will. „Es gibt keine gerechten Kriege!"

Der falsche Zug

Es gehört viel Mut dazu, sich einzugestehen, im falschen Zug zu sitzen. Es mag der Zug der Lüge sein. Es mag der Zug der Gewalt sein. Der Zug der Unwahrheit ist auch der Zug der Ungerechtigkeit sowie Unmenschlichkeit, denn es werden Menschen belogen, getäuscht und in Fallen der Vernichtung gelockt. Vielleicht hat man Jahre der Täuschung erlebt. Vielleicht glaubte man diesem einen Menschen oder dieser bestimmten Gruppe und erkennt in einer erhellenden Situation, dass man getäuscht und belogen wurde. Den rasenden Zug zu verlassen, mag nicht einfach sein, doch auch dieser Schritt ist alternativlos, um der Wahrheit und Klarheit eine Chance zu geben. Es wäre fatal, gegen die eigene Erfahrung und somit gegen seine Erkenntnis zu handeln. Die Befreiung liegt in dem Schritt, weiterhin der Klärung nachzukommen und den realen Fakten zu folgen. Die Argumente der Rabulisten mögen logisch klingen. Die Basis der Argumentation wird jedoch der Wahrheit entbehren und somit türmen sich die Argumente, während ganz unten am Anfang der Argumentationsstruktur die faulen Behauptungen lauern. „Fährt der Zug in die falsche Richtung, so sind alle Stationen falsch!" Basiert die Argumentationskette auf falschen Prämissen, so mag alles logisch klingen, doch es handelt sich um eine Aneinanderreihung von falschen Behauptungen. Der Schlüssel der Befreiung befindet sich im Kästchen der Aufklärung und dem Verstehen-Wollen. „Bündel deinen Mut und deine Kraft, um der Erkenntnis eine Chance zu geben." Der Destruktive wird sich in seiner Rechthaberei und Arroganz zeigen. Er wird die Fakten verdrehen und verleugnen. Vielleicht wird er drohen und erpressen. „Lass dir keine Angst machen! Bleibe klar in deiner Analyse, in deiner Wahrheitsfindung!" Freue dich über die Tatsache, dass du den Mut hattest, den falschen Zug zu verlassen. Deine Schwäche, deine Lähmung, wird sich auflösen, wenn du wieder frei atmest.

Du wirst unbequem sein müssen

Derjenige, der der Aufklärung verpflichtet ist, wird unbequem sein müssen, denn er wird nicht nicken und applaudieren, wenn die Lüge zur Wahrheit verdreht wird. Er wird den Tätern nicht zum Mund reden und er wird das Bestechungsgeld, das Schmiergeld, ablehnen. Vielleicht wird es auch immer mal wieder einsam um ihn werden, wenn die Zeiten eine Unmenschlichkeit, ein Verbrechen gegen die Menschlichkeit einfordern. Dies kann im kleineren und größeren Rahmen geschehen. Die Vielfalt der Lügen, der Missbräuche, ist groß und wer sich zum Beispiel gegen Kriege ausspricht, wird auch eine Welle der Empörung zu spüren bekommen. Ist erst einmal ein Krieg als unabwendbar eingestuft worden, so werden die Stürme des Entsetzens dir entgegenwehen. Es wird immer wieder einsam um dich, wenn du der Wahrheit auf den Grund gehst: „Willst du mir die Stimmung verhageln?" Du wirst als störend wahrgenommen, wenn du nicht grundsätzlich und bedingungslos dem Mainstream verpflichtet bist. „Du kannst denken! Du kannst deiner Intuition folgen! Was sagt dir dein Bauchgefühl? Was ergeben deine Recherchen?" Der Denkende wird als störend wahrgenommen, wenn er den Mut hat, zur Wahrheit zu stehen. „Habe keine Angst vor der Einsamkeit. Fühle dich nicht als Ausgestoßener, auch wenn man dich missachtet! Du hast dich nicht aufgegeben. Du bleibst der Wahrheit verpflichtet und es werden andere Menschen mit dir in Berührung kommen, die genau diesen Weg gehen wollen! Du bist nicht allein!"

Der Seelenfrieden

Es ist verständlich, dass ein Mensch sich nicht von schlechten Nachrichten überrollen lassen möchte, doch es ist unverständlich, dass ein Mensch wichtige Informationen nicht hören will, die ihn und die Menschheit unmittelbar betreffen. Es ist ebenso unverständlich, dass Nachrichten nicht hinterfragt werden. Wieder einmal geht es um die eigene Mündigkeit und den Willen zur Wahrheit und zur Klarheit. Du suchtest nach dem Seelenfrieden und zimmertest dir eine Traumwelt aus Lügen und Widersprüchen zusammen. Alles sollte einfach konsumierbar sein - auch die Nachrichten. Als dir bereits Lügen und Widersprüche in der Tagespolitik auffielen, wurdest du besonders dünnhäutig. „Ich will meine Rente genießen! Die Zeiten sind schon unruhig genug! Lass mich mit deinen dubiosen Informationen in Ruhe! Ich will nicht denken!" Du sprachst von Genuss und Seelenfrieden. Du sprachst von Ruhe und Gelassenheit. Bedauerlicherweise strahltest du eine unterschwellige Aggression und eine handfeste Realitätsverweigerung aus. „Heute wollen wir uns nicht ärgern und morgen das Leben genießen!" Dein Verdrängen ließ dich verunsichert zurück und du spürtest jeden Tag mehr, dass dir zu viel an Hintergrundinformationen fehlten. Das erzeugte Unsicherheit, Angst und Wut. „Du raubst mir meinen Seelenfrieden! Ich will meinen Ruhestand genießen!" Diese hartnäckige Abwehr wichtiger Informationen zeugte von deiner Unklarheit im Denken und einer schweren Faktenresistenz. Die Unsicherheitsgefühle und Wissenslücken bekamst du gratis dazu. „Ich will nicht denken! Ich habe mir meinen Ruhestand verdient!" Du verschwandst in der Dunkelheit und du sprachst ein Kommunikationsverbot aus. Die Faktenresistenz hatte dich im Griff und es war wie mit einer schweren Krankheit. Es gab Folgen und Konsequenzen. Unbehandelt führt es zu einem katastrophalen Zustand. Du verweigertest jede Aufklärung und du schlittertest immer mehr ins Abseits. Die Autoritätshörigkeit hatte dich zum Verdrängenden werden lassen.

Die gute Unterhaltung

Keine Frage: Du warst wie immer unterhaltsam, lebendig und geistreich. Die Vielfalt deiner Themen war beeindruckend und es machte wie immer großen Spaß, sich mit dir zu unterhalten. Als es jedoch einer wagte, den Mainstream in seiner Informationslogik und Faktenlage zu hinterfragen, lenktest du umgehend ab und das Gespräch geriet ins Schwanken: „Bis hierher und nicht weiter! Du überschreitest eine Grenze des guten Geschmacks!" Es wurden keine Argumente geliefert und die Kommunikation auf eher oberflächliche Themen gelenkt. In diesem Fall waren es Backrezepte, da die Vorweihnachtszeit begonnen hatte. Ich fühlte mich wie ein Spaßverderber, wie ein Störenfried und Unruhestifter, der die Atmosphäre belastet haben könnte. „Warum können bei dem ernsthaft Denkenden solche Schuldgefühle ausgelöst werden? Gilt immer noch der Kodex: Über Religion und Politik spricht man nicht? Doch wo beginnt der Bereich der Politik und wann sind Tabus zu beachten? Darf man nicht in Kontexten denken und soziologische Hintergründe diskutieren?" Die Atmosphäre sollte nicht gestört werden und du warfst nun deine Bälle ins Spielfeld: Kochrezepte und Reiseziele, aber bitte ohne politische Anspielungen. Nichts sollte stören, niemand sollte seine Meinung frei äußern. Es war unmöglich, ohne eine Schere im Kopf dir zu begegnen. Die vielen Tabus verhinderten einen klaren, einen klärenden Austausch. Die freie Kommunikation war vorbei, ehe sie begonnen hatte. Nun musste viel Ablenkung ins Spiel gebracht werden. Die sündhaft teure Stereoanlage wurde auf laut gedreht, die Korken knallten und das obligatorische Kichern setzte ein, während Oberflächliches ausgetauscht wurde. „Wer stört? Wer erzählt eigene Gedanken oder durchdachte Inhalte? Wer schreckt die Menschen mit Tatsachen auf? Wir waren uns doch einig: Wer stört, soll nach Hause gehen! Wer ernsthaft diskutieren will, soll den Mund halten, während wir unsere Brillen angestrengt hin und her schieben und uns eine intellektuelle Note verpassen."

Der satte Fisch

Der satte Fisch hatte nun seine gesamte Strahlkraft verloren. Es ist dreißig Jahre her, dass du ihm zum letzten Mal begegnet bist. Damals warst du jung und bereits vorgewarnt. Der satte Fisch liebte alle Themen, die mit Geld, Sicherheit und Konsum zu tun hatten. Du fühltest dich in seiner Gegenwart bedroht. Du fühltest dich niedergeschlagen und ohne positive Träume, wenn du ihm begegnetest. „Was hatte dieser Fisch an sich und warum versprühte er die negative Energie diffuser Ängste?" Der satte Fisch kreiste grundsätzlich um das Futter. Er schwamm in die tiefste Brühe undurchschaubarer Gewässer, während er Sicherheit und

Komfort lobte. „Komm hierher, hier kannst du im Trüben fischen! Niemand wird dich sehen und du wirst auch wenig erkennen." Da sich der satte Fisch regelmäßig überfraß und sich in der Trübe seiner Existenz wohl fühlte, vernachlässigte er seine Gesundheit und jede Fähigkeit zur Erkenntnis. Erkenntnis war für ihn nicht relevant, denn er definierte sich über sichere Futterplätze und gute Versteckmöglichkeiten. Die gängige Meinung war auch die seine und die guten Ratschläge anderer satter Fische wurden von ihm befolgt. Das saubere, sauerstoffreiche Gewässer wurde gemieden und die beweglichen, neugierigen, denkenden Flussbewohner ignoriert. Man wollte sich nicht mit unbequemen Fakten und neuen Ideen konfrontieren. Also bewegte man sich nur, wenn nötig, und ignorierte die Veränderung seiner Umgebung. „Das interessiert mich nicht! Davon kann ich nichts ableiten! Verschone mich mit deinen Ideen!" Der satte Fisch wollte der Wahrheit keine Chance geben, da sie ihn nur störte. Ihm reichte es, im Trüben zu fischen. Seine Augen wurden schlechter und er verfettete immer mehr. Er bewegte seine Flossen nur noch selten und schnappte zu, wenn sich ein kleiner Fisch in trübes Gewässer verirrte. „Lass mich mit deinen Informationen in Ruhe! Ich suche nur Erholung! Mir geht es gut und ich kann mich hier an diesem Ort bestens ernähren! Ich habe es schon immer so gemacht! Hier bin ich sicher!" Du musstest zur Kenntnis nehmen, dass ein satter Fisch keiner sinnvollen Information zugänglich war, da er in seiner Lebenssituation die Bestätigung einer Erfolgsgeschichte fand. Er hatte immer reichlich zu essen und sein Leben war im Trüben ohne große Anstrengung und Veränderung verlaufen. Das reichte dem satten Fisch, um seine Existenz im Trüben zu rechtfertigen und sie als eine Erfolgsgeschichte zu verkaufen. Er prahlte und log. Er lockte junge Fische ins Dunkel. Obwohl ihm das Atmen und Schwimmen immer schwerer fiel, lobte er seine dekadente Existenz und er rechtfertigte seine Unwissenheit und Bequemlichkeit. Er vegetierte in einer Mischung aus Dummheit und Dekadenz.

Das Siechtum seiner einfältigen Existenz wurde verdrängt, solange die Futterpfründe reichen. Jeder lebendige, neugierige und wissensdurstige Fisch wurde ignoriert und abgewertet.

Der Neid

Der Neider hatte viel vernachlässigt und noch mehr ignoriert. Er verstand zu wenig, da seine Bequemlichkeit den Weg der Erkenntnis torpedierte. Er hatte sich nicht angestrengt, wenn Inhalte Zeit und das Verstehen-Wollen erfordert hätten. Er hat weggehört, wenn Denker ihn angesprochen haben. Er wollte, dass es ihm gut geht und er nutzte den Weg der Manipulationen. Doch der Neider vergeudete viel zu viel Zeit damit, andere abzuwerten, zu diskriminieren und entscheidende Argumente zu überhören. Das Abwerten und Ignorieren spiegelte sich im Unverständnis der Existenz. Der destruktive Blick in die Welt lässt ein Erkennen nicht zu, da weder Zuhören noch tieferliegendes Nachdenken erwünscht ist. Der Neider ertrug das Strahlen des Denkenden nicht. Der Neider verstand das Verstehen-Wollen des Fragenden nicht. Der Neider erkannte den Wert des Suchenden nicht. Er glaubte an die leicht verdaulichen Aussagen und Ratschläge der Einfältigen. „Es muss unter dem Strich etwas dabei herauskommen! Nur Ergebnisse zählen!" Während der Neider grundsätzlich schnell fertig werden wollte, verstrickte er sich in dem Gestrüpp unüberlegter Lebenszusammenhänge. Er hatte das wahrhaftige Denken gescheut und nicht für nötig befunden. Er hatte nicht hingehört und in seiner Überheblichkeit wichtige Tatsachen nicht wahrgenommen. Er hatte die wahrhaftig Denkenden nicht erkannt und auch nicht ernst nehmen wollen. Das Mitlaufen lag ihm näher als das Verstehen-Wollen. Abwerten lag ihm mehr als zuhören. Als der Denkende in alter Beweglichkeit und Frische vor ihm saß, war der Neider wütend und ungehalten: „Ich will deine Themen nicht hören! Ich will mich erholen und meine Laune soll sich nicht verschlechtern!" Der Neider allein war für seine Launenhaftigkeit und Unwissenheit verantwortlich. Er allein entschied sich Tag für Tag für einen scheinbar bequemen Weg. Er allein ignorierte wichtige Fakten und verstärkte seine Unmündigkeit. Die Strahlkraft des Beweglichen, des Denkenden, ärgerte ihn maßlos. Er erkannte nicht, dass eine körperliche und geistige Beweglichkeit harte Arbeit voraussetzt.

Die Rechtfertigung

Du warst der Wahrheit nicht verpflichtet und bemühtest ohne Scheu und Mühe Ausreden, Rechtfertigungen und Lügen. Manchmal vermischtest du alles und deine Mitmenschen waren nun vor die Aufgabe gestellt zu analysieren, in wie fern die Argumentationsstruktur auf Sand gebaut war. Manchmal entbehrten die Prämissen der realen Fakten und das Gebäude aus Behauptungen wurde auf einem verlogenen Fundament erbaut, manchmal wurden Ausreden und Rechtfertigungen eingeflochten, so dass der Zuhörer oder Gesprächspartner alles auseinander dividieren musste, um der Wahrheit näher zu kommen. Es bedeutete, Schaden zu nehmen, wenn dem Lügner Vertrauen geschenkt wurde. Es beinhaltete, verwirrt und verletzt zu werden, wenn die Vertrauensseligkeit in einer Hörigkeit mündete. Es kostete Zeit und Lebensenergie, sich aus Fallen zu befreien. Nicht selten kam jede Hilfe zu spät. Es gibt keine Rechtfertigung für geplante Täuschungen. Lügen verursachen Schäden, wenn sie nicht von Mutigen, Denkenden erkannt werden. Die Gutgläubigkeit der Bequemen verstärkt das Gerüst der Täuschenden. „Lasst uns logisch und hellwach den Fakten ins Auge sehen! Es ist längst nicht immer sinnvoll und gut, weil es schon immer so war oder weil es jemand behauptet!" Der Verantwortliche möge seiner Verantwortung nachkommen und nicht das Recht kraft seiner Macht beugen. Rechtfertigungen weisen direkt auf das Nest aus Lügen und Widersprüchen. Wenn wir Zusammenhänge verstehen wollen, brauchen wir eine Klärung der Faktenlage. Wer diese Klarheit nicht sucht oder sogar torpediert, hat einiges zu verbergen. Ausreden und Rechtfertigungen verschlimmern die Situation, aus der weitere Verwerfungen entstehen. „Erkenne Ausreden und Behauptungen, die auf faulen Fundamenten zu stehen scheinen!"

Das Denkverbot

„Was macht ein gutes Gespräch aus?" Eine konstruktive Kommunikation setzt ein Verstehen-Wollen voraus. Dies schließt Denkverbote und unsinnige Tabus aus. Eine sinnstiftende Kommunikation fußt auf Aufklärung. Aufdecken der Faktenlage und Gesprächsanalyse sind ihre wesentlichen Bedingungen. Jeder Gesprächspartner, der nur seine Sicht der Lage bestätigt haben möchte, torpediert ein Gespräch. Suggestivfragen und trickreiche Manipulationen stören eine fruchtbare Kommunikation. Denkverbote schleichen sich oft ein, wenn einer der Kommunikationspartner nonverbal oder ausdrücklich sein Ansinnen durchsetzen will. Sogar beleidigte oder beleidigende Blicke verhindern eine freie Kommunikation. Es können Tabuzonen errichtet werden, indem bestimmte Themen ausdrücklich untersagt oder geächtet werden. Es können Inhalte ausgeschlossen oder entwertet werden, indem sie mit negativen Kommentaren besetzt werden. Es gehört für viele Menschen sehr viel Mut und Aufklärungswille dazu, dem Einschüchternden zu widersprechen. Der Destruktive entlarvt sich durch den immer wiederkehrenden Satz: „Das wollen wir nicht hören!" Dies kommt einem Rede- und Denkverbot gleich. Diese Gesprächsstörung ist eine Geringschätzung des Kommunikationspartners. Wer ein Denkverbot äußert, spricht auch ein Diskussionsverbot aus. Wer sich über andere erhebt, produziert und provoziert ein Gefälle, das ein Gespräch auf Augenhöhe unmöglich macht. Der herrschaftsfreie Diskurs scheitert an einem Zustand des Denk- und Sprechverbotes. Der konstruktive Keim des Verstehen-

Wollenden wird vergiftet. Der Wahrheitsorientierte wird sich von Zerstörern distanzieren müssen.

Dein Kraftzentrum

Du kannst dich nicht wie ein Wurm durch dein Leben schlängeln, ohne an Energie und Authentizität zu verlieren. Du wirst den Tanz der Freude nicht mehr verstehen und deine echten, inneren Impulse nicht mehr empfangen können. Der Tanz der Freude kommt aus dem Zentrum deines Selbst. In ihm liegt die geballte Energie der Hoffnung, der Kraft, der Empfindung großer Lebenslust. „Du bist ein großer Künstler und Denker, wenn du dir diese Kraft und positive Spannung bis ins hohe Alter erhalten kannst, denn du wirst den Weg der Kreativität erleben! Du bist ein freudvoller Träumer, der mit beiden Beinen auf dem Boden steht. Du bist ein glücklicher Tänzer, weil du immer noch den Rhythmus eines guten Lebens erfassen kannst! Du schwingst dich hoch in die Sphären der Lebenskraft, auch wenn es um dich herum dunkel wird. Du verstehst den Tanz der jungen Menschen, auch wenn du Schmerzen hast. Du erfreust dich an guten Ideen und kreativen Lösungen, auch wenn du dich verlassen fühlst. Dir schmeckt das Leben, denn dein inneres Kraftzentrum arbeitet. Man konnte es dir nicht wegnehmen. „Lass dich dir nicht wegnehmen!" Als die junge Frau durch die Dunkelheit tanzte und ihre positive Energie auf dich überschwappte, warst du dankbar dafür, dass du den Ausdruck dieses Tanzes immer noch verstehen konntest. Du warst frei genug! Du warst offen und empfangsbereit! Du warst glücklich über das Glück anderer. Du konntest dich an den Geschenken deines Lebens erfreuen. Du wusstest immer noch, wie echte Freude schmeckt! Dein inneres Feuer war immer noch lebendig, niemand konnte dir die Glut nehmen. Du hast um dein inneres Zentrum gekämpft und dich nicht brechen lassen. Dein wohlwollender Blick auf die Welt zeugt davon und deine Kreativität ermöglicht es dir, anderen von dir zu erzählen.

Lebenslanges Lernen

Es spricht für deine Bescheidenheit und Lebensleistung, dass du die wahren Chancen und Geschenke an dich immer noch erkennen kannst. Weder der Neid noch die Überheblichkeit konnten sich in dir ausbreiten. Somit darfst du ungetrübt sehen, verstehen und gute Schwingungen empfangen. Dein Selbst wird neu versorgt, denn du lässt es zu, inspiriert zu werden. Dein Denken bleibt in Bewegung, da du immer bereit bist zu lernen. „Ich möchte denken, lernen, verstehen!" Diese Einstellung schließt Bequemlichkeit und ein inneres Siechtum aus. Das Lernen findet auf allen dir zugänglichen Ebenen statt und da du offen und lernwillig geblieben bist, strömen dir die Impulse der anderen entgegen. Du willst verstehen und die Worte und Meinungen wollen von dir durchdacht werden. Du möchtest mitfühlen und die Emotionen der anderen erreichen dein Herz. Die Ströme des Lebens erreichen dich, da du das Leben mit offenen Armen empfängst. Du bist weder frustriert noch überheblich. Du ließest dich weder vom Neid noch von der Destruktivität anstecken. Der Überhebliche schaut herab. Der Neidische ist von Missgunst geblendet. Der Destruktive plant die nächsten Aktivitäten der Zerstörung. Keiner der Unmenschlichen darf sich in einer Freiheit der Güte oder eines echten Gesprächs wärmen. Das kalte Herz der Berechnung erreicht keinen anderen. Der überhebliche Blick verfehlt den wahren Augenkontakt. Der Neidische kann sich nicht an der Schönheit und Kraft anderer erfreuen, ganz im Gegenteil. Die Funken der Liebe und Hoffnung können einen Destruktiven nicht erreichen. Er wird sich in den Süchten der Gier und Eitelkeiten verstricken. Er wird immer mehr „Güter" für sich anhäufen und keine Gedanken an Hilflose verschwenden. Es ist der Sog der Unmenschlichkeit und Zerstörung. Der Berechnende wird sich an den Hals der Gönner werfen. Er wird sich auf die Fährte der Gefesselten begeben und sich selber fesseln lassen. In den Verließen der Destruktivität hält sich keine konstruktive Beweglichkeit. In der Höhle der Dunkelheit fällt das Sehen schwer und der Geist verfehlt die Erkenntnis. In dem Zustand der Denkfaulheit verflüchtigt sich die Chance auf das Verstehen. „Öffne deine Augen! Lass die Stimme der Güte und Liebe wieder zu und erinnere dich an bessere Tage! Wann fühltest du dich frei? Wer hat dir Freiräume und Vertrauen geschenkt? Kehre um und verrate dich nicht länger! Deine Freiheit erwächst aus deiner Ehrlichkeit! Sei aufrichtig zu dir und zu anderen!"

Mitschwingen

Die Schwingungen unbändiger Kraft und Kreativität strömten in dein Herz und entflammten deine Seele. „Du darfst mitschwingen und andere ins Schwingen bringen!" Wenn du dich verschenkst, wirst du wachsen. Die Ströme der Liebe und Kreativität erreichen dich, wenn du bereit bleibst, sie zu empfangen. Offenheit erhält dich jung. Du brauchst keine Filter der Angst und unberechtigten Sorge. Du brauchst keine Verwirrungen durch Lügen und Widersprüchen. Jeder Lügner raubt dir Lebenszeit. Jeder Angsteinflößer behindert dein inneres Leuchten. „Wer verleitet dich zu ungerechten Taten? Wer beeinflusst dich zu negativen, ungerechten Gedanken und Haltungen. Deine Lebensarbeit umfasst klärende Blicke und aufrichtige Worte." Der Zerstörer wird verletzen. Der Hassende wird verunglimpfen. Der Unaufrichtige wird dich fehlleiten. „Versorge dich mit konstruktiven Inhalten und verlasse niemals den Weg der Aufklärung. Das blinde Mitlaufen führt in die Katakomben der Dunkelheit. Dein Sehen und Verstehen dürfen nicht behindert werden. Du bist es dir wert, in positiver Schwingung dein Leben zu gestalten. Lass dich nicht fesseln und von deinem inneren Kern entfremden! Die guten, inspirierenden und wärmenden Strahlen der Hoffnung und Erkenntnis werden dich tragen, solange die Quellen der Liebe nicht versickern."

Dich selbst verstehen

Die Entfremdung von sich selbst beinhaltet eine schwerwiegende Störung und Fehlsteuerung, wobei es zu untersuchen gilt, wie es zu diesem Zustand der Persönlichkeit kommen konnte. Es ist eine der schwerwiegendsten Aufgaben im Laufe eines Lebens, sich treu zu bleiben. Äußere Einflüsse, Ansprüche und Schicksalsschläge prägen, beeindrucken und können ein gesundes Persönlichkeitswachstum behindern oder verhindern. Der Einzelne mag funktionieren, eventuell sogar den Normen und Vorgaben eines gesellschaftlichen Lebens entsprechen und dennoch tief im Inneren scheitern. Sich selbst zu verstehen, bedeutet, seine inneren Impulse, Wünsche, Talente nicht zu übersehen oder nach und nach aufzugeben. Im Laufe der eigenen Entwicklung werden viele Aufgaben an das jeweilige Individuum gestellt und ein jeder Mensch läuft Gefahr, von sich entfremdet zu werden. Vor allem in abhängigen Lebensumständen, in denen wir auf Hilfe, Unterstützung angewiesen sind, können sich fatale Einflüsse auswirken, man denke an eine einengende oder von einer Vernachlässigung geprägte Kindheit. Man denke an eine schlechte Ehe oder an einen durch Fremdbestimmung geprägten Arbeitsplatz. Die Möglichkeiten ungesunder Lebensumstände sind extrem vielfältig. Die Arbeit an sich selbst hört niemals auf und erfordert Mut und den unbedingten Willen zu lernen. Lernen durch Erfahrung und Lernen auf der theoretischen Ebene ergänzen sich. Eine gesunde Persönlichkeitsentwicklung beinhaltet, den offenen lebendigen Kontakt zu sich selbst nicht zu verlieren. Diese Aufgabe bleibt ein Leben lang bestehen. Wir alle sind gefordert, unsere innere Stimme ernst zu nehmen! Das Kind, der Jugendliche, der Kranke oder auf anderen Gebieten Abhängige, läuft Gefahr, in etwas hineingepresst zu werden. Der gesellschaftliche Laufstall und die persönlichen Beziehungen stellen den Rahmen einer persönlichen Entwicklung. „Bist du in der Lage, einen ehrlichen Bezug zu dir herzustellen und zu bewahren? Weißt du um deine Talente und Leidenschaften?" Wir alle laufen Gefahr, von uns entfremdet zu werden. Wir können und sollten uns immer wieder für uns entscheiden, egal wie groß die Widerstände ausfallen. Dies werden wir nur realisieren können, wenn wir gelernt haben, uns selbst eine Chance zu geben. Deine Stimme sollte sich grundsätzlich melden dürfen. Sie darf von dir gehört und verstanden werden. Habe den Mut, auf dich zu hören! Verrate dich nicht, denn du wirst sonst all diejenigen aufgeben müssen, die es gut mit dir meinen. Ein Künstler wird zum Beispiel nur zu seiner vollen Strahlkraft finden, wenn er den Raum zur Entfaltung bekommt. Er wird seine Schaffenskraft erhalten können, wenn er um seinen Raum, seine Identität weiterhin bemüht bleibt. Dieser Kraftakt kann nur umgesetzt werden, wenn die Erfahrungswelt und das Innenleben gleichermaßen beachtet werden. Lernen wird durch ein offenes Auge, lebendiges Herz und einen neugierigen Verstand ermöglicht. Der Schatz der Erfahrungen bietet ein reichhaltiges Angebot, aus dem wir schöpfen können. „Lass dich nicht einengen! Lass dich nicht von dir entfremden! Meide diejenigen, die dich verformen wollen. Meide solche Aktivitäten, die dir nicht entsprechen. Eine gesunde Auswahl deiner Lebenszutaten sollte deinem inneren Kern entsprechen. So wirst du immer weiter wachsen und gedeihen." Der Boden eines gesunden und erfüllten Lebens besteht aus und auf deiner Freiheit und Verantwortung. Die Verantwortung dir selbst gegenüber besteht in der Arbeit an deiner Erkenntnis und Aufklärung. Diese Arbeit an der Basis deiner Persönlichkeit hört nie auf und sie kann dir nicht abgenommen werden. Du bist gefordert! Diese Arbeit ist die Voraussetzung für eine lebenslange positive, sinnvolle Lebensreise.

Die Entwicklung basiert auf einem gesunden Fundament deines Verstehen-Wollens. Solange deine körperlichen und geistigen Kräfte bestehen, wirst du lernen und arbeiten. „Scheue niemals die Arbeit an deinem Selbst! Sie ist die Voraussetzung für dein Verstehen-Können. Du wirst dich immer wieder neu entdecken und voll positiver Neugierde auf andere zugehen. Dies ist der Lohn für deinen Mut! Dies ist der Lohn für deine Courage!"

Dein Kraftzentrum

Dein Leben wird von voller Energie und Lebensmut getragen sein, solange du dein inneres Kraftzentrum respektierst und richtig interpretierst. Dazu brauchst du eine innere Stärke, dich nicht zu verleugnen, aufzugeben. Der Prozess des Verstehens wird niemals aufhören, solange du dich um diesen bemühst. Es beinhaltet einen konstruktiven Wechsel, indem du dich und andere verstehst. Der Balanceakt von Geben und Empfangen spielt dabei ebenso eine tragende Rolle, wie das Zuhören und sich selbst vermitteln. Sollte nur ein Aspekt vernachlässigt werden, so gerät das Verstehen aus dem Gleichgewicht, denn wer teilt sich einem Menschen mit, der zwar gerne die Informationen anderer empfängt, aber selbst eher schweigt und seine Gedanken, Vorstellungen und Interessen für sich behält. Der Hinterhältige wird wohl kaum das Vertrauen anderer halten können, wenn er selbst zu einer unberechenbaren Größe wird. Menschen trauen dem Heimlichtuer nicht, da sie nicht wissen, was in ihm vorgeht. Sie werden im Unklaren gehalten und die Einseitigkeit der Kommunikation führt zu einem gravierenden Vertrauensverlust. Somit bleiben die Notwendigkeit und Arbeit an dem Verstehen des eigenen Denkens, Wollens und Begehrens und ebenso das Bemühen, den anderen zu verstehen, eine unverzichtbare Größe. Wir werden zu einem gestörten Charakter, wenn wir nur um uns kreisen. Wir werden uns isolieren, wenn wir nicht das Verstehen anderer ernst nehmen. Egozentrisches Verhalten zeigt sich in der Manipulation anderer. Es werden keine regelmäßigen Gespräche auf Augenhöhe angestrebt, sondern es werden manipulative Überredungskünste angewendet, die den anderen zum Gehilfen degradieren. „Vertraue niemals einer Person, der du deine Anliegen mitgeteilt hast und die nun daran arbeitet, dich von diesen abzubringen. Die Alarmglocken müssen schrillen, wenn dich jemand von dir entfremdet." Dies kann auf vielen Wegen geschehen. Es soll dir alles genommen werden, was dir am Herzen liegt: Freunde, Familienmitglieder, Berufswünsche und Hobbys. Da es auffällig und sofort zu durchschauen wäre, wenn dies offen und klar eingefordert würde, benutzt der Manipulator ausgefeilte Strategien, um diese destruktiven Ziele zu erreichen. Es kann Jahre dauern, bis er sein Opfer vollständig umwickelt und ihm alles genommen hat. Dein Kraftzentrum wird dir hingegen erhalten und lebendig bleiben, wenn du niemals aufgibst, dich selbst zu lesen, deine inneren Impulse zu verstehen. „Bleibe nah an deinen inneren Impulsen! Überhöre niemals deine innere Stimme! Sie wird dich warnen, wenn etwas aus dem Ruder läuft und wenn du einen Selbstverlust erleidest. Halte dich an diejenigen, die ehrlich und offen mit dir umgehen." Sie zeichnen sich dadurch aus, dass sie inhaltlich orientiert diskutieren und auch unbequeme Tatsachen, Probleme, Widersprüche ansprechen. Der Wahrheitsorientierte reflektiert Zusammenhänge. Der Manipulator wird strategisch argumentieren und immer wieder Fakten verdrehen. Somit wird der Stratege keiner Wahrheit verpflichtet sein. Vielleicht werden sich die Argumente logisch anhören, doch die Prämissen der Argumentationsstruktur stehen auf keinem soliden Fundament. „Arbeite stets daran, dich selbst zu verstehen und deine Überzeugungen und Werte genau zu kennen! Arbeite daran, dich zu verstehen! Dies ist eine Grundvoraussetzung für ein erfülltes Leben." Erst wenn du kontinuierlich an deinem Fundament arbeitest, wirst du stabil und flexibel auf Ansprüche von außen reagieren. Wenn du dich verstehst, bei dir bleibst und dich nicht verrätst, wirst du voller Kraft mit anderen diskutieren können. Du wirst deine Augen und Ohren weiterhin auf Empfang halten und wissen wollen, was der andere denkt. Wenn du wissen willst, wer du bist, willst du auch wissen, wer der andere ist. Ein Manipulator lebt ein Leben in der Entfremdung. Er hat irgendwann damit begonnen, sich selbst nicht mehr ernst zu nehmen und sich dazu bereit erklärt, andere von sich selbst zu entfremden. Ein Verdreher verdreht Fakten und anderen Menschen den Kopf. Ein Manipulator achtet und respektiert niemals ein echtes Begehren eines anderen. Somit wird er sich im Du auch nicht spiegeln. Jeder, der sich im Du nicht spiegeln kann, verliert jede Orientierung. „Wer bin ich? Was will ich? Wo geht meine Lebensreise hin?" Ein Verdreher spielt in grausamer Art und Weise mit der Identität anderer und schadet sich selbst. Es wird keinen respektvollen Austausch geben, wenn die hinterhältigen Absichten jegliche Kommunikation entwerten. Ein Manipulator degeneriert sich zum verschlagenen Lügner. Der Hinterhältige kennt keinen Respekt vor dem Du. Er wird andere aushorchen und mit vielen Tricks und Täuschungen arbeiten. Letztendlich erwachsen aus diesen verschlagenen Handlungen nur Krisen: Identitätskrisen, moralische Abgründe, Verbrechen gegen die Menschlichkeit. Das Gift der Lüge zerstört klares Denken und Handeln. Der Selbstverlust erwächst aus der Welt der Lügen und Widersprüche. In ihr kann nichts ethisch Fundiertes entstehen. Echtes Verstehen setzt ein ehrliches Interesse voraus, den unbedingten Willen zur Wahrheit. Dieses Interesse zeichnet sich durch Authentizität aus und lebt mit unbequemen Inhalten. Ein ehrliches Gespräch benutzt nicht den Filter primitiver Ausreden. „Wir brauchen keine Filter der Täuschung! Wir wollen uns orientieren und uns verstehen. Dafür brauchen wir Informationen, klare Ansprachen und einen unbedingten Willen zur Aufklärung!" Wir werden uns verstehen, wenn wir uns ein Leben lang um Aufklärung bemühen. Wir brauchen keine verlogenen Strategen und Heuchler, die uns von uns entfremden. Diese Strategen sind eine Gefahr für uns! Wir müssen sie meiden! Dein innerer Kern, dein Kraftzentrum, bleibt lebendig, wenn du dich mit Wahrheitsliebenden umgibst. Suche das Licht der Klärung. Der Suchende spendet Licht. Der Verstehen-Wollende schenkt dir Wärme. Der wahrhaftig Interessierte wird dir zuhören. Dein Kraftzentrum wird dir erhalten bleiben, wenn du es stärkst und wenn du dir treu bleibst!

Liebe und Selbstachtung

Dein Kraftzentrum braucht täglich neue Impulse. Du stehst in der Verantwortung, dich zu pflegen und zu beschützen. Deine Selbstachtung beinhaltet Wachsamkeit und die Realisation deines Wachstums. „Du kannst nicht gedeihen und dein Kraftzentrum aufladen, wenn dir eine feindliche Umgebung Lebensenergie raubt! Du kannst dich nicht pflegen, wenn dir in deinem Umfeld Unverständnis und Ablehnung entgegentreten!" Dein Blick in die Welt sollte von Klarheit geprägt sein. Belüge dich nicht! Auch wenn dir deine Trampelpfade sicher erscheinen, so überprüfe sie. Sie mögen dir Sicherheit, Entlastung und Komfort bieten, dennoch gilt es zu überdenken, ob sie immer noch gut und zeitgemäß sind. „Du bist von Liebe umgeben, wenn deine Persönlichkeit respektiert wird! Du wirst von wohlwollenden Menschen getragen, wenn man an deinen Vorstellungen interessiert ist. Diejenigen, die dich verstehen wollen, werden mit dir und nicht über dich reden. Sie werden nachfragen und du wirst dich erklären dürfen." Deine Selbstachtung geht einer konstruktiven Haltung anderen gegenüber voraus. Du kannst deine Batterien nicht aufladen, wenn du an deinem eigenen inneren Kern vorbeirauschst. Es hat nichts mit Egoismus zu tun, wenn du für dich sorgst und deine Ziele im Auge behältst. „Höre in dich hinein und verstehe deine innere Stimme. Verbiege dich nicht!" Dein starkes Selbst bildet die Voraussetzung, andere zu lieben. Dein innerer Kraftquell ermöglicht es dir zuzuhören, zu verstehen und voller Geduld dem anderen entgegenzugehen. Es bedarf einer gesunden Vorsicht zu überprüfen, welche Menschen in dein Leben passen. Der Liebende wird dich verstehen wollen. Er wird dir mit Respekt und Toleranz begegnen. „Vorsicht vor dem Verletzenden. Er wird dich abwerten, ausspionieren und verunsichern. Er wird dir Angst einflößen, um dich gefügig zu machen. Hüte dich vor der zerstörerischen Kraft der Manipulation! Lass dich dir nicht wegnehmen. Vernachlässige nicht die Liebe zu dir! Sie ist die Voraussetzung dafür, andere zu lieben!" Dein Kraftwerk will mit Freiheit gespeist werden. Mit einem freien, klaren Blick wirst du dich und andere erkennen. Ein getrübter Blick kann die Fallen nicht sehen. Erhalte dir den klaren Blick, damit du mit liebenden Augen in die Welt sehen kannst.

Freies Sprechen, Denken und Handeln

Frei zu sein und frei zu bleiben, liegt in der Verantwortung eines jeden Menschen und ist eine zentrale Lebensaufgabe. „Wir können schnell und unbemerkt, schleichend und in einem langsamen Prozess unsere Mündigkeit verlieren." Wir leben in der ständigen Herausforderung, unsere Lebensumstände zu überdenken und unser Ruder möglichst fest und gleichzeitig flexibel in unseren Händen zu halten. Das Leben schenkt uns täglich neue Aufgaben und wir dürfen entscheiden, uns orientieren und stetig lernen. Unsere Wachsamkeit, Neugierde und unser Mut werden uns auf dem Weg der Freiheit und Verantwortung begleiten. Unsere Mündigkeit will stetig neu erarbeitet werden, denn die Zeiten und Lebensumstände ändern sich. Die Ansprüche anderer und die Flut an Informationen werden dich ein Leben lang herausfordern. Der Weg ist das Ziel und wer sich mit seiner Ergebnisorientierung schmückt, hat noch nicht verstanden, dass Lernen, Denken und Kommunizieren ein stetiger Prozess bleibt. Du befindest dich auf einer Reise zu Dir und gleichzeitig auf einer Reise in die Welt. Dies gehört alles zusammen, denn du bist ein Teil dieser Existenz und nichts bleibt wie es ist. Der stetige Wandel wird dich lebendig erhalten. Du wirst Freiheit empfangen, erleben und sie gleichzeitig aushalten, denn Freiheit ist der Schlüssel zur Verantwortung. „Sei auf der Hut! Wer schränkt dich ein? Höre genau zu und erkenne die Botschaft hinter den an dich gerichteten Worte!" Der Authentische wird ohne große Umschweife und um der Klarheit willen sachlich, logisch und wahrheitsorientiert zu dir sprechen. Der manipulative Charakter wird strategisch vorgehen und dich lenken wollen. Vielleicht kannst du diesen Umstand nicht erkennen. Vielleicht wird dich dein Bauchgefühl warnen. Alles ist möglich und es bleibt deine Aufgabe, logisch und einfühlsam die Situation zu erfassen. Dein Denken wird klar und lebendig bleiben, solange du den Mut hast, zu deinen Eingebungen und Intuitionen zu stehen. „Habe keine Angst davor, deine eigene Meinung zu vertreten. Arbeite stetig an deiner Orientierung und lass dich nicht verbiegen!" Die Reichweite deiner Empfindungen, deiner empathischen Möglichkeiten und logischen Analysen ist von größter Wichtigkeit! Deine Lebendigkeit im Denken und Handeln wird belohnt werden! Sprechen ist Handeln und wenn du mutig bleibst, wirst du deine Überzeugungen vertreten. Du darfst und du sollst gehört werden! Deine Botschaften bleiben wichtig, denn du arbeitest an deiner inhaltlichen Orientierung! Meide die Manipulatoren und Abwerter! Ein Abwerter bleibt schwach, da er sich über Lügen aufwertet. Der Manipulator ist gefährlich, da er die Meinung der anderen verfälschen, verformen will. Der Weg ist das Ziel und der Angeber wird behaupten: „Ich bin ergebnisorientiert! Bei mir zählen nur Fakten!" Die Bereitschaft, Prozesse auszuhalten und in der Bescheidenheit auch Selbstkorrekturen zuzulassen, ist der Schlüssel zu den nie endenden Lernprozessen. Freies Denken, Lernen und Kommunizieren erblühen in seiner Vielfalt, wenn du die Blockaden entsorgt hast. Das kreative Denken erwächst in der Chance auf

Freiheit. Du schaffst es, Fakten zu akzeptieren und neuen Gedanken-gängen zu folgen, wenn du in deinem inneren Kern wohnst. „Du bist der Gärtner deines Gedankengartens. Du bist der Komponist, der nicht nur fremde Noten spielt. Du bist der freie Künstler, der sich nicht bevormun-den oder einsperren lässt! Kein Manipulator wird dir guttun. Jeder Op-portunist wird dir etwas vorspielen. Übe dich stetig im Erkennen! Die Übung wächst durch Erfahrung. Größe entsteht durch Mut zur Wahrheit und Klarheit. Habe den Mut, die Spiegelung zuzulassen. Versinke nicht in Rechtfertigungen! Versinke nicht in den Vorgaben anderer und ar-beite stetig an deiner Freiheit und Mündigkeit!"

Der Untergang

„Dein logisches Denken will trainiert werden! Dein logisches Denken wird dir die Tür der Erkenntnis immer wieder öffnen! Es wird eine harte Arbeit vor dir liegen, wenn du gegen deine Angst vorgehen wirst, um deine Erkenntnisse umzusetzen. Es wäre dein Untergang, wenn du dich gegen Wahrheit und Klarheit entscheidest, denn der Prozess der Lügen und Widersprüche verläuft schleichend. Der Weg fauler Kompromisse ist der Weg des Selbstverlustes. Scheinwelten werden sich als Sackgas-sen offenbaren. Jede Burg, die auf Treibsand gebaut ist, wird einstürzen. Es wird dir nur über den Weg der Suche nach Wahrheit und Klarheit ge-lingen, Scheinwelten zu erkennen und zu durchbrechen. „Reiße die Masken der Lügner herunter! Schau in ihr Gesicht! Du wirst ihre Angst und Schwäche erkennen!" Freiheit bietet die Chance auf Verantwor-tung. Du wirst selbstständig handeln können, wenn du dir den Raum der Freiheit stetig erarbeitest. Diese Arbeit wird dir von niemandem abge-nommen. Es ist und bleibt deine Arbeit, an deinem Selbst, niemals Scheuklappen zuzulassen. Dazu gehört es, sich zu informieren, ein mün-diger Denker zu sein und zu bleiben. Nur so wirst du schleichende Pro-zesse der Selbstauflösung und Zerstörung verhindern. Nur so wirst du erkennen, wann es sich um Lügen und wahrhaftigen Tatsachen handelt. „Du bist gefordert, dir ein Bild zu machen! Du bist gefordert zu denken und zu handeln!" Nur auf dem Weg der Freiheit wirst du Verantwortung tragen können. Du verlässt den Weg der Selbstbestimmung und Verantwortung, wenn du andere Meinungen und Thesen über Sachverhalte und Wirklichkeitseinschätzungen übernimmst. „Wer fordert dich stetig dazu auf, seine Meinung zu übernehmen? Wer sucht deine Zustimmung, egal was du denkst, willst und dir vorstellst? Wer geht über dich hinweg und realisiert nur eigene Wünsche, Pläne und Zukunftsentwürfe?" Jeder Mensch an deiner Seite, der über dich hinweggeht und bestimmen will, ist ein Egoist, der seine Vorstellungen über deine setzt. Du sollst fremde Pläne abarbeiten. „Überwinde deine Ängste und lass dich nicht mehr vor einen Karren anderer spannen! Du lebst nicht für die Vorstellungen anderer!" Deine Willenskraft ist gefordert, wenn du deine Überzeugungen kundtun willst! Deine Stärke wird sich zeigen, wenn du in der Lage bist, selbstständig zu denken und zu handeln. Eine wahre Freundschaft oder Beziehung zeichnet sich durch einen lebendigen Diskurs aus. Deine Meinung sollte gehört werden. Deine Persönlichkeit wird geschätzt und anerkannt. Was dir am Herzen liegt, wird ernst genommen. Du wirst respektiert! „Hüte dich vor denjenigen, die daran arbeiten, dich zu verbiegen und zu unterwerfen! Hüte dich vor denjenigen, die dich von dir entfremden wollen. Hüte dich vor denjenigen, die gar kein ernsthaftes Interesse daran haben, dich zu verstehen. Du wirst diese Destruktiven daran erkennen, dass sie dir deine Freiheit rauben wollen. Sie werden sich in dein Leben einmischen und dir die Chance auf eine echte Verantwortung wegnehmen. Sie heucheln nicht selten Fürsorge und nehmen dir Entscheidungen ab. Sie erleichtern dir scheinbar den Alltag und wickeln dich ein. Der Faden der Unfreiheit wird dein Selbst umspannen. Sie wollen die Auflösung deiner Willenskraft, die völlige Unterwerfung deiner Persönlichkeit. Du sollst ihre Weltsicht übernehmen und zu ihrem Spielzeug werden. Du sollst ihre Wünsche abarbeiten. Sie sind nicht an dir interessiert und suchen in dir ihren Sklaven. Ein Sklave darf nicht frei entscheiden. Er hat zu dienen. Seine Mündigkeit wird niemals gesucht und eingefordert. Einen Sklaven will man nicht verstehen. Er hat zu gehorchen.

Dein Glück

Dein Glück hängt eng mit deiner Freiheit und Lebenskompetenz zusammen. Die Arbeit an dieser Kompetenz kann nur von dir geleistet werden. Du magst Zuarbeiter, Unterstützer haben, doch die Kernfragen deiner Existenz wollen von dir beantwortet werden. Deine Vorlieben existieren in dir und wollen ans Licht. „Dein Herz schlägt für die Musik? Dein Herz schlägt für die Kunst?" Wir alle erleben uns in uns und unsere Vorlieben, Interessen und Talente wollen gelebt werden. Wenn wir uns nicht frei entwickeln und entfalten dürfen, werden wir niedergeschlagen und unmotiviert dahinvegetieren. Wir spüren uns in unseren Taten. Wir spiegeln uns in dem, was wir kreieren, erschaffen. Wir erleben uns im Gespräch, im Tanz und in unserem Werk. Das, was wir erschaffen, das, was uns im Herzen ausmacht, spiegelt unsere Existenz. Wir dürfen uns in unserem Tun erleben, erfahren. Diese Momente der Kreativität, der Geselligkeit, der Freiheit schenken uns Glücksempfinden. Wenn wir die Möglichkeit genießen, uns ehrlich, authentisch auszutauschen, werden wir Glück empfangen. Doch wir werden es nur realisieren können, wenn uns unsere persönliche Sprache nicht verlassen hat. Wir werden uns nur ausdrücken können, wenn wir es nicht verlernt haben, uns mitzuteilen und wenn wir aus uns heraus handeln, sprechen und schöpferisch tätig sind. Glück ist der Bezug zum eigenen Selbst und die Chance auf eine freie Arbeit, Kommunikation und ein gelungenes Miteinander auf Augenhöhe. „Spüre in dich hinein und pflege den Bezug zu dir! Du bist es wert, von dir und von anderen gehört zu werden! Dein Glück ist die Ernte deiner Kraft, deines Mutes, du selbst zu sein und zu bleiben! Du spürst dich im Geben! Du verschenkst dich gern, wenn du gelernt hast, auf dich zu achten. Deine Früchte sind deine Worte, deine Taten, deine Kunst und die Stimmung, in der du lebst. Deine Aura ist deine Visitenkarte und sie wird voller Liebe sein, wenn du dich und andere im Frieden erlebst. Daran wirst du stetig arbeiten, denn nichts ist selbstverständlich und der Friede will gepflegt werden." Die konstruktive Kraft schafft einen Raum für glückliche Momente. Hab keine Angst, dich zu verschwenden, denn du wächst, während du dich verschenkst! Deine Stimme wird immer kräftiger, wenn du singst und diskutierst! Deine Hände bleiben geschmeidig, wenn du malst oder Instrumente spielst! Du bleibst klar im Denken, wenn du neugierig und engagiert Texte liest, vorliest und darüber sprichst! Verschenke dich, das Glück durchflutet dich beim Geben. Es ist deine Freiheit, die Wege deiner Sichtbarkeit zu suchen. Die Verantwortung wird keine Belastung sein, wenn dein Handeln aus dir heraus strömt und du nicht in Widersprüchen lebst. Deine Verantwortung wird ohne Widersprüche erfüllt werden, wenn sie deiner Lebensquelle entspringt. Du wirst in deinen Taten sichtbar, wenn du nicht fremdbestimmt lebst. Bewahre dein Selbst und somit deine Freiheit! Die Verantwortung wird von dir getragen, denn sie gehört zum Leben in Mündigkeit.

Der innere Frieden

„Du wirst es niemals allen recht machen können! Du wirst stetig überfordert sein, wenn du immer gefallen willst!" Es ist eine Lebensaufgabe zu lernen, sich selbst zu verstehen. Diese Aufgabe wird nie aufhören oder beendet sein, solange wir leben, solange wir uns kraft unserer Selbstwahrnehmung spüren. Psychische Störungen erschweren es den

Menschen, sich zu deuten. Sie brauchen Hilfe, eine therapeutische Unterstützung. Ein Selbstbezug ist die Voraussetzung um zu erfahren, wer wir sind und wohin wir gehen. Es kann anstrengend werden, es kann von uns viel Mut erfordern, genau hinzuhören, unsere Stimme zu empfangen. Es wird besonders viel Aufmerksamkeit nötig, uns zu deuten, wenn wir uns eine Zeit lang wenig um unsere tieferliegenden Belange gekümmert haben. Unsere Stimme kann von anderen Tönen, Ansprüchen und Verlockungen überlagert worden sein. Der Gesang der Circen lähmt das Bewusstsein. Der Gesang kann uns von unserer Lebensreise ablenken und uns fehlleiten. „Wir sollten den Zugang zu unserer inneren Stimme pflegen! Unser innerer Frieden ist in Gefahr, wenn andere an uns ziehen, zerren und mit Ansprüchen überhäufen." Was erwarten diese Menschen von dir? Sprechen sie ihre Erwartungen offen aus? Könnte es sein, dass Du versteckt und beinahe unwahrnehmbar manipuliert wirst? Unterschwellige Ansprüche, Manipulationen und Indoktrinationen bilden ein gefährliches Geflecht, in dem wir hängen bleiben können. Zuckerbrot und Peitsche zeigen sich in unterschiedlichen Spielarten. Unsere Wahrnehmung ist notwendig und unsere Erkenntnisbereitschaft darf nicht nachlassen. Um im inneren Frieden leben zu können, werden wir uns keiner Superversion verschließen. Wir werden uns und unsere Lebenssituation beleuchten und wenn nötig auch hinterfragen. „Wir dürfen nicht bequem werden!" Wir werden uns selbst ernst nehmen. Dazu gehört der kritische Blick auf uns selbst. Dazu gehört der kritische Blick auf unser Umfeld und diejenigen, die uns emotional nahe stehen. Wir dürfen uns nicht aus Bequemlichkeit an eigene Marotten gewöhnen und wir sollten unseren Liebsten keine ungesunde Narrenfreiheit schenken. Die Arbeit an sich selbst bedeutet auch die Arbeit am eigenen sozialen Kontext. Somit bedeutet die Arbeit an unserem Leben die Arbeit an unserer Persönlichkeit inklusive einer sozialen

Kompetenz. Wir erleben uns im Austausch und schlimmstenfalls rechtfertigen wir Verfehlungen und verbauen uns die Chance, aus Fehlern zu
lernen. Wir befinden uns auf einer Lebensreise. Wir werden den Frieden
erfahren, wenn wir wohlwollend und gleichzeitig klar auf uns und andere sehen. Wir werden den Frieden immer wieder aufs Neue herbei-
sehnen und ihn erfahren, wenn wir in friedlicher Mission der Gerechtigkeit eine Chance geben. Wir werden zum Frieden beitragen, wenn wir
unsere Augen und Ohren nicht verschließen und wenn wir Lügen entsa-
gen. „Sei nicht zu bequem, genau hinzusehen und zuzuhören! Wenn dir
Lügen und Widersprüche auffallen, so arbeite an der Klarheit und be-
nenne die Verfehlungen sowohl in einem Dialog mit dir selbst als auch
im Austausch mit anderen. Nur wenn du dir selbst die Lügen und Verfehlungen eingestehst, kannst du im zweiten Schritt mit anderen für
Aufklärung sorgen. Wir können im Sumpf der Verwerfungen keinen
Frieden schaffen und erleben. Eine Lüge zieht weitere nach sich. Gewalt
erzeugt neue Gewalt. Der Selbstbetrug lässt keinen inneren Frieden zu.
Der in sich Ruhende kann zum Frieden in der Welt beitragen. Deine Bereitschaft zur Aufklärung leistet einen großen Beitrag zur Befriedung.
Deine Gelassenheit und dein Wille zur Freiheit und Verantwortung bringen Licht in die Dunkelheit. Die Flamme der Wahrheit wird von denjenigen beschützt, die niemals müde werden, nach dem Licht zu suchen.
Der Suchende, der Denkende, wird der Erkenntnis näher kommen. „Sei
niemals zu bequem zu denken und zu handeln!" Wenn du sprichst, handelst du. Deine Worte und Taten sind von größter Bedeutung!

Das Gehirn arbeitet

Es kann dir nicht weiterhelfen, wenn du drängenden Themen und Problemen ausweichst. Es wird dir nicht guttun, wenn du den Weg der Erkenntnis nicht suchst oder verlässt. Vielleicht wolltest du an bestimmten Personen keinen Zweifel aufkommen lassen, vielleicht war es dir zu

anstrengend, deine Vorstellungen zu vermitteln und zu deinen Überzeugungen zu stehen. Der Verrat an drängenden Themen, an deinen Einsichten rief Unwohlsein hervor. Es schmerzte, als du gegen deine Stimme arbeitetest. Später kam ein undefinierbares Leiden hinzu, doch du wusstest nicht mehr genau, warum und wieso diese unangenehmen Gefühle dich überfluteten. Der schleichende Prozess der Entfremdung war eingeleitet: „Sitzt man erst im falschen Zug, so sind alle Stationen verkehrt!" Die Bahnen eines freien Denkens waren überwiegend blockiert. In guten Stunden meldete sich deine innere Stimme. Fetzen der Erinnerung stiegen in dir hoch. Manchmal erreichten sie dein Bewusstsein. Du fühltest dich für ein paar Sekunden frei, dynamisch und voller Selbstbewusstsein. In diesen Sekunden hörtest du nicht die fremden, übertriebenen Ansprüche, die an dich herangetragen worden waren. In diesen Sekunden fühltest du dich frei und selbstbestimmt. Es deutete sich ein Prozess des Erkennens an, ein Prozess, ins Licht zu gelangen. Du durftest kurz die Dunkelheit des Verdrängens verlassen und du gestattetest dir, der Wahrheit kurz und schmerzhaft, frei und lebendig zugleich eine Chance zu geben. Dass dies die kurzen Momente der Ehrlichkeit zu dir selbst sind, wolltest du dir nicht eingestehen, da du den Schmerz einer Umorientierung voller Angst ablehntest. Die innere Stimme meldete sich immer wieder. Sie gab nicht auf. Du gabst nicht auf. Dein Gehirn arbeitete konsequent und unaufhörlich. Das Gehirn vergisst nichts und es weiß, wer es ehrlich mit dir meint. Dein Wohlgefühl und dein Unwohlsein zeugen von den Wegen des Irrtums und der Wahrheit. Dein Bauchgefühl wird dich zur Sonne lenken, wenn du es zulässt. Deine innere Stimme wird sich melden und zu dir sprechen. Die Wohlgefühle erreichen dich auf dem Weg der Wahrheit und Klarheit, da die Brutalität der Scheinwelten in diesen Momenten keine Chance erhält. „Nutze diese guten Momente! Sie zeigen dir den Weg ins Licht. Sie zeigen dir sehr deutlich, dass du in dir an drängenden Themen arbeitest und dass du Widersprüche, Lügen und innere Vergiftungen abbauen möchtest!" Der Weg der Erkenntnis geht mit dem Weg der Logik einher. Deine Intuitionen und authentischen Gefühle sind deine Unterstützer, deine Wegweiser. Du wirst dich und deine Umgebung besser verstehen, wenn du die Bahnen des Erkennens freihältst. Die Freiheit entspringt der Verantwortung für dich. Du wirst dafür sorgen, der Wahrheit schrittweise näher zu kommen, wenn dich dein Mut trägt und wenn du dein Ruder für dein Leben wieder in den Händen hältst. Dein Gehirn muss und darf arbeiten! Gib deinem Gehirn die Chance, die Blockaden aufzulösen. Gib deinem Gehirn die Chance, die Bahnen des Denkens freizuhalten. „Wer versucht, dein Gehirn zu vernebeln? Wer redet unlogisch? Wer argumentiert funktional?" Der Weg des Erkennens geht mit dem guten, echten inneren Gefühl einher, da der Weg der Logik nicht der Weg der Lüge und des Widerspruchs sein kann. Meide die Verunreinigungen deines Denkens. Meide Scheinbehauptungen und falsche Prämissen. Denke nach und erarbeite dir einen Weg der Klarheit und Wahrheit immer wieder aufs Neue! Nur auf dem Grund der Wahrheit blüht die Logik. Nur das Verstehen-Wollen öffnet dir die Türen zur Erkenntnis. Freies Denken und Fühlen sind nicht nur erlaubt, sondern erwünscht. Das Erkennen ist nicht verboten, sondern der Schlüssel zur Welt. Du bist ein Teil dieser Welt. Der Zugang zu dir ist eine Voraussetzung, um in einer empathischen Wahrnehmung zu bestehen. Fühlen und Denken sind kein Widerspruch. Diese Fähigkeiten ergänzen sich und ermöglichen es dir, die Welt besser zu verstehen. Du bist ein Teil dieser Welt! Du spürst Lebensfreude, wenn die Klötze der Unfreiheit abfallen!

Die Zwiebel sucht das Licht

„Du willst wachsen und heilen. Schau in die Natur! Die Zwiebel keimt, wenn sie ein wenig Licht bekommt! Du wirst dich neu erfinden, heilen und dich zum Licht wenden, wenn du die Helligkeit, die Erkenntnis, zulässt!" Das gegenseitige „Geben-und-Nehmen" schenkt Kraft, positive Energie und Freiheit. Abhängigkeiten auf Grund von Drohungen, Einschüchterungen und destruktiver Kritik blockieren deine Persönlichkeit. „Gehorchst du falschen Personen? Lässt du dich einschüchtern? Hat man dir Versprechen abgerungen?" Du wirst dich schnell von dir entfremden und in den Ketten der Unfreiheit wiederfinden, wenn du nicht dafür sorgst, frei und unabhängig zu entscheiden. Es setzt Mut voraus, sich die eigene Situation schonungslos anzusehen. Es setzt den Willen zur Ehrlichkeit voraus, der Wahrheit eine Chance zu geben, auch wenn Drohungen, Erpressungen und Lügen die eigene Psyche belasten. „Scheue dich nicht davor, deine Situation zu überdenken und genau zu analysieren! Bleibe nicht im Sumpf der Lügen stecken und werde hellhörig, wenn sich jemand aufwertet, indem er andere abwertet. Deine Lebenszeit ist kostbar und sollte nicht von Bequemlichkeit und Hörigkeit überschattet werden. Gehe nicht den scheinbar bequemsten Weg. Deine Stärke liegt im Mut zur Wahrheit. Erkenne falsche Prämissen und Ableitungen." Es ist ein beliebtes Spiel der Wirklichkeitsverdreher, auf falschen Grundlagen scheinbar logische Schlüsse abzuleiten. Jede Information, jede mündliche Äußerung, die auf Lügen basiert, verdreht deine Wahrnehmung, dein Denken und somit die Perspektive auf dein Leben. Der unbedingte Wille zur Wahrheit und Klarheit setzt den Willen voraus, Zusammenhänge zu erfassen. „Wer reißt Inhalte aus dem Kontext heraus und wer ist logischen Argumenten nicht zugänglich? Wer ist nicht in der Lage, Selbstkritik zu üben?" Es sind Indizien für eine Abwehrhaltung, wenn logische Argumente und sachliche Beweise nichts gelten. Diese Abwehrhaltung bedeutet Unzugänglichkeit zu Realität und Fakten. Wer unter dieser leidet, kann die Wirklichkeit nicht erkennen und wird logische Argumente nicht zulassen. Überheblichkeit ist der Feind von Wahr-

heit. Verdrängung ist die Grundlage blinder Entscheidungen. Das Mitläufertum, die Hörigkeit und die Unmenschlichkeit basieren auf Manipulationen, Lügen und dem Hang zur Bequemlichkeit. Jeder faule Kompromiss zieht weitere Verfehlungen nach sich. Jede Lüge will verdeckt
bleiben. Kein Rabulist möchte erkannt werden. Verdecken, vertuschen
und lügen sind Methoden der Selbstentfremdung, zum Vertrauensverlust und führen geradewegs in die Zerstörung. Asoziale Entscheidungen
zerstören Gemeinschaften und Gesellschaften. Wer in Abgehobenheit
und in einer Lügenwelt über andere bestimmt, kann keine fruchtbare
Saat ausstreuen. Die Saat der Lüge bedingt Unmenschlichkeit. Heilung
und Wachstum können nur gelingen, wenn der Wille zu Wahrheit und
Erkenntnis vorhanden ist. „Nimm deinen Mut zusammen und denke logisch. Scheue dich nicht davor, Zusammenhänge zu durchdenken und
Verfehlungen zu benennen. Dein Leben wird sich positiv gestalten,
wenn du dem Gift der Lüge und Intrige keine Chance mehr einräumst.
Meide die Überheblichen! Meide die Dogmatischen, die dir keine Freiheit schenken. Du bist stark genug, deine Freiheit sinnvoll zu nutzen und
die Verantwortung für dein Leben zu übernehmen! "Die Zwiebel will
zum Licht. Die Natur regeneriert sich. „Sorge du für dein Wachstum und
meide alle Vergiftungen!"

Deine Orientierung

„Nichts bleibt, wie es ist!" Als Du mit der Hilfe der Menschlichen den
Zug der Orientierung wähltest, war dir nicht klar, dass dies kein ewiges
Versprechen, keine „all inclusive" Angelegenheit war. Du hattest nicht
in ein Traumschiff eingecheckt. Du hattest lediglich eine Chance erhalten. Du hattest die Möglichkeit, eine interessante, sinnvolle Lebensreise
zu bekommen. Du konntest eine Eintrittskarte entgegennehmen. Nun
warst du gefragt, nun musstest du entscheiden, frei schwimmen und

inhaltlich gestalten. Nichts bleibt, wie es ist und das Leben fordert Entschlüsse, eine inhaltliche Orientierung. Jede zwischenmenschliche Beziehung bedarf der Pflege. Unsere geistige und körperliche Gesundheit ebenso und unser Intellekt speist sich nicht aus Seifenopern. Wir sind gefragt: Wir müssen entscheiden, wo unsere Lebensreise hingeht. Diese Entscheidungen bedürfen der Kriterien, die das Leben wertvoll machen und mit Sinn erfüllen. Wir sind aufgefordert, unser Leben zu gestalten und uns die gesunden, menschlichen, sinnstiftenden Zutaten zu erarbeiten. Es ist viel wert und vom Glück getragen, wenn wir gute Tickets erhalten, doch die Lebensreise erfordert Entscheidungen und wir müssen sie treffen. „Kannst du vor dir bestehen? Bist du dir und deinen Wertvorstellungen treu geblieben, die du einst durchdacht und wertgeschätzt hattest?" Das Säuseln der Circe klingt verführerisch und die Geldscheine glitzern im Sonnenlicht. Die Käuflichkeit, die Bestechlichkeit, beginnt in kleinen Schritten. Die vielen falschen Behauptungen klingen echt, so ehrlich, so stimmig. Hast du sie hinterfragt? Welche Kriterien konntest du dir erarbeiten? Die Bemühungen um dein Selbst beinhalten die Arbeit einer unabhängigen, sachlichen Orientierung, denn du bist ein Teil der Wirklichkeit. „Erkennst du den Klang deiner inneren Stimme? Bist du noch in der Lage, auf dein Herz zu hören? Bist du bereit, immer wieder die Stimme der Wahrheit und Klarheit zu empfangen und die Stimme der Verführer zu identifizieren?" Es treten viele an dich heran und sprechen von Erfolg, Geld und Ansehen. „Welche Ziele verfolgen diese Menschen? Was haben sie mit dir vor? Fährt ihr Zug in Richtung Fremdbestimmung oder lassen sie dir die Chance, du selbst zu sein und zu bleiben?" Die Arbeit deiner Selbstkritik beinhaltet auch die Arbeit an deinem Umfeld. Sie beinhaltet die Arbeit einer ethischen Ausrichtung, wenn du den Zug der Menschlichen immer wieder aufs Neue wählst. Du bist derjenige, der entscheidet, der Kriterien anwendet. Du bist derjenige, der entweder inhaltlich vorgeht oder bequem mitläuft.

Es ist deine Arbeit zu denken. Du trägst die Verantwortung. Nichts bleibt, wie es ist und du bist täglich gefordert, dich zu orientieren!

Der Sklaventreiber

Der Sklaventreiber missbraucht die Situation der Ärmsten. Ihm geht es nicht um den Einzelnen. Ihm geht es nicht um Freiheit, Gerechtigkeit und Menschlichkeit! Vielleicht wird er dies sogar immer wieder behaupten und einen guten Willen bekunden. Das moderne Versklaven arbeitet überwiegend nicht mit Fußfesseln oder Menschenraub. Es arbeitet mit großen Versprechen und wenig Lohn. Mit unsicheren und menschenunwürdigen Verhältnissen und Scheinsicherheiten. Der Versklavte opfert seine Lebenszeit und träumt von einem besseren Leben. Seine Armut trieb ihn in die Arme des Ausbeuters. „Schau dich um! Schlechte Lebens- und Arbeitsbedingungen sprechen für sich! Falsche Versprechen wirst du erkennen und deuten können, wenn du dir die Stimme der Wahrheit und Klarheit erlaubst und du es nicht verlernt hast, dich selbst zu verstehen. Das Verdrängen wird teuer bezahlt. Die Strippen der Lüge umwickeln die ganze Person, wenn Angst und Mutlosigkeit es nicht zulassen, diese Netze und Fäden durchzutrennen. „Du bist gefordert! Schaffst du es trotz vieler Hürden, deine Situation zu überdenken? Bist du bereit, dir deine Lebensumstände genau anzusehen? Willst du verstehen, was die Heuchler wirklich sagen?" Der Sklaventreiber nutzt und missbraucht die Lage der Manipulierten, der Armen, der Ängstlichen. Er wird den perfekten Auftritt suchen, um zu beeindrucken. Er wird mit allerlei Aussichten auf Gewinne ins Rennen gehen. Er kennt sich aus mit dem Tarnen und Täuschen. Er weiß, wie man Menschen anlockt und einwickelt. Angst, mangelndes Wissen und Armut sind die Nährböden, auf denen die Ausbeutung gesät werden kann. „Auch wenn du in einer scheinbar ausweglosen Situation lebst, so verharre nicht in der Opferrolle." Du wirst den Weg, den Ausweg finden, wenn du dich traust, ins Licht zu sehen, wenn du die Höhle der Täuschung verlässt. Deine Kraft zeigt sich im Denken und Handeln, denn du wirst bessere, sinnstiftende Entscheidungen treffen, wenn du in Ruhe nachdenkst und keinen kopflosen Impulsen folgst. Gehe in dich und überdenke deine Möglichkeiten. Suche den Rat von Ehrlichen. Sie werden in Aufrichtigkeit zu dir sprechen und Impulse vermitteln, die dir vielleicht zunächst als unbequem erscheinen mögen. Im Sumpf der Bequemlichkeit und der schnellen Lösungen wächst nicht die Pflanze der Freiheit und Verantwortung. In der Hörigkeit und der Unterwerfung wächst niemals die Pflanze der Klarheit und Gerechtigkeit. In der Gesellschaft der Sklaventreiber gibt es keine Menschlichkeit, denn die Ausgebeuteten verlieren ihre Lebenszeit und die Dekadenten jedes ethische Anliegen.

Das ethische Anliegen

Die Arbeit an einer ethischen Kompetenz umfasst alle Facetten der Vernunft, denn eine ausgleichende Gerechtigkeit sollte für alle Menschen gelten und die Menschlichkeit sollten alle Menschen genießen. „Was spricht dagegen?" Wir haben auf unserer Erde genügend Ressourcen, um alle zu ernähren. Wir dürfen erkennen, dass niemand Mangel leiden müsste, wenn es eine sinnvolle Umverteilung gäbe. Wir brauchen keinen menschengemachten Hunger, denn wir können als denkende Wesen Notlagen erkennen und verhindern, bekämpfen und unsere Ressourcen gerecht verteilen. „Du bist ein Utopist! Du bist ein Spinner! Es wird immer Elend geben!" Diese Aussagen prasseln auf denjenigen nieder, der die Systemfrage stellt. Krankheiten wird es geben. Unfälle wird es geben. Verbrechen kann niemand immer verhindern, doch das sind nicht die Faktoren, die uns von einer gerechteren Verteilung der Ressourcen abhalten. Die Verschwendungssucht einiger torpediert die Hilfe für viele. Konsumenten verhindern die Gesundheit auf unserer Erde.

Das „immer mehr" dürfte keine Botschaft mehr sein. Unreflektierter, sinnloser Konsum und Kriege, die nur Verlierer hervorbringen, sind keine Option. „Höre in dich hinein und versuche, die Zusammenhänge zu verstehen! Alles hängt mit allem zusammen!" Einige wenige verdienen an den Kriegen. „Warum werden diese geführt?" Versuche die Hintergründe zu verstehen, damit du nicht blind mitläufst. Wir alle sind aufgefordert, die Hintergründe von Aussagen, Behauptungen und Anweisungen zu erfassen. Wir sollten uns von denjenigen distanzieren, die unsere Menschheit verführen, belügen und ins Chaos stürzen. Um dies zu gewährleisten, müssen wir die Zusammenhänge erfassen. Es geht immer wieder um das Verstehen-Wollen. Wir dürfen nicht nachlassen, uns zu informieren! Wir dürfen keine mitlaufenden Schafe werden! Das ethische Bewusstsein erfordert Bildung von Verstand und Herz!

Die Selbstreflexion

Der Mutige wird auch sich selbst hinterfragen, aber sich nicht auf seinen Lorbeeren ausruhen. Kein Geld der Welt und keine Beziehungen, die vorteilsversprechend sind, können es uns abnehmen, am eigenen Selbst zu arbeiten. Destruktive können die Wirklichkeit nicht erkennen, wie auch nicht sich selbst, da sie auch Teil der Wirklichkeit sind. Vielleicht werden sie sich selbst erhöhen, vielleicht auch jeglicher Kritik verweigern. Eine möglichst realistische Einschätzung der eigenen Situation, eine möglichst objektive Beurteilung des eigenen Selbst, geht mit der Bereitwilligkeit einher, der Wahrheit und Klarheit und somit einer sachlichen Orientierung näher kommen zu wollen. Wir alle empfinden es als eine Herausforderung, wenn wir unangenehme Themen möglichst objektiv betrachten sollen. Dazu gehören selbstverständlich auch alle Belange rund um unser eigenes Selbst. Es erfordert Mut und Fleiß, uns unserer Anliegen bewusst zu werden und Spiegelungen zuzulassen. Das Verdrängen hindert uns, klar zu sehen und setzt nicht selten ein, wenn der Schmerz zu groß wird, um ein objektives Auge auf uns und unser Umfeld zuzulassen. Vielleicht bedeutet das Verdrängen einen Schutz, eine Chance schwerwiegende Traumata zu überstehen. Doch wir alle wissen, dass das Verdrängte in uns arbeitet oder unterbewusst beschäftigen wird. Manchmal ist eine Psychotherapie die einzige Chance, das Verdrängte aufzuarbeiten und genau diese Form der Arbeit am eigenen Selbst erfordert Mut und Stärke. Sich helfen zu lassen, bedeutet, mutig zu sein. Es zeugt von einem unbedingten Willen zur Klärung. Der Bequeme wird sich zurücklehnen und der eigenen Selbstreflexion reserviert gegenübertreten. Der Überhebliche wird sich keiner Selbstkritik stellen, da er sie nicht für nötig hält. Der Mutlose wird sich vor einer Klärung scheuen, denn er schreckt davor zurück, der Wahrheit ins Gesicht sehen. „Der Mensch kann die Wirklichkeit vertragen! Wir sind ein Teil der Wirklichkeit und wir werden kraftvoller sein, wenn wir der Wahrheit eine Chance geben und wenn wir uns nicht erhöhen oder belügen!" Die Selbstkritik mag schmerzhaft sein, doch sie bleibt unerlässlich, wenn man sich und andere besser verstehen will. Wenn man sich selbst besser versteht, versteht man sein Umfeld besser. Das Ich ist der Schlüssel zum Du, zur Welt.

Das Interesse

Wenn ich jemanden ernsthaft verstehen möchte, muss mein Interesse an einer offenen Kommunikation unbedingt vorhanden sein. Wir Menschen haben kraft unserer Sprache die Fähigkeit, uns ehrlich auszutauschen. „Es gibt keine Ehrlichkeit! Es gibt keine Freiheit und Gerechtigkeit!" Diese Ansicht vertreten Personen, die dem Anliegen der Menschlichkeit entgegentreten. Sie gehen nicht davon aus, dass eine Möglichkeit einer Wahrheitsannäherung existiert. Doch was hat die Wahrheit mit dem Verstehen-Wollen und der Suche nach Gerechtigkeit zu tun? Wo liegt die Verbindung, die Gemeinsamkeit? Warum beinhaltet ein ernsthaftes Interesse den unbedingten Willen zur Wahrheit? Warum kann ich mich anderen nur ernsthaft nähern, wenn ich sie verstehen will? Das Gegenteil von einem ernstgemeinten Interesse wäre ein berechnendes Verhalten. Diese Haltung geht über die Anliegen eines anderen hinweg und kreist um die bedingungslose Durchsetzung eigener Interessen. Die eigenen Vorteile, Ziele und Ideen stehen so sehr im Focus, dass sie ohne Wenn und Aber umgesetzt werden sollen. Ein egozentrisches Verhalten zeichnet sich durch ein rücksichtsloses Umsetzen eigener Prioritäten aus, auch wenn es die Mitmenschen, die Betroffenen zunächst nicht bewusst spüren, erkennen. Nicht jeder Egoist wird sofort erkannt, denn die Spielarten des Werbens, Schmeichelns und Manipulierens sind vielfältig. Die Masken wechseln. Die Zuckerbrote locken und schmecken. Der an Wahrheit und Wirklichkeit interessierte wird eine ehrliche Kommunikation bevorzugen und diese auch in schwierigen Situationen suchen. Er möchte Situationen klären und Fallen erkennen, er möchte aufklären und Lügen aufdecken. Er wird alles dafür tun, um Fehlleitungen aufzuspüren. Das Interesse am Du, an der Meinung des anderen, zeigt sich an der Offenheit und an einem tieferliegenden, inhaltlich orientierten Gespräch. Der inhaltlich Orientierte zeigt sein Interesse deutlich und bietet den Raum zur Entfaltung. Der Gesprächspartner bekommt die Chance, sich zu erklären, seine Anliegen und seine Sicht der Dinge auszudrücken. Er wird gesehen und gehört. Ihm wird auf Augenhöhe begegnet. „Der Mensch spürt, wenn es ehrlich zugeht!" Der Respektierte wird sich besser öffnen können. Er wird sich in einer von Vertrauen geprägten Gesprächssituation erklären. Dieses Erklären beinhaltet Klärung, die Aufklärung einer Situation, einer Überzeugung, einer Haltung. Nur so kann ein Mensch einem anderen sich anvertrauen und ausschlaggebende Fakten vermitteln. Nur so kann man Missverständnissen vorbeugen und Situationen richtig einordnen. Falsche Behauptungen, Klatsch und Tratsch werden somit entmachtet.

Lügen werden als solche erkannt. Wahrheit und Klarheit erhalten Raum. Menschen können sich in Liebe und Respekt begegnen, wenn sie offen und ehrlich kommunizieren. Die Bereitschaft zur Ehrlichkeit bietet weite Türen, um dem Verstehen-Wollen eine Chance zu geben. „Wir brauchen keine Täuschung! Wir brauchen keine Ignoranz! Wir brauchen kein Prahlen und Protzen! Überheblichkeit steht der Wahrheit, der Ehrlichkeit und dem Verstehen-Können im Weg!" Wir werden unser ernstgemeintes Interesse signalisieren, indem wir in einen ehrlichen Austausch eintauchen. Wir werden zeigen, dass wir auf Augenhöhe kommunizieren können und wollen. Jeder, der diese Chance, dieses Angebot, nutzt, hat ein ernstes Interesse an einem echten Gespräch und dies ist die Grundvoraussetzung für das Verstehen. Ein authentisches Gespräch zeugt von einem Ausdruck der Menschlichkeit.

Der Ignorant

Der Abgehobene mag Kraft seines Geldes, seiner elitären Position oder seiner Herkunft es vermeintlich nicht nötig haben, sich einer Selbstkritik zu stellen. Er mag weiterhin in einer realitätsfernen Überheblichkeit, in einer Blase leben. Er setzt auf Ausreden, Lügen und einer Verdrängung, so dass er sich nicht hinterfragt. Doch bei dieser Realitätsferne ohne Selbstkritik kann es keine Aufarbeitung von Missständen geben. Da Ungereimtheiten und Verfehlungen nicht zugegeben werden, rast der einmal bestiegene Zug weiterhin in die Richtung, in der Wahrheit und Klarheit keinen Platz finden. Überheblichkeit lebt mit der Ignoranz und die Scheu vor der Wirklichkeit benötigt täglich eine große Portion Verdrängung. Die Sucht nach Aufmerksamkeit und die Suche nach einer Anerkennung ohne eine innere Katharsis führen in einen Tunnel der Unfreiheit und Ignoranz. Die Eitelkeit ist der Freund der Überheblichkeit und die Abgehobenheit der Feind der Aufklärung. „Wer der Wirklichkeit nicht zugänglich ist, wird auch sich selbst nicht realistisch betrachten.

Wer keine Selbstkritik zulässt, kann das Ruder nicht herumreißen. Das Immer-weiter-so verhindert eine innere Umkehr, die eine Voraussetzung einer sinnstiftenden Korrektur wäre. Der Ignorant steuert sein Boot weiterhin auf einem fatalen Kurs, da er weder Selbstkritik, noch eine realistische Wirklichkeitswahrnehmung zulässt. Das eine bedingt das andere. Ein Destruktiver kann die Wirklichkeit nicht erkennen. Der Überhebliche steuert sein Boot auf weltfremde Art und Weise und wird das Leben anderer Menschen ruinieren, wenn er die Macht hat. Der Unbelehrbare, der Arrogante, kennt keine gründliche Selbstkorrektur und deshalb wird er nicht umkehren. Der falsche Kurs wird beibehalten. Der Abgehobene kann nur von außen gestoppt werden. Er müsste entmachtet werden. Auch wenn er von der Realität eingeholt wird, hält er an Ausreden, Lügen und Scheinwelten fest. In seiner Innenwelt sitzt er immer noch auf dem Thron, obwohl er schon lange gestürzt wurde. Es sind grundsätzlich die anderen schuld. Er sieht bei den Kritikern nur Undankbarkeit und falsche Weltsicht. Er selbst hält sich für ein Opfer der Intrigen. Somit klammert sich der Überhebliche in seinem Selbst an Machtfantasien und Lügen, während ihn die Realität längst eingeholt hat. Das wird er weder vor sich noch vor anderen zugeben. Einen Neuanfang, ein sinnvolles Aufarbeiten, wird es mit dem Wirklichkeitsverdreher niemals geben. „Hüte dich vor dem Ignoranten!"

Angst, Freiheit, Selbstbewusstsein

„Du hattest Angst vor der Freiheit, vor dem Raum, in dem Du Verantwortung übernehmen konntest. Gleichzeitig hattest du das Glück, in einem Freiraum zu leben, indem du viel Zeit und Anregungen genießen durftest. Dies konnte dir noch nicht bewusst sein, da du die Kontexte einer Unfreiheit noch nicht kennengelernt hattest. Eine freie Entfaltung bedarf einer Wahlfreiheit, einer Möglichkeit, selbst zu bestimmen und zu entscheiden. Doch diese Erfahrungswerte bedürfen der Zeit und dem

Raum, immer neue Erlebnisse und Erkenntnisse zu generieren. Wir brauchen Zeit, viel Zeit um zu reifen. Je mehr wir erleben, desto erfahrener und bewusster werden wir durch das Leben gehen, vorausgesetzt wir wollen aus unseren Erfahrungen lernen. Die Angst kann zu einem schlechten Berater werden, wenn wir uns nicht genug zutrauen und somit unseren Fähigkeiten nicht genug Platz anbieten. Unsere Talente wollen gelebt werden. Wir wollen gesehen und gehört werden. Das hat nichts mit einer krankhaften Eitelkeit zu tun, sondern es entspringt dem Bedürfnis nach Anerkennung, nach einem gesunden Feedback, einer Spiegelung, die uns das nötige Selbstvertrauen schenkt, um konstruktiv weiterzumachen. Wir brauchen die Ansprache, wir brauchen Aussprache und Wertschätzung. Unser Selbstvertrauen erwächst aus der Möglichkeit, unsere Fähigkeiten zu trainieren, sie auszuleben und das Gesehen-Werden wird uns Kraft geben. Unnötige Ängste lähmen und hindern uns, Dinge zu realisieren, von denen wir glauben, dass sie sinnstiftend sind und unserem Selbst entsprechen. Die Überwindung zur Tatkräftigkeit setzt den Mut voraus, auch scheitern zu können, zu dürfen. Es gibt keine absolute Sicherheit im Leben und wir alle können auch Misserfolg haben, wir alle werden jedoch auch durch dunkle Stunden lernen. Die Erfahrung schenkt uns die Reife, Kontexte zu beurteilen. Die Erfahrung zeigt uns auch unsere momentanen Grenzen und ebenso den Weg zu den neuen Möglichkeiten. Wir bleiben nicht stehen, nicht stecken, wenn wir uns etwas zutrauen und wenn wir uns jene Menschen suchen, die uns auf unserer Lebensreise fördern, unterstützen. Wir brauchen weder die Abwerter noch die angsteinflößenden Behinderer. Die konstruktive Stimme wird dich aufbauen und zur richtigen Zeit gut beraten, wenn du es möchtest. Eine gesunde Vorsicht ist keine Angst, eine lähmende Kraft, die in die Unfreiheit führt. „Wenn du einen neuen, einen anderen Weg einschlagen möchtest, so werden dir konstruktive Weggefährten gut tun. Sie werden ihre Erfahrungswerte mit dir teilen.

Sie werden verstehen wollen, was du möchtest und dich bei der Umsetzung unterstützen. Destruktive werden dir Angst einflößen und dich somit schwächen." Eine gesunde Vorsicht wird dir verhelfen, genau hinzusehen und zuzuhören. Du willst die Zusammenhänge verstehen, du willst gute Entscheidungen treffen und gleichzeitig dich fortbewegen, dich entwickeln und das kann dir in jedem Alter gelingen, wenn du dich nicht lähmen und in Angst und Schrecken versetzen lässt. „Höre auf deine innere Stimme! Was erwartest du vom Leben und was möchtest du erreichen?" Der Weg ist das Ziel! Du wirst Ideen umsetzen und Ziele verfolgen. Doch das Leben bietet dir immer neue Lektionen an, um Erfahrungen zu sammeln. Der Weg ist das Ziel und versuche auf diesem Weg möglichst viel zu erfahren und zu lernen. So wirst du erkennen, was für dich Freiheit bedeutet. So wirst du auf Grund deiner Erfahrungen Ängste überwinden. Dein Selbstbewusstsein speist sich durch deine Taten, deine Erfahrungen und den konstruktiven Austausch mit deinen Mitmenschen. „Lass dich nicht einschüchtern! Lass dir nicht den Weg versperren! Du darfst lernen, singen und dein Leben lieben! Du wirst es zu schätzen wissen! Du wirst viel über dich lernen und dich besser verstehen!"

Dein wildes Herz

Dein wildes Herz zeigte dir den Weg und du ließest es zu. Nun bist du alt und du gehst immer noch deinen Weg, denn du verleugnetest dich nicht. Zu viele um dich herum sind falsch abgebogen. Sie konnten irgendwann ihre Stimme nicht mehr hören, denn sie hatten ihr verboten, zu ihnen zu sprechen. Sie übten sich darin, gegen ihre Stimme fremde Strategien zu übernehmen, denn sie erhofften sich Vorteile oder einfach nur bequeme Trampelpfade. Es ist unglaublich und nicht zu verstehen, wie leichtfertig Menschen ihre Freiheit über Bord werfen, denn niemand ist frei, selbstbestimmt und authentisch, der sein Herz verleugnet. Der Gekaufte behängt sich mit Schmuck und der Opportunist glaubt sich in Sicherheit. Sie hatten viele verraten und verleugnet und verlernt, auf ihr Herz zu hören. Sie hatten ihre echte, natürliche Leidenschaft verloren und glauben an eine Kompensation aus Verschwendung und Glamour, Bequemlichkeit und Anpassung. Doch der Angepasste kann weder mitreißend noch authentisch sein. Sie wollen leuchten und schaffen es nicht. Sie wollen strahlen, doch ihre Augen und Stimme hatten keine innere Stärke. Das Mittelmaß hatte sie erreicht und die Langeweile zerrte an den Nerven. Sie brauchten den Kick aus Konsum und Ablenkung. Die Entfremdung hatte sie zerstört, da die Freiheit nicht wertgeschätzt wurde. „Jeder trägt die Verantwortung für seine Freiheit!" Vielleicht konnten sie sich in jungen Jahren nicht vorstellen, wie leicht man in die Fallen der Dominanten, der Lügner tappen kann. Vielleicht konnten sie sich nicht vorstellen, wie brutal das Pendel des Opportunismus zurückschlägt. Sie fühlten sich sicher, wenn sie sich der Anpassung ergaben. Sie fühlten sich im Strom der Mehrheit gut aufgehoben und überhörten die Stimme der Wahrheit. Es war ihnen zu anstrengend, die eigene Stimme zu erheben und das wilde Herz schlug voller Verzweiflung schneller, ohne erhört zu werden. Doch du hast dich nicht verraten und aufgegeben! Du hast Widerstand geleistet und deiner natürlichen Identität eine Chance gegeben. Du schaust zurück und jede Anstrengung ist es dir wert, zu deinen inneren Überzeugungen zu stehen. Du bist im Herzen jung geblieben und du hast dich nie verleugnet. Es gehört dazu, dass du die Menschen erreichst, denn deine Strahlkraft hat sich im Laufe des Lebens verstärkt. Deine Wildheit zeigt sich in deiner Beweglichkeit. Deine Flexibilität erwächst aus deiner Lernwilligkeit. Du hast es nicht nötig, Menschen in Ketten zu legen und du verabscheust diese Vorhaben, diese Taten. Dein wildes Herz berührt andere Herzen und deine Kraft ist ansteckend. Deine Flamme lodert ungebrochen und du hast es nicht nötig, auf Sparflamme zu kokeln. „Wer besitzt den Mut, er selbst zu sein?" Es sind die Mutigen, die Unkäuflichen, es sind die Authentischen. Die Menschen dürfen einen Menschen hören. Deine Stimme trifft mitten ins Herz. Die Menschen dürfen einen Menschen erleben, denn du zögerst nicht und sprichst klar und deutlich. Du hast es nicht nötig, Worte zurechtzulegen und andere zu täuschen. Du hast dich verschwendet und deshalb durftest du wachsen! Die Liebe strömt dir entgegen.

Der Konstruktive

Der Konstruktive konnte sich sein wildes Herz bewahren und das half ihm in schweren Zeiten. Seine Kreativität zeigte ihm Wege aus der Bedrängnis, denn er hatte einen hervorragenden Kontakt zu seinen inneren Eingebungen. Sie kamen plötzlich und unerwartet und sie zeigten Anstöße zur Krisenbewältigung. „Du darfst ruhig fallen, doch steh wieder auf!" Der Konstruktive verließ sich weder auf Trampelpfade noch auf Versprechen anderer. „Der Weg von gestern sollte nicht mehr dein Weg im Hier und Jetzt sein, wenn sich deine Lebensbedingungen verändert haben!" Manche Krisen kündigen sich an, andere erwischen dich unvorbereitet. Es kommt auf dich an, adäquat zu reagieren und nicht nur alte Muster zu bedienen. „Schau dir deine Mitmenschen genau an! Wer hilft dir und wer liebt dich, wenn deine Situation mal nicht so hervorragend ist? Wer hält bedingungslos zu Dir?" In schweren Zeiten erkennt man, wer es gut mit einem meint und wer dir immer wieder vertraut und eine Chance gibt. Eine Krise ist die Chance, Erkenntnisse zuzulassen. Die Klarsicht darf dich erreichen, wenn sich die Täuschung verabschiedet. „Wer hatte dich getäuscht und dich zum Freund erklärt, als du wohlhabend und gesund den Gönner geben konntest? Wer ist gegangen, als sich die Zeiten der Bedrängnis bei dir eingestellt haben?" Die Wendehälse, die Verräter, sind gegangen und haben sich woanders eingenistet. Sie haben ihren Hals in Richtung Vorteil gedreht und sie werden auch morgen jeden fallenlassen, der ihnen nicht von Nutzen ist. Jede Krise birgt eine Chance. „Betrüge und belüge dich nicht! Sieh genau hin und erkenne, was um dich herum geschieht. Deine Erkenntnisse sind der stabile Boden für morgen. Hüte dich vor den Verrätern!" Die Gewalt gegen dich zeigt sich, wenn dir keine Hilfe zu Teil wird. „Vertraue auf deine innere Stimme und belüge dich nicht!" Die Krise wird dir helfen, die Augen zu öffnen und dein Umfeld realistischer einzuschätzen." Im Blitzlicht des Erfolges hast du viele Speichellecker um dich. „Du darfst deutlich erkennen, wer es gut mit dir meint, wenn deine Lebenssituation schwierig wird! Lerne daraus und betrüge dich nicht! Der Mut zur Wahrheit bietet die Chance auf Klarheit!"

Der Hinterhältige

Der Hinterhältige versuchte, deinen Schmerz zu missbrauchen. Er wollte die Situation deiner Schwäche nutzen, um sich über dich zu erheben. Der Hinterhältige konnte nicht in die Tiefe gehen und Menschen nach ihrem inneren Kern oder Charakter beurteilen. Er klebte an der Oberfläche und seine Erkenntnismöglichkeiten waren eingeschränkt. Die Insignien der Macht fesselten ihn und die Aussicht auf einen schnellen, vordergründigen Vorteil ließ ihn in Fallen tappen. Er steuerte wie ein Insekt auf einen Honigtopf zu und klebte fest. Unfreiheit stellte sich ein und der Hinterhältige wunderte sich, dass er unvorbereitet seine Freiheit verlor. Unsicherheiten und Schmerz gehören zum Leben. Du wirst stark und selbstbestimmt entscheiden, wenn du in schwierigen Zeiten nicht zum Strohhalm greifst und wenn du durch das Tal des Leidens, des Erkennens, gehst. Nach der Enttäuschung erhellt sich dein Blick in die Welt. Du wirst dir eingestehen, wer sich erhöhen wollte, als es dir nicht gut ging. Frage dich: „Wer wollte sich über dich erheben und dir schaden, als deine Situation problematisch war?" Niemand darf den Schmerz eines anderen missbrauchen.

Du darfst den Frieden denken!

Auch wenn um dich herum das Säbelrasseln beginnt, darfst du an Frieden denken und zu ihm stehen. Du brauchst nicht in die Katakomben der Nationalitäten und Religionen hinabzusteigen, wo Zwist und Rechthaberei toben. Du darfst sagen: „Ich möchte Frieden! Ich möchte nicht, dass ihr euch aus religiösen Gründen tötet! Ich möchte nicht, dass ihr auf Lügen hereinfallt und sie zum Anlass für Kriege nehmt! Ich möchte überhaupt keine Kriege und ich möchte unsere Menschheitsfamilie stärken. Lasst uns das Geld für Nahrung und Bildung ausgeben! Lasst uns die Kriege beenden und konstruktiv nach Lösungen suchen!" Solltet ihr mich wieder auslachen und als Träumer bezeichnen, so will ich gerne und aus Überzeugung ein Träumer bleiben. Ich glaube nicht an eure Kriege und ich misstraue jedem, der Waffen in Krisengebiete schickt!

Die Katharsis

Dein Lernen, deine Entwicklung, geht mit einer inneren Katharsis einher. „Überprüfe deine Gedanken! Sind es die deinen oder versuchte man, dich zu überreden, zu manipulieren?" Du hast das Recht, dir eigene Gedanken zu machen und in Freiheit zu entscheiden. Du hast das Recht, einen friedlichen Weg zu gehen. Du hast die Wahl und du hast es nicht nötig, dich zu rechtfertigen, wenn du einen friedlichen Kurs einschlägst und beibehalten willst. Eine Wahl zu treffen, einen Weg einzuschlagen, bedeutet immer eine Überprüfung des eigenen Standpunktes. „Lass nicht nach, dich umfänglich zu informieren. Lass nicht nach umzudrehen, umzukehren, wenn du erkennst, dass du auf einem falschen

Kurs bist. Du hast das Recht, deinen Weg zu überdenken und du wirst mit der Überprüfung deiner Gedanken und Wege zu neuen Eingebungen finden. Jeder Tag bietet neue Erkenntnisse! Du bist ein Teil der Realität und schau dich genau an! Höre dir zu! Wohin weist dein Weg?" Deine Katharsis bedeutet Reinigung und Vorbereitung deiner Wege.

Katakomben der Gewalt

Die Katakomben der Gewalt haben viele Zimmer. Wer in ihnen festsitzt, hat keinen freien Blick. Der Selbstbetrug wütet in den Gehirnen von Gefangenen. Sie glauben an böse Märchen. Sie können sich nicht realistisch betrachten und glauben schlimmstenfalls, dass ihr Tod, ihr Kampf für eine Religion oder eine Nation ins Paradies führt. Sie glauben an die Macht der Gewalt und ihre Führer. Die Legitimation der Gewalt gehört zu ihrem Denken und sie kreisen um Allmachtphantasien und Expansionsansprüche. Sie rechtfertigen den Tod Andersgläubiger und sind nicht in der Lage, selbstkritisch zu denken. Der Tunnel einer eingeschränkten Sichtweise verhindert es, Andersdenkende ebenfalls als Menschen anzusehen. Der grundsätzliche Anspruch, im Recht zu sein, verhindert eine Katharsis. Allmachtphantasien passen nicht zur Menschlichkeit. Immer neue Machtansprüche verhindern jeden konstruktiven Dialog. „Was bedeutet das und wo führt das hin, wenn Menschen andere Menschen diskriminieren, abwerten oder sogar töten?" Es führt geradewegs in die Katakomben der Gewalt. Der Hass regiert, wenn man Menschlichkeit und Frieden außer Acht lässt. Gefangene des Hasses können die Wirklichkeit nicht erfassen. Sie sind Gefangene ihrer Strukturen, ihrer Gewaltphantasien. Diese beginnen bereits in dem Moment, in dem andere Menschen als minderwertig abgestempelt werden. Wer andere denunziert, ausgrenzt und abwertet, befindet sich bereits im Tunnel der Gewalt, denn dort gibt es keine Gespräche auf Augenhöhe. Niemand wird den Frieden langfristig sichern können, wenn er sich über andere erhebt, diese abwertet und unterwirft. Nur in der Gerechtigkeit und Menschlichkeit zeigt sich die Größe des Menschseins. Nur im ernsthaften Gespräch zeigt sich der Respekt dem anderen gegenüber. Das Gespräch schafft Klarheit. Der Wille zum Frieden wird in friedfertigen Gesprächen deutlich. Wer sich auf Grund einer Nationalität oder einer Religion über andere erhebt, kann keinen Frieden sichern. Wer lügt und opportunistisch handelt, wird andere enttäuschen und jegliches Vertrauen verspielen. Die Basis gelungener Verhandlungen ist die Wiederaufnahme vertrauensstiftender Gespräche. Jede Lüge, jede Täuschung, führt zur Zerstörung der Beziehung. Die Katakomben der Gewalt sind das Gefängnis der Destruktivität. Hier herrschen Überheblichkeit, Rechthaberei und Hass. Lügen und Widersprüche sind die Folge einer einseitigen Sichtweise. Andere Menschen aus anderen Kulturbereichen werden nicht objektiv betrachtet. Wer andere ausbeuten und unterdrücken, belügen und irreleiten will, kann keinen Frieden stiften. Gewalt kann nur mit ernstgemeinten, authentischen Gesprächen verhindert oder abgebaut werden. „Wenn du die weiße Flagge schwenkst, so sei ernsthaft bemüht. Gib nicht auf, Friedensgespräche anzubieten! Halte Blumen in den Händen und keine Waffen! Versuche zu verstehen! Nur im Frieden erleben wir Freiheit!"

Dein Frieden und deine Freiheit

Ein Lügner braucht ein gutes Gedächtnis, um nicht ertappt zu werden. „Was habe ich wann behauptet?" Der Wahrheitsliebende kann frei sprechen. Er braucht, nichts zu verdrehen und er wird nicht strategisch vorgehen. Er wird zu seinen Schwächen stehen, denn er weiß, dass die Arbeit am eigenen Selbst dem Frieden dient. Er wird sich fragen: „Wie kann ich zu einer noch besseren Verständigung beitragen? Was ist mein

Part am heutigen Tag und wie kann ich langfristig den Frieden erhalten?" Unfreiheit beginnt, wenn ich mich verbiegen lasse oder andere verbiege. Hinterhältigkeit und Gewalttätigkeit beginnen mit dem Täuschen. „Es wäre besser, wenn du keinerlei Tarnkäppchen benutzen würdest! Es wäre besser, wenn die friedliche, ehrliche Absicht dein Leben bestimmen würde!" Dazu passen keine Lügen und Manipulationen. „Schau dir die Menschen an! Versuche, sie zu verstehen und nicht zu verändern! Die Grenzen und der Wille des anderen sollten ernst genommen werden!" Dogmatismus führt in die Unfreiheit. Überheblichkeit lässt keine Selbstkorrektur zu. Es macht keinen Sinn, mürrisch und verstimmt zu reagieren, wenn dein Gegenüber in einer unerwarteten Art und Weise reagiert. Deine Lebenshaltung wird sichtbar, wenn Liebe und Toleranz gefordert sind. Deine Haltung kann zum Frieden beitragen. „Überhebe dich nicht und suche das Gespräch! Du bist frei, wenn du unvoreingenommen an andere herantrittst. Bleibe friedensbereit und gleichzeitig wachsam. Wer dich in eine Gewaltspirale hineinzieht, ist ein Gefangener seiner Destruktivität."

Die Geduld

„Bleibe gelassen und optimistisch, auch wenn deine Taten nicht unmittelbar sichtbare Früchte tragen!" Konstruktive Taten und wahrheitsorientierte Worte hinterlassen Spuren. Vielleicht wirst du genau deshalb angegriffen oder abgewertet. Vielleicht vermeiden einige Personen den Kontakt zu dir, da sie nicht gespiegelt werden wollen. Die Wahrheit scheint durch jede Ritze und ein Lügner braucht ein schnelles Pferd. Er kann ertappt, entdeckt und der Unwahrheit überführt werden. Er wird die Konfrontation mit der Aufklärung vermeiden. „Beziehe das Verhalten der Lügner nicht auf dich! Du bist nicht daran schuld, dass sie einer Diskussion ausweichen. Du bist auch nicht daran schuld, wenn sie den

Kontakt zu dir meiden. Sie haben Angst vor einer Klärung, einer authentischen Diskussion. Das Ausweichen zeugt von ihrer Angst!" Deine Geduld trägt dich durch die Zeit, denn deine konstruktiven Worte und Taten werden Früchte tragen. Der Unfreie, der Gekaufte, der in sich Zerrissene scheut das Licht der Wahrheit. Er könnte sich befreien, wenn er den Mut aufbringen würde, umzukehren. Die Katharsis bezieht sich auf den ganzen Menschen und sein Umfeld. „Belüge dich nicht! Belüge dich nicht länger! Weißt du noch, wann und wo du falsch abgebogen bist? Weißt du, was sich aus diesem Irrweg entwickelt hat? Halte inne und führe ein ehrliches Gespräch mit dir!" Ein Leben in Freiheit beginnt, wenn das gesunde Denken einsetzt. Dieses Denken duldet keine Fremdherrschaft. Denn: Ein Unterworfener kann nicht ehrlich sprechen und handeln. Er kann nicht selbstbestimmt entscheiden und verübt einen Verrat an sich und den Menschen, die frei und verantwortungsbewusst leben. „Übe dich in Geduld. Wenn du deine Worte und Taten genau überdacht hast und selbstverantwortlich das Leben nach gerechten Ansprüchen lenken möchtest, werden deine konstruktiven Impulse Früchte tragen. Auch wenn du es nicht unmittelbar sehen kannst, deine Saat trägt Früchte. Auch wenn du es nicht hören kannst, deine Worte waren nicht vergebens!" Deine Geduld wird dich tragen und dein Herz wird nicht verstummen, denn dein Bezug zu dir bleibt echt und lebendig. „Lass dir niemals deine Entscheidungskraft rauben! Lass dich nicht zum Sklaven der Angst machen! Mit einem klaren Kopf und tragenden Informationen wirst du dir deine selbstbestimmte Meinung immer wieder aufs Neue erarbeiten!"

Die Reise zu dir

Die Reise zu dir wird spannend und abwechslungsreich bleiben, wenn du deine Fähigkeiten förderst und du nicht vor dir flüchtest. Du brauchst keine Betäubungen, wenn dein Belohnungssystem durch konstruktive

Handlungen in Fahrt kommt. Du wirst vom Leben belohnt, wenn du in die Welt lächelst und ein Lächeln empfängst. Du wirst belohnt, wenn deine Worte andere erreichen. Du wirst auch belohnt, wenn du weißt, wofür du die Schmerzen ertragen hast. Vielleicht waren es die Schmerzen der Enttäuschung, als man dir schroff begegnete, als du der Klarheit eine Chance geben wolltest. „Starte immer wieder in Richtung Licht, Aufklärung und Helligkeit. Du wirst auf der Reise zu dir der Welt der Dunkelheit entkommen. Du bist ein Teil der Welt, des Großen und Ganzen! Schau dir alles genau an und lass deine Gedanken zu! Du brauchst kein Flüchtender zu werden, wenn du der Verdrängung etwas entgegensetzt. Du darfst Zusammenhänge verstehen. Du darfst die anderen Menschen fragen und interessiert zuhören. Du darfst in der Auseinandersetzung dazulernen. Verlass die Isolation, die Dunkelheit und tritt ins Licht. Nun kannst du sehen und hören, dir ein Bild machen. Du bleibst nicht orientierungslos oder ein Verdrängender!"

Der Freiraum

Der Freiraum in dir bietet viele Möglichkeiten der Entfaltung. Bewahre diesen Freiraum. Es ist dein Ort der Selbstbestimmung, der Schöpfungskraft und Freude. „Schütze diesen Raum und lass ihn nicht von denjenigen einnehmen, die dir Ketten um den Hals legen. Lass dir diesen Freiraum nicht zerstören." Die Dominanten besetzen Freiräume. Sie machen sich breit und dehnen sich stetig aus. Sie rauben ihrem Opfer Zeit und Energie, schlimmstenfalls sogar ihre Identität. „Schütze deinen Freiraum. Du brauchst ihn immer, um kreativ und selbstbestimmt zu leben." Nur diejenigen sind deine Freunde, die diesen Raum der Selbstbestimmung respektieren. „Lass dir diesen Raum nicht nehmen!" Vielleicht kanntest du seinen Wert nicht. Vielleicht war es selbstverständlich für dich, über diesen Raum zu verfügen. Du wirst ihn zu schätzen wissen, wenn du ihn schmerzlich vermisst und ihn zurückerobern musst. „Lass es nicht soweit kommen und schütze deinen Freiraum. Er ist der Ort deiner Entfaltung und die Chance auf ein freies Denken, Handeln, Sprechen und Schaffen!" Der Liebende wird deinen Freiraum lieben und sich für dich freuen. Der Destruktive wird ihn dir nehmen wollen.

Dich selbst verstehen

Es gehört eine Menge Mut dazu, die eigene Stimme zuzulassen. „Warum ist es so schwer, sich selbst gegenüber ehrlich zu sein? Warum ist es so schwer, ein offenes Ohr sich selbst gegenüber zu bewahren?" Der Mut und die innere Kraft, die tagtägliche Arbeit am eigenen Selbst erfordern einen hellwachen Intellekt und ein starkes, lebendiges Herz. Die Verführungen lauern überall und die Trampelpfade der anderen mögen verlockend aussehen. Doch es sind die Pfade der anderen. Frage dich: „Wofür schlägt mein Herz? Was kann ich wirklich beurteilen? Welche Zusammenhänge sind für mich verständlich und wofür entscheide ich mich in Freiheit und Verantwortung?" Es ist harte Arbeit, seine innere Stimme niemals verstummen zu lassen. Es bedarf des Mutes, kein Mitläufer zu werden. Es liegt in unserer Hand, wie wir entscheiden und unsere Weichen werden wir stellen, stellen müssen, wenn wir nicht anderen blindlings das Ruder überlassen wollen. Wir dürfen unserer inneren Stimme zuhören und wir können abwägen, wenn wir dies zulassen, bestenfalls fördern und es mit Freude pflegen. Doch um diese Arbeit leisten zu können, werden wir stetig an unserer Kompetenz arbeiten müssen. Diese Arbeit kann uns niemand abnehmen. Wir dürfen uns Hilfe holen, Beratungen einziehen, Inhalte erarbeiten und doch sind wir am Ende des Tages der Verantwortliche für unsere Worte und Taten. „Spürst du die inneren Kämpfe in dir, wenn dich jemand zu einer anderen Meinung oder Haltung überreden will? Spürst du die Widersprüche, Lügen und den Druck, wenn dich jemand deiner Freiheit berauben will und dir einredet, dass es gut für dich sei?" Es kann nicht gut für dich sein, wenn du von dir entfremdet wirst. Es kann nicht gut für dich sein, wenn du auf Interessen, Meinungen oder sogar wichtige Menschen verzichten sollst. Es kann nicht gut für dich sein, wenn man dir schwere Ketten umlegt! Deine Eigenverantwortung liegt im Bewahren, deine Entscheidungskompetenz zu wählen. Solltest du diesen Spielraum verlieren, so bist du nicht mehr der Steuermann deines Lebens. Du bist ein Leidender, ein Fremdbestimmter. „Lass dich nicht zum Jasagen verführen! Der scheinbar bequeme Weg birgt viele Fallen. Hörigkeit vernebelt das Gehirn und das Mitlaufen schwächt die gesamte Persönlichkeit. Jede unüberlegte Handlung zieht Konsequenzen nach sich!" „Ich bin da so reingerutscht! Ich wollte nur meine Ruhe! Ich habe eine Auseinandersetzung vermieden!" Die Liste der Ausreden ist lang, wenn der Mut zur Klärung fehlte. Die Rechtfertigungen ähneln sich, wenn sich eine Person von der Selbstbestimmung verabschiedet hat. „Die Zeiten waren schwierig. Ich wollte keinen Streit. Ich hatte kein eigenes Geld." „Du wirst dich nur selbst verstehen, wenn du es dir erlaubst, auf deine Stimme zu hören! Du wirst nur frei und selbstverantwortlich entscheiden, wenn du nach deinen Überzeugungen entscheidest. Das heißt, dass du immer wieder aufs Neue Inhalte und die dazu gehörenden Zusammenhänge überdenken solltest. Lass dir keine fremde Meinung aufzwingen. Stehe zu deinem Standpunkt!" Es wäre tragisch, wenn du vor den Wahrheitsliebenden flüchtest! Es wäre ein schlechtes Zeichen, wenn du vor dir und deiner eigentlichen Überzeugung davonläufst! Es wird gefährlich wenn du ein opportunistisches Denkmuster für dich wählst. Es setzt das Erahnen fremder Überzeugungen voraus, um es anderen recht zu machen und um vordergründige Vorteile einzuheimsen. Der Wendehals hat keinen eigenen Standpunkt und möchte lediglich ein bequemes Leben. Entweder beschäftigt er sich mit dekorativem Beiwerk und anderen unverfänglichen Äußerlichkeiten oder er passt sich inhaltlich an. Das Anecken und das damit zusammenhängende authentische Gespräch wird ein

Mitläufer nicht suchen. Er wird schweigen oder nicken, bestenfalls etwas Vorgekautes wiederholen. „Du wirst dir selbst fremd werden, wenn du zum Mitläufer verkommst! Deine Stimme wird sich nur noch zaghaft melden. Vielleicht wird sie ganz verstummen." Du hast die Richtlinien anderer im Kopf. Du führst die Befehle anderer aus und man hat dir erfolgreich eingeredet, dass das alles deine Entscheidung sei. „Hüte dich vor denjenigen, die dich unter Druck setzen, eventuell sogar emotional erpressen. Lass dir keine Angst machen! Dein Opportunismus wird dir nicht helfen, denn er verhindert die klare Sicht auf dein Umfeld, auf dich und dein Leben!" Das sich Dranhängen, das Mitlaufen, behindert die Eigenständigkeit. Das Nachplappern kann sich soweit ausdehnen, dass eine innere Katharsis nicht mehr möglich ist. „Arbeite ein Leben lang an deiner Eigenständigkeit! Du kannst dies trainieren. Du wirst diese Arbeit voller Freude leisten, wenn dir der Erfolg Recht gibt und du die Früchte eines selbstbestimmten Lebens erntest. Scheue dich nicht vor der Wahrheit und Klarheit und meide die Manipulatoren. Sie sind keine Freunde der Menschlichkeit! Du kannst die Welt nicht verstehen, wenn du nicht bereit bist zu verstehen, wer du sein willst!"

Inneres Leuchten

„Du wirst deine Flamme nur lebendig halten können, wenn du lernst, dich selbst zu verstehen." Wir können in herausfordernde Situationen geraten, in denen wir nur mit viel Mut und großer Anstrengung unseren Weg beibehalten können. Andere haben anderes mit uns vor und der Egoist wird nicht danach fragen, wohin wir gehen wollen. Er wird seine Interessen verfolgen und uns erklären, dass diese auch die unseren sind. Er wird Tricks und Täuschungen nutzen. „Was können wir tun?" Wir sollten unserem Bauchgefühl vertrauen! Wir sollten zeitgleich logisch denken und die Aussagen der anderen überprüfen! „Wollten wir diesen Weg gehen? Hatten wir vor, diese Richtung einzuschlagen? Stimmen die

Argumente des anderen mit unseren Überzeugungen überein? Entspricht der Plan des anderen unserer Natur, wollten wir diesen Weg gehen?" Der Plan der anderen entspricht nicht automatisch unserem Plan. Es wäre falsch, einen scheinbaren Frieden zu wahren, indem wir uns anpassen, bis zur Selbstaufgabe unterordnen. Es herrscht kein Frieden, wenn zum Beispiel nur einer in der Beziehung das Sagen hat. Es herrscht keine offene oder ehrliche Kommunikation, wenn sich einer unterordnet. Sich selbst verstehen, bedeutet, ein Leben lang den echten, ehrlichen Bezug zu sich selbst nicht aufzugeben. Es beinhaltet, Opportunismus zu meiden und es bedeutet, der Ehrlichkeit eine Chance zu geben. Denn: Wer kann sich selbst treu bleiben und ein Leben lang ehrlich zu sich sein, der vordergründige Vorteile verfolgt und auf die Lockmittel anderer hereinfällt? Wer aus Angst oder Bequemlichkeit die eigenen Ziele und Überzeugungen verrät, hat sich selbst verraten. Wer sich kaufen lässt hat aufgegeben. Das echte Feuer wird erstickt, da die einstigen Leidenschaften verlorengehen. Das halbherzige, lustlose Mitlaufen zeigt sich in der Antriebslosigkeit und Freudlosigkeit. Die faulen Kompromisse zerstören das innere Leuchten. Auch die Liebe rechtfertigt keine Selbstaufgabe, ganz im Gegenteil. „Wie soll ein Mensch lieben können, wenn er sich selbst aufgibt? Die Kraft der Liebe kann nur bestehen, wenn wir selbst kräftig sind. Wir können nicht wahrhaftig lieben, wenn wir unsere innere Natur verraten." Ein Verrat an uns selbst wird klar und deutlich zu erkennen sein, wenn von uns gefordert wird, einst geschätzte Menschen verlassen zu sollen und wenn die echten Anliegen unseres Lebens immer mehr aufgegeben oder verraten werden sollen. Unser innerer Kern muss gepflegt und geschützt werden. Unsere innere Stimme sollte erhört werden. „Gib dich nicht auf! Du bist es dir wert, dein Leuchten zu bewahren!"

Leuchtende Augen

In der Kindheit und Jugend leuchten die Augen. Die Begeisterungsfähigkeit ist groß und das Lernen funktioniert, wenn darin ein Sinn gesehen und erfahren wird. Doch zu viele verlieren im Laufe des Lebens dieses Leuchten, diese Strahlkraft und die Neugierde auf das Leben, auf ein Verstehen-Wollen. Frustrationen nehmen zu. Man konnte sich vielleicht nicht aufraffen zu lesen, zu denken, zu lernen und zu hinterfragen. Vielleicht konnte man die Zusammenhänge des Lebens nicht erfassen oder sinnvolle Aktivitäten pflegen. Die Freude am Lernen konnte nicht entfacht oder beibehalten werden. Abwertungen, schlechte Noten oder ungünstige Lernbedingungen führten in eine Sackgasse der Kraftlosigkeit. „Wozu soll ich lernen? Ich will einfach nur meine Ruhe und meinen Spaß haben!" Die Chancen und Lebensspielräume reduzieren sich schnell, wenn der junge Mensch nicht gelernt hat zu lernen und vielleicht niemals erfährt, wofür sein Herz wirklich schlägt. Wer in einem guten Umfeld gelernt hat, auf sein Herz zu hören und seine innere Natur zu pflegen, wer gelernt hat zu lernen, wird ein Leben lang sich stetig weiterentwickeln. „Du darfst bis ins hohe Alter neugierig bleiben und strahlen! Deine Augen werden leuchten, wenn du von dem erfüllt bist, was du lebst! Dein inneres Leuchten wird dir erhalten bleiben, wenn die Reise zu dir immer weiter geht." Der alte Mensch, der sich seine Strahlkraft bewahrt hat und ansteckend positiv lebt, wird sich im Laufe seines Lebens nicht verraten haben. Er konnte sich und somit seine Leidenschaften pflegen. Die Ehrlichkeit zu sich selbst und der Mut, seine Stimme zu nutzen, ermöglicht ein lebenslanges Leuchten. Zu viele lassen sich ablenken oder manipulieren. „Auch du wirst im Alter deine Anliegen vertreten und Leidenschaften verfolgen, wenn du lernst, dich zu verstehen und wenn du ein Suchender, ein Liebender und ein Denkender bleibst! Trau dich, dich selbst zu verstehen! Trau dich, immer weiter zu fragen und zu lernen! Dein Leuchten wird dir bis ins hohe Alter erhalten bleiben, wenn du ehrlich mit dir umgehst. Lass dich nicht verführen, dich zu belügen! Deine leuchtenden Augen erzählen von einem gelungenen Leben!"

„Verliere deinen Schlüssel nicht!"

Der Schlüssel zu dir ist auch der Schlüssel zur Welt. Du siehst die Welt durch deine Augen. Du hörst die Stimmen der anderen. „Der Schlüssel zu dir ist auch der Schlüssel zum Du!" Du darfst zuhören. Du darfst diskutieren, denken und der Liebe eine Chance geben. Je mehr du verstehst, je mehr du die Zusammenhänge des Lebens begreifst, desto reichhaltiger wird dein Handeln. Sprechen ist handeln und du wirst besser zuhören und argumentieren, wenn du es gelernt hast, dich mitzuteilen. Der nicht wahrhaftig Interessierte wird weder gut zuhören noch deine Argumente ernsthaft durchdenken. Empathie öffnet dir den Zugang zur Welt! Verliere niemals den Schlüssel! Er öffnet dir die Türen der Erkenntnis. Er sichert dir den Zutritt zum anderen. Er ermöglicht es dir, dich selbst und andere zu verstehen. Der Destruktive kann die Welt nicht verstehen. Er kreist um scheinbare Vorteile und hat den Schlüssel zur Welt verloren. Er belügt sich und andere, während Machtstreben jede Liebe oder Wahrheit ausschließt. Der Schlüssel zur Wirklichkeit öffnet die Türen zum Du und zu dir, zum Verstehen und zur Menschlichkeit. Der Destruktive kann die Wirklichkeit nicht erfassen, da ihm der Weg der Empathie verschlossen ist. Der Lügner kann die Welt nicht verstehen, da er weder vor dem Selbstbetrug noch vor der Täuschung anderer zurückschreckt. Er wird Fallen stellen und gleichzeitig in die Grube der Unmenschlichkeit fallen. Einem Lügner kann niemand trauen. Es ist nur eine Frage der Zeit, wann seine Tarnungen und Täuschungen auffliegen. Deine Empathie ist der Schlüssel zur Welt. Bewahre deine Authentizität, deine innere Flamme. Damit kannst du immer wieder neue Feuer der Existenz entfachen.

Freiheit und Glück

Freiheit hat unmittelbar mit Verantwortung zu tun, denn jeder ist dazu aufgefordert, für seine Freiheit, seine Selbstbestimmung, einzutreten und wenn es das Leben erfordert, darum zu kämpfen. Dieser Kampf kann und darf friedlich ausgefochten werden und die Bildung, der eigene Horizont, spielt dabei eine entscheidende Rolle. Nicht jeder wird in eine glückliche, möglichst freie Lebenssituation hineingeboren. Nicht jeder bekommt eine Chance auf Bildung, auf eine freie Berufswahl. Dass dies ein Privileg ist, wird von vielen geförderten, privilegierten jungen Menschen selten bewusst erlebt und beachtet, geachtet. Das Lernen ist oft mühsam und der dahinter verborgene Anspruch auf Erkenntnis und die damit verbundene Chance auf ein selbstbestimmtes, verantwortliches Handeln wird kaum verstanden, in einen Bezug gesetzt. Der Zusammenhang aus Freiheit und Verantwortung wird nicht erkannt, wenn sich das Denken auf einen vordergründigen Vorteil ausrichtet. Diese „Vorteile" werden mit einem seichten Sein, einem genussorientierten Leben gleichgesetzt und die Arbeit an sich selbst und den eigenen Lebensumständen gerät in den Hintergrund. „Du wirst deinen Schwung und deine Leichtigkeit verlieren, wenn du die Umstände eines freien Lebens nicht förderst und dir immer wieder neu erarbeitest! Nimm Abstand von denjenigen, die dich in Ketten legen! Nimm Abstand von denjenigen, die durch dich nur ihre Bedürfnisse überwiegend befriedigt sehen. Sie interessieren sich nur für dich als Mittel zum Zweck!" Der Tanz, der leidenschaftliche Ausdruck eines kraftvollen Lebens, wird vergehen, wenn die Umstände deines Daseins wie schwere Ketten das Leben belasten. „Freiheit erfordert Achtsamkeit! Deine Freiheit bedarf eines

Denkens, das kontinuierlich die gesellschaftlichen und damit zusammenhängenden situativen Gegebenheiten hinterfragt." Vielleicht warst du verwöhnt, da man dir in der Jugend den Rücken frei gehalten hat, doch: „ Deine Freiheit bedarf der Achtsamkeit und du bist ein Leben lang gefordert, dir deine Lebensspielräume zu erhalten!" Wir alle können unser Strahlen, unsere Freude und unsere Motivation verlieren, wenn wir im falschen Leben stecken, feststecken. „Steigst du in den falschen Zug, so sind alle Stationen falsch! Lebst du die Ansprüche der anderen, so lebst du nicht dein Leben." Die Grauzonen sind vielfältig. „Du wirst deine Motivation und Freude verlieren, wenn du die Vorgaben anderer abarbeitest, die nicht deinem Inneren entspringen. Lerne, dich zu verstehen und nutze alle Möglichkeiten der Bildung, um ein Beurteilungsvermögen zu erhalten. Du benötigst Wissen, eine inhaltliche Orientierung." Nur der Denkende und gleichsam Erfahrene kann richtig Lebenssituationen einschätzen. Wir brauchen die Erfahrung und wir brauchen eine inhaltliche Kompetenz um zu erkennen, wohin die Reise geht. Wir alle werden unsere Erfahrungen verbuchen. Es bedarf des Mutes, Korrekturen einzuläuten. Es bedarf der Weisheit, Fehler sich und anderen einzugestehen. Wir können fallen, doch wir sollten nicht liegen bleiben! Spätestens im Alter wird deutlich, ob du in deinem eigenen Dasein glücklich bist. Das Glück bezieht sich auf dein Leben in Frieden und einer gelassenen Rückschau. Du durftest loslassen und deine liebenden Augen bewahren. Du hast die Verbitterung nicht in dein Herz gelassen, auch wenn dir die Ungerechtigkeit und Unmenschlichkeit zugesetzt hat. Wir können uns nicht aussuchen, wie Menschen mit uns umgehen, doch wir können entscheiden, bis zu welchem Zeitpunkt wir es zulassen, auf eine bestimmte Weise behandelt zu werden. Es liegt bei uns, Grenzen zu ziehen. Es gehört zu unserer Verantwortung, die destruktiven Kräfte aus unserem Leben zu verbannen. Wir tragen die Verantwortung! Wir können entscheiden, solange wir nicht gebrochen sind. Du wirst mit wachen, strahlenden Augen in die Welt sehen, wenn du deiner Wahrnehmung traust und wenn du hinsiehst. Werde kein Verdrängender! Werde kein Mitläufer! Schütze deine Freiheit und lebe in Verantwortung! Der Liebende wird keinen Grund zur Frustration bekommen, da er die Liebenden findet. Der Denkende wird nicht in der Sackgasse enden, da er immer fleißig bemüht ist, weiterhin zu suchen, zu lernen, zu erkennen. Wer in Bewegung bleibt, wird sich gern bewegen. Wer ein Denkender bleibt, liebt auch im Alter das Lernen. Wer ein Lernender bleibt, wird in Demut neue Zusammenhänge erfassen. Wir dürfen nicht stehen bleiben! Wir dürfen nicht steckenbleiben! „Bewahre dir deine Freiheit und lebe deine Verantwortung. Dein Lebenstanz bleibt voller Schwung und darüber bist du glücklich!"

Die Selbstkritik

„Du schaust in die Welt und du bist ein Teil davon!" Warum ist es für viele Menschen schwer, eine angemessene Selbstkritik zuzulassen? Warum scheint es für viele nicht möglich zu sein, wenigstens eine Spiegelung zuzulassen? Eine Spiegelung sollte eine möglichst echte, authentische Betrachtung der eigenen Persönlichkeit sein. Es bedeutet zumindest den Versuch, eine realistische Einschätzung zuzulassen, eine Annäherung an die Wirklichkeit. Dies beinhaltet auch den Willen, wahrhaftige, inhaltlich orientierte Kommunikation zuzulassen. Bedauerlicherweise blockieren Verdrängende eine Diskussion und wechseln das Thema, wenn sie in Augenschein genommen und kritisch hinterfragt werden. Sie meiden für sie unbequeme Themen. Die mangelnde Bereitschaft, sich selbst zu hinterfragen, führt nicht selten in einen Starrsinn, der eine gesunde Spiegelung nicht mehr zulässt. Die eigene Haltung gegenüber bestimmten Lebensbereichen, die zur eigenen Persönlichkeitsstruktur geworden sind, wird hartnäckig verteidigt oder nicht mehr objektiv betrachtet. Wir alle kennen die ausufernden Diskussionen, bei denen es zum Beispiel um die eigene Religion oder eine politische Überzeugung geht. Eine Abwehrhaltung verhindert den Zugang zu einer realistischen Einschätzung der eigenen Haltung, der persönlichen Deutung. Feste innere Strukturen lassen eine lebendige, sachliche Diskussion nicht zu. Aggressive Auseinandersetzungen und Streit sind der Ausdruck einer mangelnden Distanz zu bestimmten Themen. Der Schlüssel der Erkenntnis kann nur genutzt werden, wenn eine innere Bereitschaft zur Selbstreflexion gegeben ist. Jeder Mensch hat andere „wunde Punkte" oder Tabuthemen. Die Offenheit, die innere Bereitschaft zur Reflexion, zur Kritik und Hinterfragung gegebener Umstände führt geradewegs zum Lernen, zum Erkennen. „Wenn ich die Brille der Vorurteile abnehme, kann ich klarer sehen! Wenn ich dagegen in einer bedauerlichen fanatischen Art und Weise eine geschlossene Sichtweise einnehme, so werde ich auch mich selbst nicht mehr kritisch von außen betrachten können. In einer offenen Betrachtung darf ich über mich und meine Überzeugungen nachdenken, ich darf meine Standpunkte überprüfen und ich kann dazulernen. Um überhaupt einen kritischen Blick auf mich werfen zu können, brauche ich einen möglichst freien Blick in die Welt und auf mich selbst als Teil dieser Realität. Das hat nichts mit einem mangelnden Selbstbewusstsein oder zu wenig Selbstrespekt zu tun, ganz im Gegenteil. Die Selbstliebe beinhaltet die Chance auf eine Weiterentwicklung. Die eigene Katharsis führt zu einer reinigenden Neuausrichtung und somit zu einer gesunden Selbsteinschätzung. „Du behinderst deine Entwicklung, wenn du keine Selbstkritik zulässt!" Stagnation ist Ausdruck eines Immer-weiter-so. Festgefahrene Strukturen schenken nicht die erhoffte Sicherheit, sondern fördern die Unfähigkeit, Situationen adäquat einzuschätzen. Insofern fördern sie Fehlentscheidungen. Die Zeiten ändern sich. Gesellschaftliche und technische Entwicklungen fordern uns heraus. Wir sind ein Teil unserer Lebensrealität und unsere Lernbereitschaft zeigt sich in einer angemessenen Selbstkritik. Es wäre unangemessen und dumm, nicht erkennen zu wollen, wo wir uns fordern und fördern sollten. Selbstherrlichkeit und eine überhöhte Selbstwahrnehmung münden oft in der Annahme: „Ich weiß Bescheid, ich regle alles zu meinen Gunsten! Es ist immer gut gegangen und ich laufe auf meinen altbewährten Pfaden!" Der Selbstbetrug wird gratis dazu geliefert, denn es geht nicht immer alles gut, ganz egal wo man wohnt oder wie wohlhabend man ist. Natürlich fördert Reichtum häufig Arroganz und Selbsterhöhung, da sich wohlhabende Menschen gerne mit Jasagern und Opportunisten umgeben. Diese erhoffen sich pekuniäre Zuwendungen. Abhängigkeiten stehen einem klaren Blick in und auf die Welt entgegen. Abhängigkeiten behindern ebenso eine unabhängige Einschätzung des eigenen Selbst. Somit kann ein Opportunist nicht die Wirklichkeit erkennen. Arroganz lässt keine Selbstkritik zu. Die Wahrheitsliebenden werden vertrieben oder gemieden, wenn der Überhebliche keine Spiegelung duldet und die Sümpfe seiner Allmachtphantasien durchstreift. Er wird alles aus der Welt schaffen wollen, was der eigenen Macht und Selbsterhöhung im Wege steht. Diese Überheblichkeit duldet keine Spiegelung. Kritiker werden abgewertet. Doch egal, wie reich oder wie arm ein Mensch auch sein mag, fehlt es ihm an der Bereitschaft sich kritisch zu betrachten, so wird er sich von jeder realistischen Einschätzung der Welt entfernen. Selbstkritik gehört zu einer ehrlichen Einschätzung und einem lebendigen, immer wieder korrigierten Blick auf die Welt. Ohne Selbstkritik können wir uns nicht einem Bild unseres Selbst und anderen annähern. Es handelt sich dabei um einen immerwährenden, lebendigen Prozess. „Solange du in diesem Prozess bleibst, wirst du dazulernen. Solange du bereit bist, einen klaren Blick in die Welt zuzulassen, solange wirst du dich entwickeln. Du bist ein Teil der Welt! Schau dich an! Vernachlässige niemals deinen Blick auf dich selbst! Auch du kannst Täuschungen erlegen! Jede Korrektur bedarf einer kritischen Auseinandersetzung mit der Realität! Nutze die konstruktive Kommunikation! Nutze die Katharsis! Alles hängt mit allem zusammen und du bist ein Teil des Großen und Ganzen!" Arroganz ist ein Zeichen von Dummheit. Eine mangelnde Bereitschaft zur Selbstreflexion ist ein Ausdruck von Abgehobenheit! Die Selbstkritik setzt ein logisches, an der Realität ausgerichtetes Denken voraus. Diese sollte grundsätzlich lebendig bleiben. Diese Lebendigkeit ist der Schlüssel zum Wachstum. Flexibilität ist die Voraussetzung für Gerechtigkeit und Freiheit, denn nur der Überhebliche wird anderen seinen Standpunkt mit Gewalt überstülpen wollen! Somit wird dem Selbstkritischen ein Stück Freiheit geschenkt, wenn er mehr über sich erfährt und sich weiterentwickelt. Das Lernen kann nur mit einem freien Geist, einem offenen Selbst vollzogen werden. Wir alle müssen uns für unsere Weiterentwicklung einsetzen und für einen freien Blick sorgen. „Meide diejenigen, die deinen freien Blick in die Welt verbauen wollen. Meide diejenigen, die dich nicht beim Lernen unterstützen. Meide diejenigen, die keine Selbstkritik zulassen! Es sind die Dogmatiker, die Bequemen und die Opportunisten!" Sie stehen jeder Erkenntnis im Weg!

Die gelungene Mischung

Es kommt immer wieder vor, dass Menschen den Anspruch an sich selbst vordergründig interpretieren: „Ich fahre weltweit mit jeder Achterbahn! Ich tauche auch dort, wo es vor Haien nur so wimmelt!" Kommt man mit Abenteurern ins Gespräch, so drängt sich nicht selten der Eindruck auf, dass irgendetwas Unverarbeitetes, etwas Traumatisches verdrängt wird. Nicht selten ist es der Drang nach Anerkennung. Gerne möchte der Mensch gesehen werden und etwas sehr Eindrucksvolles, etwas Sichtbares vorweisen. Riskantes Rasen und abenteuerliches Springen, vom Turm oder einer extrem hohen Klippe, setzen eine bestimmte Art und Weise des menschlichen Mutes voraus, doch diese „Sportarten" treffen nicht die Perspektive des Mutes, wenn es darum geht, in seinem Leben immer wieder zur rechten Zeit für sich einzutreten. Beim letzteren geht es um eine inhaltliche Auseinandersetzung mit sozialen, ethischen und gesellschaftlichen Themen, die einer lebenslangen Bearbeitung bedürfen und es ist bezeichnend, dass zum Beispiel das mutige Klippenspringen auch altersbedingt in den Jahren der Reife eher gemieden wird. Bei einer inhaltlichen, mutigen Auseinandersetzung mit sich selbst und der Welt, den Kontexten der eigenen Existenz, bedarf es des Mutes, seine Vorstellungen, seine Überzeugungen immer wieder aufs Neue zu hinterfragen und ohne Tabus zu überdenken. Es geht also hierbei weder um Mutproben noch um riskante Sportarten oder Abenteuer. Dennoch sind die Erfahrungen im Leben kostbar, die durch Reisen und viele zwischenmenschliche Begegnungen erst möglich werden, denn die Welt der Erfahrungen ist das Gold des Lebens, unser Schatz, unser Reichtum, aus dem wir schöpfen. Wenn an dieser Stelle vom Mut, von der Courage gesprochen wird, soll es um den Mut gehen, ein ehrliches, authentisches Verhältnis zu sich zu pflegen, was inhaltliche Arbeit und auch Lebenserfahrung voraussetzt. Sobald ich meine Meinung verleugne, verleugne ich mich selbst. Sobald ich nicht mehr daran inhaltlich arbeite, mich selbst zu verstehen, verliere ich den ehrlichen Austausch mit mir. Nichts spricht dagegen zu klettern, zu tauchen und zu surfen, eben ein Abenteurer zu sein, doch das inhaltliche Arbeiten an Standpunkten und das Verstehen-Wollen sollten nicht in den Hintergrund treten. Sollte ich aus Bequemlichkeit oder Zeitmangel, Ablenkung oder Opportunismus meine Persönlichkeitsentwicklung vernachlässigen, so wird es eine Fremdbestimmung zur Folge haben. Ein verpfuschtes Leben entwickelt sich schleichend und es werden allerlei Rechtfertigungen bemüht, um nach außen glaubhaft zu wirken. „Meine Frau war dagegen, sie hatte anderes vor. Ich war auf Reisen. Ich hatte keine Zeit." Die Liste der Ausreden ist lang und das Ergebnis erschreckend: Die mangelnde Ehrlichkeit zu sich selbst führt in eine Unfreiheit, egal wo ich mich aufhalte, egal womit ich mich ablenke. Eigene Standpunkte leuchten irgendwann nicht mehr auf. Sie melden sich nicht mehr, wenn sie verleugnet, verdrängt werden. Die innere Stimme verstummt und die authentischen Herzensangelegenheiten werden zugedeckt. „Das darf ich nicht denken. Jenes darf ich nicht wollen." Tabus werfen große Schatten. Verbote vernichten Träume. „Wer hat was tabuisiert? Wer fordert Gehorsam? Wer bestimmt Regeln und wer errichtet unnütze Zäune?" Der Unterdrückte missachtet sein Selbst. Er verliert den konstruktiven Kontakt zum inneren Kern. Oftmals wird der Schmerz über das ungelebte Leben so groß, dass ein ehrlicher Kontakt zu sich selbst in weite Ferne rückt: „Ja, ich habe meine Einstellungen, Träume und Leidenschaften einem bequemen, aber unerfüllten Leben geopfert. Ja, ich hatte anderes vor und ich habe mich manipulieren lassen. Ich bin gescheitert. Ich habe mich aufgegeben." Die gelungene Mischung eines erfüllten Lebens setzt sich aus der Arbeit am eigenen Selbst und dem Interesse an anderen zusammen. Die Arbeit an einer wahrhaftigen Erfüllung, eines Wachstums der inneren Persönlichkeit ist mit den Fragen: „Wer bin ich? Wo möchte ich hin? Wofür schlägt mein Herz", unmittelbar verknüpft. Diese Fragen werden uns ein Leben lang begleiten, wenn wir uns ernst nehmen und nicht fremdbestimmen lassen. Diese Hausaufgaben kann uns niemand abnehmen. Sie sind der Ausdruck einer Selbstreflexion und der Anspruch an eine nicht übertragbare Verantwortung uns selbst gegenüber. Es wäre fatal, wenn wir diese Fragen, diese Aufgaben an andere delegieren würden. Es wäre feige und ungesund, andere für uns entscheiden zu lassen und anderen das Recht abzutreten, Inhalte, Überzeugungen und Kontexte zu wählen. Es wäre bedauerlich, wenn die eigenen Leidenschaften und Überzeugungen erstickt würden. Die innere Kreativzentrale, das Zentrum der Herzensangelegenheiten, verkümmert, wenn der eigenen, inneren Stimme keine Chance zur Entfaltung gegeben wird. Ein fremdbestimmtes Leben ist kein Leben in Freiheit und Verantwortung. Es ist das Flickwerk aus einer Fülle an faulen Kompromissen, schlechten Angewohnheiten und unreflektierten Standpunkten. Vieles wurde nachgeplappert, anderes imitiert. Die Freude und Last der Eigenverantwortung hatte man abgetreten. Es lockte vielleicht etwas Geld, irgendein scheinbarer Vorteil. Die Liste möglicher Verführungen ist lang. „Halte inne und empfange deine innere Stimme! Was passt zu dir? Was macht dich im inneren Kern aus?" Eine möglichst unabhängige Entscheidung wäre die beste Voraussetzung für ein Leben in Freiheit und Verantwortung. „Halte inne und versuche zu erkennen, was zu dir passt und was nicht. Du brauchst keine Lebenslügen!" Die Ergebnisse einer Fremdbestimmung können nicht gesund sein. Wir sollten sie nicht stehenlassen und uns schönreden. Es setzt eine harte Arbeit an uns selbst voraus, Tabus zu brechen, Tabus zu erkennen und Verdrängtes anzusehen. Wir dürfen Hilfe in Anspruch nehmen. Arbeit und Verantwortung kann uns niemand abnehmen. Es wird sich gut und erfüllend anfühlen, wenn wir den Weg der Selbstbestimmung gefunden haben. Es wird uns mit Freude erfüllen, wenn wir spüren, dass es unser Weg ist. Es wird sich gut und richtig anfühlen. Freiheit und Ehrlichkeit werden in unserem Leben Platz haben. Wir dürfen zu uns und anderen ehrlich sein. „Habe den Mut, dich anzusehen! Habe den Mut, dein Leben zu betrachten! Habe den Mut zur Selbstkritik!"

Die Frische, die Bewegung, der Neuanfang

Die Zeiten ändern sich, du änderst dich. Es wäre fatal, in einem stinkenden Tümpel der Gleichgültigkeit zu baden. Es wäre auch fatal, sich ein zureden: „Das Leben geht immer so weiter und die Veränderungen betreffen mich nicht! Die Gesellschaft hat mit mir nicht viel zu tun und: My-home-is-my-castle!" In der Tat reagieren einige Charaktere nur auf Druck von außen. Die Bequemlichkeit lässt sie vieles übersehen und solange es die eigenen Lebensumstände hergeben, wird nicht nach links oder rechts gesehen. Der Tümpel der Gleichgültigkeit lässt sie vor sich hin dümpeln. Ausreden zeugen von einem Desinteresse des Verdrängenden. Ein Verdrängender lebt in der Gefahr, ein Opfer zu werden. Während er sich einredet, ein gutes Leben zu führen, dümpelt er vor sich hin. Er erkennt sein Umfeld nicht. Er hält den stinkenden Tümpel für einen klaren Bergsee und sich selbst für einen Klarsichtigen. Der wahrhaftig Kritische, Lernende, wird jedoch täglich an seiner Orientierung arbeiten. Er schiebt die persönlichen und gesellschaftlichen Veränderungen nicht beiseite, denn er möchte nicht ein Opfer der Manipulationen werden. Ihm geht es um das Verstehen. Er möchte sein Bewusstseins immer wieder neu in Gang setzen. Er weiß um die Schwierigkeit einer Klärung, eines Verständnisses der Situation, in der er lebt. Dazu gehört auch grundsätzlich ein gesellschaftliches Umfeld. Frische erwächst aus Beweglichkeit, Stagnation aus Bequemlichkeit. Das Verkümmern ergibt sich aus der Vielzahl ungenutzter Chancen, denn das eigene Wachstum findet nur durch Interesse, Lernen und Verstehen statt. „Das will ich nicht hören! Das passt mir nicht in den Kram! Das belastet mich. Ich will den Genuss!" „Wer kann sein Leben genießen, der seine Situation und seine unmittelbare Umgebung nicht versteht? Wer kann lebendig und selbstbestimmt sein Leben führen, der nicht bereit ist, den Tümpel zu verlassen?" Wir alle müssen mental und körperlich in Bewegung bleiben. Wir sind gefordert, uns zu orientieren, um Entscheidungen zu treffen, sonst wird über uns entschieden, sonst kleben wir auf den Honigspuren der Verführung fest. Wir sind täglich gefordert, an unserer Urteilsfähigkeit zu arbeiten. „Verlasse den Tümpel der Bequemlichkeit! Suche die Bewegung und trainiere deine Urteilsfähigkeit! Weiche nicht zurück, wenn du einen Neuanfang oder eine innere Überarbeitung oder Neuausrichtung nötig hast! Deine Lebendigkeit hängt von deiner Freiheit ab. Deine Freiheit zeigt sich im Mut, alles Bedeutende zu durchdenken! Im Tümpel der Angst verlierst du den Kompass zu dir. Im Tümpel der Bequemlichkeit verlierst du deine körperliche und mentale Kraft! Scheue dich nicht davor, in Bewegung zu bleiben! Meide diejenigen, die dir eine Zwangsjacke anziehen. Deine Frische bleibt dir erhalten, wenn du in Bewegung bleibst!"

Das pralle Leben

Das liebende Herz verschenkt sich gern! Der Lernende hört gern zu und weiß, dass das Lernen niemals zu Ende gehen wird. Die Liebe und das Verstehen-Wollen sind der Schutz vor Dummheit und Arroganz. Der Menschliche wird immer wieder das Gespräch suchen, der Machtgierige aber wird zur Gewalt greifen. Drohen und Säbelrasseln stehen dem Verstehen im Weg. Wer wirklich verstehen will, ist am Frieden interessiert. Wer wegguckt und Gerüchte streut, arbeitet gegen einen sinnstiftenden Weg. Die Faktenresistenz ist ein sicheres Zeichen der Ignoranz und Arroganz. Wer es nicht nötig hat zu recherchieren, nachzufragen und zu verstehen, wird unaufgeklärt bleiben. Er mag sich erhaben fühlen, befindet sich aber bereits auf dem Weg der Täuschung. Er wurde bereits zum Opfer und wird weitere in den Abgrund ziehen. Die Liebe zum Leben bedeutet die Liebe zu Freiheit und Aufklärung. Das bunte Leben zeigt sich in seiner Fülle, wenn wir Veränderungen akzeptieren. „Setze deine dunkle Brille ab! Meide auch die rosarote Brille der Verklärung! In dir steckt das pralle Leben! Verliere nicht deine Authentizität und Einmaligkeit! Deine Kraft und Lebendigkeit liegen im Lernen, Staunen und Lieben und nicht im Kontrollieren und Verbieten, Drohen und Gängeln. Der Selbstbestimmte enttarnt den Machtgierigen! Bewahre dir deine Stärke, denn so bist du in der Lage, frei zu entscheiden. Angst darf nicht dein Herz belasten und dein Denken einschränken! Solange du dich selbst spürst und authentisch erlebst, wird dir das pralle Leben entgegenkommen. Deine Freude wird dir erhalten bleiben und deine Ideen nicht zu Ende gehen!"

In der Blase des Geldes

Der Mensch muss sich wie jedes andere Lebewesen auf der Erde regenerieren. Er braucht Nahrung, Wärme und bestenfalls eine menschliche Umgebung, eine Sicherheit, die ihn nicht täglich, stündlich an existentielle Abgründe führt. Die Realität der Menschheit an sich zeigt jedoch, dass diese Grundversorgung für viele nicht gegeben ist. Während Menschen hungern, dursten oder an Krankheiten sterben, nur weil sie arm sind, feiern andere ihre Dekadenz. Die Abgehobenheit der Verschwender zeigt sich in ihrem extremen Verbrauch der Ressourcen. Der Schein einer Menschlichkeit soll durch die Wohltätigkeit, Charity, beeindrucken. Es gilt zwar der schrille Look der Verschwendung, doch dieser soll mit der Gnade des Gönnens umspielt werden. Man möchte als Menschenfreund und Gebender gelten. Charity-Veranstaltungen werden rund um den Globus gefeiert. Dabei wird die Systemfrage selten oder gar nicht gestellt und die Tatsache, dass viel zu viele Hunger leiden, zwar erwähnt, aber eine systematische Kritik der Ursachen wird vermieden, verdrängt. In der Welt des Geldes wird sowieso viel übersehen und auch bewusst nicht zum Thema erhoben. Zu viele wollen bei ihrem seichten Konsum nicht gestört werden und in einer Welt der Bilder und Scheinwelten möchten sich immer mehr Desorientierte positiv verkaufen und etwas Glanz und Gloria abbekommen. Die Welt der Bilder soll befeuert

werden. „Wo stecken die Widersprüche? Was führt in die Sackgasse?"
Die Liste der Verfehlungen und Widersprüche ist lang. Die drängenden
Fragen unserer menschlichen Existenz können wir weder diskutieren
noch inhaltlich bearbeiten, wenn wir uns der Welt der schnellen Bilder
hingeben. Die Verfehlungen eines Oberflächendaseins zeigen sich in der
Verzweiflung der Verdrängenden. In der Scheinwelt eines elitären Krei-
sens wird die authentische Begegnung durch kontrollierte Inszenierun-
gen ersetzt. In der Abgehobenheit fehlt das Salz einer natürlichen Existenz und es wird durch viel Konsum und Ablenkung subsumiert. Diese
Ersatzwelten funktionieren in einem künstlichen Rahmen. Der Raum
der Scheinwelten glänzt und wird mit viel Zubehör ausgestattet. Der natürliche Lebensfluss muss ersetzt werden. Die Kopien echter Begegnungen schmecken fade. In den Scheinwelten darf nichts stören. Man
möchte nicht wahrhaftig kritisiert und inhaltlich hinterfragt werden. Die
Liste der Tabus ist lang, der inhaltliche Rahmen abgesteckt. In der Welt
der schnellen Bilder, der Tabus und Scheinwelten gelten Gesetze. Es
sind die Vorschriften einer Kritiklosigkeit. Jeder, der in dieser Welt bestehen will, kennt die Grenzen der unausgesprochenen Richtlinien. Störungen sind nicht erwünscht. Der ernsthafte Denker wird gemieden, da
die Grenzen der Inhalte abgesteckt sind. Diese Grenzen dürfen nicht
überschritten und der Genuss, der Spaß, darf nicht beeinträchtigt werden. Der elitäre Zirkel duldet keine Systemfrage. In der Welt des schönen Scheins ächtet man jegliche, kritische Störung und unangenehme
Themen werden gerne beiseitegeschoben. In der Welt der Tabus und
des schönen Scheins kann es keine wahrhaftige Freiheit geben, da ein
freier Diskurs nicht erwünscht ist. Die ausgesprochenen und unausgesprochenen Regeln schweben im Raum, während sich die Betroffenen,
die Mitspieler, diesen unterwerfen. An der Oberfläche der menschlichen Existenz kann man weder andere Menschen wirklich verstehen,
noch die Abgründe der Existenz betrachten. Um sich selbst zu begreifen

darf man nicht die ernsthaften Themen der Menschheit verdrängen. „Wir kommen an unsere Grenzen, wenn wir der Gerechtigkeit und Menschlichkeit keine Chance geben und nur an der Oberfläche surfen!" Viele Geldmenschen, die sich über andere erheben, stecken bis zum Hals in dem Morast unwichtiger Ablenkungen. Das Feiern und Posieren, das Prahlen und Plappern bestimmen den Alltag. Es ist die Blase der Unterhaltung, der Ablenkung, der schnellen Bilder. Viele verlieren sich in dieser Scheinwelt. Sie wollen diesen Entwürfen genügen, da das Ansehen, das Urteil anderer, für sie von Wichtigkeit ist. Es reicht schon aus, dass das eigene Denken und Fühlen vornehmlich um die Materie kreist, sodass diesem Wollen, diesem Streben nach Äußerlichkeiten, die inhaltliche Orientierung untergeordnet wird. Der Sog der Scheinwelten dominiert das Leben. Dieser Sog führt in die Katakomben der Unfreiheit, der Dunkelheit, da das Erkennen nicht gewollt wird. Das Glänzen steht im Vordergrund. Die sich daraus entwickelnde Arroganz verhindert Gespräche auf Augenhöhe. Der Abgehobene beraubt sich selbst ernsthafter Gespräche. Er hat es nicht gelernt, wahrhaftig verstehen zu wollen. Er sucht Glanz und erntet Ignoranz. Er sucht ein schönes Leben und findet die Scheinwelt. Er sucht nach Vorteilen, aber kann keine echten Inhalte finden. Er sucht Anerkennung und erntet Neid oder die Bewunderung anderer Verwirrter, denn auch diesen fehlen die Kriterien für die Beurteilung eines freien und verantwortungsbewussten Menschen. In der Blase der Dekadenz lässt es sich nicht frei atmen. In der Blase der Lüge lebt die Täuschung. In der Blase des Prahlens verschwinden echte Freunde. In der Blase des Geldes wartest du vergebens auf die Authentischen.

In der Blase der Verwirrung

Der Arrogante, der Überhebliche, lebt in einer Ichbezogenheit, die eine objektive Spiegelung nicht zulässt. „Kann es legitime Gründe für Arroganz geben?" Es ist augenscheinlich, das Arroganz und Abgehobenheit mit einer Fülle an Begebenheiten einhergeht. Reichtum, Ruhm, eine gewisse Herkunft, eine exponierte gesellschaftliche Stellung, es gibt viele Bedingungen, die Überheblichkeit fördern. Es darf kein Automatismus angenommen werden, doch ein logischer Bezug von Reichtum und Abgehobenheit wird erkennbar, wenn in elitären Kreisen über die Menschheit bestimmt wird. Personen mit einem inhaltsorientierten Bewusstsein und der damit zusammenhängenden kritischen Arbeit an sich selbst neigen eher zu Vorsicht und Bescheidenheit. Es muss somit ein Zusammenhang zwischen mangelndem inhaltlichen Denken und Abgehobenheit bestehen. In der Umgangssprache sagt man: „Der ist nicht auf dem Teppich geblieben! Dem ist das Geld zu Kopf gestiegen! Der hat seinen schnellen Erfolg nicht verkraftet! Oder: In den elitären Kreisen ticken die Uhren anders!" Ja, in der Tat ist es immer wieder zu beobachten, dass Geld und Ruhm geradewegs in eine Abgehobenheit führen. Diese psychische Desorientierung führt zu weiteren Schieflagen der menschlichen Existenz, denn der Überhebliche wird wohl kaum in selbstkritischer Manier ein gesundes Überdenken seiner Handlungen realisieren. Er wird voraussichtlich eher unreflektiert seine spontanen und langfristigen Bedürfnisse befriedigen und andere vor seinen Karren spannen. Somit setzt der in der Blase der Verwirrung sich Befindende ein ideales Opfer und Täterbild voraus. Da jede Erkenntnisorientierung fehlt oder zu gering ausfällt, geht man den Ursachen, den tieferliegenden Problemen aus Gesellschaft, Politik und sozialer Umgebung aus dem Weg. Somit ist der Überhebliche ein Opfer seiner Ignoranz und Denkfaulheit. Die Fragen: „Wer und was kann mir nützen? Wer bringt mir gesellschaftliche und finanzielle Vorteile?" dominieren das Denken.

Es geht nicht um Wahrheit, um die Klärung und Aufarbeitung von Zusammenhängen um ihrer selbst willen, sondern nur um funktionale Inhalte, um andere noch besser manipulieren und ausnutzen zu können. Es geht nicht um eine Aufdeckung von Lügen und Widersprüchen, um die Klärung von sozialen, gesellschaftlichen Zusammenhängen, sondern um das Ausfeilen von Strategien, um andere in die Blase der Verwirrung einzupflegen. In dieser Blase herrschen Regeln. In dieser Blase wird bestimmt, wie der Einzelne zu leben, zu denken hat. Der Opportunist verfängt sich im Netz vordergründiger Vorteile. Er schluckt die Haken der Verführer. Er kann die Lügen nicht orten und den Verführungen nichts entgegensetzen. Vielleicht fehlt ihm der Mut oder das Rüstzeug, das Wissen. Vielleicht beides und so mangelt es ihm an der Courage, der Voraussetzung, ein Lernender, ein wahrhaft Denkender, ein Wahrheitsliebender zu bleiben oder zu werden. Lernfähigkeit und Kritikfähigkeit hängen eng zusammen. Um sich selbst und andere kritisch betrachten zu können, muss man bereit sein zu lernen. Man sollte offen sein für Veränderungen, neue Kontexte und Inhalte, die in allen Bereichen des Lebens eine Rolle spielen und miteinander in Verbindung stehen: Die Gesellschaft betrifft die Familie und in dieser leben wir. Die Rahmenbedingungen einer Gesellschaft, einer politischen Stimmung und Ausrichtung betreffen uns alle in allen Bereichen des Lebens: Man denke an Bildung, Kultur und Wirtschaft. Diese Zusammenhänge können nur erfasst und durchdacht werden, wenn das Kreisen um die eigenen Vorteile nicht die Sicht behindert. Arroganz und Ignoranz bedingen sich gegenseitig. Selbstkritik passt nicht zur Überheblichkeit. Somit schließen sich ein konstruktives, wahrheitsorientiertes inneres Wachstum und eine übermäßige Ichbezogenheit aus. Lernfähigkeit beinhaltet auch Kritikfähigkeit, denn die innere Katharsis reinigt das Denken und führt zu einem konstruktiven Handeln. Der Satz von Sokrates: „Ich weiß, dass ich nichts weiß", bringt die Zusammenhänge auf den Punkt. Er zeugt von einer notwendigen Bescheidenheit. Er zeugt davon, neuen Inhalten gegenüber aufgeschlossen zu sein, denn, wenn man Defizite anerkennt, wird man an ihnen arbeiten, soweit man bescheiden genug ist, sich diese Tatsache einzugestehen. Eine eigene Lernfähigkeit verhindert Stagnation. Die innere Haltung der Bescheidenheit bietet die Voraussetzung zur Selbstkritik. Selbstkritik führt zur Katharsis. Arroganz und Überheblichkeit führen zur Blockade. Die Kommunikationsfeindlichkeit erwächst aus einer Abgehobenheit. Wir vermissen die Augenhöhe im Gespräch, wenn sich ein Gesprächspartner in einer dominanten und abgehobenen Art und Weise verkaufen will und der Aufarbeitung von Inhalten im Weg steht. Somit verhindert die Arroganz eine Klärung, eine Aufklärung. Droht ein Überheblicher, mit Sanktionen, so stiftet er Verwirrung. Der Denkende, der Kritiker, wird sich der Situation entziehen oder inhaltlich dagegenhalten. Nun zeigt es sich, wie viel Macht der Überhebliche ausspielen kann oder will. Macht und Geld werden genutzt, um Meinungen, Tatsachen, Menschen fehlzuleiten, zu unterdrücken, wenn Wahrheit, Klarheit und Aufklärung im Weg stehen. Hier schließt sich der Kreis: Der Verwirrte, der Fehlgeleitete, der der Wahrheit nicht zugängliche versucht, die Wahrheit zu unterdrücken. Der Abgehobene, der Realität nicht mehr Zugängliche, kann die Wirklichkeit nicht erkennen. Vertuschen gehört zum System, zur Blase der Verwirrung. Innerhalb dieser Blase mag sich vieles logisch anhören, doch die Prämissen entbehren jeder soliden Faktenlage. Der Überhebliche wird alles dafür tun, seine Interessen durchzusetzen. Er wird lügen, drohen und bestechen. Außerhalb der Blase aus Lügen und Widersprüchen existiert die Welt der Fakten. Der Lernwillige, der an der Wahrheit Orientierte und der nicht Käufliche werden an der Aufklärung arbeiten. Der Überhebliche sollte keine führenden Funktionen und Ämter ausfüllen, denn er überhebt sich auch über die Faktenlage, über jede Wahrheit und somit über die Gerechtigkeit und Menschlichkeit. Es gilt noch hinzuzufügen, dass

Armut nicht vor Überheblichkeit schützt. Der ethisch Orientierte und der Gerechtigkeit Zugängliche wird sich nicht in den Elfenbeinturm der Arroganz und Ignoranz zurückziehen können. Das gilt für alle Menschen. Dennoch bietet Bildung eine Grundvoraussetzung für das Erfassen soziologischer Zusammenhänge. Sie gewährt die Chance zu einem ethischen Denken und Handeln. Wir können davon ausgehen, dass opportunistisches Kreisen in allen Gesellschaftsschichten vorkommt. Bildung ist die Grundlage für eine ethische Kompetenz. Doch es gehört ein kritisches Bewusstsein dazu, sich den Fragen nach Gerechtigkeit und Menschlichkeit zu stellen. Die Hinwendung zu den drängenden gesellschaftlichen Problemen zeugt von einem suchenden Auge und von der Bereitwilligkeit, nicht zu verdrängen. Dies gilt für alle gesellschaftlichen Schichten.

Dein Lernen, deine Erfahrung, dein Bewusstsein

Alles hängt mit allem zusammen und dein Bewusstsein speist sich sowohl aus deinen theoretischen Bemühungen, Lerneinheiten, als auch aus deinen Erfahrungen im prallen Leben. Die Welt der Bücher bereichert uns. Wir dürfen lernen! Die Welt der Erfahrung lehrt uns viel über die Welt, unsere Mitmenschen und uns selbst. Unsere Offenheit und Bereitschaft zur Freiheit schenkt uns immer neue Räume, Erfahrungswelten. Unsere Neugierde treibt uns voran. Wir werden immer grundsätzlich Neues erleben, wenn wir uns nicht abschotten oder voller Vorurteile anderen begegnen. Somit zeichnet sich unsere Lernbereitschaft durch die Zuwendung zum Du und zu unserer Existenz aus. Ignoranz und Dogmatismus, Überheblichkeit und alles zusammen führen in einen dunklen Tunnel der Vorurteile, der Urteile ohne wissenschaftliches Denken. Jeder von uns darf seine Erfahrungen machen und wir sind aufgefordert, daraus zu lernen. Ignoranz und Selbsterhöhung stehen einer fruchtbaren Lerneinheit aus der Welt der Erfahrung im Weg, denn der

Überhebliche wird eher dazu neigen, andere abzuwerten, als sich selbst genauer zu betrachten und das eigene Verhalten zu überprüfen. „Du darfst dich in der Welt spiegeln! Du darfst mit anderen ernsthaft und leidenschaftlich kommunizieren! Wofür brennst Du und was möchtest du erfahren?" Der Tunnelblick, die Voreingenommenheit, die Welt der Vorurteile bringen nichts Fruchtbares hervor, denn dieser Blick ist eingetrübt, nicht frei. „Du wirst die Welt umarmen, wenn du deine Welt der Erfahrungen als ein Geschenk betrachtest! Du wirst dazulernen, wenn du dich nicht verschließt und unberechtigte Urteile fällst!" Das Leben lieben heißt auch, die Hürden und Hemmnisse anzunehmen. Das Leben zu lieben, heißt auch, existentielle Bedingungen zu akzeptieren und erst recht die kostbare Zeit zu schätzen. Die Dimension der Endlichkeit lässt alles besonders wertvoll werden. Sich seine Freude am Leben zu erhalten, heißt, loszulassen und gleichzeitig das Leben zu umarmen. Der Schmerz ist eine unserer Erfahrungswelten und es gilt auch, diese anzunehmen. Im Laufe des Lebens zeigt sich mit zunehmendem Alter, ob du in der Lage bist, dir deine Freude und Lernwilligkeit zu bewahren. Frustrationen und Arroganz entspringen keiner sinnstiftenden Herangehensweise an unser Leben, denn Frustration kann nur entstehen, wenn wir Erwartungen haben, die übertrieben und dem Lebensfluss nicht angemessen sind. Verbitterung überflutet unser Denken und Fühlen, wenn wir es nicht schaffen, uns die Zusammenhänge bewusst anzusehen. Der Weg ist das Ziel und diese Herangehensweise schützt uns vor einer naiven Weltfremdheit, bei der alles zu gelingen scheint. Der Tod mahnt zur Bescheidenheit. Die Vergänglichkeit macht uns bewusst, dass unser Leben ein Geschenk ist. Überheblichkeit und Arroganz, Abgehobenheit und Eitelkeit stehen einer fruchtbaren Erfahrungswelt im Weg. Doch genau diese brauchen wir, um ein erfülltes Leben zu führen. Wir können und müssen daran arbeiten, dass unsere Beziehungen konstruktiv sind. So werden wir in einem friedlichen Umfeld leben. Wir arbeiten an unserer Lebenskompetenz und dies setzt Lernwilligkeit voraus. Somit haben wir auch die Möglichkeit, immer mehr Bewusstsein zu entwickeln. „Lasst uns Blockaden, Vorurteile, destruktive Kräfte erkennen und im zweiten Schritt entfernen." Um dies umsetzen zu können, brauchen wir unsere emotionalen und rationalen Antennen. Wir sollten die Störungsquellen orten. Wir werden die destruktiven Kräfte erkennen, wenn wir dazu bereit sind. Wir dürfen nicht naiv in Fallen tappen und irgendwelchen Schauspielern auf den Leim gehen. „Lerne Gesprächsbeiträge zu analysieren! Scheue dich nicht davor, möglichst viele Erfahrungen zu sammeln. Dein Lernen, deine Erfahrungen schärfen dein Bewusstsein!" Du wirst auch als alter Mensch das Leben umarmen, wenn du an einem konstruktiven Umfeld gearbeitet und deine Erfahrungen in das Gold des Wissens verarbeitet hast!

Die Einsicht, das Verstehen, das pralle Leben

„Du kannst nur gut in dem sein, wofür du brennst und was du verstehst!" Erfahrung setzt Lernprozesse voraus und im Laufe des Lebens lernst du immer mehr über dich und für dich. „Halte dein Denken lebendig! Deine Kreativität ist ein Geschenk an dich! Pflege es!" Wir werden geistig lebendig bleiben, wenn wir uns den Spaß bewahren, mutig zu denken. „Was bedeutet, mutig zu denken?" Es beinhaltet, dass wir nicht die Texte und Bücher bei Seite legen, weil dort neue Gedanken vermittelt werden. Es bedeutet, dass wir geistig auf keinen Trampelpfaden stehenbleiben. Es beinhaltet, dass wir neue Informationen überdenken und auch unbequeme Gedankengänge nachvollziehen. Wir können immer noch wählen und entscheiden, doch wenn wir nicht wissenschaftlich, erkenntnisorientiert, vorgehen, stecken wir im Sumpf des Dogmatismus. Autoritätshörigkeit zieht ein Nachplappern nach sich, welches echtes Denken unmöglich macht. Das Verstehen-Wollen bedeutet, Inhalte zu überdenken, neue Fakten zu prüfen. Es bedeutet nicht, unkritisch irgendwelchen Autoritäten zu gehorchen. Es bedeutet auch nicht, im Sumpf eines unkritischen Bewusstseins seine Zeit totzuschlagen. Der billige Konsum in irgendwelchen Scheinwelten, das blinde Berieselt-Werden, lässt uns schwach zurück. Wir sollten lernen und unser Gehirn mit guten Zutaten versorgen. Unsere Denk- und Kritikfähigkeit hängt ganz eng mit unserem Lebensstil zusammen. Umgeben wir uns mit konstruktiven Denkern, lasst uns neugierig und bescheiden bleiben und das Leben umarmen! Deine Lebendigkeit liegt in dem Wunsch nach Freiheit und Wissen! Du kannst lernen und das Leben genießen.

Die alten Männer

Die alten Männer sind Freunde. Einer von ihnen wird nicht müde, dem anderen die Schönheit des Lebens zu zeigen. Während der eher Niedergeschlagene nicht loslassen kann, ermutigt ihn der Lachende, im Hier und Jetzt neue Welten zu entdecken. Der Traurige klammert sich an Vergangenes und an den Anspruch jugendlicher Leistungsfähigkeit. Es fällt ihm schwer, sein Alter zu akzeptieren. Es fällt ihm zudem schwer zu erkennen, dass seine Erfahrung einen unschätzbaren Wert darstellt. Er ist nicht in der Lage, sein Gold des Erlebten angemessen wertzuschätzen und zu feiern. „Kann überhaupt irgendjemand sein Alter feiern?" Akzeptieren und erdulden müssen es viele. Doch im Alter die Schönheit des Lebens immer wieder mit offenen Augen zu entdecken, setzt ein bestimmtes Bewusstsein voraus. Der lachende, strahlende, glückliche, alte Mann lässt seine inneren Bilder tanzen. Er erinnert sich nicht in Bitterkeit und er macht sich selbst und anderen keine Vorhaltungen, wenn er ganz allein mit sich selbst über die Vergangenheit reflektiert. „Alles hatte zu seiner Zeit seine Berechtigung und ich habe damals mit bestem Wissen gehandelt! Ich war jung und mutig! Ich wollte das Leben verstehen und bin voller Leidenschaft in die Wellen des Lebens ein- und abgetaucht! Ich bin dankbar, dass ich noch lebe, denn ich habe viel riskiert und viel verstanden. Hätte ich mich geschont, so wüsste ich heute nicht so viel, über das Leben zu erzählen. Meine Erlebnisse sind das Gold meines Daseins! Ich bereue nichts. „Der Deprimierte beschwerte sich über viele seiner Mitmenschen und erwartete noch immer, dass er von außen geheilt und umsorgt würde. Er hatte noch nicht verstanden, dass sein Lebenstisch erstaunlich gut gedeckt war und immer noch ist. Er hat einen lebensbejahenden Freund. Beide leben noch und können gemeinsam auf ein abenteuerliches Leben zurücksehen. Sie haben eine gemeinsame Geschichte und sie schätzen sich noch immer. Sie können zurückblicken. Sie haben sich viel zu erzählen. Der positive Denker lässt seine inneren Filme tanzen und bewegt sich im Takt des Lebens. Er ist nicht aus der Übung gekommen und an manchen schönen Tagen schafft er es, seinen Freund mitzureißen. Die positive Lebenskraft wirkt ansteckend. Sie trifft mitten ins Herz und lässt Erinnerungen wach werden. Die unwiederbringliche Zeit hat sie geprägt und sie sind dankbar für die vielen Geschenke des Lebens. Diese Dankbarkeit durchströmt den Traurigen. Diese Kraft erweckt neue Impulse. Die vielen Erlebnisse sind mit nichts zu bezahlen, denn es ist ein Teil ihrer Geschichte. In den glücklichen Stunden gelingt es den beiden, gemeinsam nach vorne zu sehen und immer noch neugierig zu sein. In diesen lebendigen Tagen fühlt sich das Leben frisch und jung an. Die innere Kraft beflügelt das Sein und der Geist ist so lebendig wie eh und je. Diese Energie ist ansteckend und wenn die Freunde den Park in ihrer Stadt betreten, staunen viele über die Kraft des Alters. Die Freunde leuchten und strahlen nicht weniger als in ihren Jahren der Jugend. Doch ihre Erfahrenheit verleiht ihnen eine besondere Größe. Sie waren zudem in der Lage, ihre Freundschaft zu bewahren. Dafür sind sie sehr dankbar. Sie hören auch morgen nicht auf zu diskutieren, denn sie wollen sich verstehen! Die positive Lebenskraft ist und bleibt ansteckend. Sie haucht dem Zweifler neue Energie ein. Er wagt zu tanzen und er wagt, es loszulassen, ohne zu verdrängen. Mit dieser Leichtigkeit wird das Leben spannend bleiben.

Die Würde des Alters

„Die Würde des Menschen ist unantastbar!" Der weise, alte Mann erkannte schnell, wer es ernst und gut mit ihm meinte. Es war das Gold der Erfahrung zu wissen, wer ehrlich sprach und wer ein Täuschender war. Der alte Mann konnte auf einen sehr großen Erfahrungsschatz zurückgreifen. Dies glich nun so manche körperliche Schwäche aus, denn das Alter zerrt an den Kräften. Besonnenheit, Geduld und Weitsicht traten nun an die Stelle eines schnellen Ausprobierens. „Meine Würde ist mir wichtig! Ich sorge dafür, dass mein Umfeld konstruktiv aufgestellt ist!" Der alte Mann wusste um die Kostbarkeit der Lebenszeit. Er wollte keine Zeit verplempern. Er wollte auch keine Energie in Menschen verschwenden, die ihn respektlos behandelten. Es waren die kleinen Seitenhiebe und abwertenden Blicke, die ihn warnten, denn er kannte sich aus in der Welt der Entmenschlichung. Es bedeutet Glück am Ende des Lebens, Wichtiges vom Unwichtigen unterscheiden zu können. Es bedeutet Seelenfrieden, sich nicht mehr unnötig provozieren zu lassen. Es schenkt Kraft und Stärke, die Unehrlichen sofort erkennen zu können. Die eigene Lebenserfahrung ist unbezahlbar! Der alte Mann sprach zu sich: „Ich achte mein Selbst und bin stolz darauf, dass ich nie käuflich war! Ich habe mich nicht verbiegen lassen und nun pflücke ich die guten, gesunden Früchte des Lebens! Ich konnte meine Würde bewahren. Meine Kraft ist der Ausdruck meiner Ungebrochenheit!"

Das wohlwollende Auge

Das wohlwollende Auge schaut ohne Bitterkeit in die Welt, da es nicht im Blick des Haben-und-Herrschen-Wollens gefangen ist. Der weite Blick ermöglicht es auch, an den kleinen Dingen des Lebens große Freude zu haben. Der weite Blick schweift über und durch die Welt, während sich die Gedanken dem Guten zuwenden. Die konstruktiven Gedanken dienen der Lebendigkeit und Liebe. Auch in schweren Zeiten verhilft das wohlwollende Auge dem Überleben, denn wenn der Mensch die kleinen Blumen des Daseins erfassen kann, wird er gerne leben und der Frustration etwas entgegenzusetzen haben. Das wohlwollende Auge braucht keine überladene Blumengebinde, da es in seiner Kraft und Erkenntnisfähigkeit die Pflanze des Überlebens sehen kann. Diese windet sich zum Licht und findet den Weg durch den Asphalt. Es ist der Pfad des Friedens, der Entfaltung. Es ist der Weg zum Licht, ohne andere zu stören, abzuwerten oder zu verletzen. Das wohlwollende Auge sucht nach friedlichen Mitmenschen. Es sucht nach Wahrheit und Klarheit, wenn sich alles verdunkelt. Liebe und Hoffnung sehnen sich nach Vollendung und meiden jede Unfreiheit. Die Pflanze der Kreativität umgeht die Zäune unsinniger Verbote. Das wohlwollende Auge erkennt andere Liebenden, die Friedfertigen und vertraut auf die Kraft der Gerechtigkeit.

Authentische Abenteuer

Das Leben ist spannend und du brauchst keine künstlichen Abenteuer, wenn du dir den Freiraum eines echten Lebens bewahrst. Es bedeutet viel Arbeit und Weitsicht, sich seine natürliche, friedliche Umgebung zu erhalten und diese zu pflegen. „Lass dich dir nicht wegnehmen! Lass dir deine Selbstbestimmung nicht nehmen!" Deine natürliche Reise des Lebens ist die Reise zu dir! Es sind die natürlichen Erlebnisse, die dein Leben spannend machen: Intensive Gespräche, ein gemeinsames, gutes

Essen, ein friedlicher Tanz. Es ist das Glück ohne Betäubung. Es ist das Glück des echten Lebens und der Einfachheit. Das pralle Leben erschließt sich dir, wenn du voller Interesse den Menschen begegnest. Empathie öffnet dir die Türen zum Du und somit zu dir. Du bist ein Teil des Großen und Ganzen und wenn du ins pralle Leben eintauchst, brauchst du keine künstlichen Ablenkungen. Du wirst weder Langeweile noch Frustrationen empfinden, denn du gehst mit offenen Augen durch die Welt. In dir funkeln die Bilder längst vergangener Zeiten, während du voller Neugierde auf das Morgen schaust. Du kannst den neuen Tag kaum erwarten, so spannend ist dein Leben. Niemand konnte dich bevormunden oder einsperren, denn du hast dir deine Freiheit bewahren können!

Ab nach Paris

Deine Flexibilität und Abenteuerlust ist dir erhalten geblieben! Deine Phantasie blüht und du fühlst dich lebendig. Um dich herum haben viel zu viele einen bequemen Weg eingeschlagen. Sie suchten die Komfortzone und stecken nun fest. Sie wissen es nicht, doch das Denken kreist um die banalen Themen eines Lebens, dem die Leidenschaft fehlt. Das Sofa ist der zentrale Lebensmittelpunkt, auf dem es sich perfekt gruseln lässt, wenn die vielen Kriegsgebiete aufgezählt werden. Die fatale Begleiterscheinung ist das Abstumpfen. „Ich will informiert sein!" Das sagt der Bequeme, doch das Recherchieren ist ihm zu anstrengend. Reisen, auf denen etwas Unerwartetes geschehen könnte, sind ebenso tabu. Der Wochenplan bildet das Korsett. Die Sicherheit wird im Geld gesucht, während die Bequemlichkeit den Menschen zerfrisst. Ruhe und Sorglosigkeit werden mit dem täglichen Einerlei verwechselt. Die Grabesruhe liegt wie Blei über einem Leben, das keine Überraschungen anbietet. Denken fällt schwer und neue Inhalte werden vermieden: „Ich bin

Stammwähler! Mir geht es gut!" Der Trott durch Raum und Zeit hinterlässt Spuren. Während der Wahrheitsliebende neue Ideen und Inhalte zulässt, kämpft er gegen Windmühlen, wenn Starrheit und Ignoranz das Leben vieler beherrschen. Eine solche Abwehrhaltung verrät die Intoleranz! Jeder Mensch ist ein Leben lang gefordert, und während der Lernende voller Tatendrang und Neugierde sprüht, möchte er auch andere mitreißen: „Verlass deine Komfortzone! Akzeptiere deine Verunsicherung, denn sie zeigt dir, dass du etwas Neues erfahren und durchdenken musst. Es zeigt dir, dass alles im Wandel begriffen ist. Die Trampelpfade lassen dich abstumpfen." Intoleranz und Beziehungsunfähigkeit breiten sich immer mehr aus, wenn der Starrsinn an Macht gewinnt. Du gibst zu bedenken: „Der andere könnte auch Recht haben! Öffne deine Augen und Ohren und erarbeite dir neue Horizonte! Weißt du noch, wie schön deine Abenteuerlust dich angetrieben hat? Du schwärmst noch immer von Paris. Trau dich, diese wunderschöne Stadt erneut zu besuchen. Neue Impulse werden dir gut tun. Solange du neugierig bist, solange du Lust auf das Leben hast, solange wirst du lernen. Lernen hält jung und dein Gehirn braucht neue Gedanken, neue Eindrücke! Fahr nach Paris und du wirst dich neu entdecken!"

Angst, Logik, Emotionen

Der Destruktive liebt es, dich in Angst zu versetzen und gefangen zu halten. Es geht ihm nicht darum, dich zum Blühen zu bringen und deine Talente zu fördern. Es geht ihm darum, dich zu steuern und zu beherrschen. Mit der Kraft der Logik, mit der Kraft des klaren Denkens und bewussten Schauens wirst du den Heuchler erkennen. Mit der Kraft der Logik und der Bereitwilligkeit zum Lernen wirst du nicht das Opfer der Unmenschlichen. „Wir dürfen uns nicht in die Angst treiben lassen. Angst verhindert logische Entschlüsse und bindet unsere Energie. Diese brauchen wir, um uns zu informieren und vernünftig zu handeln, ohne unsere Emotionen zu vernachlässigen! Höre auf dein Bauchgefühl! Spüre in dich hinein und bleibe gleichzeitig ein Denkender!" Das ist kein Widerspruch, ganz im Gegenteil. Wir werden die Destruktiven erkennen, da sie Angst als Mittel der Unterdrückung, der Verunsicherung einsetzen. Die Selbstbewussten, die Klardenkenden, sind nicht erwünscht, wenn die Lüge zur Wahrheit verdreht wird. Die Menschen sollen in einer Horde hin- und hergetrieben werden und die Pläne der Herrschenden abarbeiten. „Nutze deine natürliche Intelligenz und bleibe wachsam!" In der Freiheit des Denkens liegt die Chance eines lebenslangen Lernens. Wir können nur neugierig und wahrheitsorientiert leben, wenn wir uns die Kontexte unseres Lebens genau ansehen. Dies beinhaltet auch einen Blick in die Vergangenheit. Wir lernen aus der Historie. „Nutze alle dir zur Verfügung stehenden Informationen, um dein Umfeld und die prägenden gesellschaftlichen Begebenheiten zu verstehen. Verstehen beruht auf Lernen. Bleibe neugierig und wissbegierig. Bewahre dir deinen freien Blick und lass dich nicht einschüchtern. Trainiere dein logisches Denken und spüre gleichzeitig in dich hinein. Wer will dich manipulieren oder gefügig machen? Wer will dich zu einem Jasager oder Mitläufer erziehen? Lass dir niemals das Vertrauen in dich selbst nehmen." Du könntest in einer Blase aufwachen, die dir die Luft zum Atmen nimmt. Du könntest in einer Umgebung aufwachen, in der deine wahrhaftige Meinung nicht erwünscht ist. Du könntest in einer Blase aufwachen, in der du nur noch fremde Anweisungen abzuarbeiten hast. Du kannst deine Freiheit schnell verlieren, wenn du bequem und denkfaul wirst! „Lass dir keine Angst einflößen und bewahre dir dein logisches Denkvermögen."

Der Visionär

Der Visionär wurde geliebt und gehasst. Er sagte: „Du darfst den Frieden denken! Du darfst den Frieden wollen!" Gleichzeitig konnte er erkennen, warum sich der eine oder andere nicht mehr traute, an Frieden zu denken. Er war außerdem dazu in der Lage zu sehen, wer aus vollem Herzen Frieden wollte und ihn auch in seinem Umfeld anstrebte. Der Visionär lebte die Freiheit, denn ohne einen freien, klaren Kopf kann niemand Frieden als Ziel benennen. Seine Angstfreiheit schenkte ihm das nötige Potential, friedfertige Gedanken zu pflegen, während sein Umfeld Krieg als Lösung billigte. Er konnte seinen Mut bündeln und seine Gedanken zulassen. Seine Aura fesselte die Menschen, denn sie spürten seine Kraft, seinen Mut und sie lauschten seinen Visionen: „Niemand möchte bombardiert werden! Niemand möchte ausgelöscht werden!" Er sprach aus, was viele dachten. Er sprach aus, was viele wollten. Doch zu viele trauten sich nicht mehr, Frieden zu denken und der Menschlichkeit eine Chance zu geben. Sie waren gefangen im Sog des Geldes. Sie waren Diener des Profitdenkens. Sie konnten sich nicht mehr vorstellen, dass man gerne um die Wahrheit kämpft, da sie schon lange dem Opportunismus verpflichtet waren. Sie wollten nicht anecken und im System leben, verdienen, von ihm profitieren. Doch das System schreckte nicht vor der Gewalt zurück. Der Visionär machte Mut und er entfachte in ihnen das Licht der Menschlichkeit. Diese Wärmequelle leuchtete und schenkte für einen Augenblick die Hoffnung, die Hoffnung auf Frieden und Gerechtigkeit. Der Visionär fragte: „Wer bist du? Was denkst du?" Es war die Frage nach der eigenen Überzeugung. Diese Frage zeigte, dass es dem Visionär ernst war, die Überzeugungen seines Gegenübers zu durchdenken. Es war eine direkte Frage, die ohne Umschweife und ohne jede Hinterhältigkeit den Zugang zum Du suchte. Der Gefragte war nun angestoßen worden, über sich zu reflektieren. Er war aufgefordert, eine Antwort zu geben. Er bekam die Chance, seine

Meinung frei zu äußern. Es hatte sich jemand für seine Auffassung interessiert. Der Gefragte war aufgefordert, die Verantwortung für sein Denken zu übernehmen und nicht wieder irgendwelche Denkmuster und Vorschriften wiederzukäuen. „Was denkst du wirklich?" Der Visionär gab nicht auf. Er wollte eine Antwort. Er wollte, dass sich die Gefragten Gedanken machen und ihren Verstand und ihr Herz aktivieren. Der Visionär sagte: „Es ist gut und zielführend, in sich kein Fremder zu sein!" Die Menschen schauten betroffen. Waren sie von sich entfremdet? Was wollten sie wirklich? Sie verspürten einen starken Impuls nachzudenken, zu recherchieren. Sie wollten mehr wissen und eine Einschätzung ihrer Situation bekommen und sie wussten, dass die Gesellschaft und die damit verbundene Politik etwas von ihnen erwartete. Diese Erwartungen waren diffus und verwirrend. Es waren die Erwartungen anderer. Die ernsthaften Fragen setzten etwas in Gang. Sie regten das Denken und Fühlen an. Es wurde in ihnen ein tiefes Interesse geweckt. Ihre Erkenntnisfähigkeit wurde angestoßen und während sie sich noch fürchteten den Frieden zu denken, hatten sie bereits verstanden, dass sie Krieg noch viel mehr fürchteten. Es gab nun nur noch einen Weg: Frieden! Den Mut zum Frieden. Die Courage, den Frieden zu denken und ihn unbedingt zu wollen, musste mit der Courage einhergehen, dies auch öffentlich zu äußern. Sie wollten nicht mehr schweigen, während zur gleichen Zeit Menschen bombardiert werden. Sie wollten nicht mehr ruhig und angepasst Krieg akzeptieren. Der Zugang zu sich selbst beinhaltete den Zugang zur Menschlichkeit. Der Zugang zur Menschlichkeit bedeutete Friedfertigkeit. Sie durften den Frieden denken und fordern und sich keinesfalls von diesem Wunsch abbringen lassen. Voller Mut trugen sie ihre Visionen in die ganze Welt und wurden Botschafter des Weltfriedens.

Selbstverwirklichung, Verantwortung, Frieden

Ein starkes Selbst wird gern die Verantwortung für sein Denken und Handeln übernehmen. Doch diese Stärke bedarf der Freiheit, der Chance auf Selbstverwirklichung. „Wer schenkt dir die Freiheit? Wer gibt dir die Kraft, du selbst zu sein? Wer schenkt dir das Vertrauen und zeigt dir, dass du wertvoll bist?" Du wirst nur aus der Freiheit heraus Verantwortung übernehmen können. Alles andere wäre das Übernehmen von aufgepfropften Ansprüchen. „Arbeite an deiner Beurteilungskompetenz! Versuche, das Große und Ganze, die Zusammenhänge, zu verstehen!" Der Verführer hat nur eine Chance, wenn sich der Mensch nicht traut, selbstständig zu denken und zu handeln. Somit steht die Bildung, die Orientierung stets gleichberechtigt neben der Freiheit zu denken und zu handeln. Dein Motor ist das Verstehen-Wollen. Dein Motor ist der Wunsch nach Selbstbestimmung, Wissen und Mündigkeit. Du wirst verantwortungsbewusst handeln können, wenn du die Voraussetzungen erfüllen kannst. Erhalte dir deine Neugierde und Lernbereitschaft!

Dein Gespür, deine Sensibilität, deine Chance auf Freiheit

„Verlerne nicht, die Warnsignale deines Selbst zu hören und zu empfinden!" Es ist nicht nur dein Intellekt, der dir zeigt, wenn es ungerecht zugeht. Du spürst, wenn sich der Schleier der Ungerechtigkeit über dich legt. Du spürst, wenn dir Gewalt angetan wird, denn jede ungerechte Handlung dir gegenüber hinterlässt Spuren. Vielleicht möchtest du deinen Tagesablauf nicht durcheinander bringen lassen. Vielleicht möchtest du nicht die nötige Energie aufbringen, dich zu wehren. Vielleicht fehlt dir die Kraft, der Mut, oder beides. Dir wurde Unrecht getan. Dir wurde nicht in Freiheit und auf Augenhöhe begegnet und du wärst gefordert gewesen, dich zu wehren. Wir alle sind täglich gefordert, um unsere Freiheit zu kämpfen, denn der langsame Abbau eben dieser verläuft oft schleichend. Wir können uns in pekuniäre Abhängigkeiten verstricken. Wir können fremde Meinungen übernehmen und andere Ansichten recht kritiklos hinnehmen. Wir können verführt sein, anderen gefallen zu wollen. Die Liste der Verführungen ist lang. Es gehört immer wieder Mut dazu, im rechten Moment Nein zu sagen. Es gehört auch viel Engagement dazu, die Faktenlage genau zu überdenken. Wir sind gefordert, uns zu informieren, zu recherchieren, denn die Annäherung an die Wahrheit erfordert von uns eine Investition. Diese beinhaltet eine Klärung, eine Aufklärung der Fakten. Wir können im Alltagsgeschehen verführt sein, einen Trott zu bedienen, der uns von der Aufklärungsarbeit abhält. „Wann konntest du bewusst eine innere Beunruhigung wahrnehmen? Wann sagte dir dein Gespür, dass etwas gründlich schief läuft?" Wir empfinden oft, dass etwas nicht gerechtfertigt ist. Wir spüren, dass wir unter Druck geraten und dass wir uns unwohl und genötigt fühlen. „Erkenne die Signale der Manipulationen! Wer übergeht dich oder wer entscheidet über dich hinweg? Wer nötigt dich, etwas zu tun, wozu du eigentlich nicht bereit bist?" Dein inneres Alarmsystem meldet sich immer wieder. Du wolltest dir nicht die Mühe machen zu denken, um dich zu kämpfen, deine Freiheit zu bewahren. Während du dich in Abhängigkeiten verstricktest, tröstetest du dich mit faulen Ausreden: „Mir geht es gut! Ich profitiere pekuniär! Für mich wird gesorgt!" Während du dir gut zuredetest, stieg deine Unzufriedenheit unvorhergesehen stark an. Später überfiel dich die Antriebslosigkeit und Melancholie. Du warst nicht mehr motiviert und ausgeglichen. Dein Gespür sendete Signale und du warst gefordert, diese zu deuten. „Wann findest du den Mut, auf deine innere Stimme zu hören? Wann bist du bereit, deine Lebenssituation logisch zu überdenken?" Dein Gespür zeigt in eine Richtung. Schau dir deine Lebenszusammenhänge genau an. Überlege, was zu dir passt und was nicht. Wer schiebt dich vor sich her? Wer raubt dir deine Energie, deine Chancen und deine Freiheit?" In den wenigen stillen Stunden tauchtest du ab. Du wagtest dich auf den Grund deines Selbst. Du erschrakst, als du erkanntest, dass du deine Ziele und wichtige Menschen vernachlässigt hattest. Du erschrakst über deinen Zustand. Deine Ziele und deine Freunde waren dir abhandengekommen. Du arbeitetest fremde Pläne ab. Du warst instrumentalisiert worden. Dies war von dir nicht leicht zu erkennen gewesen, da man dich über einen langen Zeitraum hinweg eingesponnen hatte. Es ging schleichend und beinahe unbemerkt, doch dein Gespür hatte dir gezeigt, dass vieles gehörig schief lief. Du stimmtest mit deinem Leben nicht überein und dein Leiden war nun offensichtlich. „Die Arbeit beginnt. Das Denken beginnt. In deiner Erinnerung leben deine Ziele, deine Träume, deine Lebenswünsche! Du kannst dich erinnern! Du lebst! Es ist noch nicht zu spät! Übernimm die Verantwortung für dein Leben und erarbeite dir die nötige Freiheit! Kehre um und lass dich nicht mehr instrumentalisieren! Dein Gespür ist noch lebendig! Du lebst und du kannst für dich sorgen!"

Deine Kraft, deine Zuversicht

In deinen Träumen bist du manchmal jung. Du läufst über den Strand und fühlst dich frei, voller Kraft, Zuversicht und Leben. Damals dachtest du bereits an den Tod und der Weg, den du noch zu gehen hattest, kam dir lang und sonnig vor, während dir dein Intellekt bereits deine Endlichkeit nahelegte. Der eine oder andere Freund war bereits verstorben, verunglückt und viele Verwandte verabschiedeten sich. Doch die Jugend fühlt sich beinahe unbesiegbar an und die Kraft und Lebendigkeit vermitteln den Trugschluss einer unbegrenzten Zeit. Du hörtest im Rückblick einen Freund sagen: „Wir können alles erreichen, wenn wir nur wollen!" Was wollte er damit sagen? Was wollte er erreichen? Er blieb in seinen Andeutungen ungenau und verschwand in der Dunkelheit. Während dich die Dichter und Denker magisch anzogen, verweigertest du dich dem Streben nach Geld und Macht. Du wolltest ehrlich bleiben und authentisch denken und handeln. Du wolltest deine Persönlichkeit nicht verbiegen und im Sumpf einer Funktionalität enden. Die Geldmenschen hatten zu oft böse Pläne verfolgt und böse Märchen erzählt. Sie logen und sie betrogen ohne jeden Skrupel. „Die Wahrheit ist die Lüge und der Ehrliche der Dumme!" Sie hatten zu viele angelockt und in einen goldenen Kokon gewickelt. Sie spielten eine Rolle und logen. Sie waren berechnend. Diese Form der Existenz war dir zuwider. Du wolltest nicht eingewickelt werden und irgendetwas nachplappern. „Was ist das für ein Leben ohne echte Ziele und Einsichten? Was ist das für ein Leben, um seine Hülle zu kreisen und der Endlichkeit keine Beachtung zu schenken? Wann werden diese Geldmenschen begreifen, dass das letzte Hemd keine Taschen hat und kein Chirurg der Welt den Alterungsprozess ungeschehen machen kann?" Sie belogen sich und andere, denn sie wollten nicht mit der Vergänglichkeit konfrontiert werden. Die welke Haut durfte sich nicht zeigen und der Alterungsprozess sollte nicht stören. Nichts sollte die Feierlaune verderben. Partner wurden ausgetauscht und ein junger Mensch sollte dem eigenen Alterungsprozess etwas entgegensetzen. Armut und Krankheit gab es nicht, wenn die Korken knallten. Es war die Scheinwelt der Verdrängenden. „Was werden sie auf ihrem Sterbebett denken?"

Die Energie des Alters

„Woher kommt deine Kraft? Warum kannst du den nächsten Tag kaum erwarten?" Es zeigt sich nun im Alter, dass du das Leben führst, das dir entspricht. Es zahlt sich aus, dass du dich nicht hast verbiegen lassen. Deine Lebensfreude entspringt der Tatsache, dass du dir treu geblieben bist und deine Talente ernst genommen hast. Viele um dich herum haben viel gehortet, aber das Kostbarste verloren: Sich selbst! Vielleicht haben sie nur das abgearbeitet, was andere erwartet haben. Die vielen Rollen und Muster eines sogenannten erfüllten Lebens hatten sie gefangen genommen. Die toxische Energie der Dominanten und Verräter hatte sie vergiftet, denn sie konnten diese negativen Energien nicht orten oder verstehen. Im Alter ist die Freude groß, wenn man in Demut und Dankbarkeit zurückblicken kann. Es war viel aus Mut heraus entstanden und im Rückblick war die Abenteuerlust ein großes Geschenk. Man hat sich viel getraut und auch zugemutet. Das ist rückblickend eine Freude, ein Glück, denn es schenkt dem Selbst Zufriedenheit, wenn man sich nichts vorwerfen muss. Du hast nichts verpasst! Aus Mut entstehen neue Wege. Aus Denken neue Inhalte. Das Verstehen-Wollen treibt dich immer noch an und schenkt dir die Kraft im Alter, während du weißt, dass deine Hülle nicht mehr lange existieren wird. Du weißt um den Tod und du hast dich im Abschiednehmen geübt, während in dir das Leben tobt. Es ist das Leben eines unverbogenen Menschen, der den nächsten Morgen herbeisehnt und der um die Kostbarkeit des Augenblicks weiß. Du wirst dich auch im Alter in keine Schublade pressen lassen. Du bist frei, denn dein Geist hat immer gelernt und dein Intellekt blüht, während du um die Endlichkeit weißt. Du willst nichts verdrängen und deshalb wachsen dir Flügel. Es sind die jungen, kräftigen Flügel des Lernen-Wollens, des Verstehen-Wollens und der nicht endenden Kreativität. Du bist kraftvoll, weil du weder verbittert noch nachtragend bist. Das Gift der Destruktiven konnte dich nicht brechen, während die Kraft der Konstruktiven sich mit deiner Energie verbündete. Dein Flow ist ungebrochen.

Authentisch sein

„Die Menschen spüren, wenn du authentisch bist!" Jedes Alter stellt für den Menschen eine Herausforderung dar und in jedem Alter kann er der Gefahr erliegen, nicht er selbst zu sein oder nicht sein zu dürfen. Der

Mensch erlebt die sehr lange Zeit der Kindheit, in der er auf eine intensive Betreuung angewiesen ist. Wohl dem, der liebevoll und seiner Entwicklungsstufe angemessen betreut wird. Die freie Entfaltung im Respekt vor dem Willen und Streben des Heranwachsenden spielt eine große Rolle, denn es wäre zu beklagen, wenn die guten Anlagen, die vorhandenen Interessen, nicht gesehen würden. Wir kennen die vielen Bekundungen bei Eltern, Erziehern und Lehrern, die Anpassung fordern. „Es wäre schön, wenn du weniger laut wärst! Es wäre besser für dich, wenn du einen ordentlichen Beruf erlernst!" Was ordentlich ist, möchten Erwachsene oft gerne für ihre Kinder aussuchen, gehen sie doch davon aus, dass sie am besten wüssten, was gut und früchtebringend sein könnte. Nicht selten werden dabei pekuniäre Vorstellungen in den Vordergrund gerückt, da die Geldgesellschaft um den vermeintlichen Wohlstand kreist und ihre Mitglieder sich über Konsum definieren. Somit liegt der Focus eines jeden Heranwachsenden, der nach einem authentischen Pfad sucht, diesen zu erkennen und auszuleuchten. Der Mensch ist seit der Kindheit damit beschäftigt, seinen individuellen Weg zu finden, zu überdenken und zu vertreten. Er ist aufgefordert, gut und mutig für sich, seine Interessen und Talente einzutreten. Dies beginnt bereits in der Kindheit, denn hier wird entschieden, ob dieser Mensch ernst genommen wird. Es ist immer wieder zu beobachten, dass alte Menschen, die ihre Talente pflegen und bewahren konnten, immer noch strahlend durch das Leben gehen. Sie sprühen vor Lebendigkeit, da sie die Chance nutzten, ihre Persönlichkeit erblühen zu lassen und diese Blüte zu pflegen. Wir Menschen können froh und dankbar sein, wenn wir als Kinder nicht gebrochen wurden und später den Mut aufbringen, für uns einzutreten. Der Sog der Anpassung und Unterwerfung verläuft oft schleichend. Die kleinen oder größeren Abstriche im Leben werden nicht selten unreflektiert hingenommen. Die Verführungen durch Scheinvorteile und die Schwäche, sich einem bequemen Trampelpfad anzupassen, münden häufig in einem Verlust der Authentizität. Einstige Leidenschaften werden einer perfiden Anpassung geopfert. Der Prozess einer bequemen Lebensführung führt in einen Zustand der Lethargie, auch wenn es vordergründig nicht so aussehen mag. Der hektische Stillstand eines fremdbestimmten Lebens zeigt viele Gesichter: Ausufernder Konsum, Ablenkung, Verdrängung und immer wieder die Anpassung an vorgeschriebene Trampelpfade, die andere ausgesucht und eingefordert haben. Umso erstaunlicher wirken die Unangepassten, die Authentischen, die bunten Schmetterlinge des Lebens, wenn sie ein fortgeschrittenes Alter erreicht haben und wenn sie sich immer noch trauen, sie selbst zu sein. Schaut man sich in seinem Viertel, im Stadtteil und der Verwandtschaft um, so springen einem die authentischen Menschen sofort ins Auge. Sie haben sich etwas ganz besonderes erhalten und getraut, zugetraut: Sie haben sich der lebenslangen Aufgabe gestellt, für sich, für ihre Persönlichkeit, einzutreten. Während einige davon sehr gute Voraussetzungen in der Kindheit genießen durften, so mussten andere stark um sich kämpfen und mit größtem Mut für sich eintreten. „Die Menschen spüren, wenn du stark genug bist, zu dir zu stehen! Die Menschen erkennen es an, wenn du dir deine Lebendigkeit und Authentizität erhalten konntest! Sie erleben dich als jemanden, der es vermag, zu sich zu stehen. Sie erleben einen echten, unverfälschten Menschen. Das ist ein großes Geschenk in den Zeiten von Anpassung und Unterwerfung! Es ist eine große Leistung in einer Atmosphäre des Mitläufertums!" Es wäre falsch anzunehmen, dass authentische Menschen zwangsläufig arm sein müssten. Dies wäre eine oberflächliche Betrachtungsweise soziologischer Zusammenhänge. Der Authentische lässt sich nicht erpressen oder er lässt sich nicht mit dem Einfluss der Scheinwelten unterwerfen. Er wird jegliches Schmiergeld ablehnen und die Zuwendungen mit offenen Händen empfangen, die ihm auf seinem individuellen Weg seiner Fähigkeiten gegeben werden. In Demut und Dankbarkeit genießt er die Früchte seiner Arbeit und seines Mutes, denn beide Aspekte hängen unmittelbar zusammen. „Hast du dich selbst verloren, so hast du alles verloren! Du brennst aus, wenn du nicht du selbst bist! Deine Freude schwindet, wenn du die Aufgaben und Vorschriften anderer abarbeitest und nicht weißt, wozu und warum.

Keine Verbitterung

„Dein Mut wird belohnt! Deine Kraft zeugt von deiner Ungebrochenheit!" Deine Wurzeln durften in die Tiefe der Existenz vordringen. Du hast ihnen die Möglichkeit geschenkt, sich zu entwickeln. Du hast die Voraussetzungen geschaffen für ein Wachstum in Würde und Menschlichkeit. Dabei bist du kein Fanatiker oder Moralapostel geworden. Du bist nicht zum Besserwisser mutiert und du hast verstanden, dass Bescheidenheit und Demut entscheidend sind. In der Bescheidenheit liegt der Schlüssel zum Lernen. In der Demut ruht der Schlüssel zur Menschlichkeit, denn die Gier wird niemals existieren, wo die Tiefe der Existenz geachtet wird. „Ich weiß, dass ich nichts weiß!" Dieser Satz des Sokrates umspannt die Haltung eines lebendigen Daseins, in dem man sich niemals der Arroganz ausliefert. Die Arroganz der Macht basiert auf Dummheit. Die Arroganz der Gier auf einer gefährlichen Charakterschwäche. Das „Immer-Mehr", das Horten und Prassen lassen den oberflächlichen Bewusstseinsstatus erkennen. Vielleicht werden sie Wasser predigen und Wein trinken. Vielleicht werden sie lügen und täuschen. Der Machtorientierte will herrschen. Der Genusssüchtige will sich ablenken, betäuben. Es sind armselige Versuche, sich zu spüren, wenn der eigene Zugang zur Sinnhaftigkeit blockiert ist. Es mag viele Gründe geben, warum ein Mensch nicht in die Tiefe gehen kann oder will. Doch der an der Oberfläche Surfende wird in Lebenskrisen umdenken müssen. Die Straße der Verdrängung wird schleimig, schlüpfrig, wenn die

Stürme des Lebens toben. Der Zustand der Verdrängung kann sich nicht aufrechterhalten, wenn eine Krankheit anklopft und Bettruhe nötig wird. In der Stille werden Gedanken anklopfen. In der Not werden sich die Oberflächlichen und Ichbezogenen zurückziehen. In der Not wird vieles nach oben gespült, was auf dem Grund der Persönlichkeit abgelagert wurde. „Dein Mut wird belohnt! Deine Kraft zeugt von der Ungebrochenheit deiner Existenz! Du wirst weder frustriert noch verbittert sein, während dich deine tiefen Wurzeln stabilisieren. Du darfst frei denken! Du hast dir deine Freiheit immer wieder erarbeitet und bewahrt! Du warst intelligent und mutig genug, tiefe Wurzeln zu schlagen und den wirklich tragenden Themen des Menschseins den nötigen, entscheidenden Raum zu schenken!" Du bleibst eingebettet in der Tiefe der Existenz, da du der Ethik Raum gegeben hast! Vielleicht warst du unbequem und hast vielen zu viele Fragen gestellt. Vielleicht hast du in der Welt des übertriebenen Konsums gestört. Vielleicht hast du die Stimmung einer Verdrängung manchmal unterbrochen. Du warst aber niemals ein Spaßverderber, da du echt und ehrlich gehandelt hast. Deine Taten und Worte entbehrten jeder Funktionalität. Du warst authentisch und ernsthaft bemüht. Das konnten die Menschen spüren. „Der Mensch fühlt es, wenn es ehrlich und liebevoll zugeht!" Dir war es ernst, denn du wolltest den Weg der Erkenntnis gehen und andere aufwecken. Du strahlst immer noch und zeigst keinerlei Spuren einer Verbitterung. Dein kreativer Flow begleitet dich und dein Gehirn arbeitet auf Hochtouren. Deine Lebendigkeit zeugt von deinem Mut, immer noch Fragen zu stellen. Du hältst es aus, unbequem zu sein und weil du das Leben in seiner Fülle annehmen kannst, wirst du niemals verbittern und du wirst dem Verdrängen keine Chance einräumen. Du bereust nichts, während du nach immer neuen Gedanken und Wegen suchst. Jeder neue Tag bleibt eine Herausforderung. Er ist willkommen. Du kannst gar nicht verbittern, da du dich niemals von dir getrennt hast. Du bist nicht gespalten. Du bleibst auch im Alter lebendig! Du bleibst auch am Ende deines Lebens du selbst!

Dein Lebenstag

„Jeder Tag ist wertvoll!" In deiner Kindheit und Jugend war die Zeit, die Lebenszeit eher etwas Selbstverständliches, obwohl du bei Begräbnissen den Tod reflektiertest. Die Kraft der Jugend und das unbändige Streben nach Erkenntnis und Erfahrung, ließen dich glauben, dass die Zeit in Hülle und Fülle, beinahe unbegrenzt zur Verfügung stünde. Du freust dich noch immer auf den nächsten Morgen, auf den nächsten Tag, da du dir auch im Alter die Lebenslust erhalten hast. Dein Herz ist jung und dein Verstand klar. Du balancierst immer noch auf dem schwingenden Seil des Lebens, da du es dir nicht in einer Ecke oder einem seichten Untergrund gemütlich gemacht hast. Du willst sehen, lernen und verstehen. Die Kraft des Lebens kann dich erreichen, da du die Türen und Fenster weit geöffnet hältst. Du interessierst dich für dein Umfeld und die existenziellen Zusammenhänge. Dein Leben bleibt spannend, da du in deiner individuellen und selbstbestimmten Art und Weise beweglich, interessiert und empathisch geblieben bist. Du hast dir deine Lebensquelle erhalten. Sie fließt zu dir und schenkt dir Kraft, während du den Fluss, den freien Prozess des Erneuerns, nicht aufhältst. Nichts stockt und fault. Beweglichkeit ermöglicht Regeneration, Lernen und Staunen. „Du bleibst innerlich kraftvoll und flexibel, wenn du den Lebensfluss nicht einengst oder krampfhaft begradigst. „Lass dich nicht einengen! Lass dir deine Freude und Kraft nicht nehmen! Lass dich dir nicht wegnehmen, denn du sollst ohne Bitterkeit alt werden!" Ein Verbitterter kann die Schönheit der Existenz nicht erfassen. Er wird immer wieder Schuldige suchen und viele anklagen, ohne genügend Sachlichkeit und

Aufklärung zuzulassen. „Du darfst jeden Tag ohne Bedauern neu beginnen. Deine Erfahrungen sind kostbar, auch wenn sie mit Schmerz verbunden sind. Du übernimmst Verantwortung für deine Taten. Du hast es nicht nötig, andere abzuwerten, da du ohne Bitterkeit den Tag beginnst. Du hast es nicht nötig, andere abzuwerten, da du dich nicht über diesen Weg aufwertest. Andere für schuldig zu erklären, liegt dir fern, da du den Weg der Aufklärung und des Verstehens gehst. Du bist an der Wahrheit und Klarheit interessiert und nicht an der Abwertung. Während du an den Zusammenhängen arbeitest, bleibt dein Herz voller Liebe und dein Verstand glasklar. Es geht um Verstehen und nicht um Bedauern. Während du voller Freude zurücksiehst und in dir die inneren Filme lebendig weiterleben, freust du dich ohne Wut und Bitterkeit auf den nächsten Tag. „Wer die inneren Filme respektiert, braucht nicht zu verdrängen und gibt dem Verarbeiten Raum und Zeit." Jeder Lebenstag ist kostbar und je älter du wirst, desto deutlicher verstehst du den Wert eines jeden Tages, denn er kommt niemals zurück!

Das Hamsterrad der Ablenkungen

Es war dir lange nicht bewusst, dass dir viele Ablenkungen deine Lebenszeit raubten. Zwanghaftes Shoppen, Stylen und Konsumieren raubten dir Zeit, während du annahmst, dass du einem Genuss fröntest. Doch die vergeudete Lebenszeit hinterließ ihre Spuren. Du suchtest Genuss und verschriebst dich der Gier nach mehr, immer mehr, während dir die Zeit davonlief. Die Schränke quollen über, deine geistige Flexibilität und Kreativität litten und du wurdest stetig unzufriedener. Du fragtest dich: „Warum fühle ich mich deprimiert und leer? Ich kann mir beinahe jeden Wunsch erfüllen und die Sättigung, die Erfülltheit, bleibt aus." Du machtest die Erfahrung, dass du nach jeder Schönheitsbehandlung noch unzufriedener wurdest. Du schafftest es nicht, den Bildern der digitalisierten Welt zu entsprechen. Die Konsumbedürfnisse wuchsen und du empfandest eine Leere. „Ich liebe zu shoppen, Kosmetik und die unverfänglichen Smalltalks. Gespräche konnte man das nicht nennen, da lediglich über andere gelästert wurde, während die eigenen Probleme nicht angesprochen wurden. Eigentlich suchtest du eine echte Befriedigung, ein Erfüllt-Sein, doch du konntest deine Laune nur sehr kurz heben. Später erwachtest du aus dem Rausch der Ablenkungen. Diese fremdbestimmten Handlungen resultierten aus einer falschen Vorstellung, die über den digitalen Weg an dich herangetragen wurde. In der Scheinwelt der schnellen Bilder, in der Reisen und Konsumieren zu Hause sind, geht es nicht um menschliche, tragende Themen. Der eingeengte Blick auf das Konsumieren, Posen und Genießen führt in eine Welt des Täuschens. Je mehr du in diese Welt hineingezogen wurdest, desto schlechter ging es dir. Das Mithalten-Wollen raubte dir Zeit, Energie und Geld. Es wurden immer mehr Bedürfnisse geweckt. Doch die sich daraus entwickelnde Unzufriedenheit konnte nicht mit noch mehr Konsum gestillt werden. Die Bilder der Scheinwelten spiegeln kein authentisches Leben. Du fühltest dich leer und deprimiert und wusstest, dass du einen Neustart brauchtest. Dieser Neustart musste mit einem Entzug beginnen. Ein Vergleich mit den Bildern der Scheinwelten durfte nicht mehr stattfinden. Der Schalter musste umgelegt werden und das echte Leben sollte wieder locken. Der Frühling erleichterte dir den Ausstieg aus dem Hamsterrad und als du die Sonne auf deiner Haut spürtest und du deinen Hund wieder bewusst wahrnahmst, wolltest du in der Natur durchatmen. Das Sich-Vergleichen sollte ein Ende haben und du wolltest dich spüren und wahrhaftig erleben. Das konnte nur mit authentischen Begegnungen realisiert werden. Das konnte nur mit echten, liebenden Menschen funktionieren. Es konnte nur gelingen, wenn du dich zeigtest, wenn du deine Gedanken teiltest. Du brauchtest ein Feedback. Du brauchtest einen wahrhaftigen Austausch über reale, tieferliegende Gedanken. Dem Konsumterror musste für alle Zeiten ein Ende bereitet werden und darum wolltest du dich mit Menschen treffen, die andere Pläne und Vorlieben hatten. Das Kreisen um die Hülle lässt den Menschen unbefriedigt zurück. Das heißt nicht, dass du nun ungepflegt durch das Leben gehen wolltest. Keineswegs! Eine Pflege des Körpers, des Gesichts schließt die innere Pflege des Intellekts nicht aus. Du wolltest das Leben annehmen und deine Zeit nicht länger vergeuden.

Deine Natürlichkeit

Du wolltest nicht um jeden Preis gefallen und deshalb konntest du dir deine Natürlichkeit erhalten. Du sprichst authentisch, lachst natürlich und du kannst immer noch weinen, wenn dir danach ist. Die „Spaßfratzen" konnten dich niemals dazu animieren, von deinem Selbst Abschied zu nehmen. Während du interessiert zuhörst, denkst du nicht darüber nach, wie dein Gesicht im Schatten glänzt oder eventuell ein paar Falten sichtbar werden. Du darfst ein Mensch sein, echt lachen und weinen. Du darfst ein Mensch sein und altern. Du hast es nicht nötig, dich jünger zu schummeln und dein Gesicht immer und immer wieder mit dubiosen Schönheitsprozeduren zu stressen. Deine Würde und deine Stärke erwachsen aus deiner Haltung zum Leben. In deiner Natürlichkeit schenktest du dem liebenden Auge deine Kraft, denn du wolltest nicht mit dem berechnenden Auge Kontrolle ausüben. Die Akzeptanz des anderen erlaubt den nötigen Freiraum. Zur hohen Kunst des Lebens gehört das Verstehen-Wollen. Du wirst nur im Inneren des anderen lesen können, wenn du Liebe und Verständnis schenkst. Der andere wird sich dir nur öffnen, wenn du wahrhaftig verstehen und spüren möchtest, wo es liebevoll zugeht. Die anderen erkennen deine Natürlichkeit. Du willst andere nicht einwickeln, kaufen oder überreden. „Sie werden in deiner Umgebung frei fliegen und in Liebe zurückkommen!" Du kannst einen

Freiheitsliebenden nicht einsperren. Nur der Gebrochene wird es hinnehmen, dass die Türen hinter ihm zuschlagen. Nur der Unterdrückte wird einen goldenen Käfig erdulden. Ein erfülltes Dasein kann es nur geben, wenn der Mensch in Freiheit und Verantwortung lebt, den Freiraum genießt, sich zu entfalten. Der Selbstbestimmte wird in einer konstruktiven Haltung seine Probleme bearbeiten. Er liebt es, der Erkenntnis den nötigen Raum zu geben. Der Erkennende lebt ein erfülltes Dasein, da er sich nicht den Fakten gegenüber verschließt. Er ist gewappnet, kein Mitläufer zu werden. In der Natürlichkeit kommt das wahre Selbst zum Tragen. In der Unverfälschtheit lebt die Bereitschaft, wahrhaftig zu denken, zu sprechen und zu entscheiden. In der Natürlichkeit bleibt der Wille gewahrt, frei zu handeln. Der Authentische will nicht um jeden Preis gefallen. Er wird seine Energie in sinnstiftende Anliegen investieren, ohne sich instrumentalisieren zu lassen. „Steh zu dir! Akzeptiere und pflege dein Selbst! Du hast es nicht nötig, immer zu gefallen! Du darfst frei fliegen und in Liebe zurückkehren! Du magst keine Käfige und lockst niemanden in eine Falle!"

Deine Einzigartigkeit

„Du brauchst dich nicht zu schämen! Du brauchst deine Vorlieben nicht zu unterdrücken und es ist ratsam, sich Menschen zu suchen, die dich so annehmen, wie du bist." Es ist zielführend, Liebende um sich zu haben, denn in der Destruktivität liegt die Hinderung, die Störung deines Selbst. „Du bist Du! Du bist gut, so wie du bist! Es geht um dein Leben!" Du brauchst dich nicht ängstlich umzusehen und das Verhalten der anderen anzunehmen, um deine Vorlieben zu unterdrücken. Solange du anderen nicht schadest, wirst du eine Bereicherung für dein Umfeld sein, denn jeder Paradiesvogel schmückt die Welt! „Du wirst dich frei und selbstbestimmt fühlen, wenn du aus dir heraus lachst und weinst! Du wirst authentisch denken, authentisch sprechen und den Menschen in Freiheit und Verantwortung begegnen, denn wer ganz bei sich ist und selbstbestimmt lebt, wird seine Energie nicht für sinnlose Anpassungsrituale vergeuden. „Spüre in dich hinein. Wofür schlägt dein Herz?"

„Sei wachsam!"

Während die Wachsamkeit in aller Munde ist, wissen viele nicht, dass zur Wachsamkeit die Pflege und der Schutz des eigenen Selbst gehört. Es geht dabei um die Wahrnehmung eines schleichenden Prozesses. Sollte es sich um einen eingeleiteten Selbstverlust handeln, so ist keine Zeit zu verlieren. Es ist Gefahr im Verzug. Die Gefahr seine Freiheit und Verantwortung aufzugeben und die Gefahr nicht mehr am Ruder seines Lebens zu sitzen, bedeutet den Verlust der Sinnhaftigkeit der eigenen Existenz. Der unbequeme Denkprozess sollte eingeleitet werden, bei dem kein Tabu zielführend ist. „Wirst du es schaffen, ehrlich zu dir selbst zu sein? Wirst du es schaffen, Unbequemes zu hinterfragen?" Eine Reise zu dir kann nur stattfinden, wenn du nicht eingeengt und mit der Brille eines Realitätsverlustes ausgestattet bist. Wir kennen Verdrängungsmechanismen, die in der Sackgasse des Lebens enden. Vielleicht wollte man sich schonen. Vielleicht war man zu ängstlich, genau hinzusehen. Vielleicht war man zum Opfer von Drohung und Unterdrückung geworden. Die Summe der Tabus schafft einen toxischen Cocktail: „Meine Beziehung durchleuchte ich nicht! Meine Familie ist tabu! Ich pflege meine Rituale. Meine Gewohnheiten geben mir Schutz und Sicherheit!" So wie wir unsere Ernährung umstellen müssen, wenn wir übergewichtig sind, so sollten wir verstehen, warum wir verstimmt und traurig sind. „Geh den Ursachen schonungslos auf den Grund! Du wirst dich selbst besser verstehen, wenn du deine Zweifel und inneren Eingebungen ernst nimmst! Was erweckt in dir Unbehagen? Welchen Menschen würdest du lieber aus dem Weg gehen? Wer behandelt dich nicht fair? Warum fühlst du dich in bestimmten Situationen nicht wohl?" Die reibungslose

Abfolge von Ritualen und Gebräuchen mag dich wie ein Korsett umschlingen. Du magst dich gestützt fühlen, doch deine Muskulatur verkümmert! Du verkümmerst! Hör in dich hinein! Deine Empfindungen zeigen dir den Weg. Sie zeigen dir, was gut für dich ist. „Sei wachsam und nimm deine Intuitionen ernst!" Ein Verdacht ist manchmal der Anfang der Wahrheit. „Nimm deine inneren Eingebungen an und begib dich auf die Suche! Was erscheint dir merkwürdig? Was ist nicht stimmig? Wann hegst du Zweifel?" Deine Gedanken wollen ernst genommen werden. Schieb deine Intuitionen nicht länger beiseite! Deine Wachsamkeit ist erwünscht. Gib dir eine Chance!"

Pflege der Aufmerksamkeit

Die eigene Wachsamkeit bedarf einer erhöhten Aufmerksamkeit. Die Wachsamkeit bedarf zudem der Bildung eigener Kriterien, Werte und Schwerpunkte, die jedem Einzelnen die Möglichkeit geben, nicht von fremden Inhalten überschwemmt zu werden. Wir stehen ein Leben lang in der Verantwortung, Wichtiges vom Unwichtigen zu unterscheiden. Wir stehen ein Leben lang unter dem Anspruch, die an uns herangetragenen inhaltlichen Herausforderungen zu sortieren und zu überarbeiten. „Nichts bleibt, wie es ist!" Es wäre ein Fehler sich auf den Lorbeeren von gestern auszuruhen. Die Herausforderungen des alltäglichen Lebens erfordern eine inhaltliche Auseinandersetzung mit den unterschiedlichsten Themen, man denke beispielsweise an politische, zwischenmenschliche und die damit verbundenen ethischen Inhalte. Waren wir gestern noch sicher, unsere Lebenshausaufgaben erfüllt zu haben, so werden ein Tag später neue an uns herangetragen. Es mögen große oder kleinere Entscheidungen von uns verlangt werden. Wir werden Schwerpunkte setzen müssen. Es mögen neue Wirkungsfelder auf uns zuströmen. Wenn wir mit anderen Problemen konfrontiert werden, beginnen wir zu recherchieren, um in der neuen Situation angemessen zu reagieren. Wir wollen verstehen, was auf uns zukommt. Wir möchten Zusammenhänge erfassen, denn nur so werden wir uns selbst in diesen veränderten Bedingungen zurecht finden. Um Entscheidungen treffen zu können, ist eine Wahrnehmung der inneren Stimme notwendig. „Was sagt dir dein Selbst zu dem neuen Thema, zu der anderen Aufgabe, zur Einschätzung der Realität?" Der Bezug zur eigenen inneren Stimme verhilft uns, den Zugang zur authentischen Gedankenwelt zu pflegen. Diese Aufmerksamkeit stellt den Bezug zu den eigenen Gedanken aufs Neue her, während andere Inhalte und Ansprüche auf uns einwirken. „Halte inne! Erarbeite dir einen Standpunkt. Versuche, bestmöglich zu recherchieren und dir, wenn möglich, genug Zeit zu nehmen. Du musst und du solltest nichts übereilen." Wir alle sind täglich herausgefordert, uns ein Bild der anderen Situation zu machen. „Nichts bleibt, wie es ist!" Beziehungen verändern sich. Arbeitsbedingungen bleiben nicht gleich. Der eigene Körper altert und die Mitmenschen unterstehen ebenso dem stetigen Wandel. Besonders deutlich werden diese Phänomene, wenn Krankheitsfälle eintreten: Wenn man selbst oder ein Familienmitglied erkrankt. Todesfälle und andere Schicksalsschläge zeigen uns unsere Verletzlichkeit. Wir können versuchen, ein soziales Netz zu spannen, doch es gibt keine völlige Sicherheit und es kommt nicht selten anders, als man denkt. Wir können lernen, uns mental auf Veränderungen einzustellen und unsere Wahrnehmung gleichzeitig auf unsere inneren Eingebungen zu richten. Man darf bei sich bleiben, während man sich verschenkt. Man darf authentisch bleiben, während man anderen zuhört und andere Standpunkte respektiert. Wir brauchen uns nicht im Du aufzulösen, wenn wir lieben. Wir brauchen nicht kopflos zu werden, wenn die Schmetterlinge im Bauch tanzen! Wir dürfen Neues erleben! Wir können uns anderen Inhalten zuwenden und andere Perspektiven einnehmen. „Wie nehmen wir die neue Situation wahr? Wer oder was ist uns unangenehm? Wer verlangt etwas von uns, das wir nicht teilen können oder möchten?" Es ist eine kontinuierliche Arbeit am eigenen Selbst, sich zu verstehen, sich treu zu bleiben. Es bedeutet Mut, nein zu sagen. Es wird nötig sein, sich abzugrenzen, wenn etwas von uns gefordert wird, was wir nicht leisten können oder wollen. Ein eigener Standpunkt ist unverzichtbar, um nicht hin und her geschleudert zu werden. Niemand kann uns die inhaltliche Arbeit abnehmen. Das bloße Übernehmen anderer Standpunkte wäre unverantwortlich! Unser ganz eigener, individueller Blick in die Welt ist ausschlaggebend, wenn wir etwas verstehen oder bewerten wollen. Um dies überhaupt realisieren zu können, braucht es eine inhaltliche Orientierung. Je mehr wir wissen, je besser wir Bescheid wissen, desto qualifizierter wird unser Standpunkt ausfallen. Unsere Neugierde, unsere Lernbereitschaft, wird uns weiterhelfen, neue Horizonte zu erarbeiten. Wir sind gefordert dazuzulernen. Wir sind aufgefordert, uns einen fundierten Standpunkt zu erarbeiten. Die eigene Mündigkeit will täglich verbessert werden. „Pflege deine Aufmerksamkeit! Höre in dich hinein und arbeite an deiner Beurteilungskompetenz! Überlasse nicht das Ruder den anderen und werde niemals zum Mitläufer!" Dein Kontakt zu dir selbst ist der Schlüssel zur Welt. Verliere diesen niemals! Verliere ihn nicht aus Leichtsinn oder Bequemlichkeit! Verliere dich nicht in der Welt der schnellen Bilder und wechselnden Meinungen! Werde niemals zum Instrument anderer! Die Pflege deines Selbst setzt ein kontinuierliches Engagement voraus. Scheue dich nicht vor der Arbeit der Aufklärung!

Die Selbstreflexion

„Vielleicht schaffst du es, am Ende deines Lebens schonungslos ehrlich zu dir zu sein. Du brauchst dich nicht mehr anzupassen, zu verbiegen und dir selbst etwas vorzumachen, da du gelernt hast, was die Lügen und der Selbstbetrug aus den Menschen machen." Du spürst am Ende des Lebens sehr deutlich, wer es gut mit dir meint. Du spürst, wer dir etwas vorheuchelt. Du durftest ein Leben lang lernen und du brauchst niemandem etwas vorzugaukeln, denn du hast erkannt, dass dich das funktionale Sprechen nicht erfüllt oder weiterbringt. Vielleicht wolltest du zunächst in jungen Jahren den äußerlichen Schein wahren. Vielleicht wolltest du dir materielle Vorteile sichern. Vielleicht wirst du nun am Ende deines Daseins so mutig sein, dir deine kleinen und großen Lügen einzugestehen, um besser zu erkennen, warum du wie gehandelt hast. „Wirst du dir den nötigen Freiraum verschafft haben, um endlich authentisch zu denken, zu sprechen, zu handeln?" Du weigertest dich lange Zeit, einen Selbstbetrug einzugestehen. Du hattest Angst vor den seelischen Schmerzen und vor den Folgen, denn du hättest reinen Tisch machen müssen. Du hättest bestimmte Verfehlungen vor dir und anderen zugeben müssen. Es setzt die harte Arbeit der Erkenntniswilligkeit voraus, um den Dingen auf den Grund zu gehen. Das eigene Fähnchen drehte sich zu lange mit dem Wind: Hier eine Ausrede, da eine Notlüge und immer wieder viel Schein anstatt Sein. Das Haben-Wollen hatte das Denken und Handeln verdreht. Dem Besitzen-Wollen musste vieles weichen. Menschen wurden wie Schachfiguren hin und hergeschoben, abserviert und ignoriert. Das Denken: „Wer kann mir nützlich sein", bestimmte den Alltag und ließ dich immer schwächer werden. Das Leben zeigte dir Grenzen und die Unkäuflichen hielten dir den Spiegel vor. Du warst für sie weder interessant noch ein ernstzunehmender Gesprächspartner. Als Kalkulator und Strippenzieher verliert jeder das Vertrauen der anderen und das sichere Gefühl zu sich selbst. „Wirst du am Ende deines Lebens den Mut haben, deine echten Gedanken zuzulassen? Wirst du deine Lügen vor dir zugeben? Wirst du endlich dafür sorgen, dich besser zu verstehen? Mache dir nicht länger etwas vor! Du hast die Chance einer wertvollen Selbstreflexion! Nutze den Rückblick! Du darfst alles in Ruhe überdenken und den inneren Frieden finden! Du brauchst nicht zu kämpfen und du brauchst nicht zu lügen! Du darfst ehrlich sein. Das ist ein wunderschönes Lebensgefühl. Es bedeutet Frieden."

Der Tanz des Tapferen

Es zeugt von großer Tapferkeit, auch in schweren Zeiten zu tanzen. „Erhalte dir deine Beweglichkeit und Leichtigkeit, denn sie verhilft dir in schweren Zeiten, nicht zu erstarren. Es zeugt von deiner Weisheit, auch in Krisen kontinuierlich zu laufen und der Bewegung Platz zu schenken!" Es ist weder ein Zeichen von Oberflächlichkeit noch von Dummheit, wenn du in der Krise beweglich bleibst. „Erkenne den Tapferen! Er tanzt auch in schweren Zeiten! Er arbeitet an seiner Beweglichkeit und ergibt sich nicht dem Los eines Schicksals." Nur der Bewegliche weiß die Hürden des Lebens zu meistern. Nur der Bewegliche wird seine Kondition erhalten und neue Herausforderungen bewältigen! „Du weichst nicht zurück. Du lernst! Du lebst! Du gibst nicht auf!" Der Tapfere wird sich keiner Wahrheit verschließen! Der Tapfere wird hinausgehen und jede Neuorientierung suchen. „Tanze durch dein Leben! Du bist tapfer!"

Ausgebrannt und abgebrannt

Während dein Denken um das Haben kreiste, war dir nicht bewusst, dass deine Schachzüge ins Verderben führten. Du setztest deine Figuren zu deinem angeblichen Nutzen ein und prahltest mit deinem Wohlstand, während du deine ehemaligen Leidenschaften und Ziele sträflich vernachlässigtest. Dir war nicht klar, dass ein Gehirn abbaut, wenn es nicht gefordert wird, und dir war auch nicht klar, dass sich deine Persönlichkeit verändert, wenn du dem Geld alles unterordnest. Deine Prioritäten verlangten von dir Verrat. Du bemerktest diesen schleichenden Prozess nicht und deine inhaltliche Orientierung verkümmerte. Du zogst an den Strippen des Geldes und hingst selbst an den Strippen der anderen, die dich hin und herführten. Es waren die Strippenzieher, von denen du dir Vorteile erhofftest. Auch sie verraten jeden, der nicht zum angeblichen Vorteil gereicht, und so hattest du brav das auszuführen, was diese korrupten Heuchler von dir verlangten. Als du in das Karussell der Täuscher einstiegst, leuchteten die Farben und Lämpchen hell und klar. „Hier ist es lustig und locker, spannend und gediegen! Hier mache ich mit! Hier habe ich Spaß!" Der Spaß verging dir, als die Falle zuschnappte. Der Spaß verging dir, als die Betreiber von dir Gehorsam einforderten. „Du kannst nur mitspielen, mitfahren und Spaß haben, wenn du unsere Meinung teilst!" Nun belügst du dich, um deine fremdgesteuerte Lebenssituation schönzureden. „Mir geht es gut! Ich habe Geld! Ich habe Recht und viele bewundern mich!" In Wirklichkeit hattest du dich in dem Prozess der Anpassung eingeordnet und ebenso untergeordnet. Dieser Auflösungsprozess zog sich über Jahre hin und dir wurde nach und nach alles genommen, was dir lieb war: Deine Freiheit, deine Pläne, deine Freunde, alles, wofür dein Herz schlug. Ausgebrand und abgebrannt fährst du nun im Kreis. Die Farben und Lämpchen können dich nicht mehr begeistern. Sie blenden dich, sie verunsichern dich, wenn du in einem kurzen Moment mutig in die Realität sehen willst, wenn du klar und deutlich deine Lebensumstände erfassen willst. Die schrillen Farben und das Gedudel aus den Musikboxen lenken dich ab. Du kannst diese Geräusche nicht mehr ertragen, da du erahnst, was mit dir geschehen ist. Du warst auf das Karussell aufgesprungen. Es dreht sich nur im Kreis. Du verlorst deine Orientierung. Irgendwo zwischen der Einordnung und Unterordnung hattest du dich verloren. Du warst bequem und zu schwach, Widerstand zu leisten, als man dir viel versprach. Die Liste der Scheinvorteile war lang. Es ging um Geld und Ansehen, irgendwelche materiellen Vorteile und immer wieder die seichte Verführung der

Scheinwelten. Alles erschien rosarot. Alles erschien geebnet und einfach. Hinter der Welt aus Versprechungen und Glitzer, schrillen Farben und Extraportionen aus Ablenkung und Konsum, verbarg sich das Elend der Unfreiheit. Deine echten Freunde riefen dir noch zu: „Lass dich dir nicht wegnehmen!" Du wolltest nicht denken und du wolltest den Spaß, die Vorteile, das bequeme Leben mit seinen scheinbaren Wohltaten. Als die Freunde gegangen waren und du auch den allerletzten Menschen, der es gut mit dir meinte, verscheucht hattest, wurde es sehr einsam um dich. „Wer liebt mich wirklich? Wer akzeptiert meine wahren Leidenschaften?" Es sind diejenigen, die dir vor langer Zeit deine Freiheit gönnten. Es sind diejenigen, die dich so liebten, wie du warst und die dir deine Leidenschaften niemals genommen haben. Du denkst zurück und sehnst die Zeiten deiner Freiheit und Selbstverantwortung herbei. „Wie kann ich nur wieder so leben? Wie kann ich dem Karussell der Täuschung entkommen?" Du weißt langsam aber sicher, dass du einen neuen Weg einschlagen musst. Dies bedarf der Orientierungsarbeit, der inhaltlichen Kompetenz. „Was hängt womit zusammen? Warum bin ich nicht frei? Wer hat mich in eine Falle gelockt und warum konnte mir das passieren?" Du hast viele Fragen. Wer fragt, wird Antworten bekommen. Diese Antworten muss man durchdenken. Ein logisches Hinterfragen bringt Licht ins Dunkel. Dieses Licht ist das natürliche Licht des Erkennens. Es erleuchtet deine Denkprozesse und erhellt dein Bewusstsein. „Nimm dieses Licht an und lerne, es zu lieben!" Es schmerzt, in das Licht des Erkennens zu sehen! „Lerne, es zu lieben!" Du wirst den Weg des Erkennens gerne und beschwingt gehen, denn es entwickeln sich ungeahnte Kräfte, wenn man sich weiterentwickelt.

Nicht verstummen!

In deiner Jugend schien es einfach und unkompliziert zu sein. Viele Steine wurden dir aus dem Weg geräumt. Du durftest dich frei bewegen. Doch diese Beweglichkeit will geschützt sein. Beweglichkeit braucht Bewegung, sie braucht Raum und Energie. „Wenn du beweglich bleiben willst, bedarf es der Zeit, des Freiraums und des Willens, jeglicher Bequemlichkeit entgegenzutreten! Es bedarf des Mutes, den Störern den Wind aus den Segeln zu nehmen, denn du kannst nur in der Freiheit beweglich bleiben!" Deine Stimme will genutzt werden, denn nur in ihrer Nutzung und Übung bleibt sie kräftig! Die Zerstörer werden dir Angst einflößen. Sie werden jegliche gesellschaftliche und wirtschaftliche Situation nutzen, um dich verstummen zu lassen. Sie sind nicht an dir interessiert. Sie wollen dich nicht verstehen. Sie benutzen dich und ordnen dich ein und unter. „Deine Stimme darf nicht verstummen. Hörst du deine inneren Eingebungen?" Dein Selbst bedarf eines angstfreien Raums. Dein Selbst bedarf der Beweglichkeit, wie ein Gelenk, das nicht verkümmern soll. Auch wenn es schmerzt und dich extrem herausfordert, so brauchst du diese Flexibilität, um deine Persönlichkeit zu fördern. In einer Unbeweglichkeit verkümmert ein jeder!

Dein Schmerz

„Dein Schmerz spricht zu Dir!" Wenn du lange krumm gegangen bist und nicht deine Haltung gepflegt hast, wirst du lange brauchen, deinen Rücken zu stärken und deinen Gang zu verbessern. Der erste Schritt zur Heilung wird deine Erkenntnis sein, dass du gekrümmt gehst. Du wirst damit konfrontiert, dass sich ein schlechter Gang eingeschlichen hat. „Du musst trainieren! Du brauchst eine gerade Haltung und ausreichend Zeit und Bewegung, um alles wieder in einen normalen, gesunden Zustand zurückzuführen. Diese Anstrengung erfordert Geduld! Es bedarf der Unterstützung und Anleitung. Warum bin ich mit gesenktem Kopf gelaufen? Warum habe ich mich klein gemacht? Was oder wer hat mich leiden lassen?" Das Bedrückt-Sein zeigt sich auch im Gang. „Fühle in dich hinein und erfahre die Ursachen deines Schmerzes! Spüre deine Verkrampfung und Unfreiheit! Was blockiert dich? Wer oder was macht dir Angst? Du wirst deine Situation besser verstehen, wenn du schonungslos ehrlich zu dir bist!"

Die Überwindung

„Ja, es gibt viel zu tun! Ja, ich muss mich um mich kümmern! Ich brauche Freiheit und Mut, denn beides hängt miteinander zusammen und ich werde den wahren Hintergründen auf die Schliche kommen." Der Sumpf der faulen Kompromisse hat mich in meiner Beweglichkeit und Kreativität gestört. Ich werde mich überwinden und an mir arbeiten! Vielleicht brauche ich Hilfe. Dafür werde ich sorgen, denn die Stärke liegt im Mut zur Veränderung. „Ich will meinen Lebensfluss nicht mehr blockieren, blockieren lassen! Ich will leben! Ich will überleben und einer Verkümmerung entkommen! Meine Talente sind es wert, gesehen zu werden und ich trete heraus aus dem Dunkel der Angst und Fremdbestimmung!" Nun wird das Leben leichter, da ich meine Kraft für meine echten, wahrhaftigen Ziele einsetzen kann! Während ich gegen den Strom schwimme, arbeite ich an meiner Haltung. Mein Rücken wird gestärkt und ich spüre meine aufrechte Haltung. Ich bin nicht gebrochen!

Deine Worte sind Taten

Deine Worte sind Taten und dein Schweigen hat Folgen. „Als die Worte der Verletzung um meinen Kopf flogen, war ich froh, nicht zu schwer getroffen zu werden." Doch auch ein Schweigen hat Folgen. Es kann dazu eingesetzt werden, einem Menschen sein Desinteresse zu signalisieren. „Vielleicht sollte ich im Dunkeln tappen. Vielleicht sollte ich irritiert, verunsichert werden?" Schweigen zeigt eine Abkehr vom Dialog, der Licht, Klarheit in das Dunkel bringen könnte. Interesse zeigt sich im Gespräch. Die Beziehung lebt vom Austausch. Das wahrhaftige Verstehen-Wollen zeigt sich im Dialog, im Klären, im Vermitteln. Die Handlung des gesprochenen Wortes zeigt Wirkung. Schweigen zeugt von Desinteresse. Sollte ein Dialog verweigert werden, so führt die Sprachlosigkeit in die Irre. Eine klärende Beziehungsarbeit findet nicht statt. Die Beziehung lebt in der Kommunikation. Wird diese gestört, so findet kein sinnstiftender Austausch statt. Alle Beteiligten tappen im Dunkeln. Gerüchte, Spekulationen und Lügen wachsen auf dem Boden gestörter Beziehungen. Dies führt in Gefahrenzonen unberechenbarer Krisen, man denke an Familien, gesellschaftliche Gruppen oder Nationen. Missverständnisse führen zu Irritationen. Demagogen, Lügner und Zerstörer aller Art missbrauchen die Situation mangelnder Klärung, mangelnder Aufklärung gekonnt für sich aus. Sie besetzen die Räume der Verwirrung und suggerieren einen sicheren Hafen. Frieden kann nur gelingen, indem man ihn mit Wort und Tat anstrebt. „Nutze deine Kommunikation, dadurch kannst du zum Frieden beitragen! Der Frieden lebt im Austausch. Kläre alle Sachverhalte und nutze jegliche Chance auf einen konstruktiven Dialog! Missverständnisse können nur geklärt werden, wenn man sich nicht ignoriert oder böse Märchen streut! Verwerfungen können nur angesprochen werden, wenn man die Sachverhalte anspricht und dem Vergeben eine Chance gibt! Jeder neue Dialog ist ein Neuanfang. Es kann nur Frieden geben, wenn man an einem Neuanfang interessiert ist!"

Etwas bewegen

„Du wirst im Leben etwas bewegen, wenn du dich bewegst! Du wirst viel verstehen, lernen und Zusammenhänge erkennen, wenn du frei und unvoreingenommen dem Leben gegenüber stehst." So wirst du Gespräche als Chance nutzen können. So wirst du die Begegnungen mit den Menschen in ihrer Fülle erfassen. Der eingeengte Blick führt geradewegs zu Missverständnissen. „Öffne deine Augen! Höre gut zu! Man hat dir viel zu erzählen. Versuche, ein offenes Ohr zu behalten!" Auch Bücher sprechen zu dir! Es ist die geschriebene Sprache der Menschen, die etwas zu sagen haben, die etwas mitteilen wollen. Natürlich wirst du nicht alles auf Anhieb verstehen. Die Bereitschaft, dazuzulernen, ebnet den Weg des Verstehens. Jede Äußerung will nachvollzogen werden. Wir können uns im Verstehen üben. Die Spezialisierung der Wissenschaften ist ein hohes Gut, in das ein jeder, der Interesse hat, sich einarbeiten kann. Ein Menschenleben reicht nicht aus, um annähernd alles inhaltlich zu erfassen, doch die grundsätzliche Bereitschaft zu lernen, zu denken, zu verstehen, ebnet den Weg eines tieferen Interesses. Diese Haltung steht einer arroganten, besserwisserischen Überheblichkeit entgegen. „Wir können uns nur auf Augenhöhe annähern, wenn wir nicht überheblich in ein Gespräch gehen. Wir können nur neue Inhalte erfassen, wenn wir uns mental öffnen. Wir dürfen Neues überdenken und eventuell gedankliche Zusammenhänge herstellen, wenn wir diese Informationen auf uns wirken lassen. Der Wille zum Verstehen-Wollen ist eine Grundvoraussetzung für das Zuhören, für echtes Lernen. Wir dürfen denken und Neues überdenken. Die Demut vor der Fülle an Wissen hilft uns, nicht abzuheben. „Ich weiß, dass ich nichts weiß!" Diese Haltung zeugt von der unbedingten Bereitschaft zuzuhören, offen zu sprechen und den Inhalten eine Chance zu geben. Eine ernstgemeinte Diskussion dient nicht der Selbstbeweihräucherung, sondern einem inhaltlich geführten Dialog. „Du wirst mit deiner Sprache andere bewegen, wenn du nicht dogmatisch und überheblich bist! Du wirst mit deiner Sprache mitten ins Herz treffen, wenn du deine Anliegen authentisch vorträgst. Die Menschen spüren, wenn es ehrlich zugeht. Die Menschen erkennen das wahrhaftige Bemühen. Bewege dich von innen heraus und zeige dich in deiner Fülle! Dein Strahlen erhellt den Raum und dein Leuchten wirkt ansteckend. Aus der Mitte deines Selbst entfaltet sich deine Überzeugungskraft. Du kannst die Menschen erreichen und ihr Inneres bewegen, da du deine Erkenntnisse und Erfahrungen mit vollem Herzen teilen möchtest."

Das Feuerwerk

„Deine Strahlkraft ist überwältigend, da du nicht an der Fülle deiner Möglichkeiten sparst. Du willst dich gerne verschenken. Deine Talente dürfen gesehen werden!" Dies bedeutet, das Innere nach außen zu tragen. In der Kunst, in der Wissenschaft und in der menschlichen Begegnung schlechthin darf der Mensch sichtbar werden. „Habe keine Angst, dich zu verschenken! Teile deine Leidenschaften! Du wirst andere inspirieren, du wirst sie sogar retten, wenn ihnen die Kraft fehlt. Alles ist möglich, wenn die positive Energie den Menschen erreicht. Du hast viel zu geben! Andere werden deine Energie empfangen!" Nutze dein Feuerwerk in deinem Kopf und verschenke deine Eingebungen! Du wirst Wege eines Ausdrucks finden, wenn du es zulässt, wenn du dich zeigst. Du darfst reden, tanzen, malen und immer wieder deinen Gedanken und Gefühlen Ausdruck verleihen. So bleibst du beweglich und bewegst andere. „Lass andere an dir teilhaben!" Du wirst deine Gefühle und Gedanken teilen. Du bist es wert, gesehen zu werden. In der Einzigartigkeit deiner Bewegung, deiner Sprache, deiner Kunst zeigt sich dein Selbst. „Höre auf deine innere Stimme und versprühe die Kraft deiner ganz persönlichen, einzigartigen Existenz. Deine Lebensfreude wird andere erreichen!"

Illusion und Ignoranz

„Es kann für dich gefährlich werden, wenn du dich in einer selbstge-
wählten Blase der Illusionen befindest und keinen Abgleich mit der Realität zulässt!" Ein Vermeiden der Wirklichkeitserfassung führt in das
Phänomen der Luft- und Traumschlösser. In dieser Scheinwirklichkeit
wird eine Konfrontation mit der Realität nicht so genau genommen oder
sogar abgelehnt. Eine Selbstkritik wird auch nicht zugelassen. „Was
könnte dazu gekommen sein, sich der Verdrängung und Ignoranz zu ver-
schreiben?" Um sich mit und in der Realität zurechtzufinden, bedarf es
eines stetigen Überprüfens und Abgleichens. „Wo stehe ich? Welchen
Standpunkt beziehe ich zu diesem oder jenem Thema, Sachverhalt oder
Umstand?" Wir alle sind gefordert, uns eine Meinung zu erarbeiten.
Diese Arbeit betrifft unser familiäres, gesellschaftliches und auch politi-
sches Umfeld. Wir sind eingebunden in die Prozesse eines stetigen Wan-
dels. Unsere Kinder verändern sich und wachsen heran, wir unterliegen
dem Alterungsprozess und die Gesellschaft fordert uns mit ihrer Veränderung heraus. Wenn wir uns zum Beispiel ins Private flüchten, also den
Rückzug antreten und die Veränderungen innerhalb der Gesellschaft
nicht mehr wahrnehmen, bleiben wir auf der Strecke. Denn: Unsere Kinder befinden sich in der Konfrontation mit der sich permanent verändernden Gesellschaft. Wir werden ihre Belange nicht mehr verstehen.
Wir werden auch unsere Lebensumstände nicht mehr einordnen können. Unsere Nachkommen werden in Kontexten denken und handeln,
die uns fremd geworden sind. Somit werden sie über Sachzusammen-
hänge sprechen, denen wir nicht folgen können, da die Blase der Ignoranz uns gefangen hält. Vielleicht gibt sich der Verdrängende immer
neuen Illusionen hin: „Ich stehe mitten im Leben! Ich kenne mich aus
und mein gesellschaftspolitisches Bewusstsein läuft auf Hochtouren!"
Die Komplexität unserer gesellschaftlichen Veränderungen überfordert

uns und es fehlt uns die Lernbereitschaft, die Veränderungen zu erkennen und immer wieder neue Sach- und Sinnzusammenhänge zu überdenken. Wir können im stetigen Wandel nur mit einem stetigen Lernen und einer großen Portion Neugier die Veränderungen erkennen. Wenn sich jedoch Bequemlichkeit zur Lernfaulheit gesellt, wird es unmöglich sein, den Wandel adäquat wahrzunehmen oder einzuordnen. Der Rückzug ins Private, der Rückzug in eine Blase des sich immer Wiederkehrenden, bedeutet die Abkehr von der Realität. Es stellt sich eine Wirklichkeitsferne ein, die den Einzelnen uninformiert zurück lässt. „Diese komplexen Themen interessieren mich nicht! Damit möchte ich mich nicht beschäftigen! Das belastet mich! Ich möchte nicht gestört werden!" Die Haltung der Ignoranz wird in der Regel mit Sehnsüchten und Illusionen gestützt. Es ist eine gefährliche Mischung aus Wegsehen, Ignorieren und Träumen, wobei die Träume in diesem Falle nicht positiv und kreativ zu einem guten Leben beitragen. Ein Ignorant träumt sich in eine Welt, in der er eine Rolle einnimmt, die mit der Wirklichkeit wenig zu tun hat. Die Kommunikation dient nicht mehr einem vernünftigen, realitätsbezogenen Austausch, bei dem man vorankommen möchte. Sie ist auf vordergründige Sequenzen zurückgefahren, die einer Scheinkommunikation nahekommt. Der Mensch sucht den Austausch, er möchte als soziales Wesen die Nähe des anderen spüren. Er erfährt sich in und durch die Kommunikation. Ein freies, engagiertes Gespräch bemüht sich um einen Wahrheitsanspruch, eine Klärung und einen echten Diskurs. Die gehaltvolle Kommunikation dient einem inhaltsbezogenen Austausch, der nicht die komplexeren, komplizierteren Themen ausspart. Somit befinden sich alle Verdrängenden und ihre Gesprächspartner auf dem Minenfeld der Ignoranz. „Dieses Thema will ich nicht hören! Von Politik habe ich keine Ahnung! Was in der Schule oder Uni passiert, weiß ich nicht!" Die Gespräche kreisen schließlich ausschließlich nur noch um

„erfreuliche" Themen: Das Essen, der Kaffeetisch, Geburtstage und Feierlichkeiten. Der Ignorant erwartet im Gespräch eine Anpassung auf sein Niveau und duldet keine Störungen. Somit vergrault er jeden anspruchsvollen Gesprächspartner. Im Luftschloss der Ignoranz mag die „Prinzessin" regieren und dominieren. Im Luftschloss der Illusionen mag der „Prinz" der erfolgreichste Aktivist sein. Die Realität holt jeden ein und die Luftschlösser aus Illusionen führen in eine Abgehobenheit von jeder Realität. Solange ein Mensch wenig und selten in seinem Umfeld inhaltlich beansprucht wird, solange werden die Blasen der Traumwelten noch nicht platzen. Der Rentner auf der Parkbank wird vielleicht von der Realität eingeholt, wenn er stetig unberechtigt glänzen will und schließlich keinen Widerspruch erfährt. Die Mutter, die ihr Kind zu Unrecht als sonderbegabt bezeichnet, wird spätestens während der Schulzeit ihres Kindes mit der Realität konfrontiert. Es stellt sich grundsätzlich als schädlich heraus, wenn sich eine Abgehobenheit, die Realitätsferne im Leben eines Menschen einschleicht. „Die Realität holt jeden ein und es wäre ratsam, nicht in der Blase der Abgehobenheit zu verkümmern!"

Deine Präsenz

Als du nachts die Straße hinunterliefst und dein Auto im Dschungel der Nacht suchtest, fiel dir ein junges Mädchen auf, das du gern kennenlernen würdest. Du stelltest dich vor und fragtest nach ihrer Handynummer. Dir wehte umgehend ein eiskalter Wind der Arroganz und Ignoranz entgegen. Die Mimik und Gestik der jungen Frau verdunkelten sich, als du dein Interesse bekundetest. „Geh weiter! Ich will meine Ruhe!" Du gingst weiter und öffnetest dein neues Auto mit deiner Fernbedienung. Das Mädchen rief: „Ist das dein Auto? Lass uns eine Tour machen! Nimm mich mit! Ich will dich kennenlernen!" Du lehntest ab, denn du warst vorher abgelehnt worden. Das Mädchen war eins von vielen, die die Menschen nach ihrer Automarke, ihrem Kontostand beurteilen. Es war eins von vielen, die vom Opportunismus beherrscht werden. Du hattest es bereits häufiger erlebt, dass erst dann ein Lächeln in dem Gesicht einer jungen Frau aufkam, wenn du deinen Motor aufheulen ließest und dir war klar, dass du niemals auf einen Geldmenschen hereinfallen wolltest. Das plötzliche Lächeln, die gespielte Freundlichkeit der Desorientierten schockierte dich immer wieder: Sie spielten gelangweilt an ihrem Handy, lehnten an deinem Auto, wiesen dich ab und lächelten auf Knopfdruck, wenn du deinen Autoschlüssel zücktest und ihnen klar war, dass du der Autobesitzer bist. Es war ein immer wiederkehrendes jämmerliches Schauspiel und es tat dir in der Seele weh, dass es um das Materielle und nicht um den Menschen ging. Deine Kleidung, deine Uhr, dein Auto lockten billige Konsumenten an, während sie dich als Person übersahen. Du interessiertest sie nicht! Sie wollten Spaß, Konsum und das künstliche Licht deiner Autoscheinwerfer. Du warst für sie das Auto, dein Reichtum, mehr nicht und deine Präsenz definierte sich in diesem Moment über die Hülle, die offensichtlichen Statussymbole. Diese Mädchen waren arm, arm an Empathie, wirklichen Interessen und Bewusstsein. Sie waren Opfer einer Gehirnwäsche. Ihnen war nicht bewusst, dass sie Opfer waren. Sie waren bereits zu Tätern mutiert. Sie zögerten keinen Augenblick, schroff und unmenschlich zu reagieren, wenn sie annahmen, dass sie keinen Wohlhabenden vor sich stehen sahen. Sie waren Opfer ihrer Überheblichkeit: Sie nahmen sich selbst die Chance auf ein Gespräch. Vielleicht wussten sie nicht einmal, dass man ein Gespräch um seiner selbst willen führen kann. Vielleicht kannten sie nicht den Wert einer ernstgemeinten Kommunikation. Vielleicht hatten sie die Freiheit niemals kennengelernt, ehrlich und inhaltsorientiert zu sprechen. Sie kreisten in ihrem opportunistischen Denkmodell und betrogen sich selbst. Sie waren Roboter, die ihr Lachen programmierten, die nur freundlich schauten, wenn sie Geld rochen. Sie waren armselig und unmenschlich, austauschbar und fremdgesteuert, armselige Kreaturen, die nicht wussten, was sie denken sollten und denen echte Inhalte nur fremd und überflüssig vorkamen.

Das Schlafschaf

Du warst wieder einmal nachts unterwegs und du wolltest den Glauben an die Liebe nicht aufgeben. Ein Mädchen winkte dir zu und in dir kreisten sofort die üblichen Gedanken: „Wird sie mit mir reden wollen? Wird sie an mir als Person interessiert sein?" Die ersten Sequenzen des Gesprächs erweckten Hoffnungen und du begannst, inhaltlich anspruchsvoller zu werden, zu reden. Sie schaute dich verständnislos an und sagte: „Solche Gedanken braucht kein Mensch! Das ist alles überflüssig und bringt überhaupt nichts!" Du wolltest noch nicht aufgeben und lenktest das Thema auf aktuelle politische Themen. Sie reagierte: „Das Feld der Politik überlasse ich den Politikern! Damit habe ich nichts zu tun!" Du fragtest: „Wofür interessierst du dich?" Sie antwortete: „Ich lasse mich nicht ausfragen!" Etwas später folgte die Ergänzung: „Die Politiker werden schon alles regeln. Ich will mir nicht den Spaß nehmen lassen! Ich möchte mein Leben genießen! Ich bin jung und ich kann mich noch später um diese Probleme kümmern!" Dieser junge Mensch lehnte jedes tiefergreifende Gespräch konsequent ab. Die völlige Inhaltsverweigerung schockierte mich und ich beschloss, umgehend das Scheingespräch zu beenden. Sie war eines der vielen Schlafschafe, das irgendwie mitläuft und allen Inhalten ausweicht. „Nur nicht denken!" Diese Haltung führt dazu, drängende Informationen zu ignorieren und in keinerlei Hinsicht etwas ernsthaft verstehen zu wollen. Vordergründige Vorteile übertünchen mögliche Zusammenhänge. Unmündigkeit wird nicht bewusst erlebt und die Chance auf jede weiterführende Reflexion vertan. „Nur keine Inhalte", könnte der Schriftzug auf der Stirn heißen. Irgendwie scheint das Mitlaufen und Hinterherlaufen zu genügen. Es scheint, keine echten Kriterien zu geben. Mal lockt dieses oder jenes „high-light" und eines ist grundsätzlich sicher: Es handelt sich um Äußerlichkeiten!

Bildung, Freiheit und Bewusstsein

Das Schlafschaf trottete immer weiter auf dem Trampelpfad der Bewusstseinslosigkeit entlang und fühlte sich sicher: „Die Mehrheit kann sich nicht irren! Wozu soll ich die Werke der Dichter und Denker lesen? Ich komme bestens durchs Leben und ich lasse mich von den schlimmen Nachrichten nicht ablenken! Meine guten Noten geben mir Recht! Ich habe Recht!" Das Schlafschaf bevorzugte jede Art von Bequemlichkeit. Inhalte störten nur den Ablauf eines Lebens, das auf maroden Strukturen und unreflektierten Gewohnheiten fußte. Die Clique vermittelte das Gefühl von Sicherheit und Geborgenheit. Es wurde sich zugeprostet, während Denkende störten. Man wählte immer dieselbe Kneipe und gab sich informiert, doch Fragen waren nicht erwünscht: „Über Politik spreche ich nicht! Das gibt nur Streit! Ich bleibe meiner Einstellung treu!" Niemand kannte die genauen Überzeugungen, zumal sich die Fähnchen stets nach dem Winde drehten. Es fehlte an Faktenwissen und es fehlte generell an einem Interesse, sich kundig zu machen. „Die Politiker werden wissen, was sie tun!" Die eigene Schulzeit führte zu keinem kritischen Bewusstsein und es wurde nur für Noten gelernt. „Ich habe die besten Zensuren! Niemand kann mich kritisieren! Ich genieße mein Leben!" Als dennoch in der Clique das eine oder andere gesellschaftliche Thema angeschnitten wurde, reagierte das Schlafschaf ungehalten: „Ich will mich entspannen! Ich will meine Ruhe! Ihr könnt woanders diskutieren!" Es fehlte die Motivation, die selbstverschuldete Unmündigkeit zu beenden. Man wollte neue gesellschaftliche Situationen nicht analysieren. Die mangelnde Neugier, die mangelnde Lernbereitschaft, hatte in eine fatale Desorientierung geführt. Dieser Zustand mündete in einer Haltung, die von Ignoranz und Aggressivität geprägt war. Niemand durfte das Schlafschaf wecken. Niemand durfte durch Fragen offenbaren, dass das Schlafschaf überhaupt nicht mehr in der gesellschaftlichen Realität zu Hause war. Alles wurde mit Floskeln und Äußerlichkeiten überspielt. Die „Unterhaltung" bestand aus alten Erzählungen, die immer wieder wie von einer Schallplatte abgespielt wurden. Jeder wusste, welcher Satz nun folgen würde. Das innere Gefängnis aus alten Strukturen und einer extrem großen Denkfaulheit ließen keine Lebendigkeit zu. Die bekannten Geschichten, leere Floskeln und abwiegelnde Gesten zeugten von einer Fehlen an Bewusstsein. Diese Form des Lebendig-begraben-Seins findet ihren Ausdruck im Desinteresse und in der Abkehr vom Menschlichen. „Wer nicht ernsthaft an Gesprächen teilhaben will und diese durch Desinteresse und Ignoranz stört, lebt wie ein Zombie. Denn: Diese Haltung zeugt auch von dem Nicht Verstehen-Wollen. Wer anderen nicht aufmerksam zuhört und ihre Anliegen nicht hören will, ist ein Ignorant. Das aggressive Abkanzeln von Fragen eines menschlichen Interesses, das Ignorieren von Fakten, die Abkehr von gesellschaftlichen Themen kommt einer Starre gleich. Sie ist das Resultat der Denkfaulheit, der Bequemlichkeit. Das nennt man funktionales Kreisen. Informationen, die beunruhigen könnten, werden überhört und da man als Ignorant nicht in der Welt steht, ist beinahe alles beunruhigend. Man bemühte sich nur für Gegenleistungen wie: Geld, Noten, Bequemlichkeiten. Die Ohren scheinen immer nur auf Durchzug zu stehen. Nichts soll stören. Das Leben soll nicht in seiner Vielfalt anklopfen. Grabesruhe breitet sich aus. Eine derartige Grundhaltung ist eine schlechte Vorbereitung für das Leben an sich, denn Krankheiten und andere Sorgen können jeden heimsuchen. Freiheit basiert auf Mut und der Lernwilligkeit. Neue Situationen bedürfen der Klärung und des Begreifens. Die Abkehr von der Wirklichkeit führt in die Starre. Die Abkehr von Inhalten führt in die Unmündigkeit. Ein Unmündiger kann nicht frei entscheiden, frei handeln. Er kennt die Voraussetzungen seiner Wahlfreiheit nicht. Wie soll ein Mensch etwas verstehen, wenn er die Fakten nicht hören will und sich durch Inhalte gestört fühlt? „Alles kann so weiter gehen!" Dieser Anspruch hat mit der realen Existenz nichts zu tun. Die Welt befindet sich im Wandel.

Die innere Haltung

Die innere Haltung bedarf einer täglichen Pflege. Die innere Haltung bedarf der Lernwilligkeit und der Wachsamkeit. „Woher können wir die Inhalte nehmen, um der Wahrheit näherzukommen? Woher können wir Fakten erhalten, um ein Bild über gesellschaftliche, familiäre und politische Zusammenhänge herzustellen?" Alles hängt mit allem zusammen. Politische Entscheidungen betreffen auch die Familie. Innerhalb der Familie ist es von allergrößter Wichtigkeit, den Willen zur Klärung, zur Aufklärung zuzulassen. Sollte nur ein Familienmitglied nicht der Wahrheit verpflichtet sein, so werden Lügen, Gerüchte und falsche Fährten gelegt. Desorientierungen zerstören einen konstruktiven Umgang mit der Realität, da die Betroffenen, die Belogenen auf falschen Fährten ins Verderben laufen und der Realität nicht zugänglich sind. Eine Lüge ist wie Gift oder eine Infektion, die zu krankhaften Zuständen führt. Doch wir wissen auch um die gezielten Lügen vieler Politiker, die aus Gier und Machtansprüchen heraus eine Bevölkerung manipulieren oder gezielt verunsichern und verängstigen wollen. Der in Angst und seelische Not versetzte Mensch greift nach Strohhalmen und kann nicht mehr logisch denken. Eine innere, aufgeklärte Haltung bedarf einer Orientierung, einer genauen Analyse der Situation. Dies gilt sowohl für die gesellschaftliche Keimzelle, die Familie, als auch für andere gesellschaftliche Kontexte, wie das Berufsleben, den Freundeskreis oder die Kontakte im Viertel, im unmittelbaren Umfeld. Wer sich unkontrolliert manipulieren lässt und nicht in der Lage ist, genau und differenziert nachzudenken, wird wie ein Fähnchen im Winde hin und her flattern. Wir können uns einen eigenen Standpunkt erarbeiten. Wir können an unserer Kompetenz arbeiten. Dies setzt den unbedingten Willen zur Klärung, zur Aufklärung, voraus. Mit der Haltung des Opportunismus oder der Bequemlichkeit werden wir das Ziel einer klaren Orientierung verfehlen, denn wer nur aus einem Vorteilsdenken heraus agiert, wird viel verdrängen oder andere verbiegen, eventuell instrumentalisieren. Gesunde familiäre Beziehungen dürfen nicht auf Lügen basieren. Konstruktive politische Entscheidungen sollten nicht aus Machtgier heraus getroffen werden. Jeder gekaufte Entscheidungsträger kann nicht objektiv und konstruktiv planen oder menschlich agieren. Jeder Lobbyist ist abhängig. Freiheit ist die Grundvoraussetzung für klares Denken und Handeln. Wer das Gute und Menschliche im Auge hat, darf sich nicht Gekauften oder Lügnern beugen. Um diese Personen der Lüge zu überführen, brauchen wir Informationen. Objektive und wissenschaftliche Informationsquellen sind unverzichtbar. Wenn Menschen der Lüge überführt wurden, darf ein Vertrauensbruch nicht ignoriert werden. Niemand sollte zum Moralapostel mutieren, doch dem Lügner, dem Manipulator, dürfen wir niemals Vertrauen schenken. Wir werden von den Unsachlichen, den Ungerechten und der Wahrheit nicht Verpflichteten immer wieder in die Tunnel der Unmenschlichkeit geschickt. Die Machenschaften der Lügner, der Manipulatoren sind: Teile und herrsche, Geldgeschenke und das Versprechen auf Gewinne und Vorteile. Der Opportunist wird in diese Fallen tappen. Er wird die Ansagen des Unmenschlichen akzeptieren, um materielle oder andere „Vorteile" zu generieren.

Der Gekaufte kann nicht klar denken. Er ist selbst zum Strategen geworden und hat sich mit dem Virus der Vorteilsnahme infiziert. Wer sich der Wahrheit, der Aufklärung und der Menschlichkeit nicht verpflichtet fühlt, kann weder ethisch klar denken, noch sozial oder friedlich handeln. Der Gierige geht buchstäblich über Leichen. Er wird das Elend anderer nicht sehen. Er kreist um sich und seine vermeintlichen Vorteile, während er großen Schaden anrichtet. Der friedliche Kurs, der friedliche Diskurs, bedarf klarer und wahrheitsorientierter Informationen. Diese kann man nur von Wahrheitsliebenden erhalten. Der Lügner wird andere abwerten. Er wird böse Gerüchte streuen. Er wird soziale Bindungen zerstören. Im politischen Kontext wird er den „Feind" verunglimpfen und nicht auf einen konstruktiven Dialog setzen. „Hüte dich vor dem Lügner! Kümmere dich um deine Haltung und arbeite an deiner inhaltlichen Kompetenz!"

Die Überheblichkeit

Der Überhebliche kann die Wirklichkeit nicht erkennen. Er sieht sich im Mittelpunkt des Geschehens und kreist in seiner opportunistischen Gedankenwelt. Die Tarnungen, die Ablenkungsmanöver und Verhaltensweisen im Allgemeinen führen die Mitmenschen häufig auf falsche Spuren. Die strategischen Handlungsweisen des Überheblichen entbehren einer empathischen, echten, wirklichkeitsorientierten Haltung. Es geht um das Kreisen und Realisieren eigener Vorteile, ohne echte und ernsthafte Empfindungen für andere Mitmenschen. Die Überheblichkeit duldet keine ernstgemeinten Gespräche auf Augenhöhe. Somit ist ein wahrheitsorientierter Dialog nicht möglich, auch wenn dieser postuliert und dem Anschein nach stattfinden soll. Der um sich Kreisende, der Überhebliche duldet keine Grenzen und versucht seine Interessen durchzusetzen. Unerfahrene Mitmenschen erkennen die Absichten des Überheblichen oftmals nicht und fallen auf die Fassade herein, denn an dieser wird gründlich gearbeitet. Der Überhebliche befindet sich unter dem Druck, entlarvt zu werden. Er wird sich bemühen müssen, nicht aufzufallen und gleichzeitig seine Interessen durchzusetzen. Der sich über andere Erhebende verfolgt kein Interesse an wahrheitsorientierten Gesprächen, obwohl dies häufig vorgetäuscht wird. Schaut man genau hin, so geht es in den Gesprächen um eine Aufwertung der eigenen Person oder Menschen, an denen der Überhebliche dem Anschein nach ein Interesse hat. Das Sich-Überheben schließt einen ernstgemeinten, wahrheitsliebenden Dialog aus. Der Überhebliche duldet keine Kritik an seiner Person. Er schaut auf andere herab und nimmt sich selbst die Chance auf einen konstruktiven Dialog. Menschen, die von Überheblichen in irgendeiner Art und Weise abhängig sind, haben das zu leisten, was der Überhebliche fordert. Diese Haltung entbehrt des Respektes gegenüber dem Abhängigen. Kinder können sich zum Beispiel nicht frei entwickeln, wenn der Überhebliche immer wieder mit neuen Anforderungen aufwartet. Es kann immer wieder zu Überforderungen führen. Die Abhängigen, die Unterlegenen, haben zu funktionieren. Andere Menschen sollen ebenso funktionalisiert werden. Der Überhebliche duldet keinen kritischen Blick auf sein Handeln und wird andere Mitmenschen nicht ernsthaft verstehen wollen.

Der freie Blick, das offene Ohr

Der Mensch möchte sich grundsätzlich entwickeln. Er möchte sich zur Entfaltung bringen und er wird es dort besonders gut umsetzen können, wo Liebe, Freiheit und Menschlichkeit blühen. Er wird sich dort besonders gut entfalten, wo er „er selbst" sein darf, wo seine Leidenschaften und Vorlieben geachtet werden. Alle destruktiven Kräfte wie Neid, Gier und Eifersucht behindern eine freie Entwicklung. Falsche übertriebene Erwartungen sind ebenso schädlich. Wir Menschen fühlen uns wohl und verstanden, wenn wir einem konstruktiven Menschen begegnen, der einen freien Blick und ein offenes Ohr hat. Er wird uns nicht abwerten oder manipulieren, denn im Willen zur Freiheit liegt der Wille zur Akzeptanz. Der sich Überhebende kennt keinen freien Blick, da Überheblichkeit das Sehen und Verstehen stark einschränkt und verfremdet. Der Stempel der eigenen Vorstellung wird den anderen aufgedrückt. Wer sich wehrt, wird die unterschiedlichen Strategien der Manipulation zu spüren bekommen. Der Wahrheitsliebende wird an seinem freien Blick arbeiten. Sollte sich dieser verdunkeln, eintrüben, so wird er die Ursachen der Trübung erkennen. Der freie Blick und das offene Ohr bedürfen der Klärung, der Aufklärung und sie bedürfen einer offenen, ehrlichen Kommunikation. Somit sind der freie Blick und das offene Ohr Ergebnisse einer unermüdlichen Arbeit. Um frei zu sehen und zu leben, bedürfen wir einer ständigen Orientierungsarbeit. Wir brauchen Informationen. Wir brauchen eine grundsätzliche Lernbereitschaft, die es uns ermöglicht, grundlegende Fakten zu erhalten und zu überdenken. Dies gilt für alle wichtigen Bereiche unseres Lebens. „Arbeite an deinem offenen Blick und erhalte dir dein offenes Ohr!" Wir brauchen konstruktive Weggefährten, die es uns erlauben, offen zu sprechen und klar zu denken. „Hütet euch vor den Opportunisten und den Wirklichkeitsverdrehern!"

Es ist die Bescheidenheit

„Überheblichkeit und Arroganz helfen niemandem!" Der Überhebliche meint mit seiner Außenwirkung punkten zu können, doch im Ernstfall des zwischenmenschlichen Lebens genügt keine Außenfassade und arrogante Haltung. Es wird im Alltagsgeschehen schnell deutlich, wer eine wahrhaftige Lebenskompetenz innehat und wer nicht. Eine überhebliche Mutter wird in ihrer Pädagogik Schiffbruch erleiden, denn ihre Haltung färbt ab und das Kind wird in irgendeiner Art und Weise zwischenmenschliche oder kognitive Probleme bekommen. Die Abgehobenheit, die Überheblichkeit, lässt keine ausreichende und stetige Überprüfung der eigenen Kompetenz zu: „Ich habe es nicht nötig, mich selbstkritisch zu betrachten! Ich habe studiert und mein Konto ist gut gefüllt!" Der Ignorant beruft sich auf formale Errungenschaften und ist nicht in der Lage, immer wieder neu zu lernen und sein eigenes Dasein und das seiner engsten Familienangehörigen genau und differenziert zu betrachten. Der Kritiker wird gemieden, der Aufklärer abgeschmettert. Es handelt sich um den Elfenbeinturm der Abgehobenheit und Wirklichkeitsverdrehung, da man grundsätzlich oben stehen und dominieren will. Ein Dialog auf Augenhöhe wird nicht fruchtbringend angenommen. In der Welt eines zunehmenden oberflächlichen und von Äußerlichkeiten dominierten Alltags glauben die Überheblichen auf der richtigen Lebensspur zu fahren. Die Welt des schnellen Konsums und die Welt einer funktionalen Pädagogik kann die ethische Ausrichtung einer wahrhaftigen vernunftorientierten Auffassungsgabe nicht realisieren. Der Schüler, der in erster Linie für gute Zensuren lernt, wird inhaltlich an Grenzen stoßen, wenn es um das Verstehen um seiner selbst willen geht. Die Offenheit, die Unvoreingenommenheit, fehlt, wenn das funktionale Kreisen ein freies Denken blockiert. „Ich lerne, weil ich Arzt werden will! Ich lerne, weil ich mir etwas leisten will!" Die Welt der Dichter und Denker will erschlossen werden. Die Welt der Philosophie und Kunst will verstanden werden. Der authentische Denker lehnt das funktionale Kreisen ab, da es den freien Anspruch eines wahrhaftigen Verstehens eingrenzt oder unmöglich werden lässt. Der um Inhalte bemühte möchte ernsthaft denken, sprechen und entscheiden. Der ernsthafte Denker wird ein Leben lang lernen wollen. Der Überhebliche wird sich als gebildet und schlau sehen und nicht verstehen, dass man ein kontinuierliches Lernen ein Leben lang nötig hat. Es ist die Bescheidenheit: „Ich weiß, dass ich

nichts weiß!" Die innere Haltung der Bescheidenheit führt in die Freiheit. Sie führt in die Freiheit eines klaren Denkens, da die Gitter und die
Dunkelheit der Funktionalität keine Chance erhalten. Der freie Blick erwächst aus der Bescheidenheit. Der Lernwillige wird auf überhebliche
Posen und Sprechakte verzichten! Eine übertriebene Außenwirkung inklusive einer Prahlerei oder unangemessenen Selbstaufwertung wird es
nicht geben. Es ist die Bescheidenheit und diese passt nicht zum Prassen
oder Protzen. Es passt auch nicht zur Überheblichkeit und der Annahme,
dass man nicht kontinuierlich lernen sollte. Es ist somit nicht verwunderlich, dass Denkende, Authentische und Suchende in Bescheidenheit
auftreten und den Dialog in Freiheit suchen. Der Überhebliche will bestimmen, manipulieren und er wird funktional sprechen. Der Überhebliche will glänzen. Außenwirkung und Selbstinszenierung werden gepflegt. Schaut man hinter die Fassade, so erkennt man die Lücken einer
fehlgeschlagenen Orientierung. Gesellschaftliche Kontexte werden
nicht verstanden, da die Lernbereitschaft nicht gegeben ist. Doch das
innere Feuer, die eigene Persönlichkeit speist sich aus der immer vorhandenen Orientierungsarbeit. Diese kann über wahrhaftige Gespräche, das Lesen und kulturelle Anteilnahme bewerkstelligt werden. Das
innere Feuer will genährt werden. Ohne sinnstiftende Inhalte wird dies
nicht möglich sein. Der Überhebliche wird in Sinnkrisen geraten, wenn
seine Vorstellungen nicht erfüllt werden. Der Überhebliche kann die
Wirklichkeit nicht erkennen und er wird frustriert und aggressiv reagieren, wenn seine Luftschlösser zusammenbrechen. Das Leben und Denken auf der künstlich angelegten Insel einer Abgehobenheit werden
schnell langweilig und hohl. Wer die Orientierungsarbeit nicht ein Leben
lang auf sich nimmt oder sogar zu lieben lernt, wird vom Leben abgehängt. Die Denkfaulheit geht mit der Überheblichkeit Hand in Hand und
führt in die Sackgasse. „Hüte dich vor den Besserwissern und den Über-

heblichen! Sie sprechen nicht auf Augenhöhe! Sie lieben die Manipulation und funktionalisieren die Menschen. Hüte dich vor den Verführern einer einseitigen Denkkultur! Du verlierst deine Freiheit und Würde, wenn du dich auf sie einlässt!"

„Da habe ich doch nichts von!"

Deine Ohren standen mal wieder auf Durchzug und das funktionale Kreisen hatte mal wieder von dir Besitz ergriffen. Diese Denkmethode ist ein verhängnisvoller, starker Motor deiner Persönlichkeit. Du bist das funktionale Kreisen. Du bist der Egoist und der Vorteilsnehmer, während du die Menschen verfehlst. Das Zuhören kann nicht deine Stärke sein, wenn du denkst: „Was habe ich davon?" Das Verstehen- Wollen und das Hinein-Fühlen können nicht deine Stärke sein, wenn du denkst: „Werde ich es jetzt leichter haben? Wird mir jetzt vieles abgenommen?" Dir geht es um dein Glänzen, während du dein Umfeld funktionalisierst. Dir geht es um den großen Auftritt und deine Geltungssucht: „Mein Sohn hat nur die besten Zensuren! Er ist beliebt und er wird Karriere machen!" Der Status des Sohnes soll deine Aufwertung ermöglichen und du willst dich positionieren. Vielleicht möchte dein Sohn keine hervorragende Karriere anstreben. Vielleicht möchte er töpfern und malen, lachen und menschlich sprechen. Das interessiert dich genauso wenig wie die Gefühle anderer Menschen, da du nicht empathisch bist und die Personen in berechnender Manier auf deinem Lebensschachbrett hin- und herschiebst. Geld steht an oberster Stelle und die Sucht nach Glanz folgt sofort, denn Geld, Macht und Glanz bedingen sich in deiner Welt der Täuschung. Die wahre, echte Begegnung zwischen Menschen interessiert dich nicht, da du glaubst, nichts davon zu haben. Du setzt auf das „Haben" und nicht auf das „Sein". Wer nicht auf das Sein fokussiert ist, kann die Menschen und die Zusammenhänge nicht verstehen. Der funktional Kreisende kann die Wirklichkeit nicht erkennen. Der nicht

Empathische hat keinen authentischen Zugang zu den Menschen. Der nicht von Herzen Liebende will die Menschen beherrschen. Ihm geht es nicht um das echte, wahrhaftige Wohl des anderen, denn dieses schließt die Selbstbestimmung und Würde des anderen mit ein. Dies schließt die Freiheit und Eigenverantwortung ebenso mit ein. Doch derjenige, der Menschen funktionalisiert, kreist nur um deren Nutzen: „Was habe ich von wem? Wie geht es mir am besten? Wer kann mir dienlich sein?" Vielleicht wird der funktional Kreisende mit seinen Kindern angeben wollen, vielleicht wird er sie kontrollieren wollen, vielleicht wird er hohe Erwartungen formulieren, doch die Eigenständigkeit und das wahrhaftige Wollen des anderen kümmert einen Angeber nicht. Er kreist um seine Interessen und diese schließen das wahrhaftige Verstehen-Wollen aus. Wer will einem Menschen Vertrauen schenken, der funktional denkt? Wer will einem Menschen Vertrauen schenken, der nicht verstehen kann und will?" Der funktional Kreisende ist in Wahrheit einsam, da man ihm nicht auf Augenhöhe begegnen kann. Er stellt sich über andere. Er erhöht sich und will glänzen. Er ist ein isolierter Mensch, auch wenn er mit anderen zusammenlebt. Da er die anderen benutzt und vor seinen Karren spannt, kann es in seiner Umgebung keine freie Kommunikation geben.

Die Bereitschaft zu verstehen

Das Verstehen-Wollen beinhaltet die innere Bereitschaft zu lernen, neue Aspekte nachzuvollziehen und neue Inhalte zu akzeptieren. Dies geht mit Offenheit und Kritikfähigkeit einher. Jeder Dogmatiker wird Probleme haben, Kontexte zu verstehen, die nicht seiner Doktrin entsprechen. Die Überheblichkeit derjenigen, die ihre Ansichten und Glaubensinhalte über alle Tatsachen, wissenschaftlichen Ausarbeitungen und historischen Kontexten setzen, handeln dogmatisch. Das Sprechen wird in einer missionierenden Art und Weise eingesetzt. Es kann keinen freien Dialog auf Augenhöhe geben, wenn einer der Gesprächspartner in einer überheblichen Art und Weise missioniert. Dies gilt sowohl für religiöse als auch für politische Kontexte. Der „Missionierende" geht davon aus, auf jeden Fall die einzig wahrhaftige Denkrichtung zu verfolgen und zeigt keinerlei Bemühungen, ernsthaft zuzuhören und neue Fakten, gesellschaftliche Kontexte und wissenschaftliche Errungenschaften offen und angemessen zu überdenken. Vielleicht wird er genau das vortäuschen, aber nicht ernsthaft verfolgen und umsetzen. Diesen Notstand in der Sprach- und Denkkultur findet man überall dort, wo leicht eingängige Inhalte, religiöse und politische Richtlinien unangefochten und unhinterfragt wiederholt werden. Die Sprache ist durchzogen von Dogmen und nicht anzuzweifelnden Gewohnheiten, Gesetzen und wird nicht selten von Äußerlichkeiten unterstrichen. Man identifiziert sich mit der Doktrin und möchte die Zugehörigkeit nach außen tragen. Überheblichkeit zeigt sich in der Haltung: „Meine Position und mein Denken gelten für mich als unumstößlich, ganz egal, welche Inhalte an mich herangetragen werden. Der Satz: „Der andere könnte auch Recht haben!" existiert nicht im Denken der Dogmatiker. Somit ist ein Diskurs auf Augenhöhe nicht möglich. Dieser Diskurs wäre jedoch die Voraussetzung für ein freies Denken und ein tieferliegendes Verstehen komplexer Inhalte. Der Dogmatiker schwelgt in seiner Überheblichkeit und bemüht sich in opportunistischer Art und Weise um Vorteile. Die Ausrichtung auf materielle Zugewinne wird verfolgt, während ein freies Denken als nicht interessant und nicht von Vorteil angesehen wird. Opportunistisches Kreisen verhindert genauso freies Denken und Verstehen wie das dogmatische Kreisen. Da beide in ihrer Unfreiheit und Unklarheit nebeneinander existieren und keinerlei Konkurrenz oder Widerspruch erzeugen, ergänzen sie sich gegenseitig. Eins greift ins andere und die Aussichten auf Gewinne locken viele nicht aufgeklärte Menschen an. Sie suchen den leichten Weg eines Halts, eines sinnstiftenden Miteinanders und verfallen der Doktrin, Denkfaulheit und dem Opportunismus, der das Denken und Verstehen in Zusammenhängen verhindert. Der Mensch ist unfrei, gegängelt und glaubt, auf der sicheren Seite zu stehen. Alles erscheint so einfach, wenn man nicht denken muss oder angeleitet wird. Man gibt sein eigenständiges Wollen auf und unterwirft sich der Doktrin. Dies bedeutet ein Ende von Freiheit und Mündigkeit.

Deine Lebendigkeit

„Bist du bereit, um dich zu kämpfen? Bist du immer wieder aufs Neue wach und stark genug, erkennen zu können, was dich in deinem inneren Kern ausmacht und wer dich von Herzen unterstützt, ohne dich verbiegen zu wollen?" Die Kinder laufen aufeinander zu. Sie sind neugierig und fragen nicht nach dem Inhalt eines Bankkontos. Sie bewerten nicht nach Geld und Macht. Sie probieren ihre Fähigkeiten aus und wollen lernen. Überbehütung und Gängelung führen zum Abbau von Lernwilligkeit, da die Entfremdung vom eigenen Selbst die Impulse des Lernens torpediert. Neugier und Lebendigkeit können nur greifen, wenn der Mensch nicht von sich entfremdet wurde. „Hüte dich vor denjenigen, die dich kaufen wollen! Hüte dich vor denjenigen, die dich unter Druck setzen und abwerten, wenn du nicht das umsetzt, was sie wollen. Hüte dich vor den Wirklichkeitsverdrehern, denn sie beugen die Wahrheit und suchen faule Ausreden!"

Das bewegliche Denken

Ein bewegliches Denken ist nur möglich, wenn eine Bewegung überhaupt stattfinden kann. Kreatives Denken lässt spontane Eingebungen zu und liebt Einfälle, die auf neue Lösungsmöglichkeiten hindeuten. Die geistige Beweglichkeit ist das Gegenteil von Stagnation, Dogmatismus und einer Lernunfähigkeit. Der im Dogmatismus Verhaftete spürt die Beweglichkeit eines freien, wahrhaftig kreativen Denkens nicht mehr, da jeder Impuls sofort überprüft und kontrolliert wird. Das bewegliche Denken liebt neue Impulse, Inhalte, Anstöße. Der Denker, der in seiner intellektuellen Auffassungsgabe frei und ungehindert Inhalte zulässt, wird täglich Argumente, Gedankenanstöße und kreative Ideen zulassen und inhaltlich annehmen. Er wird sich nicht vor der Wirklichkeit verschließen. Diese geistige Beweglichkeit lehnt Denkfaulheit ab und fördert die Bewegung, während jede Form der Stagnation vermieden wird. „Halte deinen Körper und Intellekt in Bewegung! Deine Gesundheit und Lernfähigkeit zeigen sich in der Strahlkraft deiner Persönlichkeit. Authentizität ist der Lohn für deine Bemühung um Selbstbestimmung, Freiheit und Verantwortung. Du bleibst neugierig und hellwach, wenn du den Verführern keine Chance gibst. Sie wollen dich benutzen. Sie wollen dich beeinflussen und dich von dir entfremden. Hüte dich vor den Dogmatikern und Machtmenschen!

Der Zugang zur Wirklichkeit

„Gib deinem Gegenüber die Chance, gehört zu werden und missbrauche niemals die Situation einer Schwäche!" Du wirst immer wieder mit Situationen konfrontiert sein, in denen andere Menschen schwach, krank und hilfebedürftig sind. „Versuche, sie zu verstehen und achte ihren Wunsch nach Selbstbestimmung. Achte ihre Würde, ihren Willen, ihre Persönlichkeit!" Alles hängt mit allem zusammen und der Mensch in Bedrängnis braucht besonders viel Verständnis. Er kann in den dunklen Stunden nicht stark und selbstbestimmt auftreten, wenn die Lage aussichtslos wirkt und die Hürden unüberwindbar hoch erscheinen. Er braucht Hilfe. Er braucht einen Fürsprecher, der das umsetzt, was der Schwache in dieser Situation nicht leisten kann. Der Menschliche wird dem Schwachen zuhören. Der Gerechte wird sich für die Rechte des Leidenden einsetzen. Über das Verstehen-Wollen gelingt es dem Menschlichen zuzuhören, dem Bedrängten Raum zu geben. Im Gespräch auf

Augenhöhe schenken wir auch dem Eingeschüchterten, dem Leidenden Respekt. Der Anspruch auf Würde lässt sich umsetzen, wenn man den Willen des anderen respektiert. Es geht dort gerecht und menschlich zu, wo die Persönlichkeit des einzelnen respektiert wird. Liebe ist ein Ausdruck der Menschlichkeit. Dort, wo die unantastbare Würde des Menschen gelebt, gibt es keine Abwertungen oder überhebliche Handlungen. Der Machtmensch nutzt die Schwäche des Leidenden aus. Der Geldmensch überhebt sich über den Armen. Der Skrupellose wird die Situation der Schwäche nutzen, sich zu überheben und die Probleme ignorieren. Somit zeigen sich die wahren Charaktere in der Stunde der Not. Der Überhebliche wird nur spenden, wenn es alle sehen. Im Dunkel der Hilflosigkeit wird er den Schwachen ignorieren. Das ist Täuschung, denn er gibt etwas vor, das der Wirklichkeit nicht entspricht. „Schau genau hin und versuche zu verstehen, mit wem du es zu tun hast! Wenn du den Zugang zur Wirklichkeit suchst, darfst du kein Opfer von Manipulation werden!"

Der Lebensfluss

Der Fluss der Liebe und Menschlichkeit sucht sich seinen Weg. Die Hinderer, die Lügner stellen sich in das Flussbett und verbreiten böse Märchen. „Arbeite an deinem freien Blick auf die Wirklichkeit! Erarbeite dir inhaltliche Zusammenhänge, wenn du dich gegen Lügen wappnen willst!" Die Suche nach der Wahrheit braucht die Kraft der Liebe. Die Kraft der Menschlichkeit richtet sich zum Licht der Aufklärung. Es kann keinen Frieden geben, wenn im blinden Hass Lügen gestreut werden. Jede Form von Verdrehung und Manipulation zieht weitere Kreise der Zerstörung nach sich. „Du wirst im inneren Frieden leben, wenn du den Destruktiven keinerlei Chancen einräumst!" Die konstruktive Kraft der Liebe will nicht herrschen, glänzen oder manipulieren. Liebe schenkt Freiheit, Selbstvertrauen und einen unbändigen Willen zur Aufklärung.

Wir brauchen den freien Blick auf unser Leben. Wir müssen in Zusammenhängen denken. Wir müssen kritisch und gleichzeitig liebend unserer Umwelt begegnen. Die von Hass Erfüllten werden bei Menschlichen keine Chance haben. Alles fließt und deine Liebe umspült deine Taten, wie frisches Wasser, das zum Leben gehört.

Die Überraschung

Du hattest alles geplant und lobtest dich: „Mir kann nichts passieren! Ich habe sogar schon meine Beerdigung geplant und bezahlt!" Das Kokettieren mit deiner Auffassung von Wirklichkeit sollte die Bewunderung deiner Zuhörer hervorrufen. „Ich habe mir einen Platz in der Seniorenresidenz gesichert! Dort kann mir nichts passieren, denn der Komfort und die Pflege übersteigen alles, was ich zuvor gesehen habe!" Doch nichts ist überraschender als die Wirklichkeit selbst. Am nächsten Tag nahmst du Abstand von deiner Planung. Sie erschien dir als nicht angemessen. „Ich bin mobil und ich will frei und selbstbestimmt bleiben. In der Residenz bin ich zu verplant und ich ertrage nicht den Gedanken daran, dass dies meine Endstation sein soll." Du warst über dich selbst verwundert, denn du hattest nicht angenommen, dass noch so viel Freiheitsdrang in dir steckte. Die Gedanken an die vielen Bequemlichkeiten verschwanden, als dich die Kreativen mit neuem Mut und anderen Inhalten ansteckten. Du bündeltest deine Kraft. Es war dir der Wille zur Flexibilität und neuen mutigen Wegen eingehaucht worden. Deine Reise war noch nicht zu Ende. Du strahltest und fingst an, neue Bilder zu malen. Deine Leiden rückten in den Hintergrund, während deine Freude zu leben neu erblühte. „Nichts ist überraschender als die Wirklichkeit! Du bist ein Teil davon!" Als es Abend wurde setztest, du dich auf deinen Balkon. Du lauschtest dem Treiben in deiner Stadt. Du warst ein Teil dieser geliebten Umgebung und du wolltest noch nicht gehen. Du wolltest noch bleiben und dazugehören. Du hast noch viel vor. Deine Reise ist noch nicht zu Ende „Nichts ist überraschender als die Wirklichkeit und nichts ist schöner, als vom Leben geküsst und immer wieder überrascht zu werden!"

Die Wirklichkeit holt jeden ein

Es kommt oft anders als man denkt und das Glänzen-Wollen, das Angeben und Täuschen sind spätestens beendet, wenn der Mensch in seiner Lebenswirklichkeit überleben und bestehen muss. In den Krisen, in den herausfordernden Momenten, zeigt sich der Charakter. „Der Mut und der Lebenswille sind gefordert, wenn sich der Lebensweg verdunkelt." Auf der Sonnenseite scheint sich vieles wie von selbst zu entwickeln. Das nötige Kleingeld ebnet so manchen Weg, doch Vorsicht: „Deine Orientierung wirst nur du erarbeiten können. Der Blick in die Wirklichkeit geht von deinen Augen aus! Stelle deine Ohren nicht auf Durchzug! Täusche nicht etwas vor, das du nicht bist oder geben kannst!" Die Wirklichkeit holt jeden ein und in der Krise zeigt es sich, wie viel du bereits gelernt und verstanden hast. Es ist einfach, im seichten Wasser zu plantschen, doch der Lebensstrom ist auch an manchen Stellen tief und unübersichtlich. „Arbeite an deiner Kompetenz! Meide Bequemlichkeit, sowohl im Denken als auch im Handeln!" Der Verwöhnte, der von der Wirklichkeit Abgehobene, wird es schwer haben, wenn die Lebensstürme toben. Man kann dem Lebensfluss nichts befehlen. Niemand kennt die Wirklichkeit von morgen. Die Realität holt jeden ein, der unter einer falschen Flagge segelt.

Der Hinterhältige

Der Hinterhältige war nicht an der Wahrheit interessiert. Er kreiste wie immer um sich und suchte den Vorteil. Aus diesem Grund konnte er weder die wahrhaftigen Bedürfnisse der anderen wahrnehmen, noch deren inneren Beweggründe erkennen. Er hatte somit keinen echten, unverfälschten Zugang zu den Menschen. Er konnte sie nicht verstehen und er konnte sich nicht in sie hinein fühlen. Der unverfälschte Zugang zum Gegenüber setzt ein Verstehen-Wollen voraus. Nur, der sich wirklich interessiert, wird den anderen verstehen können. Als der Hinterhältige dem Gesprächsbeitrag seines Gegenübers lauschte, verdrehte er bereits beim Zuhören die Fakten. Er wollte glänzen und somit musste er die positiven Attribute und Leistungen seines Gegenübers abwerten. Der Hinterhältige nutzt die Methode der Abwertung und Verdrehung, um sich aufzuwerten. Äußere Insignien der Macht spielen im Kontext der eigenen Aufwertung eine große Rolle. Der Hinterhältige nutzt seine Geldressourcen, um andere für sich zu gewinnen. Solange er über materielle Ressourcen verfügt, mag das gelingen. Die Gehilfen werden nicht verstanden oder ernsthaft respektiert. Solange sie zu Diensten stehen und nicht großartig widersprechen, werden sie sich begegnen, aber nicht authentisch austauschen. Der Hinterhältige zieht an den Strippen der Marionetten. Wer nicht als Marionette in Frage kommt, wird diskriminiert, abgewertet und immer wieder zu Unrecht kritisiert. Er passt nicht ins Konzept des Hinterhältigen, des Überheblichen. Die Wahrheit und die Gerechtigkeit interessieren einen Strategen keinesfalls. Das Geld dient der Macht und die Macht will erhalten werden. Wer sich diesem Gesetz widersetzt, wird geächtet. Der Freigeist wird einem Machtgierigen nicht zuarbeiten. Der Gekaufte wird am Tropf des Geldes hängenbleiben. Er ist nicht frei und auch nicht selbstbestimmt. Somit arbeitet jeder Gekaufte den Anforderungskatalog eines „Gönners" ab. Die Hinterhältigkeit hinterlässt grundsätzlich Spuren der Verwüstung, da nicht der Mensch im Mittelpunkt steht. Die Bedürfnisse der anderen interessieren den Gerissenen nicht und somit schlägt jede Kommunikation fehl, denn die Wahrheit darf nicht ausgesprochen werden.

Keine Langeweile

Der Freigeist entdeckt täglich neue, lebenswerte Aspekte an sich und anderen, da der Austausch lebendig und ernsthaft ausfällt. Der Lernende profitiert von seiner Neugier und Lebenslust ohne sich dies auf die Agenda gesetzt zu haben. Es geschieht. Es passiert einfach so, denn der Authentische liebt die Begegnung. Er hat nichts zu verbergen. Er will nichts erzwingen. Der Lebensfluss ist sein Lebenselixier und er braucht andere nicht zu schmieren, zu manipulieren, da er über die Ausstrahlung eines Lebendigen verfügt. Die anderen Menschen fühlen sich angezogen und verstanden, denn der Freigeist arbeitet an seiner Selbstbestimmung. Er wird niemals zu bequem und opportunistisch werden, um klar zu denken. Er will die Wahrheit erfahren und nicht wegschauen. Die Weisheit, Gerechtigkeit und Tapferkeit blühen, wenn kein Gift der Intrige gestreut wird. Sie blühen auf dem Feld der Freiheit und der Güte, der Liebe und der Suche nach einem ewigen Verstehen. Der Aggressive umgibt sich mit den Waffen seiner Macht. Er droht und nutzt die Sprache der Einschüchterung. In der Welt der Menschlichkeit erblüht die Kommunikation. Das Verstehen-Wollen treibt den um Inhalte Bemühten an. Er kreist nicht um sich, sondern er wendet sich der Wirklichkeit zu. Es gibt viel zu lernen, zu verstehen. Das Leben des wahrhaftig Interessierten kann gar nicht langweilig werden und er wird verstehen, dass es viel zu erkennen gibt. Er wird die Einsicht in die Notwendigkeit pflegen und die Mäßigung dem Verschwenden vorziehen. Alles fließt aus ihm heraus und die Lebensquelle wird nicht versiegen, denn den guten Worten und Taten folgen noch mehr positive Ereignisse. Wer Freiheit gibt, erfährt den großen Raum der Entfaltung. Menschen sprechen aus sich heraus, denn sie haben nichts zu befürchten. Es wird nie langweilig, wo es in Freiheit und Liebe zugeht. Der Liebende versteht sich als Gebender und empfängt die Kraft des Lebensflusses. Es ist der natürliche

Strom der Existenz. Es ist der fruchtbringende Strom, der das Leben immer wieder neu erweckt. Der um sich Kreisende wird viel übersehen, wenig verstehen. Er will herrschen und langweilt sich auch mit den anderen, denn sie werden Belangloses äußern, um nicht verletzt zu werden.

Die Welt der Tugenden

Die Welt der Tugenden betrifft jeden von uns und wird niemals altbacken, überholt und langweilig sein. Die Welt der Tugenden gibt uns Halt, Kraft und ein Bewusstsein für das wahrhaftig Sinnvolle. Wir dürfen der Gerechtigkeit eine Chance geben. Wir dürfen uns mäßigen und der Einsicht in die Notwendigkeit folgen. Wir brauchen uns nicht der Völlerei und der Verschwendungssucht preiszugeben. Wir brauchen andere nicht zu belügen, zu betrügen oder auszubeuten. Der Tapfere wird zu seiner Einsicht stehen, auch wenn es unbequem und gefährlich wird. Der Mutige wird nicht zurückweichen, auch wenn die Lügner von ihm die Unterwerfung einfordern. Der Denkende wird auch dann reflektieren und sich informieren, wenn ihm eine Welle der Empörung oder Unterdrückung entgegenkommt. Es geht um die Bereitschaft zu denken, zu lernen und seinen Verstand zu nutzen, auch wenn Verbote und Fehlinformationen unseren Lebensalltag vergiften. In der Welt der Tugenden wird eine Tapferkeit gepflegt, die der Gerechtigkeit und Selbstbestimmung dient. Der ethisch orientierte Denker wird abwägen, planen und immerzu lernen, denn der Wandel bedeutet eine Herausforderung, eine neue Ausrichtung. Diese Orientierungsarbeit will geleistet werden und wer sich dem Konsum verschrieben hat, wird in seiner Ablenkung, seinen Süchten nach immer mehr verkommen. Es ist die Dekadenz der Orientierungslosen, die die Spirale einer Ausbeutungskultur anfeuert. Es ist die Spirale einer Kultur- und Verantwortungslosigkeit, die sich vieler Lügen bedient. Der in der Ablenkung und Verdrängung verhaftete wird nicht klar denken. Der in der Genusssucht gefangene wird sich seinen Süchten hingeben. Ihre Unfreiheit wird als Fortschritt, Errungenschaft oder wohlverdienter Luxus deklariert. Es ist eine pervertierte Weltsicht, die gleichzeitig den Verzicht für die Ausgebeuteten predigt. Während die Bilder der Luxusanwesen den Neid der Ausgebeuteten anfeuern, präsentieren sich die Privatiers als Gewinner. Der Ausgebeutete, der den Luxus ermöglichte, wird verhöhnt. Es ist ein falsches Spiel mit gezinkten Karten. Es ist die Verdrehung der Wirklichkeit. Der Ausgebeutete wird herabgestuft, während der im Luxus Schwelgende aufgewertet wird. Diese Welt des hohlen Scheins existiert in den Köpfen aller Manipulierten und der Manipulierenden. Die Bilder der Scheinwelten überfluten unsere digitalen Plattformen, während die Pflanze der Wahrheit und Klarheit sich einen Weg ans Licht sucht. Die Welt der Tugenden existiert nicht im Denken und Handeln der Lügner und Ausbeuter. Sie sind süchtig nach mehr und es ist ihnen jedes Mittel Recht, um ihre „Vorteile" zu sichern und zu mehren. Nicht wenige gehen buchstäblich über Leichen.

Die Welt der Dekadenz

Während Kriege befeuert und die Lügen der Herrschenden wiederholt und nachgeplappert werden, sonnen sich die Dekadenten und Verdrängenden im Licht des Wohlstands. Doch dieses Licht brennt auf Kosten der Menschheit. Es sind keine Lichter von Wahrheit und Klarheit. Der Dekadente wird nie zufrieden sein, da er immer mehr konsumieren und besitzen will. Er kreist um vordergründige Vorteile und lebt im Wahn eines Opportunismus, der keine ethischen Grenzen anerkennt. Alles was funkelt, ablenkt und den Geist vernebelt, ist willkommen. Die Leere der Handlungen, die Sinnlosigkeit führen in gefährliche Abgründe. Der Verbrauch an Ressourcen, an Menschen und die damit verbundene Inanspruchnahme der Lebenszeit anderer steigert sich stetig, denn der

Verschwender wird keinen inneren Frieden finden. Scheinwelten dulden keine Klarheit, keine Gerechtigkeit und keine wahrhaftige Menschlichkeit. Der Genießer wird wegsehen, wenn es anderen schlecht geht. Er möchte nicht mit Elend konfrontiert werden. Der Genusssüchtige kreist um seine Süchte. Vielleicht ist er gierig nach Aufmerksamkeit oder nach immer neuen Genüssen. Es gibt keine innere Zufriedenheit, Ruhe und Ausgeglichenheit, wenn der Impuls des Haben-Wollens die Herrschaft übernommen hat. Die Welt des Seins aber sucht nach Klärungen, echten Informationen, sinnstiftenden Gedanken und Gesprächen. In der Welt des Vorteils giert ein jeder nach Pfründen und befeuert Neid, Gier und Lügen, da sich ein jeder der nächste ist. In einer Welt der Dekadenz regiert der Egoismus. Es ist ein ungesunder Zustand, der nur in die Unzufriedenheit und Unmenschlichkeit führt. Dagegen dient eine Welt der Tugenden dem Wachstum, der menschlichen Orientierung. Der wahrhaft Denkende, der um Inhalte bemühte Mensch wird es mit den Verdrängenden, den Genusssüchtigen nicht aushalten. Lügner geben den Wahrheitsliebenden keine Chance. Sie werden versuchen, die Realität zu verdrehen und der Lüge eine Plattform zu schenken. Der Dekadente wird sich als Gönner verkaufen. Er wird vielleicht auf Events spenden und süße Worte heucheln. Ausreden, Floskeln und hohles Gewäsch werden abgespult, denn der Dekadente liebt einen Auftritt, bei dem er seine Eitelkeit pflegen kann. Nur ein Denkender kann ihn entlarven, weil er hinter die Fassaden der Scheinwelten blickt.

Der Egoismus

Der Egoist kreist im Tunnel des Haben-Wollens. Er mag zudem auch im Tunnel des Herrschen-Wollens gefangen sein. Die Psychologie beschäftigt sich unter anderem mit den Ursachen des Egoismus` und inwiefern dessen Auswirkungen schädlich ausfallen. „Warum behindert der Egoismus das Verstehen?" Der Tunnel der Vorteilsnahme und Ich-Bezogenheit versperren den Blick auf das Du, auf soziale Kontexte und somit auf eine fruchtbringende Verständigung. Die Abwärtsspirale eines um sich Kreisenden wird häufig nicht bemerkt, da vor allem wohlhabende Egoisten viel über ihren Reichtum ausgleichen können: Sie beeinflussen oder kaufen Menschen. Es ist auch beliebt und verbreitet, dass sie anderen ihren Willen aufdrängen und gleichzeitig mit Geld beeindrucken. Das bedeutet, dass der Egoist um sich kreist und seine Mitmenschen als Dienstboten oder Unterworfene einordnet. Inwieweit das bewusst oder unbewusst geschieht, müsste durch eine Therapie herausgearbeitet werden. Es geht um die Unterwerfung, die Fremdbestimmung und immer wieder um die Machtausübung, die damit verbunden ist. Der Egoist ist nicht am freien Willen seiner Mitmenschen interessiert und hier erkennen wir das philosophische Problem: Wenn der freie Wille nicht respektiert wird, wenn der Wunsch, die Lebenseinstellungen und Neigungen nicht beachtet werden, so kann weder ein Dialog auf Augenhöhe noch ein umfassenderes Verstehen realisiert werden. Im schlimmsten Fall zeigt sich das im zwischenmenschlichen Bereich, in der Arroganz und Ignoranz bis hin zur völligen Respektlosigkeit. Der Egoist verfolgt bewusst oder unbewusst seine Ziele und missachtet die Anliegen anderer. Diese Vorgehensweise geht grundsätzlich mit Verletzungen und Abwertungen einher, denn jede misslungene oder vermiedene Kommunikation zieht weitere Missverständnisse oder Verletzungen nach sich. Zwischenmenschliche Verfehlungen führen in Krisensituationen, die sich zu großen Abgründen auftun können. Machtansprüche des Egoisten verhindern fruchtbringende, klärende Gespräche. Die Machtansprüche führen zu Gräben, unüberbrückbaren Abgründen, die durch eine dominante Gesprächsführung und durch die Ignoranz anderer Meinungen und Bedürfnisse erkennbar wird. Das Desinteresse an dem, was der andere denkt, fühlt und wünscht, führt in Krisensituationen, da die

Kommunikation ungenau, kaum durchdacht und nur oberflächlich genutzt wird. Der Egotunnel verhindert ein fruchtbringendes Gespräch. Der um sich Kreisende verschreckt empathische Menschen, da sie Berechnung und emotionale Kälte nicht ertragen. Wenn Menschen wie Schachfiguren hin und hergeschoben werden, wenn es keine Möglichkeiten einer ehrlichen Kommunikation gibt, werden die zwischenmenschlichen Beziehungen von Distanz und Kälte geprägt. In der Familie wird es zu Spaltungen kommen und in der Politik zu destruktiven Entscheidungen führen. Der Egoist zeichnet sich durch seine verdrängende, überhebliche Haltung aus und diese ist das Gegenteil einer ernstgemeinten Mitmenschlichkeit. Eine echte, authentische Kommunikation und die damit verbundene Bereitschaft zur Klärung fehlen. Der Egoist kreist im Tunnel der Vorteilsnahme und bemerkt nicht, wie verletzend und ignorant er vorgeht. Er wird sich oft beschweren und noch mehr Kritik äußern, ohne sich selbst einmal zu hinterfragen. Somit entfallen eine fruchtbringende Katharsis und ein damit verbundenes Persönlichkeitswachstum. Viele Egoisten scheitern, da sie Familie, Freundschaften und berufliche Bande zerstören. Ihre eigene Zerstörung leiten sie gleichfalls ein, denn auf Dauer hält es niemand mit ihnen aus. Sollten sie dennoch in einem Familienkreis geduldet werden, können sie nicht an einer ehrlichen Kommunikation partizipieren, da die Mitmenschen ihre destruktiven Äußerungen scheuen. Die Opfer, die Abhängigen, werden vielleicht eine gute Miene zum bösen Spiel machen, doch es kann keine befriedigenden zwischenmenschlichen Beziehungen geben, wenn ein Egoist wütet. Somit kreist der Überhebliche im Egotunnel und erlebt sich als zunehmend isoliert. Vielleicht wird er verbittern, wenn die oberflächlichen Begegnungen und Ablenkungen nicht mehr trösten können. Das Menschsein zeigt sich in der Kommunikation und wer diese nicht erlernt und verstanden hat, wird seine Beziehungen nicht fruchtbringend pflegen können. Jede Manipulation zieht einen Schaden nach sich.

Der freie Wille kann sich nicht zeigen. Der unbedingte Wunsch zu verstehen ist die Grundvoraussetzung für eine ethische Haltung und eine echte, ernstgemeinte Kommunikation. Der Frieden kann nur umgesetzt und gelebt werden, wenn Vertrauen wächst. Tricks und Täuschungen führen zu Vertrauensverlust. Nur eine offene Kommunikation auf Augenhöhe schafft ein friedliches Miteinander, einen würdevollen Umgang mit Respekt und Liebe. Jeder Plan zum Nachteil eines anderen, jeder Plan, den anderen zu täuschen, zerstört das Vertrauen und die Grundfesten der Kommunikation. Somit entfernt sich der Egoist von einem Leben in Liebe und fruchtbaren Wachstum. Der Egoist sät Missverständnisse in und durch seine Ignoranz. Dies führt zu einer umfassenden Schwächung seiner selbst und aller Betroffenen.

Der Egoist auf hoher See

Die Verdrängung lief auf Hochtouren, während die Ausbeutung das Leben in einer unglaublichen Dekadenz möglich machte. „Ich habe Erfolg! Schaut her, mein Reichtum gibt mir Recht!" Das operierte Gesicht seiner Gespielin zeugte von einer Hohlheit besonderer Ausprägung. Ihre Schlauchbootlippen und Brüste wölbten sich. Die Fratze entgleiste beim Kichern. Es war kein Lachen aus vollem Herzen. Es war das Geräusch einer künstlichen Belästigung, denn jeder Erfahrene erkannte die Show einer unauthentischen Person. „Was kann man sagen, worüber kann man mit jemandem sprechen, der in seiner Hohlheit nur Floskeln bedient?" Es erinnert an einen Horrorfilm, in dem Masken sich begegnen. Niemand weiß, was der andere plant, und man kann nur ins Messer laufen. Es findet kein echter Austausch statt und das Prahlen soll dem Gegenüber einen Respekt abverlangen. Doch kein Denker wird einem Lügner huldigen. Kein Mitfühlender wird bei einem Täuschenden sein Herz ausschütten. Der wahrhaft Liebende wird sich angesichts dieser Scheinwelten distanzieren. Kälte, Abgehobenheit und Ignoranz schlagen jeden

Denkenden in die Flucht. Die knallenden Korken und das hohle Geläch-
ter schallen wie Warnungen durch Raum und Zeit: „Achtung, Achtung!
Hier wird gelogen und betrogen! Alles nur Fassade und Schein!" Der
Schein trügt und das Sein hat sich verabschiedet. „Achtung, Achtung,
die Menschlichkeit ist nicht an Bord und die Denkenden haben die
Flucht ergriffen."

Keine Zeit für Arroganz

Der Verdrängende sonnte sich in seiner Arroganz. Er stieg aus dem Bent-
ley, während er genau hinsah, ob auch genügend Bewunderer zuschau-
ten. Er könnte weit weg vom Geschehen in der Anonymität sein Leben
genießen, doch dazu war er nicht fähig. Er sonnte sich in den Blicken
seiner Bewunderer, die ihn nicht persönlich kannten und beschwerte
sich später darüber, dass er nach Selfies gefragt wurde. Er wollte seine
Ruhe haben und keine Autogramme geben. Seine Statussymbole lockten Bewunderer an, die ihn weder kannten noch als Person erfassen
konnten. Seine Gespielin war fast noch ein Kind, während er bereits ein
hohes Alter erreicht hatte. Eine Frau mittleren Alters hätte nicht ins
Konzept gepasst. Er wollte jugendlich wirken und deshalb sollte eine
junge Frau den Anschein von Dynamik auf ihn übertragen. Er schaute
sich immer wieder um. Er wollte gesehen, bemerkt werden. Er brauchte
die Blicke der anderen. Er war der Player, der Verführer. Die innere
Leere verlangte nach viel Ablenkung und noch mehr Betäubung. Er
brauchte die Blicke, den Applaus, um sich zu spüren und um sich kurze
Zeit später darauf zu beschweren: „Nirgendwo hat man seine Ruhe!
Überall wird man angestarrt!" Er lebte tagein, tagaus in Widersprüchen
und in der Angst, nicht gesehen zu werden. Seine Wünsche mussten
rund um die Uhr befriedigt werden. Er war ein armer, reicher Mann, der
Angst vor der Stille hatte. Er wusste, dass er die Menschen kaufte. Seine

Arroganz verscheuchte alle Menschlichen. Er war umgeben von Jasagern, die es auf sein Geld abgesehen hatten. Sie hofierten ihn. Sie warteten darauf, dass etwas vom Kuchen abfiel. Der arme, reiche Mann verstand die tieferen Zusammenhänge seiner Existenz nicht, da er dem Verdrängen zu viel Zeit und Raum geschenkt hatte. Das Wegsehen gehörte zu ihm wie das Leugnen. Leugnen, Überhören, Verdrängen und Lügen sollten ihm helfen, ein genussvolles Dasein zu führen. Doch es endete in einer Sackgasse der Unmenschlichkeit. Das Korsett der Überheblichkeit ließ ihn immer steifer und unflexibler werden. Äußerlichkeiten und Scheinwelten hielten ihn stets gefangen. „Kehre um und lass los! Du wirst in deinem hohen Alter die Menschen spüren und lieben, wenn du deine Rüstung, deinen Panzer ablegst! Werde zum wahrhaftig Weinenden und Lachenden! Halte inne und gib dir selbst eine Chance!"

Dein Schutz

Deine Erfahrung schenkt dir Schutz. Deine Bildung ist das Gold und die Liebe deine Lebendigkeit. Das liebende Herz wird immer neue Wege finden. Es wird in dunklen Zeiten nicht aufgeben, da die Wärme der Menschlichkeit das Überleben sichert. Die Flexibilität des Mutes gibt der Hoffnung neue Kraft, während deine Bildung und Erfahrung der Intuition zu neuen Wegen verhelfen. Der Erfahrene wird die Fallen erkennen. Der Gebildete wird die Scheinargumente entlarven. Der Liebende wird das kalte Herz eines Heuchlers erahnen. „Werde niemals zu bequem. Lebe um der Liebe und der Aufklärung willen. Höre auf dein Herz und fördere deinen Verstand! Die Prinzipien der Existenz liegen in der Liebe, der Empathie und dem Mut, Wahrhaftigkeit und Klarheit zu suchen!" Der Vorteilsbedachte wird in die Fallen anderer Heuchler laufen. Er wird den Denkenden meiden, da er nicht ertappt werden will. Der Denkende wird der Katharsis eine Chance geben. Er wird an sich arbeiten und gerne lernen. Dein Schutz liegt im Gold der Erfahrung! Dein

Schutz erwächst aus dem Wissen, mit dem du weiter wächst. Es ermöglicht es dir, böse Absichten zu erkennen und nicht in die Messer der Lügner zu laufen. Du brauchst dich nicht, mit Intrigen zu belasten, wenn du sie durchschaust und wenn du deine Kraft nicht im Kampf der Sinnlosigkeit vergeudest. Erfahrung und Wissen sind das Gold und das Fundament einer reifen Existenz.

Deine Erinnerungen

Deine Erinnerungen wärmen dich in dunklen Tagen. Sie begleiten dich und erfüllen dich mit Licht, wenn es um dich herum kalt wird. Sie können dir nicht genommen werden. Es bedeutet Freiheit und Selbstbestimmung, wenn du in deinen Erinnerungen badest. Niemand kann es dir wegnehmen, in deinen Bildern zu suchen und dich in ihnen zu wärmen. Solange du lebst, leben diese Bilder in dir. Erinnerungen sind ein Teil von dir und auch der Tod deiner Liebsten kann keine Bilder löschen. Solange du lebst, kannst du dich am Feuer der Erinnerungen wärmen.

Geröll der Lügen

Lügen stehen dem Verstehen im Weg. Sie locken Menschen auf eine falsche Fährte, sie verleiten das Denken in eine falsche Richtung und kosten Lebenszeit. Es bedarf der Umkehr und einer großen Portion Energie, Mut und Wissen, sich konsequent der Wahrheit zuzuwenden. Der Mutige wird die nötige Unabhängigkeit und Freiheit suchen, um sich ein Bild der Lage machen zu können. Er wird sich trauen, das Geröll aus Lügen und Widersprüchen zur Seite zu schieben. Er wird es sich zutrauen, der Wahrheit ins Gesicht zu sehen und wenn nötig umzukehren, wenn er erkennt, dass er einer falschen Fährte folgte. Der Mut zur Wahrheit und Klarheit setzt den Willen zum Verstehen-Wollen voraus. Der Denkende wird sich nicht mit Lügen und Ausreden abspeisen lassen.

Der an der Wahrheit Interessierte wird fragen, denken und suchen. Er wird Zusammenhänge erkennen wollen. Er wird verstehen wollen. Lügen stehen jedem Verstehen im Weg. Sie sind das Geröll und stiften Verwirrung. Darum muss der Weg zur Wahrheit immer wieder gegen alle Widrigkeiten gesucht werden. Die innere Bereitschaft, Lügen entlarven zu wollen, setzt ein unbedingtes Interesse an Aufklärung voraus. Orientierungsarbeit kann nur mit einer ethisch fundierten Haltung geleistet werden. Einschüchterungen, Drohungen, Erpressungen dürfen keine Chance erhalten. Ein Lügner ist der Wahrheit weder verpflichtet, noch stellt sie einen Wert in seinem Denken und Handeln dar. Tricks und Täuschungen, Gerüchte und falschen Fährten gehören beim Lügner zum Tagesgeschäft. Somit schwächt er sein Umfeld. Menschen geraten auf die falsche Spur. Sie erleiden persönliche Schieflagen und folgen falschen Fährten. Nur mit Mühe und dem Willen zur Wahrheit und Klarheit werden sie Sackgassen verlassen können. Es erfordert eine Extraportion Mut und Kraft, der Klarheit eine Chance zu geben und vor sich selbst einzugestehen, das man einer Honigspur aus Lügen und Widersprüchen gefolgt ist. Eine Umkehr, innere Katharsis, wird diese Desorientierung beenden. Der aufgeklärte Denker zappelt nicht wie eine Marionette an Fäden. Der Suchende, der um die Wahrheit Ringende, wird kein Schmiergeld annehmen. Der kritische Menschenfreund wird nicht aus Gier und Hochmut andere verraten.

Denken, verstehen, selbstbestimmt leben

Wer seine Freiheit nicht bewusst erlebt und zu schätzen weiß, wird sie schnell verlieren. Wer nicht bereit ist zu denken und die Kontexte zu erfassen, findet sich schnell in den Ketten einer Fremdbestimmung wieder. Nicht jeder Verweigerer des Denkens hat das Glück, an einen liebenden Menschen zu geraten, der die Freiheit und Selbstbestimmung seines Partners akzeptiert und fördert. Die Flamme der eigenen Persönlichkeit braucht Luft. Die Flamme der Selbstbestimmung wird nur lodern können, wenn sie die Voraussetzungen dafür erhält. Diese Bedingungen sind grundsätzlich keine Selbstverständlichkeit und auch die zunächst besten Voraussetzungen für ein selbstbestimmtes Denken und Handeln nützen nichts, wenn ein Mensch aus Bequemlichkeit, Mutlosigkeit oder Angst seine Freiheit aufgibt. Auch auf dem Weg aus Milch und Honig kann man ausrutschen. Es gehört viel mehr dazu, an seiner Persönlichkeit zu arbeiten als nur Vorteile, vermeintliche Vorteile in einer opportunistischen Haltung zu generieren. „Du wirst dich wie ein Sklave mit Fußfesseln wiederfinden, wenn du nicht bereit bist zu denken, zu verstehen und denjenigen zu widersprechen, die dir deine Freiheit und Selbstbestimmung nehmen. Du wirst schwächer und konturenloser, nicht mehr frei und schon gar nicht authentisch, wenn du den Köder der Selbstaufgabe schluckst!" Du dachtest, dass man dich verwöhnen wollte. Du dachtest, dass man dich nähren und unterstützen wollte. Du lagst schief, denn die Bedingungen waren unausgesprochen andere. Du solltest dich immer mehr anpassen und schließlich unterwerfen. Den Lebensplan entwickeln nun andere für dich. Du bekommst einen Stundenplan, den du abzuarbeiten hast und du darfst dich mit niemandem treffen, der dich auf die Spur der Selbstbestimmung zurückführen könnte. Die vielen Lügen, Ausreden und Manipulationen musst du nun über dich ergehen lassen, denn du widersprichst schon lange nicht mehr. Du hängst am Haken. Du hast den Köder geschluckt. Als du noch nachdenken konntest, hast du die Widersprüche beiseitegeschoben. Du wolltest es bequem haben und bist zum Mitläufer geworden. Nun erduldest du die Lügen und Lebensqualen eines fremdbestimmten Lebens. Der Antrieb, das innere Feuer und deine Leuchtkraft sind so stark eingeschränkt, dass du nicht mehr an frühere Erfolge anknüpfen kannst. Du hast dich in einer Kuschelwolke der Bequemlichkeit verirrt, verloren, aufgegeben. Es ist das Schicksal des Denkunwilligen. Es ist die Sackgasse des Unmündigen, der sich hartnäckig der Wahrheit und Klarheit verweigerte. Das Denken, das Verstehen-Wollen bedeutet, gegen alle Widerstände weiterhin inhaltlich zu arbeiten. Der Opportunismus, die Bequemlichkeit und die Verlogenheit führen in einen Kerker der Unfreiheit. Der Mutlose, der Mitläufer wird sich vom Licht der Wahrheit immer weiter entfernen und sein Leuchten verlieren. Er wird vegetieren und in der Dunkelheit verschwinden.

Deine Begabungen

Deine Begabungen werden nicht gesehen, wenn du in der Folterkammer der Fremdbestimmung festsitzt. Deine Begabungen werden sich in belanglosen Worthülsen und sinnentleerten Floskeln auflösen, wenn du immer weniger die Zusammenhänge erkennst und wenn du dich von dir entfremdest. Du wirst an die Erfolge der Vergangenheit nicht mehr anknüpfen können. Vielleicht fragst du dich ab und zu in einem lichten Moment: „Wo wollte ich hin? Was macht mich im Kern aus? Welche Inhalte vertrete ich?" Doch die Realität holt dich schnell ein, wenn dein Umfeld nicht an deiner wahrhaftigen Meinung und somit auch nicht an deiner Person interessiert ist. „Bist du noch in der Lage, ehrlich zu dir zu sprechen? Wer wird dich ernsthaft verstehen wollen?" Solltest du bereits in der Falle der Fremdbestimmung sitzen, so wirst du dich fragen: „Warum lebe ich in der Höhle der Finsternis und welche Bedingungen, Umstände und Personen haben dazu beigetragen?" Die Antwort lässt auf sich warten, wenn dich dein Mut zur Klarheit verlässt. Du zögerst und haderst mit der Wahrheit und Klarheit und wagst es nicht, dir einzugestehen, dass du falsch abgebogen bist. Es würde einen überwältigenden Schmerz auslösen, in Freiheit und Würde zu denken, zu sprechen und zu handeln. Du hattest viele Chancen und die besten Voraussetzungen, um in Freiheit zu atmen. Bequemlichkeit führte geradewegs in die Denkfaulheit. Der Verdrängende, der Denkverweigerer, missachtet die Signale der Reflektierten. Während er auf der Honigspur das Leben feiert, verkleben seine Flügel. Er kann sich nicht mehr in die Höhen der Erkenntnis aufschwingen. Die Angst vor der Wahrheit und vor einer notwendigen Umkehr, bedroht seine Existenz. „Wer sich nicht dem Licht der Wahrheit zuwendet, vegetiert in der Unklarheit, in der Lüge und der Fehleinschätzung." Der Klebstoff der Trägheit und die Fesseln der Mutlosigkeit lassen ein Leben in Freiheit und Verantwortung immer weiter in die Ferne rücken. Der Verfall zeigt sich in der mangelnden Kompetenz, die tragenden Inhalte zu erkennen. Frage dich: „Warum hast du so bereitwillig am Nektar der Fremdbestimmung gesaugt? Wer lockte dich in die Falle der Denkfaulheit? Wer unterstützte deinen Hang zur Bequemlichkeit?" Solange in dir eine kleine Flamme des Mutes lodert, solange die Energie des freien Denkens und der Hoffnung in dir existiert, ist es noch nicht zu spät. Die Flamme des Denkens ernährt sich aus dem Mut zur Wahrheit. Die Flamme der Selbstbestimmung ernährt sich aus der Kraft des Verstehen-Wollens. „Schütze diese Flamme! Sie leuchtet dir den Weg zurück in ein lebenswertes, selbstbestimmtes Leben. Schätze deine Begabungen! Nimm deine Intuitionen ernst! Du hast es verdient, ein selbstbestimmtes Leben zu leben! Nur ein Leben im Einklang mit dir selbst ist von Würde getragen!"

Deine Chancen

Es gehört viel Mut dazu, seine Chancen zu ergreifen. Es gehört viel Wissen dazu, seine Chancen zu erkennen. Es gehört Bildung dazu, zu begreifen, dass man ein Leben lang lernen sollte und dass es keinen Stillstand geben dürfe. „Du hast es nicht geschafft, wenn du ein Haus und ein Auto dein Eigen nennst! Du darfst dich nicht auf Äußerlichkeiten, materiellen Errungenschaften ausruhen! Es ist bereits ein Fehler, wenn du pausenlos um materielle Dinge kreist und dich als Persönlichkeit vernachlässigst!" Dein Blick wird einseitig gefangen genommen, wenn du dich der Materie verschreibst. „Lerne aus deinen Erfahrungen und erkenne, wer es gut mit dir meint. Der Liebende wird dich in deiner Vielfalt annehmen und dich nicht verbiegen wollen. Er wird dir deine Freiheit lassen und immer wieder aufs Neue schenken. Nur so kannst du deinen Weg suchen, finden, gehen. Der dich Liebende wird dich weder eingrenzen noch ausgrenzen!" Dein Blick auf das Wesentliche wird dir einen freien Blick schenken. Du wirst nicht pausenlos um Unwichtiges kreisen und deine Gedanken werden sich auf einen ethisch orientierten Weg machen. Du wirst den Frieden in dir suchen. Du wirst der Gerechtigkeit eine Chance geben. Du wirst keine Rache üben wollen und immer wieder den Dialog suchen und dabei dem Hass eine Abfuhr erteilen. Deine Liebe strömt zu dir zurück, ohne dass du dich in Erwartungen verstrickst. Deine Chance liegt im besonnenen Handeln und deine Sprache ist geprägt von dem Willen zum Frieden. Du liebst den herrschaftsfreien Diskurs und du lässt dich nicht in die destruktiven Pläne einiger anderer einwickeln. Deshalb kommt ein Spalten, ein Herrschen-Wollen und opportunistisches Kreisen für dich nicht in Frage. „Bilde deinen Charakter und bleibe ein Leben lang aufmerksam und inhaltlich orientiert. So wirst du stetig lernen und niemals in einer Überheblichkeit annehmen, das du bereits alles weißt und der Reichtum dir recht gibt!" Der Fluss des Lebens sollte niemals künstlich aufgestaut werden. Es würde sich rächen, der Natur hinein zu fuschen. Deine natürlichen Anlagen wollen gefördert werden. Du wirst dich am wohlsten fühlen, wenn du es nicht nötig hast, dich zu verbiegen oder zu verleugnen.

Überwindung der Scham

„Du bist gut! Du bist richtig! Du brauchst nicht den Anforderungskatalog anderer abzuarbeiten und dich dabei selbst zu verlieren. So lange du anderen nicht schadest und menschlich handelst, kannst du voller Selbstbewusstsein an deiner Entfaltung arbeiten!" Diese konstruktive Arbeit wird deiner Natur entsprechen und du wirst dich auf diesem Weg immer besser verstehen. „Habe den Mut, auf deine innere Stimme zu hören. Es wäre fatal, wenn du dies vernachlässigen würdest und wenn du sie irgendwann nicht mehr empfangen könntest. Deine Stimme ist deine Intuition. Deine Stimme wird dir Mut machen und neue Wege aufzeigen!" Auch in Stunden der Ausgrenzung darfst du zu dir stehen. Auch in den dunklen Stunden der Demütigung wirst du deiner Liebe zu dir neue Impulse und Kraft schenken. Du wirst einfallsreich und lebendig bleiben, wenn dein Zentrum gepflegt wird. „Erkenne diejenigen, die dich in deinem Wachstum unterstützen! Sie werden dir helfen, die Scham zu überwinden, wenn du andere Wege gehen willst." Wir alle brauchen immer wieder neue, angemessene Lösungen und keine bequemen Trampelpfade, die uns daran hindern, uns besser aufzustellen. Das Leben gibt uns neue Aufgaben und es liegt an uns, mit wachem Blick den Weg zu suchen, der uns unseren kleinen und größeren Etappen näher bringt. „Bleibe einfallsreich! Bleibe lebendig! Meide Bequemlichkeit!"

Keine Unterwerfung, keine Manipulation

Unsere Bildung hilft uns zu erkennen, welche Inhalte, welche Ansprüche an uns herangetragen werden. Wir können unterscheiden, ob die Einflüsse inhaltlich orientiert, sachlich und konstruktiv sind. Je besser wir Zusammenhänge erfassen und je mehr wir uns in Themenbereiche hineingearbeitet haben, desto besser sind wir vor Manipulationen geschützt. Unser Wissen gibt uns Kraft und eine Orientierung, wenn wir in Bedrängnis geraten und uns zum Beispiel dominante Personen ködern wollen: Sie werfen ihre blinkenden Köder aus. Sie wedeln mit Geldscheinen und anderen scheinbaren Gewinnen. Unser Denken wird lebendig bleiben, wenn wir sachlich und inhaltlich orientiert an unserem Wissensstand arbeiten. Unsere Kompetenz ist das Resultat unserer Anstrengung. Niemand kann uns die Arbeit abnehmen, ein mündiger Bürger zu werden. Die Selbstentfremdung, die Unterwerfung unter andere Denk- und Handlungsmuster, wird uns in den Katakomben der Unmündigkeit verschwinden lassen. Der Desorientierte wird unmündig zurückbleiben und seine Freiheit verlieren. Um Manipulationen erkennen zu können, brauchst du Wissen, ein vielfältiges Wissen, das dir ermöglicht, in Ruhe und Gelassenheit alle Schritte und Entscheidungen inhaltlich zu überdenken. Die Auswirkungen einzelner Schritte werden dir klar und deutlich zu Bewusstsein kommen, wenn du mit Hilfe deiner Lebenskompetenz die Zusammenhänge erfasst. Wir alle brauchen sowohl Bildung als auch Lebenserfahrung, um einen bestimmten Horizont der Entscheidungsfreiheit zu erreichen. Wir dürfen nicht ruhen und nicht in Selbstgefälligkeit versinken. Denken und Lernen werden uns den Zusammenhängen näher bringen. Dein aufrichtiges Interesse an anderen, an Inhalten und Zusammenhängen wird belohnt werden. Du wirst deine Lebensumstände und die deiner Mitmenschen besser verstehen. Du wirst dich auch selbst besser verstehen. Deine Aufrichtigkeit und dein ernsthaftes Interesse zeugen von deinem Mut, der Wahrheit ins Gesicht zu sehen! „Pflege den Zugang zu dir und so verpasst du nicht den Anschluss an andere! Du wirst dich in sie hineinversetzen können. Alles hängt mit allem zusammen und du kannst nicht unterworfen werden, wenn du verstehst, um was es geht und wenn du erkennst, wann und von wem du manipuliert wirst. Erkenne die gelungene werthaltige Kommunikation! Bei ihr wird deutlich, dass es sich um ein gegenseitiges ernsthaftes Interesse, um einen echten Dialog handelt." Ein herrschaftsfreier Dialog dient dem Frieden. Hierbei soll niemand manipuliert oder unterworfen werden. Der Weg der Unterwerfung dient weder dem Frieden noch einer freiheitlichen Entfaltung noch einer menschlichen Atmosphäre, in der die Liebe auf Augenhöhe gedeihen sollte. Unterwerfung beinhaltet Gewalt und die Duldung der Unmündigkeit aller Unterworfenen. Der Unterjochte lebt weder in Freiheit noch in Verantwortung. Er wurde unterworfen und verlor dabei den Anspruch an seine Selbstbestimmung. Der Laufstall, der ihn umgibt, wird von den Mächtigen aufgestellt. Der Unterworfene duldet den Verlust seiner individuellen Meinungsfreiheit.

Die Leichtigkeit

Wenn du mit dir im Reinen bist, wenn du Kraft deiner Gedanken nach dem Frieden suchst, kannst du nicht falsch liegen. Du wirst immer eine klärende Kommunikation anstreben, denn du hast es nicht nötig, etwas zu vertuschen. Du hast es nicht nötig auszuweichen, Heimlichkeiten zu pflegen und voller Angst dich umzusehen, weil du entlarvt werden könntest. Hochstapler, Lügner, Verdreher leben in Angst. Ihre Märchen, Lebenskonstrukte, können jederzeit entlarvt werden. Ein Verdreher kann einem Wahrheitsliebenden nicht ohne Angst entgegentreten. Der in sich Ruhende erlebt die Leichtigkeit einer Angstfreiheit. Er wird Menschen auf Augenhöhe begegnen und ihre Fragen beantworten. Er liebt die klärende Kommunikation und hat es nicht nötig zu täuschen, zu tricksen oder mit bösen Märchen andere zu manipulieren. Auf dem Weg der Liebe und des Friedens fühlen sich alle Stationen gut an, denn der Liebende braucht seine Mitmenschen nicht mit Druck oder Drohungen zu gängeln. Der Gewalttätige droht und sät Angst. Der Manipulator lügt und der Herzlose wertet andere ab. Du wirst in dir ruhen. Du wirst keine Angst verspüren, wenn du den Weg des Friedens stets neu suchst und gehst. Die Drohungen werden an dir abprallen, da du mit dir im Reinen bist und stets voller Interesse und Empathie alle Entscheidungen abwägst. Du suchst den gerechten Weg und deshalb kannst du vor dir und anderen bestehen, denn du kannst mit Fug und Recht behaupten, dass du stets bemüht warst.

Denken, hinterfragen, klären

Denken bedarf des Interesses an Hinterfragung und Klärung, der Aufklärung und der grundsätzlichen Lernbereitschaft. Wir sind stets gefordert, uns zu informieren. Unsere Lebenskontexte sind der stetigen Veränderung unterworfen. „Nichts bleibt, wie es ist!" Wenn wir zu bequem sind, uns zu orientieren, werden wir manipuliert, ohne es genau zu bemerken. Vielleicht kommt uns das eine oder andere merkwürdig vor, vielleicht wollten wir eigentlich rechts abbiegen, doch die Erwartung der anderen könnte zu übermächtig werden. Der Wille des Verstehen-Wollens zwingt uns zur Geduld. Wir brauchen Zeit und Muße, um uns zu informieren. Wir brauchen Mut und Gelassenheit, um auf unsere innere Stimme zu hören. „Fühlen wir uns überrumpelt? Fühlen wir uns belogen? Soll ich einen anderen Weg gehen?" Wir können manipuliert und entmündigt werden. „Fährt der Zug erst in die falsche Richtung, so sind alle Stationen falsch!" Unser Wille zur Wahrheit kann uns schützen, unreflektiert in eine falsche Richtung mitzulaufen. Der Wille zur Klarheit heißt: Nachforschen, nachfragen, hinterfragen und Zusammenhänge erfassen. Nur so werden wir ein mündiges Leben führen können.

Wenn du dich entwickeln darfst

Das Leben bleibt spannend, wenn du wachsen kannst, wenn du selbstbestimmt denkst und forschst. Der Weg der Selbstbestimmung setzt voraus, selbständig zu denken. Der Weg des Forschens und Lernens bleibt spannend. Du spürst dein eigenes Vorankommen. Freude und Motivation erwachsen aus deinen Lernprozessen. Es ist alles immer wieder neu und bereichernd, wenn du lernst. Solange du dich frei entwickeln kannst, solange wird dir die Freude und Neugierde erhalten bleiben. In jedem Alter strömt dir Glück entgegen, wenn du immer mehr verstehst. Deine Motivation lädt sich immer wieder neu auf. Dein Akku wird nicht leer. Auch wenn du irgendwann gehen, sterben, musst, so wird die Zeit, die überschaubare Zeit, die dir bleibt, wie im Flug vergehen, denn es wird niemals langweilig. Auch wenn dein Körper dir Grenzen setzt, so wirst du bis zum Schluss neugierig und lernbereit bleiben. Das Leben ist für denjenigen spannend und lebenswert, der im Trubel und im Auf und Ab eine Bereicherung sieht. „Genieße deine innere Kraft! Sie speist sich aus deinem Mut und deinem positiven Denken! Alles fließt zu dir zurück, während du in Leichtigkeit und Freiheit auf das Leben siehst!"

Offene Arme

„Wende dich den Konstruktiven zu! Sie sehen das Positive und verstehen die Krise als Herausforderung!" Du wirst mit Klagen nicht schneller oder besser aus schwierigen Situationen herausgehen. Du wirst jedoch mit der Gelassenheit einen besseren Blick auf deine Aufgaben bekommen. „Du kannst reden! Du darfst lernen! Du wirst verstehen! Du kannst zuhören und abwägen! Du darfst sehen und erkennen! Du wirst an deinen Erfahrungen reifen!" In der Hinwendung zum Leben werden dich die Strahlen der Freude und des Glücks erreichen. Die Wärme entspannt deinen Geist und deinen Körper. Mit neuer Energie wirst du dich dem Lernen, dem Leben, zuwenden. Diese positive Haltung ist das Gegenteil vom lebendig Begraben-Sein. Offene Arme empfangen Liebe, Kraft und neue Chancen!

Der Zusammenbruch

Du kannst zusammenbrechen, wenn du dich überhebst. Du kannst unter der Last deiner Ignoranz und Überheblichkeit begraben werden. Du hast dich von dir und anderen entfremdet, weil du irgendwelchen Bildern entsprechen wolltest. Deine Sicht auf die Welt war verschwommen, da du auf der Überholspur gerast bist. Mal fordertest du zu viel von anderen oder du akzeptiertest fremde Ansprüche. „Warum warst du nicht ehrlich zu dir?" Um überhaupt in Ruhe und Gelassenheit die

Ansprüche an uns und andere abzuwägen, brauchen wir Zeit und die Bereitschaft, klar zu denken. Das Sich-Überheben, voreiliges Urteilen ist das Gegenteil von Demut und Bescheidenheit. Die Liebe und das Verstehen-Wollen passen nicht zu Arroganz und Überheblichkeit. „Überhebe dich nicht, sonst brichst du unter der Last deiner Weltfremdheit zusammen. Diese entsteht aus Bequemlichkeit und einer mangelnden Bereitschaft, der Wahrheit ins Gesicht zu sehen." Der um Wissen Ringende wird stets bemüht sein zu verstehen. Der Überhebliche entfernt sich von der Realität und somit von der Möglichkeit, sich selbst und andere realistisch einzuordnen. Vielleicht wird sich der Abgehobene immer wieder selbst erhöhen und sich über andere stellen. Er vergibt sich die Chance auf einen ernstgemeinten, herrschaftsfreien Diskurs. „Wir dürfen lernen. Dieser Lernprozess bedarf der Bescheidenheit. Ich weiß, dass ich nichts weiß!" Diese Haltung öffnet die Tür zur Welt. Wir sind ein Teil der Welt! Wir gehören dazu. Wir werden täglich Neues über uns erfahren. Wir können uns in unseren kreativen Arbeiten spiegeln. Wir lernen in dem freien Fluss der Kommunikation. Das Gegenteil einer konstruktiven Lebenshaltung liegt in der Abwertung und Ignoranz: Jede Form der Abwertung führt wegen ihrer Destruktivität zur Lüge. Der Abgewertete sollte entwertet werden. Der Abwerter bedient sich falscher Behauptungen oder unangemessener Übertreibungen. Gerüchte führen zu immer neuen Gerüchten. Gerüchte haben es an sich, von der Realität weit entfernt zu sein. Somit erleiden sowohl der Erfinder als auch der Hörer einen Schaden, denn jede Lüge wirkt wie ein Gift. Jede Manipulation entfremdet den Menschen von der Wahrheit und Klarheit. „In der Klarheit liegt der Schlüssel zur Erkenntnis! In der Erkenntnis liegt der Zugang zur Welt und somit auch zum Du. In der Erkenntnis liegt ebenso der Schlüssel zum eigenen Selbst und allen Begebenheiten der Existenz!" Wir brauchen keine Fehlleitungen, Gerüchte und Lügen. Wir brauchen keine Missverständnisse und Gräben. Wir brauchen Brücken und somit konstruktive Dialoge! Wir brauchen ein offenes Herz und einen glasklaren Verstand! Der Destruktive kann die Wirklichkeit nicht erkennen. Da er mit Tricks und Täuschungen arbeitet, wird er genau von diesen Auswirkungen seiner Trickkisten heimgesucht. Der Bumerang kehrt zurück. In der Haltung der Überheblichkeit kann keine Arbeit an einem guten, konstruktiven Standpunkt realisiert werden. Ein Scheitern wird unausweichlich. Eine schlechte Saat kann keine guten Früchte hervorbringen und der Listige wird keine gute Ernte einfahren. Misstrauen und Distanz sind die Resultate einer destruktiven Haltung. Der Überhebliche kreist um sich und verfehlt das Du, ein Leben in Würde und Freiheit. Die vielen Ketten aus Lügen und Widersprüchen belasten die gesamte Existenz. Niemand erfährt eine ehrliche Antwort seiner Gesprächspartner, der in einer Haltung der Intoleranz und Überheblichkeit verharrt. Der Destruktive isoliert sich selbst, indem er sich die Türen zum Du verschließt. Er wollte herrschen, befehlen und immer wieder Machtansprüche realisieren. Solche unmenschlichen Haltungen führen in eine Isolation, da niemand einem Dominanten von Herzen vertraut. Es ist ein trauriges, armseliges Dasein.

Wissen, Lebenszeit, Weisheit

Um mit voller Bescheidenheit sagen zu können: „Ich weiß, dass ich nichts weiß", setzt es eine Menge an Lebenserfahrung und Wissen voraus. Ein bloßes Auswendiglernen von Fakten wird nicht ausreichen, um ein aufgeklärtes Bewusstsein zu erreichen. Somit ist die Bildung das Fundament einer geistigen und intellektuellen Entwicklung. Darüber hinaus brauchen wir ein großes Spektrum an eigenen Erfahrungen, authentischen Begegnungen mit Menschen und echten Erlebnissen in der Welt. Wir sind gefordert, stetig zu lernen und unser theoretisches Wissen mit unseren Erfahrungen zu vergleichen. Wir werden nicht im Elfenbeinturm sitzen, wenn wir das echte Leben schmecken und verstehen.

Wir werden uns keinem Wissensfundus verschließen, denn die Welt der Dichter und Denker, die Welt der Naturwissenschaften und der Mathematik eröffnet uns alle Wege zu einem umfassenden Verstehen. Fremdsprachen eröffnen uns die Tür zu anderen Nationen. Somit dient die Bildung der Verständigung. Wir sind auf Grund eines soliden Bildungsstandes besser in der Lage, uns in der Welt zu orientieren, Zusammenhänge zu verstehen. Wir können kommunizieren, lernen und uns weiterentwickeln. Wir wachsen mit Hilfe der Bücher und einem regelmäßigen kommunikativen Austausch. Wir können uns durch die Kraft und Botschaft der Kunst und jeglicher Kultur als Mensch weiterbilden. Die Lebenskompetenz bedarf zusätzlicher, individueller Erlebnisse, die zum Beispiel in der Auseinandersetzung mit Menschen generiert werden. Wir können uns ins Leben werfen, wir dürfen Erfahrungen sammeln und davon sollte uns niemand abhalten. Jeder Einzelne von uns wird sich für andere Wege entscheiden und es bedeutet, ein erfülltes Leben zu führen, wenn wir frei und in eigener Verantwortung leben und entscheiden können. Die Freiheit ist ein großes Geschenk an uns und steht keinesfalls, wie sooft angenommen, konträr zur Verantwortung. Ganz im Gegenteil: Nur derjenige, der aus eigenen Entscheidungen heraus handelt, hat sein Lebensruder in der Hand. Der Unfreie arbeitet die Pläne anderer ab und unterwirft sich diesem Diktat. Natürlich beinhaltet das Leben als soziales Wesen Absprachen, Übereinkommen und den dazugehörigen Austausch. Letztendlich muss jeder vor sich bestehen und sollte für sich die Verantwortung übernehmen. Die Erfahrungen aus unserem gelebten Leben sind das Gold, unser Reichtum, unser Wissen, das niemand ganz genauso eins zu eins erleben wird. Unser individueller Lebenslauf ist einzigartig so wie wir selbst und eröffnet uns die Chance auf Erfahrung und Wissen. Wir dürfen lernen, am Leben lernen. Sollten wir zudem in den Genuss von Bildung in Schulen und Universitäten kommen, eröffnen sich weitere Chancen und Horizonte für unser Dasein. Nichts ist selbstverständlich, weder unsere Bildungsangebote noch unsere individuelle Chance auf Freiheit und Verantwortung. Wir sollten um unsere Freiheit kämpfen. Wir müssen für unsere Verantwortung eintreten. Es werden immer wieder Menschen an uns herantreten, die mehr oder weniger geschickt uns ihre eigenen Vorstellungen überstülpen wollen. Diese Charaktere interessieren sich vor allem für sich selbst und scheuen sich nicht davor, anderen ihre Lebensentwürfe aufzudrängen. Dies kommt einem Verlust der Freiheit gleich und somit auch einer Einbuße echter, authentischer Verantwortung. Ein Unterworfener arbeitet die Pläne des anderen ab und wird gegängelt. Wir Menschen können in unserer begrenzten Lebenszeit lernen, reifen, wachsen. Wir dürfen theoretisches und praxisbezogenes Wissen anhäufen, wir sollten durch unsere Erfahrung lernen. Um eigenständig denken und handeln zu können, bedarf es des Mutes, denn wir können nur mithilfe unserer Wachsamkeit Fallen und Lügen erkennen. Wir brauchen das Gold der Erfahrung, um Abgründe zu orten. Wir brauchen viel Menschenkenntnis, um das Schauspiel destruktiver Charaktere zu durchschauen. Wir werden ein Leben lang an unserem Lebensweg arbeiten und Entscheidungen treffen, treffen müssen. Der Irrtum gehört auch immer dazu. Es bedeutet ein Leben in Weisheit, Fehler zu deuten und Korrekturen einzuleiten. Sich Irrtümer einzugestehen, gehört zu einem Weg des stetigen Lernens und der damit zusammenhängenden demütigen Haltung. Es ist der Weg jenseits einer Überheblichkeit. Es ist der Weg der Korrektur und der Katharsis. Der Weise wird zu seinen Fehlentscheidungen stehen und eine neue Orientierung zulassen. Wir sind Menschen und niemand ist fehlerfrei. „Lebe in Demut und Bescheidenheit! Dies ist die Voraussetzung für ein lebendiges Herz und einen wachen Verstand! Dann bist du nicht abgehoben und du fristest kein Leben im Elfenbeinturm. Du bleibst kritisch und lässt dich nicht missbrauchen!"

Mit dir im Reinen

Es ist der Lohn für deinen Mut und deine Erkenntnisbereitschaft, mit dir im Reinen zu leben. Es fühlt sich für dich gut und richtig an, wie du denkst und wie du lebst, da du für neue Inhalte offen bleibst und du dich nicht abgehängt fühlst. Wenn du ein Defizit spürst, bist du nicht zu bequem und ignorant, um dich wegzuducken. Wenn dich jemand in deiner Freiheit einschränken will, wenn dir jemand unberechtigte Vorschriften machen will, bist du stark genug, Nein zu sagen. Du fühlst dich wach und stark, lebendig und mitten im Leben. Das Verstehen-Wollen bedeutet, Kontexte zu erarbeiten, Fakten und Nachrichten zu hinterfragen. Du bist kein Schaf, kein Mitläufer. Das Streben nach Erkenntnis hört nie auf und deine bescheidene Haltung verschreckt niemanden, die ebenso auf Augenhöhe diskutieren. Der Lernbereite brennt für neue Inhalte. Der Lernende schätzt jeden, von dem er etwas Neues erfährt. Der Bescheidene weiß um den Vorteil des echten, ehrlichen Gesprächs und er wird dieses Geschenk des Lebens nicht mit Lügen vergiften. Er wird sich nicht die Chance auf Wissen und Erfahrung nehmen lassen. Du fühlst dich mit dir im Reinen, wenn du nicht lügst, betrügst und andere manipulierst. „Es ist dein Leben! Du bestimmst, was du tust! Deine Ernte ist das gute Lebensgefühl, das auf deinem Mut aufbaut!"

Der konstruktive Gedanke

„Wenn du mit dir im Reinen bist, verlierst du keine Energie in unnötige Überwindungen, da du für deine Angelegenheiten, Ziele und Leidenschaften brennst!" Das Leben in Selbstbestimmung und Freiheit raubt dir keine Energie, ganz im Gegenteil. Deine Motivation bleibt ungebrochen, solange du auf dem Kurs konstruktiver Ziele, Gedanken und Inhalte bleibst. Deine innere Welt kämpft für das Gute, das Gerechte und das Menschliche. Dementsprechend werden deine zwischenmenschlichen Beziehungen gepflegt. „Deine Weitsicht speist sich durch dein konstruktives Bemühen und du weißt um den Wert guter zwischenmenschlicher Beziehungen!" Sollte eine Korrektur, ein Neuanfang oder eine innere Katharsis notwendig werden, so wirst du dich dem nicht verschließen." Dies bedeutet, dein Handeln, dein Umfeld und deine Ausrichtung immer wieder zu überdenken. Nichts bleibt, wie es ist und die notwendige Offenheit Themen und gesellschaftlichen Veränderungen gegenüber, ermöglicht dir einen klaren Blick auf dein Lebensumfeld. Nur so ist es möglich, Irrtümer zu erkennen. Nur so ist es möglich, Menschen loszulassen, die es nicht gut mit dir meinen. Ein konstruktiver Weg kann nur beschritten werden, wenn du dich nicht an destruktive Elemente kettest. Das können falsche Menschen oder Irrwege sein, die man aus Bequemlichkeit oder Unwissenheit hingenommen hat. Ein konstruktiver Weg will gereinigt werden, gepflegt sein. Du wirst auf diesem Pfad in Einklang mit dir gehen. Du wirst alles loslassen, was dir schadet und dir den freien Blick raubt. Konstruktive Gedanken stellen sich ein und bleiben lebendig, wenn du nicht in den Ketten der Unfreien hängst. Somit speisen sich auch deine kreativen Eingebungen aus deinem konstruktiven Umfeld, das du pflegst. Dein Innenleben spiegelt deine Haltung, ihre Auswirkung und das, was zu dir zurückströmt. Es ist der Kreislauf eines freien, selbstbestimmten Lebens, das niemals öde oder langweilig wird. Du brauchst keine Berieselung von außen und die Zeit verfliegt, denn du lebst das, was du willst! Du brauchst keine Kompensation unerfüllter Bedürfnisse und Träume!

Die Leichtigkeit

„Wenn du das liebst, was du tust, schwebst du in einer Leichtigkeit durch dein Leben, auch wenn es Höhen und Tiefen gibt!" Im Rückblick wirst du wissen, wann du glücklich warst. Die positiven Bilder der schönen Erlebnisse durchströmen dich. Es war die Zeit der Freiheit und der

Leichtigkeit. Du hast dein Leben getanzt. Nun kommt es darauf an, dass du dir weiterhin deine Freiheit und Selbstbestimmung gönnst, damit Du auch heute im hier und jetzt ein erfülltes Leben führen kannst. Es ist Arbeit, Arbeit an sich selbst und es bedeutet Wachsamkeit. „Wir können uns nur eine gewisse Leichtigkeit erhalten, wenn wir authentisch bleiben. Die Beweglichkeit bleibt erhalten, wenn wir es wagen zu tanzen, zu malen, zu denken. Unser Intellekt will gefordert werden, aber wir verkümmern schleichend, wenn wir uns ducken und gängeln lassen. Du hast erhabene Gedanken und starke Gefühle, wenn du an deine freien, unbeschwerten Zeiten denkst. Du kannst auch heute die Leichtigkeit erleben, wenn du dich nicht vor der Arbeit scheust, du selbst zu sein. Kämpfe um dich! Lass dich nicht gängeln! Du bist stark und mutig!" In der Leichtigkeit zeigt sich, dass du auf dem richtigen Kurs bist. Du brauchst keine bösen Blicke und manipulativen Worte! Du brauchst keine Trampelpfade und ausgetretene Wege, die mit dir nichts zu tun haben. Du brauchst konstruktive Menschen und sinnvolle Inhalte. Du brauchst Informationen und die ungefilterte Wahrheit! Nur so kannst du dich orientieren und den konstruktiven Kurs halten. Es sind die fremden, undurchsichtigen Wege, die dich vom Wesentlichen ablenken. Fehlende Logik und Sinnlosigkeit führen dich in die Irre. „Arbeite an deiner Orientierung!"

Die Enge

„Wer die Enge spürt, lebt! Wer die Ungerechtigkeit erkennt, ist nicht verloren!" Man braucht Mut, beides zu durchbrechen. Der funktional Kreisende wird nicht bewusst erleben, dass er träge, bequem und unmündig sein Leben fristet. Er wird in der Enge des Opportunismus` nach Ablenkungen und Ersatzbefriedigungen suchen, die ihm für einen Moment den Anschein eines echten Gefühls vermitteln. Übermäßiges Konsumieren, eine Haltung der mangelnden Flexibilität und Lernbereitschaft weisen auf ein verfehltes Leben hin. Nur ein weiter Blick erfasst die Vielfalt des Lebens. Der enge Tunnelblick, gefangen in der Funktionalität, behindert den weiten Blick auf die Vielfalt. „Willst du lernen? Willst du die Zusammenhänge des Daseins verstehen? Möchtest du die Gesellschaft, in der du lebst, inhaltlich erfassen? Interessierst du dich wirklich für dein Gegenüber?" Deine Freiheit und Offenheit werden deutlich, wenn du lernwillig und kritikfähig der Welt gegenüber stehst.

Angst und Enge

Der Kopf ist nicht frei, wenn die Angst regiert. Das Selbst leidet unter der Enge der Angst, da Einschüchterungen, Maßregelungen und Drohungen den Menschen in seiner Entfaltung behindern. „Wer engt dich ein? Wer sagt dir, was du zu tun hast, obwohl du selbstständig und selbstverantwortlich handeln möchtest? Trau dich, das zu denken, was dir deine Intuition sagt! Trau dich, dich von denjenigen loszusagen, die deine Ideen nicht akzeptieren! Distanziere dich von den Mitmenschen, die dich nicht von Herzen verstehen!" Die Dominanten stülpen ihre Bedürfnisse anderen über, ohne behutsam abzuklopfen, ob der andere die Vorstellungen teilen möchte. Versteckte Manipulationen ebnen zunächst den Weg der Hinterlistigen. Es geht ihnen nicht darum, andere zur Entfaltung zu bringen. Es geht ihnen um die Befriedigung eigener Bedürfnisse auf Kosten anderer. Ein Kreisen um sich selbst behindert einen offenen Blick auf das Du. Der von Herzen verstehen Wollende wird mit einer empathischen Haltung dem Gegenüber begegnen und erfühlen, welche Emotionen und Bedürfnisse vorliegen. Der Ignorant, der Manipulator, wird die Emotionen des anderen missachten und eine Rolle spielen, um seine Interessen beim Gegenüber durchzusetzen. Dieses Verhalten verstärkt sich, wenn keine klaren Grenzen gesetzt werden. Der Opportunist übergeht die Interessen und Anliegen seiner Mitmenschen. Seine mangelnde Empathie verhindert ein fruchtbares Miteinander. Das Über-Leichen-Gehen zeigt sich in der Respektlosigkeit und Unmenschlichkeit. Das In-die-Enge-Treiben, die schleichende Entmündigung und die permanente Überforderung durch Anpassung und Selbstverleugnung zerstören einen Menschen. Der innere Kern wird weder ernst genommen noch geachtet. Der in die Enge Getriebene wird voller Unsicherheit und Angst wie ein Getriebener reagieren und nicht zur Entfaltung seines natürlichen Potentials fähig sein.

Von Herzen verstehen wollen

Die Aura der Menschlichkeit vermittelt Freiheit und Akzeptanz als Grundlage zur Selbstverwirklichung. Der empathische Mensch will verstehen und sein Gegenüber dort abholen, wo es steht, um ihm zu helfen, seine Ziele zu verfolgen. Der Weg ist das Ziel und der Liebende wird diesen Weg ausleuchten. Der Egoist wird in seiner Gerissenheit immer wieder die Rollen wechseln und Täuschungsmanöver starten, um sein Gegenüber zu gängeln. Der in die Enge Getriebene soll Wünsche abarbeiten und Ansprüche erfühlen und erfüllen. Somit erwartet der Manipulator ein empathisches Einfühlungsgefühl, während er selbst allerlei vortäuscht und mit Tricks und Heuchelei sein Opfer gefügig macht. Wenn das Zuckerbrot nicht ausreicht, wird die Peitsche bemüht. Gefühle und tiefgreifende Bedürfnisse interessieren einen Unmenschlichen nicht. Jenseits von Empathie und dem Willen, von Herzen verstehen zu wollen, werden Strategien angewandt, um sein Opfer zu gängeln und auf eine bestimmte Spur zu lenken. Somit verfügt der Opportunist nicht über eine Bereitschaft, die Bedürfnisse des Mitmenschen zu erfühlen und ernsthaft zu erfüllen. Das Opfer wird sich in einer Enge und bedrängten Lage wiederfinden und dies nicht als befriedigend oder angenehm erfahren. Mögliche Fluchtversuche werden vom Ignoranten mit immer neuen Tricks und Täuschungen verhindert. Es bedarf des Mutes und einer großen Anstrengung, sich aus dem Labyrinth eines Täuschenden zu befreien. „Höre in dich hinein und versuche, dich von Herzen zu verstehen! Deine wahren Gefühle und inneren Eingebungen weisen dir den Weg zu Wahrheit und Klarheit! Nutze diese Impulse, um deinen Weg auszuleuchten!" Auf dem Weg des Mutes und der Aufklärung begegnen dem Tapferen in der Regel neue Menschen, die zuhören wollen. Längst verschüttete Gedanken treten wieder hervor. Der Weg der Selbstakzeptanz ist ein ehrlicher Kontakt zu sich und zu anderen.

Nicht brechen lassen!

„Nur die Harten kommen in den Garten!" Wir kennen die Einstellung, dass der Mensch nicht verweichlicht und zu sensibel reagieren sollte. Wir kennen die Überzeugung, dass eine geradlinige Haltung aus Disziplin und Härte empfohlen wird. Es soll an dieser Stelle keine ausführliche pädagogische Debatte geführt werden, doch der Hinweis auf eine Haltung aus Menschlichkeit, Einfühlungsvermögen und Friedfertigkeit kann und darf an dieser Stelle nicht ausgespart werden. Wir alle brauchen Zeit um zu denken, um zu verstehen und wir brauchen Zeit um zu reifen. Wir werden alle immer wieder Fehler machen. Wir werden aus unseren Erfahrungen lernen. Drill, Gehorchen und Nachplappern unverstandener Inhalte sind nicht zielführend. Ein Auswendiglernen unverstandener Texte muss in Frage gestellt werden. Wir können unser Gedächtnis trainieren, indem wir Aussagen wiederholen und nacherzählen, die wir intellektuell erfasst haben. Der Mensch muss reifen. Dies gelingt über das Verstehen: Im Gespräch, durch die Erfahrung und natürlich auch durch das Partizipieren an Texten der Dichter und Denker. Wir sollten mit unseren Mitmenschen frei und offen diskutieren. Wir können auf Augenhöhe kommunizieren. Wir dürfen fragen, uns Gedanken machen und ein kritisches Bewusstsein entwickeln. Dies alles braucht seine Zeit und geschieht nicht auf Knopfdruck. Wir brauchen den nötigen Freiraum, um neue Gedanken nachvollziehen zu können. Zuhören und Kontemplation bedürfen der Ruhe und der Offenheit. Stress und Druck wirken sich kontraproduktiv aus und in einer Atmosphäre des Wohlwollens lässt es sich leichter lernen und diskutieren. „Du musst im Konkurrenzkampf bestehen! Du musst ganz nach oben und Härte zeigen!" „Sind wir leistungsfähiger, wenn wir Härte zeigen?" Der Friedfertige, der Empathische, der Dialogbereite kann nur von Ignoranten als schwach wahrgenommen werden. Der Gesprächsbereite wird von denjenigen abgewertet, die keine Gespräche führen wollen und andere Mittel bevorzugen. Wir sind Menschen. Wir können sprechen und wenn wir es wollen, auch Kompromisse erzielen, uns einigen. Wir sind stark, wenn wir der Wahrheit ins Gesicht sehen. Wir sind stark, wenn wir es nicht nötig haben, Intrigen zu schmieden. Wir sind stark, wenn wir zuhören und verstehen wollen. Wir werden erblühen, wenn uns die Chance dazu gegeben wird. Wir können uns zeigen. Wir können verstanden werden, wenn man uns zuhört. Wir dürfen uns erklären, wenn uns das Gegenüber ernst nimmt und wenn wir nicht genötigt werden, den Standpunkt des anderen zu übernehmen. Unsere Chance liegt in unserer Freiheit und in der Kraft, Verantwortung zu übernehmen. Wir sollten lernen und begreifen, dass wir ein Leben lang lernen. Wir können vor uns bestehen, wenn wir kritikfähig bleiben. Unsere Katharsis birgt die Chance auf Neuanfänge und Korrekturen, die nötig sind um zu wachsen. Wir dürfen keine Zeit für Gewalttätigkeiten verschwenden. Die Verschwendung offenbart sich in einer Abgehobenheit und Lernunwilligkeit, in Arroganz und Rechthaberei. Wir sind auch nicht naiv, wenn wir verhandeln und reden wollen. Auf einem Weg des Dialogs wird Frieden gelebt. Das gilt nicht nur für die Familie, für die Gesellschaft sondern auch für den Dialog zwischen den Nationen. Wer nicht reden will, demonstriert seine

Unmenschlichkeit. „Du liebst den Frieden und suchst das Gespräch. Das zeigt deinen Mut und deine Stärke! Lass dich nicht brechen!"

Frei sein, ein Künstler sein!

In der Freiheit liegt die Chance auf Entfaltung! In der Freiheit liegt der Boden der Kreativität! Du bist, was du kreierst. Alles fließt aus dir heraus. Sollte der freie Fluss behindert werden, werden die freien Eingebungen unterbrochen. Ein begradigter Fluss ist nicht mehr das Original und es wirken andere Kräfte. Vielleicht wird er zum reißenden Strom. Auf jeden Fall verliert er seine natürlichen Eigenschaften wie ein gegängelter Mensch, der sich auch verändern wird. Destruktive Kritik, Bevormundung und falsche Ansprüche wirken sich niemals förderlich aus, da der freie Fluss des Schaffens unterbrochen wird. Die Freiheit ist ein kostbares Gut und man kann sie leicht verlieren, wenn man sich ihrer Flüchtigkeit nicht bewusst wird. „Vielleicht konntest du die Kostbarkeit deiner Freiräume noch nicht erkennen, da du die Unfreiheit noch nicht kanntest!" Der Mensch erlebt vieles als selbstverständlich und gegeben, wenn er die Härte bestimmter Zustände noch nicht kennt. Woher soll ein Jugendlicher den Charakter kontrollierender und machtorientierter Menschen erfassen, wenn er damit noch nie konfrontiert worden war. Es sollten die Alarmglocken läuten, wenn unberechtigte Kritiken geäußert werden. Ein Herrschsüchtiger will das Sagen haben und möglichst alles kontrollieren. Somit kann ein freier Künstler nicht in der Aura eines Dominanten arbeiten. Der freie Künstler ist sein eigener Boss. Er ist sein Kritiker und er hört auf seine Intuition. Diese wird gestört, wenn ein Außenstehender einen hemmenden Einfluss ausübt. Wahrhaftig freie Kunst kann nur von einem Freigeist entwickelt werden.

Es passt nicht ins Konzept

„Du störst meinen Seelenfrieden! Das will ich nicht hören!" Als du wichtige Informationen bekamst und die Chance hattest, dich der Wahrheit anzunähern, blocktest du ab. „Mein innerer Frieden ist mir wichtiger als diese Nachrichten!" Du wolltest weder recherchieren noch kritisch denken. Es war dir zu mühsam, dir ein Bild über das eine oder andere gesellschaftliche Thema zu machen und du wiegeltest alles mit einem ausgeprägten Desinteresse ab. „Meine innere Ruhe ist mir wichtiger als diese Fakten!". Es war ein heikles Unterfangen aus Selbstbetrug und Ignoranz, denn die Verweigerung wichtiger Informationsquellen sagt viel über die Bereitschaft aus, Kontexte verstehen zu wollen. Bequemlichkeit und Denkfaulheit bestimmten dein ganzes Leben und diese Verdrängungsstrategie war bereits in der Jugend sichtbar geworden. Das Denken war für dich eine Belastung und das Konsumieren von leicht eingängigen Äußerungen und „Lebensweisheiten" schien dich zu begleiten. Du warst gesellig und feierwütig. Du warst reiselustig und immer für einen Plausch zu haben. Doch es blieb bei einem Plausch, denn anspruchsvolle Gespräche schreckten dich ab. Genauso konntest du keinen fruchtbaren Bezug zu den Gedanken der Dichter und Denker längst vergangener Tage herstellen: „Das ist heute nicht mehr relevant! Wir leben in ganz anderen Zeiten!" Du hattest nicht verstanden, dass die Arbeit vieler Philosophen längst vergangener Tage unserem Rechtsstaat vorausgegangen war. Du hattest nicht verstanden, dass die Epoche der Aufklärung uns den Weg zu einer Demokratie geebnet hatte. Du konntest den Zusammenhang zwischen der Philosophie und den Menschenrechten nicht bedenken und verstehen. Du wolltest genießen, konsumieren und dich amüsieren. Bei der nächsten Begegnung mit dir werde ich einen dummen Witz erzählen und dich auf keinen Fall mehr zum Verstehen-Wollen animieren. Du hast mich zu oft zum Schweigen gebracht und meine Versuche einer tieferen Kommunikation abgewertet.

Dein Konzept war und ist eine oberflächliche Scheinunterhaltung, bei der ein wahrhaftiges Verstehen auf Augenhöhe nicht möglich erscheint. Du willst Spaß haben und dich keinen Fakten zuwenden. Gleichzeitig überhebst du dich über wahrhaftig Denkende. Du wertest ein echtes Interesse ab. Diese Überheblichkeit belegt deine Arroganz und ist das Gegenteil von Bescheidenheit: „Ich weiß, dass ich nichts weiß!" Dieser Satz deutet die in Demut gehaltene Bescheidenheit eines Menschen an, dem die Begrenztheit eines Wissens bewusst ist. Wir sollten denken und lesen, kommunizieren und forschen, auch oder gerade deshalb, weil wir die Begrenztheit unseres Lebens wissen. Angesichts der gut gefüllten Bibliotheken und Kunsthäuser sollten wir uns in Bescheidenheit wiegen und gerne lesen und gute Gespräche führen.

Solange du lebst

Jeder Tag ist ein Geschenk an Dich! Jeder Tag ist einzigartig wie du selbst. Er wird niemals genauso wiederkehren. Nutze deine Intuition und deine Kreativität! Habe keine Angst vor einer Veränderung, denn alles fließt. Auch du veränderst dich stetig, obwohl du dich als ein kontinuierliches Ich wahrnimmst. Die Arbeit an dir ist eine lebenslange Herausforderung. Du darfst wachsen und dich entfalten. Du wirst alt und deine körperlichen Kräfte werden nach und nach schwinden. Dennoch: Jeder Tag ist kostbar und einzigartig und mit dem Bewusstsein darüber, dass die Lebenszeit begrenzt ist, werden wir noch achtsamer. Achtsamkeit und Mut widersprechen sich nicht. Du darfst viel erleben und deine Mitmenschen beobachten. „Wer nimmt dich ernst? Wer will dich verstehen?" Hör auf dein Herz und suche dir konstruktive Mitmenschen! Der Konstruktive ist der Mutige, denn er wird auch am letzten Tag noch einen Baum pflanzen und einen friedlichen Weg bevorzugen, auch wenn andere den Krieg als unverzichtbar ansehen. Der Friedfertige braucht seinen Mut, um unablässig den Frieden zu suchen. Er wird mit der Destruktivität konfrontiert, weil der Gewaltbereite den Friedfertigen ablehnt. „Bleibe der, der du bist und lass dich nicht verbiegen!

Die Aura des Wohlwollens

Ein Säugling, ein kleines Kind, spürt die Aura des Wohlwollens sehr genau und wird sich in dieser gut entwickeln. Der konstruktive Mensch wird mit Liebe dem Kind die Freiheit schenken. Er wird es füttern und baden und ihm den Raum zur Bewegung zukommen lassen. Das sich Entwickeln bedarf des Raumes. Die Tonlage der gesprochenen Sprache vermittelt die Atmosphäre. In einem angstfreien Raum kann sich das Kind etwas trauen, zutrauen. Es wird Schritte wagen, neue Wörter äußern. Es wird lachen und ein Lachen zurückbekommen. „Der Ton macht die Musik!" Die Stimmung, die Atmosphäre, umgibt die mentale Entwicklung des Kindes. In der Weite, im Wohlwollen, in der Liebe kann sich das Kind, der Jugendliche, frei entwickeln. Es ist die Grundlage für ein Leben in Neugier, Kreativität und Lernwilligkeit. Ein offener Geist sucht nach neuen Inhalten. Der Lernwillige liebt neue Impulse. Die Konstruktivität in einem gelungenen Leben zeigt sich auch in der Widerstandskraft gegen härtere Herausforderungen, denn der Mutige, der Lernwillige, der Kreative wird immer wieder neue Wege finden. Sein Selbstvertrauen wird auch nicht verblassen, wenn der Sturm des Lebens tobt!

Die Bescheidenheit, der Schlüssel zur Wahrheit

Alles hängt mit allem zusammen und die innere Haltung ist ausschlaggebend für eine Wahrheitsannäherung. Der Bescheidene geht nicht in einer überhöhten Selbstsicherheit und Kontrollsucht an Personen, Wirklichkeitseinschätzungen und Zukunftsprognosen heran. Die Bescheidenheit baut nicht auf einem mangelnden Selbstvertrauen auf und hat auch nichts mit Unterwürfigkeit zu tun. Es ist die innere Haltung der

Offenheit und der Möglichkeit, seine eigene Sicht und seine eigenen Informationen regelmäßig zu überdenken und an Fakten abzugleichen. Somit bemüht sich der Bescheidene um Informationen und er überdenkt auch seine eigene Situation, ohne andere in aggressiver Art und Weise anzugehen. Er hat es nicht nötig, bissig und unkontrolliert aufzutreten, da er nicht rechthaberisch ist. Der Überhebliche entfernt sich gerne von den real gegebenen Fakten und er schwelgt nicht selten in Phantasien der Selbstüberhöhung. Diese Haltung behindert ihn beim Erarbeiten einer realistischen Einschätzung. Er wird dazu neigen, seine eigene Sichtweise auf die Welt hartnäckig zu verteidigen, auch wenn die Fakten dagegen sprechen. Die Perversion dieser Haltung erkennt man rückblickend auch an Diktatoren längst vergangener Zeiten, die immer noch Soldaten in kriegerische Auseinandersetzungen geschickt haben, obwohl der Krieg bereits verloren war. Man denke an Hitlers Kindersoldaten am Ende des zweiten Weltkrieges. In der Haltung der Bescheidenheit ist es dem Menschen möglich, seine Augen und Ohren empfangsbereit zu halten, ohne an einer vorgefertigten Meinung festzuhalten. Eine innere Umkehr, eine Katharsis und das unvoreingenommene Lernen können somit erfolgen. Es ist eine Voraussetzung zum Denken. Eine faktenbezogene Orientierung kann erfolgen. Daher bemüht sich der Lernwillige auch um andere Perspektiven, denn andere Inhalte bringen das Denken in Bewegung. Diese Bewegung ist das Gegenteil von einem unbedingten Festhalten an alten Trampelpfaden, von denen man ahnt, dass sie nicht mehr die richtigen sein könnten. Der um die Wahrheit und Gerechtigkeit Bemühte wird sich der Scheuklappen entledigen müssen. Dadurch ist kritisches Denken gefordert. So wird auch der Intellekt bemüht. In einer Haltung der Bescheidenheit kann ein fruchtbarer herrschaftsfreier Diskurs stattfinden, denn eine solche innere Haltung ermöglicht ein Weiterkommen. Wenn man auf betagte Menschen trifft, so ist es offensichtlich, wer noch bis ins hohe Alter gelesen und gelernt hat. Ein Dialog bleibt möglich, wenn sich der Mensch nicht in ein Schneckenhaus aus Arroganz und Überheblichkeit zurückgezogen hat. In der Haltung der Bescheidenheit liegt auch grundsätzlich die Chance auf einen Zugewinn neuer Erkenntnisse. Wenn man nicht annimmt, dass man einen allumfassenden Überblick hat, so wird man mit Interesse auf andere Menschen zugehen. Man wird sich Informationsquellen sichern. Man wird gerne und häufig diskutieren und die eigene Sicht auf die Welt überprüfen. Dies ist die Voraussetzung von Erkenntnisfähigkeit. Somit ist es nicht verwunderlich, dass der Gierige, der Überhebliche, der Unmenschliche, nicht zum herrschaftsfreien Diskurs bereit ist. Er will andere ausbeuten, benutzen und in die Irre führen. Der überhebliche Charakter duldet keine Kritik an seiner Auffassung. Er möchte nicht, dass man seine Fassade einreißt. Vielleicht wird er sich als Menschenfreund ausgeben, aber etwas völlig anderes im Schilde führen. Der Täuschende, der Kontrollierende, wird viel vertuschen müssen. Eine bescheidene Lebenshaltung wird man vergeblich suchen, da er strategisch vorgeht und eine demütige, selbstkritische Haltung nicht dazu passt. Schmeichler und Heuchler, die von diesem Machtmenschen profitieren, mögen sich ihm anschließen. Bei ihnen geht es um Profit und nicht um einen menschlichen Austausch. Den Geldmenschen, den Machtmenschen, umgeben die Heuchler, die etwas vom Kuchen abbekommen wollen. In deren Dunstkreis kann es nicht um Wahrheit oder Menschlichkeit gehen. Sie wollen profitieren und laufen mit und hinterher. Sie verdrängen reale Fakten und wachen nur auf, wenn sie selbst mit den Grenzen der Realität konfrontiert werden, wenn es zum Beispiel plötzlich unangenehm und anders als erwartet zugeht. Sollten sich diese Mitläufer plötzlich einsichtig geben, so ist Vorsicht geboten. Sie drehen sich meistens wie das Fähnchen im Winde hierher und wieder anders herum. Es sind die Wendehälse, auf die sich niemand verlassen sollte. Es mag auch

wahrhaftig Geläuterte geben. Es ist aber grundsätzlich Vorsicht geboten. „Hüte dich vor Machtmenschen, die eine umfassende Kontrolle anstreben! Hüte dich vor dem Überheblichen, der keine Spiegelung zulässt! Hüte dich vor dem Unmenschlichen, der in seiner Abgehobenheit
unmoralische Pläne hegt!" Deine Bescheidenheit ist und bleibt der
Schlüssel zur Wahrheit! Du hast es nicht nötig zu prahlen und zu protzen!

Heimliche Lehrpläne

Freie Entscheidungen können nicht oder nur sehr eingeschränkt getroffen werden, wenn heimliche Lehrpläne im Kopf wüten. „Wem möchtest
du es recht machen? Welche Ansprüche durchziehen dein Denken? Bist
du in der Lage zu erkennen, was du persönlich möchtest?" Im Laufe der
Kindheit und Jugend wird ein Aufgabenkatalog an uns herangetragen,
dem wir entsprechen sollen: Es geht dabei um den Erwerb sozialer Normen und es geht auch immer dabei um das Abarbeiten von Ansprüchen,
das mit einem Leistungskatalog einhergeht. Kinder sind neugierig und
lernbereit. Es geht darum, diese natürliche Motivation zu schützen und
zu pflegen. Die Atmosphäre, in der ein Kind, ein Jugendlicher lernen
darf, sollte gewaltfrei und menschlich sein. Wir wissen jedoch, dass der
Leistungsdruck und eine oft zu beklagende mangelnde Unterstützung
zum Lernalltag gehören. Wir wissen auch, dass sowohl die Eltern als
auch viele Lehrer an die Grenzen ihrer Kräfte gelangen. Dies könnte man
detailliert an jeder einzelnen Biographie herausarbeiten. Die Vielfältigkeit der pädagogischen Herausforderungen lassen erahnen, wie hoch-
komplex die Zusammenhänge zwischen Gesellschaft, Elternhaus und
Schule sind. An dieser Stelle wollen wir uns auf heimliche Lehrpläne und
nicht auf offizielle Lernansprüche konzentrieren. Diese nicht sofort er-
kennbaren Lehrpläne werden in Kommentaren der Erwachsenen gratis
dazu geliefert und das Kind sieht sich mit Regeln und Anforderungen

konfrontiert, dass es abarbeiten oder befolgen soll. Je nach sozialem Status oder je nach dem kulturellen und religiösen Hintergrund fallen die Lehrpläne anders aus. Ein Junge hat andere Regeln und Erwartungen abzuarbeiten als ein Mädchen. Auch hier sprengt es den Rahmen, die kulturellen Hintergründe der jeweils betroffenen Kinder explizit zu benennen, doch wir wissen alle um die Anforderungen der Religionen und Traditionen. Jedes Kind, jeder Jugendliche ist eingebunden in soziale Kontexte. Heimliche Lehrpläne zeichnen sich dadurch aus, dass sie versteckt und nicht direkt kommuniziert werden. Es wird eine Erwartungshaltung während der Auseinandersetzung, der Kommunikation und einer jeweiligen Vorbildfunktion zusätzlich mitgeliefert, ohne dass der Heranwachsende diese bewusst in dem jeweiligen Moment überdenken kann. Es werden Bilder vermittelt, dem der Jugendliche nachkommen soll. In einer multikulturellen Gesellschaft existieren unterschiedliche Modelle einer Lebensausrichtung. Die Rolle der Frau sieht je nach Herkunft, Religion und sozialer Tradition anders aus. Das Selbstverständnis des Mannes ebenso. Es wird dem Heranwachsenden angesichts vieler Religionen und ethischer Interpretationen eine Fülle von Angeboten gemacht. Dies kann zu Verwirrungen führen. Es geht dabei um Sitten, Gebräuche und religiöse Ansprüche. Die Aufgabe, sich mit den unterschiedlichen Denkrichtungen auseinanderzusetzen, erfordert Fachwissen und die Bereitschaft, über den eigenen Tellerrand hinauszusehen. Man denke an die unterschiedlichen Rollenverständnisse zum Beispiel in Hinsicht auf die Frau und den Mann. Die tradierten Werte und Normen führen zur Abgrenzung der Religionen untereinander. Ein Dialog wird gefordert und den einzelnen religiösen Institutionen nahegelegt, ein gesellschaftliches Miteinander zu pflegen. Dadurch soll die Gewaltbereitschaft sinken und das Verständnis gefördert werden. In diesen komplexen gesellschaftlichen Zusammenhängen ist jeder Jugendliche gefordert, seine ganz persönliche Biographie zu entwickeln:

„Was möchte ich erreichen? Welche Ziele habe ich? Welche Werte möchte ich vertreten?" Somit gilt es, die heimlichen Lehrpläne zu durchschauen. Die Distanzierung von fremden Ansprüchen ist eine Voraussetzung einer kritischen Haltung. Die Perspektive aus dem nötigen Abstand heraus ermöglicht den Blick auf das eigene Leben, ohne im Anspruchsdenken anderer verhaftet zu bleiben. Ein Überdenken und kritisches Denken ermöglichen neue Horizonte: „Wo will ich hin? Wo stehe ich? Wo stehe ich hinter? Mit welchem Anspruchsdenken wurde ich in meiner Kindheit und Jugend konfrontiert?" Somit bedeutet die Arbeit an sich selbst die Aufarbeitung der eigenen Sozialisation. Das Bewusstwerden und das Herausarbeiten eigener Standpunkte schaffen Raum für mehr Freiheit. Ein Mensch kann nur unabhängig entscheiden, wenn er an seiner Mündigkeit arbeitet. Nachplappern oder Imitieren verhindern den Weg der Verantwortung. Somit geht eine bewusste Reflexion einer tragfähigen Haltung voraus. Entscheidungen unter Zwang und sozialem Druck können nicht als freie Entscheidungen angesehen werden. Es stellt sich bei der Betrachtung eines Lebenslaufes die Frage, inwieweit eine Person überhaupt in der Lage war, sich zu befreien und bewusste Entscheidungen zu treffen. Die Möglichkeiten der Manipulationen und Indoktrinationen sind vielfältig und kaum ein Mensch hat den Mut, die Kraft und die Voraussetzung, inneren Impulsen, Wünschen und Neigungen zu folgen. Die heimlichen Lehrpläne sind besonders gefährlich, da sie gut verpackt und unerkannt ihre Wirkungskraft entfalten. Jede einzelne Biographie müsste bezüglich heimlicher Lehrpläne überprüft werden. Je mehr Bildung und Aufklärung wir unser eigen nennen können, desto größer ist die Chance auf ein selbstbestimmtes Leben jenseits der heimlichen Lehrpläne. Wir sollten uns unserer Wünsche und Werte bewusst werden. Wir müssen an unserem selbstbestimmten Dasein arbeiten. Wir können zu unseren Neigungen und Überzeugungen stehen, wenn wir sie erfassen. Das ist nicht selbstverständlich und es bedeutet Arbeit am eigenen Selbst. Es beinhaltet die Erkenntnis darüber, unter welchen Bedingungen und gesellschaftlichen Normen und Werten wir aufgewachsen sind. Sollten heimliche Lehrpläne als Blockaden entlarvt werden, können wir sie durchbrechen. „Du darfst lernen! Du darfst denken! Überprüfe die Wünsche und Erwartungen der anderen, ob sie zu dir passen. Überprüfe die Regeln, die an dich herangetragen werden. Du darfst zu einem mündigen Menschen heranreifen! Du bist in der Lage, ethisch zu denken und zu handeln!" Unser Grundgesetz verdient es, beachtet zu werden. Es gibt ein Leben in Mündigkeit und Verantwortung!

Größenwahn und Luftschlösser

Eine gesunde Kreativität hat nichts mit Größenwahn zu tun. Selbsterhöhung hat nichts mit Selbstbewusstsein zu tun. Eine kreative Leistung entspringt einem lebendigen Selbst, einem Selbst, das in einem guten Kontakt zu sich steht und einem Selbst, das sein Kreativzentrum pflegt. Dies ist nur möglich, wenn der Selbstentfremdung etwas entgegengesetzt wird. Das wird umgesetzt, indem man besitzergreifende und kontrollierende Charaktere von sich fernhält. Die Ketten der Besitzergreifenden wiegen schwer und behindern die ganze Persönlichkeit. Das Kraftzentrum braucht Pflege und frische Energie. Die Ketten der Fremdbestimmung verbrauchen die konstruktiven Kräfte und erschweren den Flow. In der Abgehobenheit und im Zustand des Größenwahns wütet der Selbstbetrug. Ein sich selbst Betrügender sieht nicht klar. Er nimmt weder sich selbst noch andere objektiv wahr und beruhigt sich mit Einbildungen: „Ich bin der Größte, der Kreativste und Fähigste." Das Herabschauen auf andere verhindert einen Kontakt auf Augenhöhe. Somit geht dem Größenwahnsinnigen die Chance auf konstruktive Kontakte verloren. Der Wahrheitsliebende erkennt den Hang zur Übertreibung und zu unberechtigten Selbsterhöhungen. „Wer sich in Luftschlössern verirrt, verliert den konstruktiven Impuls einer realistischen Spiegelung. Größenwahn und Arroganz sind die Voraussetzungen einer Weltfremdheit, die authentische Menschen abschrecken. Der Überhebliche geht dem Bescheidenen oft aus dem Weg, da er nicht gespiegelt werden will. Diese Chance auf ein Feedback wäre jedoch eine Möglichkeit zur Umkehr. Solange der Größenwahnsinnige keine Spiegelung zulässt und in Luftschlössern verweilt, solange verfehlt er die konstruktive Arbeit an sich selbst. Ein innerer Kern braucht gute Pflege. Das innere Kreativzentrum braucht Impulse. Diese sind aber in der Haltung der Abgehobenheit schlecht verfügbar. Das Reifen, die Katharsis, das Wachstum entspringen der Wahrheit, Klarheit und Erfahrung. Jedes authentische Gespräch wird von dem Willen zur Klarheit geführt. Der Lernbereite sucht nach Fakten. Der Authentische liebt die Spiegelung. Somit gilt die Botschaft an den Größenwahnsinnigen: „Verlass den Elfenbeinturm der Abgehobenheit und der Arroganz! Du verirrst dich immer weiter im Tunnel eines Wunschdenkens, wenn du dich der Realität verweigerst! Die Konfrontation mit der Wirklichkeit wird dich reifen lassen. Verstecke dich nicht und flüchte nicht in die Luftschlösser einer konstruierten Welt!"

Sich auf den Weg machen

Der Weg ist das Ziel und du wirst deine Vorstellungen und Ziele nicht erzwingen können. Du darfst an deinen Anliegen arbeiten, ohne zwanghaft und süchtig zu werden. „Der Raffgierige wird nicht vernünftig handeln können und der Geizige wird seine Hilfe oftmals verweigern, wenn er die Möglichkeiten einer pekuniären Unterstützung leisten könnte." Somit verfehlen die Unmenschlichen eine ethische Ausrichtung ihres Daseins. Im Rückblick darfst du deine Wege betrachten, denn als du an der einen oder anderen Stelle abgebogen bist, hattest du gehofft, die richtige Entscheidung getroffen zu haben. Der Weg ist das Ziel und niemand kann sicher sagen, wie sich seine Vorstellungen und Taten letztendlich auswirken. Dennoch: „Du kannst vor dir bestehen, wenn du in einer positiven Gesinnung alles gegeben und du anderen die freie Wahl und Entscheidungsmöglichkeit gelassen hast." Dein Respekt gebietet dir Zurückhaltung und Chance auf ein Gespräch auf Augenhöhe. Du willst verstehen. Du möchtest der Selbstbestimmung Raum geben. Du hast dich selbst auf den Weg gemacht und andere ein Stück begleitet, genauso, wie deine Weggefährten dich unterstützt haben. Es war ein gesundes Geben und Nehmen. Die Grundlage ist Verstehen-Wollen. „Wer alles gibt und das Gute anstrebt, braucht nichts zu bereuen! Handel auch in Zukunft nach bestem Wissen und Gewissen!" Dies setzt ein Aktualisieren von Informationen voraus, obwohl wir um die Flut der Fakten wissen. Es wäre fatal zu sagen: „Heutzutage ändert sich so viel, ich will mich nicht um neue Inhalte kümmern!" Dies wäre ein Bekenntnis zur Lernfaulheit. „Gehe weiterhin mit positiven Gedanken und Taten in die Welt! Du bist bescheiden genug zu wissen, dass alles fließt. Alles fließt und nichts bleibt, wie es ist. Angesichts der stetigen Veränderungen ist es dein Auftrag, lebendig und lernbereit zu bleiben. Nur so wirst du wichtige Zusammenhänge erfassen können. Nur so wirst du an deiner Mündigkeit erfolgreich arbeiten.

Die Täuschung

„Es ist Erfahrung nötig, einen Authentischen vom einem Unauthentischen unterscheiden zu können. „Deine Lebenserfahrung, deine Erfahrung im Umgang mit Menschen helfen dir, einen Unauthentischen zu entlarven!" Sollte es dir schlecht gehen, solltest du einmal krank oder arm sein, so wirst du deine wahren Freunde erkennen. Ein Heuchler wird dich verlassen. Er partizipierte einst von deinen Gütern. Nun wäre es an der Zeit, dich um deiner selbst willen zu lieben und zu respektieren. Das wird der Unauthentische, der Täuschende, nicht leisten, da er in den bequemen, guten Zeiten dir etwas vorgespielt hat. Die Freundschaft basierte auf deinen materiellen Zuwendungen und der Heuchler sieht keine Gründe mehr, zu dir nett und freundlich sein zu müssen. Die Maske fällt. Es ging nie um eine bedingungslose Akzeptanz deiner Person. Du warst nur in dem Moment von Wichtigkeit, solange du in großzügiger Manier Zuwendungen verteiltest. „In dunklen Stunden offenbart sich ein Charakter! In den Stunden der Bedrängnis zeigt es sich, wer ehrlich gesprochen hat. Es zeigt sich, wer es ehrlich meinte. Der Heuchler wird dich fallen lassen. Der Nutznießer wird dir den Rücken zudrehen. Vielleicht bist du enttäuscht, doch das Täuschen hat ein Ende!"

Die Intuition

„Bewahre deine innere Welt! Beschütze deine Intuition!" Wir erleben uns als ich, während wir uns stetig verändern. Unser Kern, unser Zentrum will geschützt und gefördert werden. „Wir verlieren uns, wenn wir den Bezug zu unserem Selbst vernachlässigen!" Unsere innere Stimme wird sich melden. Unsere innere Stimme sollte sich melden. Es wäre fatal, wenn sie zum Schweigen gebracht würde. Es wäre ein sicheres Zeichen einer Fremdbestimmung, wenn der Mensch seiner Intuition keinen Raum schenkte. Unfreiheit schleicht sich in das Leben vieler Menschen, die es nicht geschafft haben, ihren inneren Kern zu fördern und zu bewahren. Vielleicht haben sie aus Angst oder Bequemlichkeit den Pfad der Fremdbestimmung betreten. Der Trampelpfad eines scheinbar sicheren Daseins lässt die innere Stimme immer wieder verstummen, da die Anforderungen und Befehle der Scheinwelten die kostbaren Intuitionen übertönen. „Du brauchst diese Anerkennung oder jene Güter! Du brauchst das Ansehen oder bestimmte Statussymbole!" In der Welt der Kompromisse legen sich Ketten der Zwänge um den ganzen Menschen. Es beginnt oft harmlos, schleichend, unbemerkt. In der Liebe täuscht die rosarote Brille Scheinwelten vor. In der Welt der Karriere locken Angebote, die aus pekuniären Gründen nicht abgeschlagen werden. Materielle Sicherheiten und eine gesellschaftliche Anerkennung lassen Zweifel verstummen. „Solange du in dir zu Hause bist, wirst du deine innere Stimme hören! Lass dich nicht verbiegen! Lass dich nicht deiner natürlichen Intuition berauben! Du hast viel zu geben und viel zu verlieren! Was passt zu dir? Was sagt dir deine Intuition? Bist du mit dir im Reinen?" Ein Anpassungsprozess verläuft schleichend. Die Kompromisse wirken zunächst harmlos. Der Selbstbetrug liegt in der Vorstellung, aus den Kerkern einer Fremdbestimmung entkommen zu können. Doch die Anpassung befindet sich nicht ausschließlich außerhalb, getrennt vom eigenen Selbst. Die Fäden der Kompromisse und Unterwerfungen durchziehen den Alltag und umwickeln das eigene, innere Zentrum. „Was ist mein Ziel? Wohin will ich gehen? Welche Entscheidungen entspringen meiner moralischen Vorstellung?" Die Fäden der Macht und des Geldes umwickeln den Alltag, weil es keine Klarheit mehr gibt. Die Selbstbestimmung wächst auf einem Boden der Unabhängigkeit. Klarheit existiert nur dort, wo es keine Vergiftung gibt. Im undurchsichtigen Tümpel anderer Meinungen und Einflussnahmen kann es keine klare Sicht geben. „Was ist meine Überzeugung? Wofür brenne ich?" Diese Fragen kann nur derjenige beantworten, der sich um seine eigene Mündigkeit bemüht. Diese will erarbeitet werden. Ein selbstbestimmtes Leben bedarf einer kontinuierlichen Aufklärungsarbeit. Diese kann einem niemand abnehmen. „Wir brauchen Informationen. Wir brauchen Inhalte, um uns zu orientieren. Nur so werden wir nicht ein leichtes Opfer irgendwelcher manipulativen Kräfte." „Zappelst du an Fäden übernommener Meinungen, die du nicht durchdacht hast? Erkenne deine Lage und durchdenke deinen Standpunkt. Deine Intuition wird sich melden. Deine inneren Bilder sind ernst zu nehmen. Was passt zu dir? Was entspricht deiner Auffassung? Was soll dir übergestülpt werden? Wer erwartet von dir Handlungen und Meinungen, die dir nicht entsprechen? Wer drängt dich zu Entscheidungen und Verhaltensweisen, die dir fremd sind? Nur dein Mut, deine innere Kraft werden dir helfen, zu dir zu stehen und die Weichen wohlüberlegt und gleichzeitig intuitiv selbstbestimmt auszurichten. Verlass dich auf dein Zentrum, dein Selbst und werde nicht zum Mitläufer!"

Der in sich Ruhende

„Du wirst nicht zur Ruhe kommen, wenn du dich in der Welt der Affekte hin und herwerfen lässt!" Anfänglich wähntest du dich in Sicherheit, da deine Hülle hübsch und ansehnlich war. Du entsprachst dem Bild einer schönen, jungen Frau und dein Wohlstand garantierte dir die Möglichkeit, auf der Welle des Gesehen-Werdens zu surfen. Du konntest einladen und du wurdest eingeladen. Man konnte sich mit dir sehen lassen und die schönen Fotos erregten die Aufmerksamkeit anderer Konsumenten. Doch dein Reichtum verschaffte dir keine Ausgeglichenheit. Du reistest um die Welt und du hattest Angst, irgendetwas zu verpassen. Du wolltest fotografiert und pausenlos gesehen werden, während die innere Unruhe wuchs. „Gab es Schönere? Gab es Erfolgreichere? Gab es Wohlhabendere?" Der Neid durchzog dein Selbst, während du bereits Agenturen rund um die Uhr damit beschäftigtest, gesehen und wahrgenommen zu werden. In der Welt der schnellen Bilder solltest du vorkommen. Du spürtest dich in der Wahrnehmung anderer. Die Abhängigkeit glich einer Sucht. Es ist die Sucht nach Aufmerksamkeit. Der unstillbare Durst nach Schlagzeilen und Bildern raubte dir die Ruhe. Diese mangelnde Souveränität galt es zu übertünchen. Doch die Menschen spüren, wo und wann es ehrlich zugeht. Sie empfangen die Schwingungen der Menschlichkeit. In der Welt der schnellen Bilder kann eine Scheinwelt erblühen, doch im realen Leben wird es still und unerträglich, wenn man sich nichts zu sagen hat und die Hohlheit durchschlägt.

Der in sich Ruhende ist kein Abhängiger. Der in sich Ruhende bevorzugt, sich mit Inhalten zu beschäftigen, da er in der Stille zu sich selbst findet. Diese innere Arbeit geht einer inneren Ruhe voraus. In der Kontemplation hat die Aufgeregtheit des Neides und der Gier keinen Platz. Während sich die Gierigen mit ihren Kontoständen befassen und sich nach größeren Einnahmequellen umschauen, vergessen sie, sich um eine innere Hygiene zu kümmern. Es ist die Arbeit am eigenen Selbst, die einen wahrhaftigen, ethischen Standpunkt voraussetzt. Der ethisch Orientierte wird keine Waffen verschieben und schlechte, schädliche pharmazeutische Produkte verkaufen. Der ethisch Orientierte wird keinem Jugendlichen zu verstehen geben, dass er zu dünn oder zu dick sei. Er wird das krankhafte Kreisen um die eigene Hülle nicht anspornen. Die Gier braucht nicht vertuscht zu werden, wenn sie keinerlei Wichtigkeit im Leben eines Menschen einnimmt. Der Mantel des Schweigens braucht nicht übergeworfen zu werden, wenn man der Lüge keine Chance einräumt. Der in sich Ruhende wird fleißig an der Einschätzung und Beurteilung seiner Umwelt, der Gesellschaft und der politischen Einschätzung arbeiten. Er will nicht verdrängen. Er will nicht wegsehen. Er wird sich nicht mit dem Virus der Gier infizieren lassen und sich wieder einen Standpunkt erarbeiten. Er will nicht unmündig und ferngesteuert leben. Das eigene Denken und die Chance auf eine Urteilskraft ermöglichen eine innere Kraft und Ruhe, denn der inhaltlich Orientierte lässt sich weder aufhetzen noch in den Unruhezustand des Neides und der Gier versetzen. Die Eitelkeit, das Konkurrenzdenken und die Sucht nach Reichtum und Aufmerksamkeit vereinnahmen den ganzen Menschen. Dieser Zustand der Unruhe zeugt von einem falschen Denken. Die Sucht nach mehr, nach Äußerlichkeiten wird nie befriedigt werden können. In der Blase des Konsums müssen immer neue Kicks gesucht werden. Es ist ein Leben in Unruhe und Entfremdung vom eigenen Selbst. Es ist ein Leben mit der Angst, nicht zu genügen. Es ist ein Leben mit der Angst vor der Stille, weil diese unerträglich wird, wenn Inhalte fehlen.

Du darfst strahlen

„Du darfst strahlen! Du darfst lernen! Du darfst wachsen!" Wer sollte dich daran hindern, du selbst zu sein? Wer sollte ein Interesse daran haben, dich zu steuern und von dir abzulenken?" Die Motive der Menschen sind unterschiedlich und der Egoist schaut auf seine Vorteile, während er andere vor seinen Karren spannt und ein echtes Interesse vortäuscht. Der Unsichere, der nicht inhaltlich Orientierte, wird zum leichten Opfer, zur Beute des Verführers. Vielleicht windet sich das Opfer hin und her, da es spürt, dass irgendetwas gehörig schief läuft. Vielleicht meldet sich das berechtigte Bauchgefühl und die Alarmglocken schrillen. „Du darfst strahlen und erblühen! Hüte deine Talente und verrate dich nicht! Du wirst missbraucht, wenn man dir die Kostbarkeiten deines Lebens entwenden will!" Der Egoist liebt nur sich selbst und er missachtet deine Träume und Talente. Er wird dich vom gesunden Kurs ablenken und dir seinen Kompass unterjubeln. Dieser Kompass bedeutet: Desorientierung und Fremdbestimmung, denn dieser Kompass richtet sich nach dem Fahrplan des Lügners: „Ich meine es gut mit dir! Deine Zukunft soll sicher sein!" Das Gesäusel des Verführers klingt zunächst logisch und vielversprechend, doch die Inhalte haben bei einer genaueren Betrachtung nichts mit dir selbst zu tun. Du sollst in fremde Pläne eingeweiht werden. Du sollst die Vorhaben anderer erfüllen. Du bist der Zuarbeiter und zur Belustigung anderer degradiert. Denke daran und vergiss nicht: „Du darfst strahlen! Du darfst dich ernst nehmen! Du darfst Nein sagen und dich selbst besser verstehen. Höre in dich hinein! Wofür schlägt dein Herz? Was sind deine Talente und welche Überzeugungen entsprechen deinem Denken? Lass dich nicht verbiegen!"

Angst vor der Stille

Der in sich Ruhende liebt die Stille. Er mag es, wenn sich seine innere Stimme meldet, denn sie steht nicht im Widerspruch zu seinem Selbst. „In der Stille empfängst du ehrliche, ernst zu nehmende Impulse, wenn du nicht fremdbestimmt lebst. Suche immer wieder den ehrlichen Austausch mit dir selbst! Suche die Stille, denn in ihr hörst du deine Eingebungen." Es ist kein gutes Zeichen, wenn du die Stille nicht erträgst. Es ist ein ungesunder Zustand, wenn du dich mit Ablenkungen und übertriebenem Konsum beruhigen musst. Der von sich Entfremdete erträgt die Stille nicht, da es schmerzt, wenn sich die Stimme des Selbst meldet. „Warum bist du falsch abgebogen? Wann lebtest du im Einklang mit dir? Was war der Auslöser für die Fremdbestimmung?" In der Stille zeigt es sich, in welchem Kontakt du zu dir stehst. In der Stille meldet sich ein Unwohlsein, wenn du nicht das Leben führst, von dem du überzeugt bist. In der Stille meldet sich die Stimme der Wahrheit und Klarheit, wenn du es zulässt. Es ist dein Selbst, das sich Gehör verschaffen möchte! „Die Arbeit an dir beinhaltet die Arbeit an den drängenden Themen des Lebens. Du darfst denken! Du darfst zuhören! Du darfst verstehen!" In der Stille darfst du deine Stimme empfangen. Im Gespräch darfst du die Meinung des anderen hören. Im Austausch erweitert sich dein Horizont. Dieser Austausch gelingt, wenn ein wahrhaftiges Interesse gelebt wird: Zuhören, überdenken, eigene Standpunkte überprüfen. Ein echter Dialog ist vom gegenseitigen Respekt geprägt. Ein ernst zunehmendes Gespräch setzt voraus: „Der andere könnte auch Recht haben." Jeder Denker wird zum Dialog bereit sein und die Argumente des anderen überprüfen. Nur ein Ignorant wird seine vordergründigen Vorteile durchsetzen wollen. Daran erkennt man die Respektlosigkeit eines Egoisten. Er geht nicht mit der Haltung des Verstehen-Wollens in ein Gespräch, sondern mit dem Ziel des Überredens und

Gefügig-Machens. Er führt etwas im Schilde. Er arbeitet an der Umsetzung eigener Vorhaben, ohne ein echtes Gespräch zu führen. Eine mangelnde Offenheit entbehrt jeder Wahrheitsliebe. Somit kann der Gerechtigkeit keine Chance eingeräumt werden. Freiheit und Verantwortung sind die Grundlagen einer ethischen Kompetenz. Jeder Fremdbestimmte hat seine Freiheit und Verantwortung verloren.

Du darfst tanzen

Du spürst Freude und du fühlst dich lebendig. Die Funken deiner Lebensenergie sprühen und mit deinem Tanz gibst du zu erkennen: „Ich bin bereit, mich zu zeigen! Ich bin voller Kraft und lebensbejahender Energie!" Wer sollte es dir verbieten zu tanzen? Wer sollte dich einengen wollen? Deine Lebensfreude hat nichts mit deinem Alter zu tun. Du konntest dir deine Kraft bewahren und deine Akkus immer wieder aufladen. Während du alles gegeben und dich gezeigt hast, strömte die Kraft zu dir zurück. Du warst nicht berechnend und deshalb vertrauen dir die Menschen. Der Abend ist wunderschön und der Ausdruck deines Tanzes zeigt deine Lebensfreude. „Lass dir deine Neugier nicht nehmen! Lass dir deine Freude am Leben niemals vergiften!" Die von sich Entfremdeten ertragen deine Strahlkraft nicht. Sie sitzen im Kerker der Fremdbestimmung. Du hast deine Freiheit bewahrt und das darf jeder sehen. Du wirst das Gift der Zerstörer auch in der Zukunft nicht trinken.

Frustration und Intoleranz

Der Selbstbestimmte erhellt jeden Raum. Er zeigt, dass es möglich ist, zu sich zu stehen. Er zeigt, dass es möglich ist, den gesunden Kontakt zu sich nicht aufzugeben. Diese Arbeit und Pflege des Selbst darf niemals vernachlässigt werden, wenn man in Selbstbestimmung leben will. „Wer will dich von deinem Kurs abbringen? Wer will dich für seine Pläne vereinnahmen?" Dein ehrlicher Kontakt zu dir ermöglicht es, dich nicht zu verlaufen. „Du kannst schnell entwurzelt werden. Du kannst schnell und auch schleichend deiner Lebensziele beraubt werden. Höre auf deine innere Stimme und bleibe ehrlich zu dir selbst!" Dein Mut wird belohnt, wenn du dich nicht verrätst. Dein Mut wird belohnt, wenn du deine wahren Freunde nicht aufgibst. Schätze deine Visionen und lass dir deine Ziele nicht nehmen. Verrate dich nicht, indem du deine Leidenschaften missachtest. Der Konstruktive wird dir mit Respekt und Wohlwollen gegenübertreten. Der wahrhaft Liebende wird dich nicht verbiegen wollen. Frage dich: „Was möchte ich jetzt vom Leben? Was sind meine Überzeugungen und Ziele?" Der Weg ist das Ziel und der in sich Ruhende geht Schritt für Schritt seinen Weg. Auf diesem ist kein Platz für Intoleranz und Frustration, denn die positive Energie strömt zu den Menschen zurück, die sich nicht verraten. Die gute Energie fließt zu denjenigen zurück, die den Lebensbejahenden vertrauen. „Bleibe in einem ehrlichen Kontakt zu dir selbst und versuche, dich zu verstehen. Diese Arbeit ist die Voraussetzung einer Klarheit und die Vorsorge, nicht im Sumpf der Frustration stecken zu bleiben. Die Sümpfe fauler Kompromisse und die Fehlentscheidungen aus der Angst und Bequemlichkeit heraus führen in den Treibsand der Frustration. „Du wirst deine Mitmenschen verstehen, wenn du mit offenen Augen und einem liebenden Herzen deine Begegnungen erlebst. Du wirst zuhören und verstehen wollen."

Der Ungebrochene

Seine Augen strahlten. Er hatte keine Angst vor der Stille und liebte das Leben, da er in der Lage war, sich von den Zerstörern fernzuhalten: „Ich will denken! Ich möchte die Zusammenhänge verstehen! Solange ich lebe, werde ich der Gerechtigkeit eine Chance geben und die Sümpfe der Ignoranz trockenlegen. Ich darf tanzen und malen! Wer sollte mich davon abhalten? Es könnten nur Neider und Destruktive meine Arbeit bekämpfen!" Der Ungebrochene lebte bewusst und er wollte sich seiner kostbaren Lebenszeit nicht berauben lassen. Er suchte den Kontakt mit den echt Lachenden, mit den Lebendigen und vermied den Kontakt mit den angepassten Mitläufern. Sie stritten es ab, dass es eine Gerechtigkeit gäbe und sagten: „Schau dich doch um! Überall ist Krieg! Du wirst es endlich akzeptieren müssen, dass der Mensch böse ist!" Sie konnten den friedlichen Visionen keine Chance geben. Sie glaubten nicht an konstruktive Gespräche. Sie glaubten an Waffen, immer mehr Waffen. Die Augen des Ungebrochenen leuchteten und er sagte: „Solange ich lebe, werde ich den Frieden denken und meine Taube malen. Der Frieden lebt in mir und die Gerechtigkeit auch, denn ich werde mich für sie einsetzen. Ich spüre, wenn es ein Mensch ernst meint. Ich verstehe die Argumente der Friedliebenden und ich kenne die Sprache der Unverbogenen. Sie folgen der Spur des unverfälschten Daseins, in dem Menschlichkeit und Wahrheit beachtet werden. Ich will weder ein Opportunist noch ein bequemer Lügner sein!" Als der Ungebrochene immer älter wurde, musste er einsehen, dass nur wenige Menschen seinen Worten vertrauten. Die Angepassten vermieden es, mit ihm zu sprechen. Sie kreisten um ihre Güter und scheinbaren Sicherheiten. Sie positionierten sich, indem sie von ihrem Reichtum schwärmten. Inhalte störten sie, denn sie wollten nicht wahrhaben, dass sie genau diese vernachlässigt hatten. Ihnen fehlte so viel an Informationen, da ihre Bequemlichkeit zur Denkfaulheit geführt hatte. Sie liebten ihr Geld, ihre Immobilien und ihren täglichen Konsum, während sie von irgendwelchen Spenden sprachen. Das seichte, bequeme Leben sollte trösten und alle Lücken füllen, die Lücken der Lügen und der vielen verpassten, echten Lebenschancen. Sie hatten sich immer wieder verraten und andere missachtet. Sie sind der echten Liebe aus dem Weg gegangen. Doch die Langeweile, die Öde führten sie zu dem Unverbogenen. Sie brauchten Anregungen und Inspirationen. Gleichzeitig fürchteten sie sich vor dem Unverbogenen, denn sie wurden gespiegelt und sie erkannten ihre widersprüchliche Welt aus Anpassung und Selbstverleugnung. Sie wollten die leuchtenden Augen sehen, aber nicht allzu lange hineinsehen. Sie wollten unterhalten werden, aber ihre Lügen und Widersprüche beibehalten. Doch niemand leuchtet, der es aufgegeben hat zu brennen. Sie hatten ihre echte Flamme erstickt. Nun zündeten sie künstliche Lichter an und ließen die Korken knallen. Sie wunderten sich, dass sie froren. Sie trauten sich nicht mehr, ihre echte, authentische Stimme zu empfangen. Ihre Energie floss ins Verdrängen und sie gierten nach dem Licht des Authentischen. Der Ungebrochene hatte viele Stürme überstanden. Man wollte ihn einschüchtern, erpressen und immer wieder verbiegen. Er musste immer wieder von vorne anfangen und so manchem Menschen Lebewohl sagen. Er musste seine Unterdrücker loslassen. Das Loslassen hatte einen großen Stellenwert bei dem Ungebrochenen. Er klammerte nicht und er pflegte den Respekt vor sich selbst. Die Offenheit und Freiheit schenkten ihm frische Luft. Die offenen, strahlenden Augen zeugen noch immer von Neugier und Lebenslust. Der Ungebrochene will verstehen und scheut sich nicht vor den wahrhaftigen Inhalten. Er wird Tatsachen akzeptieren, auch wenn es weh tut. Er wird sie akzeptieren, auch wenn nahestehende Freunde ihn verraten haben. Er wird der Wahrheit ins Gesicht sehen, egal wie sehr es schmerzen wird. Die Gelangweilten hängen an seinen Lippen, da sie spüren, dass die Geschichten wahre Erlebnisse und wahrhaftige Überzeugungen sind. Mit dem Ungebrochenen wird es nie langweilig, da er immer denkt und lacht und in Freiheit und Gerechtigkeit lebt.

Der Verlust von Freiheit

Der Ungebrochene konnte seine Freiheit bewahren. Er ließ sich nicht unterdrücken oder kaufen. Er war in der Lage, einen immer wiederkehrenden Anschluss an sich und seine Wertvorstellungen zu erarbeiten und nach außen zu vertreten. Dies erforderte Mut und den unbedingten Willen zur Selbstbestimmung. Wir kennen die Konflikte, in die ein Mensch hineingeraten kann. Wir kennen die Verführungen aus Zuckerbrot und Peitsche. Wir wissen um die vielen faulen Kompromisse, die an jeder Ecke lauern und die Fettnäpfchen, die zunächst harmlos wirken. Doch die Bereitschaft zur Scheindiplomatie, einer vordergründigen Übernahme von Meinungen, ungeprüft und unreflektiert lassen den Menschen in den Sümpfen der Verantwortungslosigkeit verschwinden. Der Einzelne erstickt im Sumpf der schleichenden Anpassung, während er sich beinahe immer Vorteile erhofft hatte. Vorteile für ein Schweigen, Vorteile für das Zustimmen und Mitlaufen. Der Opportunismus legt den Grundstein für schwere Verluste und der Hörige wollte keine Nachteile, ganz im Gegenteil: Er gierte nach Vorteilen und verschwand in den Katakomben der Verantwortungslosigkeit. Seine Ämter und Güter sehen immer unterschiedlich aus. Er mag zu Geld gekommen sein und er mag im goldenen Käfig sitzen. Vielleicht belügt er sich selbst. Vielleicht versteht er sich nicht mehr. Vielleicht erinnert er sich an bessere Zeiten, als er noch manchmal seine eigenen Vorstellungen vertrat. Damals fühlte er sich frei. Damals fühlte er sich noch wohl in seiner Haut. Das kostbare Gut der Freiheit und Selbstbestimmung kann man schnell verlieren, wenn man sich nicht mehr die Mühe macht, Kontexte zu verstehen. Die Arbeit an der Orientierung will geleistet werden: „Was geht in der Gesellschaft vor? Welche Lügen werden in welchen Zusammenhängen verbreitet? Welche Fakten sind ausschlaggebend?" Es reicht nicht aus, sein Fähnchen im Winde flattern zu lassen, denn auch im Privaten kommt die böse Überraschung auf einen Mitläufer zu, wenn andere das Ruder übernommen haben. Wer nicht stetig und fleißig an seiner Mündigkeit arbeitet, wird seine Selbstbestimmung verlieren. Ein Käfig ist immer unangenehm. Er mag golden oder bescheiden ausfallen. „Bist du noch frei und selbstbestimmt genug, eigene Entscheidungen zu treffen?"

Halt und Haltung

Deine innere Stärke bestimmt über deine Haltung. Deine Orientierungsarbeit bleibt die Grundlage für deinen inneren Halt. „Wie viel sind dir
eigene Überzeugungen wert? Wie viel sind dir die Menschen wert, die
dir am Herzen liegen? Bist du dazu bereit, Menschen zu verraten und
Überzeugungen über Bord zu werfen, wenn dir ein kalter Wind entgegen weht?" Der Unterdrücker ist nicht an deiner Meinung interessiert,
ganz im Gegenteil: Er will dich an Fäden hin und herziehen. Ihm ist es
egal, was du gerade denkst und von Herzen wünschst. Ihm sind die
wahrhaftigen Überzeugungen und Gefühle gleichgültig. Er will dich unterwerfen und als Marionette missbrauchen. „Hüte dich vor dem Lügner! Hüte dich vor den Unauthentischen!" Sie wechseln ihre Masken
und haben keine inhaltlichen, wahrhaftigen Anliegen. Die innere Hohlheit und der Verlust einer starken Identität haben sie zu unmenschlichen Verführern werden lassen. Die Destruktivität liegt in der Missachtung der Anliegen anderer. Selbst verlogen und desorientiert suchen sie
nach schwachen Charakteren, die sie verbiegen können. Sie sind nicht
an einer echten Blüte anderer interessiert. Sie dressieren Menschen. Sie
setzen sie mit allen Mitteln unter Druck. Zuckerbrot und Peitsche, verwirrende Informationen und immer wieder Lügen. „Hüte dich vor dem
Unmenschlichen!"

Die Botschaft der Erkenntnis

Erkennen ist ein Prozess und setzt Lernwilligkeit voraus. Die Liebe zur
Wahrheit und Klarheit verleiht dem Erkennenden immer wieder neue
Kräfte. Diese Energie wird dringend gebraucht, um gegen Lügen und Intrigen vorzugehen. Mit der Kraft des Wissen-Wollens geht der Prozess
der Aufklärung einher. Das Klären, das Aufklären, folgt den Fakten, den
wahrhaftigen Begebenheiten und es wendet sich gegen Unklarheit und
Lüge. Behauptungen müssen verifiziert werden. Fallen sie durch den

Faktencheck, so macht es Sinn, sie als sinnlos anzusehen. Verifizieren und Falsifizieren bieten die Chance auf Aufklärung. „Du darfst demjenigen vertrauen, der immerzu an der Aufklärung interessiert ist! Du solltest vorsichtig sein, wenn jemand Behauptungen, Gerüchte und unqualifizierte Äußerungen von sich gibt!" Im Sumpf der Lügen und Widersprüche entsteht ein ungesundes Klima. Es ist eine verwirrende Situation, wenn Gerüchte und angsteinflößende Behauptungen als Grundlage für ein Gespräch herhalten sollen. Im Sumpf von Angst und Desorientierung können Entscheidungen nicht logisch sein. „Nimm dir die Zeit zur Orientierung. Suche nach Quellen und wissenschaftlichen Informationen. Du kannst denken! Du darfst dich umfassend informieren. Bilde dir eine eigene, unabhängige Meinung!" Nur so kannst du dich im Umfeld deiner Mitmenschen und der Gesellschaft verstehen. Der Manipulator wird vor dir flüchten und dich meiden, denn er fürchtet die Aufdeckung seiner Triebfedern. Da er sowieso nicht an einem echten Anliegen anderer interessiert ist und nur seine Strategien umsetzen will, arbeitet er nicht mit anderen zusammen. Eine konstruktive Zusammenarbeit auf Augenhöhe kann es nicht geben. Ein echtes Interesse und eine wahrhaftige Klärung gehen den Fakten auf den Grund. Somit werden auch Gespräche analysiert, um die echten Motive herauszuarbeiten und zu entlarven.

„Ich will frei sein!"

Du warst im zweiten Schuljahr und dein Schrei war durchdringend: „Ich will frei sein!" Deine Vorbilder waren allesamt Menschen, die kulturell etwas bewegt hatten und einen individuellen Ausdruck verkörperten. Es waren Menschen mit Talenten: Sänger und Tänzer, Sportler und Maler. Deine Interessen waren vielfältig und du warst noch ungebrochen. Dies galt es zu bewahren. Während einige deiner Mitschüler bereits vom großen Geld träumten, waren deine Träume noch lebendig. Es waren die Träume eines freien, lebendigen Kindes, das noch „es selbst" sein durfte. Doch das Bemühen einiger Erwachsener machte dir zu schaffen und sie fragten dich bereits jetzt: „Was willst du einmal werden?" Deine Antwort: „Ich will frei sein!" passte ihnen nicht ins Konzept. Sie hatten ihre Freiheit verloren, da sie die harte Arbeit an einem selbstbestimmten Leben gescheut hatten. Sie waren immer wieder eingeknickt und sie hatten sich unterworfen. Sie arbeiteten die Pläne anderer ab und sagten das, was andere hören wollten. Sie erhofften sich Vorteile. Sie erhofften sich ein angenehmes, gut situiertes Leben. Ihre Unterwürfigkeit, Unfreiheit und Unmündigkeit waren ihnen nicht bewusst und sie wollten, dass ihre Kinder den gleichen bequemen, angepassten Weg gingen. „Ich will frei sein!" Es schallte durch alle Räume. „Ich will tanzen und malen und so laut reden, wie ich will! Ich habe eine Meinung! Ich fühle mich frei, wenn ich mich spüre!" Die Erwachsenen waren beunruhigt. Diese Aussagen bedeuteten für sie etwas Unberechenbares. Einen freien Menschen gab es in der Familie nicht. Einen wirklich freien Denker auch nicht. Alle hielten sich an unausgesprochene Regeln, denn man wollte nicht diskutieren. Die Kinder sollten gehorchen und gute Noten nach Hause bringen. Sie sollten möglichst unauffällig und ruhig ihre Hausaufgaben erledigen und eventuell von einer Fußballkarriere träumen. Das war aber der allerhöchste Freiheitsanspruch. Es sollte etwas erlernt werden, was Geld einbrachte. Bildung war als Mittel zum Zweck anerkannt, mehr nicht. Schließlich sollte niemand aufmüpfig werden. Nachhilfe gab es nur, um bessere Noten zu ergattern, aber nicht um zu philosophieren. Die Angst vor der Freiheit hinderte die Erwachsenen, über den Tellerrand zu blicken. Sie hatten ein klares Denken nie erreichen können und kreisten im Vorteilsmodus: „Was bringt mir dies und jenes ein? Wo ist der Vorteil und wie komme ich an noch mehr Geld?" Der Alltag war durchstrukturiert. Veränderungen versetzten die

Angepassten in Unruhe. Ihre Trampelpfade wurden nicht hinterfragt. Jeder hatte seine Rolle, seine Aufgaben. Nichts sollte den Trott stören. Nichts sollte unnötig aufhalten. Diskussionen wurden als Zeitverschwendung angesehen und das Gehorchen stand ganz weit oben auf der Werteskala, obwohl es keinen Wert an sich hatte. Alles sollte reibungslos verlaufen und der Maßstab war das Geld, der Wohlstand, denn man hing an den Statussymbolen: Der Flachbildschirm, das Auto und das Prestige, die Außenwirkung auf andere, das war entscheidend. Die Kinder sollten gut in der Schule sein und wenn möglich studieren, aber nicht, um frei zu sein. Freiheit konnte weder gedacht noch gelebt werden. Es war kein Gut um seiner selbst willen. Man bewegte sich im Laufstall eines bequemen Lebens und das sollte auch so bleiben. Bequemlichkeit wurde als Freiheit angesehen. Konsum als Selbstverwirklichung. Sie konnten Freiheit weder denken noch vermitteln. Der kleine Junge hatte eine leichte Vorahnung, was Freiheit bedeuten könnte: Es müsste etwas sein, das sich absolut gut anfühlt. Es musste etwas sein, sich selbst ausdrücken zu dürfen. Vielleicht beim Singen oder Malen, Tanzen oder einfach im lauten, unangepassten Lachen. Es musste etwas sein, bei dem man nicht die Pläne der unfreien Erwachsenen abarbeitet. Doch als Kind ist es schwer, seine Träume zu bewahren, wenn viele vom Geldverdienen reden. Geld wolltest du als Kind nicht ablehnen, doch du wolltest dich nicht dem Geld oder der Macht anderer unterwerfen. Das alles sollte noch eine harte Herausforderung und Arbeit bedeuten. Jeder freie Denker wünscht dem Kind: Kraft und die Intuitionen zur rechten Zeit. Jeder Konstruktive liebt den Freigeist. Jeder gute Pädagoge wünscht dem Kind ein gutes Bauchgefühl, dem es folgen kann. Er möchte, dass das Kind nicht von sich selbst entfremdet werde und dass es lerne, sich selbst zu verstehen. Es ist in der Tat nicht leicht, die Weichen immer wieder richtig zu stellen. Es bedeutet Mut. Zu viele Menschen predigen Anpassung und Unterwerfung.

Der Respekt

„Bewahre den Respekt vor dir selbst und trenne dich von denjenigen, die dir keinen Respekt zu teil werden lassen! Du hast es nicht nötig, erniedrigt zu werden!" Respektlosigkeit zeigt sich in einer mangelnden Wertschätzung. Sie zeigt sich in der Ignoranz und Unmenschlichkeit. „Wenn sich dein Gegenüber nicht ernsthaft für dich interessiert und nicht fragt, wohin dein Weg führt, so kannst du sicher sein, dass dir kein Respekt entgegengebracht wird. Der an dir ernsthaft Interessierte möchte dich verstehen. Wer an dir und deinem Lebensweg teilhaben möchte, wird verstehen wollen, was dich im Innersten ausmacht und wofür dein Herz schlägt. Der Respekt dir gegenüber wird an dem Interesse an deiner Person und deinem Wohlbefinden deutlich." Wenn du Mühe empfindest, in der Gegenwart einer bestimmten Person deine Würde zu bewahren, so läuft etwas gehörig schief. Demnach musst du angestrengt und voller Misstrauen die Gespräche überdenken. „Wurdest du verletzt und übergangen? Wurdest du abgewertet?" Ein respektloses Verhalten zeigt sich im Desinteresse und wird vor allem in der Situation deutlich, wenn es dir mal nicht so gut geht und du eine ernstgemeinte Unterstützung nötig hättest. Deine Probleme werden nur allzu gerne aufgegriffen, um dich abzuwerten. Dies erfolgt unabhängig von deiner Person, deinem Charakter und deinen ernst zu nehmenden Vorhaben. Schwache problematische Lebenskontexte werden gnadenlos ausgenutzt. Der Respektlose will dich nicht stärken, sondern schwächen. Diese destruktive Haltung wird in verletzenden Äußerungen deutlich. Der Liebevolle stützt und pflegt einen Hilfebedürftigen. Der Respektlose nutzt schwierige Situationen, um seine angebliche Überlegenheit auszukosten. Gleichzeitig zeigt er sein wahres Gesicht und er kann genau jetzt erkannt werden. Er wird als ein ignoranter, asozialer Charakter deutlich wahrnehmbar. Der Respektlose zeigt sich in seiner Charakterlosigkeit, wenn es die Lebensumstände hergeben. Somit fällt der

Schleier. So entblößt sich der Unmenschliche. Die Maske fällt und die Betroffenen erkennen das wahre Gesicht eines Destruktiven. „Die Würde des Menschen ist unantastbar!" Sollte dich dein Gegenüber abwerten oder demütigen, so ist er nicht an deinem Wohl interessiert, ganz im Gegenteil. Jede Form der Respektlosigkeit richtet sich gegen die Menschenwürde. Der Abwerter, der Ignorant, zeigt sein Gesicht und dies zeugt von Unmenschlichkeit. „Befreie dich von den Respektlosen! Befreie dich von den Charakterlosen! Sie vergiften deine Lebenszeit, indem sie dir nicht in einer würdigen Art und Weise entgegentreten. Du musst permanent in einer Alarmbereitschaft ausharren und angestrengt um deine Würde kämpfen! Das raubt Energie und vergiftet deine kostbare Lebenszeit!"

Würde und Selbstbewusstsein

Sie wollten sich selbst erhöhen, indem sie dir die Strahlkraft nehmen und dir die Chance auf Erfolg verbauen wollten. Deine Talente sollten nicht gesehen und anerkannt werden. Du nahmst viele Hürden, doch du bliebst dir treu. Die Keime der Unsicherheit konnten nicht wachsen. Sie streuten sie immer wieder aus, um dich zu verunsichern. Diese Destruktivität führt zur Schwächung und es bedarf einer immerwährenden Arbeit, sich seiner Würde und seiner Werte zu vergewissern. Als man dich abermals als wertlos abstempeln wollte, ließest du die Erniedrigungen an dir abprallen. „Diese Menschen wollen mich weder achten noch respektieren. Sie wollen nach Schwächen suchen, um mich abwerten zu können. Sie sehen weder meine Fähigkeiten noch meinen konstruktiven Charakter." Indem die Verleumder böse Märchen streuten, wollten sie dir dein Selbstvertrauen und deine Kraft nehmen. Du solltest der Erniedrigung nichts mehr entgegenhalten können. Deine Kraft, dein Selbstvertrauen, sollte versiegen, denn ihr Neid duldete keine Strahlkraft und Würde.

Die innere Haltung

„Bewahre dir den wohlwollenden konstruktiven Blick auf dein Leben und halte am Erkennen- und Verstehen-Wollen fest." Der konstruktive Denker möchte die Mitmenschen und Lebenszusammenhänge verstehen. Er interessiert sich für andere Ansichten und tauscht sich gerne aus. Der Destruktive kann die Wirklichkeit nicht erkennen. Das Um-sich-selbst-Kreisen, opportunistisches Denken und Handeln verdunkeln und verstellen einen klaren Zugang zur Realität und somit auch zu den Mitmenschen, die einen Teil dieser Wirklichkeit sind. Derjenige, der nicht an realen Gegebenheiten interessiert ist und in der Blase einer Selbsterhöhung vegetiert, kann sich und andere nicht realistisch einschätzen. Das Erkennen-Wollen geht einer schrittweisen Erkenntnis voraus. Das wahrhaftige Interesse an einer anderen Meinung entspringt dem Bemühen, andere Menschen zu verstehen. Missverständnisse, Lügen und falsche Behauptungen sollten erkannt werden. Falsifizieren und Verifizieren dienen dem Erkennen. Die Offenheit eines Menschen ermöglicht es ihm, sich immer wieder einer neuen Situation, neuen Gegebenheiten anzunähern. Dies gelingt mit dem Austausch, dem intensiven Gespräch und der Aufgeschlossenheit gegenüber realen Fakten. Die Informationsquellen bedürfen einer genauen Kontrolle. Unabhängigkeit der Informanten und ihrer Quellen sind unverzichtbar. „Traue niemals den Wirklichkeitsverdrehern. Traue nicht den Sich-selbst-Erhöhenden! Sie übernehmen Fakten, ganz egal von wem sie auch sein mögen, um sich in ein helles Licht zu rücken. Sie meiden jede Wahrheit und Klarheit. Aus diesem Grunde werden sie die Menschlichen verhöhnen und abwerten, denn sie hassen nichts mehr, als an ihre eigene Schwäche und Feigheit erinnert zu werden." Wer das Licht der Wahrheit nicht ertragen kann, sucht den Tunnel der Unklarheit und Verdrehung. Wer das Licht der Erkenntnis meidet, verunglimpft die Wahrheitsliebenden. Wer im Sumpf der Bequemlichkeit und Lügen watet, entwertet den Um- die-Gerechtigkeit-Bemühten, denn es gibt kein Erkennen ohne ein Verstehen-Wollen. Im Sumpf der Destruktivität sucht man vergeblich nach einem echten, ernstgemeinten Austausch oder einer lebendigen Freude an Erkenntnis. Es geht immer wieder um die Selbsterhöhung, den eigenen Vorteil und die damit verbundenen Manipulationen. Wer der Wahrheit nicht verpflichtet ist und die Verdrehung billigt, befindet sich auf einem Weg der Manipulationen. „Hüte dich vor den Wirklichkeitsverdrehern und entlarve sie! Bewahre deine innere Haltung und suche nach der Wahrheit und Klarheit! Nur so wirst du den Weg der Erkenntnis weiterhin beschreiten können! Meide diejenigen, die dich erniedrigen wollen. Meide diejenigen, die dir keinen Respekt entgegenbringen, weil du wahrheitsorientiert sprichst und handelst!"

Du kannst dem Schmerz nichts befehlen!

Dein Schmerz, deine Trauer, dein Gefühl des Abschieds, alles hat seine Berechtigung. Die Trauer zeigt dir, dass du einen Verlust zu verkraften hast. Dein Schmerz zeugt von der Kostbarkeit gemeinsamer Stunden. Er zeugt von den Gefühlen und den Erlebnissen, die du teilen durftest. Ein Mensch ist nicht mehr in deiner Nähe und es muss nicht immer der Tod sein, der diesen Verlust ausgelöst hat. Wir gehen ein Stück des Weges und nehmen Abschied. Wir dürfen loslassen und neue Wege gehen, auch wenn wir im Moment des Verlustes kaum an neue unbeschwerte Lebensperspektiven denken können. Die Wellen des Schmerzes kommen und gehen. Du wirst dich vielleicht disziplinieren wollen, du wirst dir gut zu sprechen, doch die Wellen kommen und gehen. Es sind die Veränderungen eines gelebten Lebens. Wir können dem Dasein nichts befehlen. Wir dürfen uns um uns kümmern und mit anderen neue Wege gehen. Wir werden uns im Loslassen üben. Vielleicht hat sich ein

Mensch von dir verabschiedet. Er mag andere Wege eingeschlagen haben. Vielleicht ist dein bester Freund verstorben. Die Möglichkeiten der Verluste sind vielfältig. Das Gold der Erfahrung bedeutet einen unschätzbaren Wert und die inneren Filme bleiben, sie werden dich begleiten. Du brauchst sie nicht zu verbannen. Wir können glücklich sein, wenn uns der Verlust an die guten, gehaltvollen Stunden erinnert. Wir würden keine Trauer spüren, wenn wir nicht etwas Wertvolles verloren hätten. Die Erinnerung bleibt und unsere inneren Filme bereichern unser Leben. Das Gold der Erfahrung ist von unschätzbarem Wert. „Du wirst dein inneres Feuer bewahren, wenn du ungebrochen und kreativ bleibst! Du darfst lachen, leben, lieben! Du darfst loslassen und Schmerz empfangen, weil er dir die Kostbarkeit vergangener Stunden zeigt! Du lebst und du kannst auch im Schmerz die Facetten des Daseins empfangen. Alles spricht zu dir! Verschütte nicht deine Emotionen. Die natürlichen Wellen der Empfindung zeigen dir deine Feinfühligkeit!"

Dein Überleben

„Du darfst trauern! Du darfst tief Luft holen, ganz tief einatmen und erkennen, dass du lebst und dass du wichtig bist. Die Wellen toben und du darfst schwimmen, dich spüren! Du brauchst dich nicht zu verstecken. Trau dich auch in den düsteren Zeiten hinaus ans Licht. Du wirst gesehen werden! Dein Wille zu leben zeigt dir, dass du auch in den Zeiten des Schmerzes neue Wege gehen kannst. Es zeugt von deiner Kreativität, wenn du alte Trampelpfade verlässt. Es zeigt, dass du dich nicht an Strohhalmen festklammerst, die brüchig geworden sind." Trauer, Schmerz und Verlustängste können uns blockieren. Sie können uns auch stärken, da wir lernen: „ Ich bin stark genug weiterzugehen. Ich kann mit der Trauer umgehen! Ich bin in der Lage, Ängste zu überwinden! Ich darf mich in den schwersten Stunden selbst verstehen und annehmen. Ich darf lernen und Erfahrungen zu Gold werden lassen!" Die Wellen des

Lebens schlugen über dir zusammen und du atmetest tief ein, wartetest auf einen guten Moment, um abermals Luft zu holen. Die stürmische See beruhigte sich und du hattest überlebt. Die Flut zog sich zurück. Nun war es Zeit weiterzuziehen. Du warst ungebrochen und gestärkt aus der Situation hervorgegangen. Die nächsten Herausforderungen werden an dich herantreten. Deine Flexibilität und dein Mut werden dein Überleben sichern!

Die Ungebrochenheit

Du konntest deinen inneren Kern bewahren. Du tauchtest ab und auf und wehrtest dich nicht gegen die überschäumenden Kräfte der Existenz, denn du wusstest, dass das Leben tobt, so wie eine stürmische See. Du wolltest bei dir bleiben und dich gleichzeitig verschenken! Du wolltest schwimmen, tauchen und lachen, aber dich nicht unterdrücken lassen. Die stürmische See des Lebens war dein Freund, denn sie bleibt deine kontinuierliche Herausforderung. Du darfst lernen. Die Freiheit ist dir geblieben, da du den Blockierenden keine Chance gabst. Das Leben war und ist dein Freund, da du mit den Jahreszeiten und Bedingungen umgehen kannst. Die Liebe und die Natur sind ein Geschenk an dich. Niemand kann dich einsperren, während du gelernt hast loszulassen. Du hast gelernt zu trauern und gleichzeitig für deine Erfahrungen dankbar zu sein. Du hast gelernt, dich nicht von sinnlosen Machenschaften aufreiben zu lassen. Die Machtkämpfe der anderen betreffen dich nicht, da du nicht im Strudel sinnloser Kämpfe deine kostbare Zeit vertrödelst. Die Affekte der Destruktiven können dich nicht treffen, da dein Gold der Erfahrung deinen Mut beflügelt, den richtigen Kompass zu wählen. Konstruktives Denken passt nicht zu Neid, Gier und Brutalität. Du willst leben und immer wieder neu deinen Tag positiv gestalten. Dieser Prozess beweist deinen ungebrochenen Willen zum Leben. Du liebst die Entwicklung und lernst stetig dazu. Du weißt, dass Loslassen die Voraussetzung von Entwicklung darstellt!

Sich selbst verstehen

Die lebenslange Herausforderung, sich selbst zu verstehen, wird niemandem abgenommen. Wir alle leben in und mit unseren Körpern und sind als Mensch auf Kommunikationspartner angewiesen. Wir brauchen die Spiegelung. Wir benötigen den zwischenmenschlichen Kontakt um zu lernen, zu wachsen. Wir werden uns keinen Gefallen damit tun, in einer Arroganz oder Abgehobenheit die Ohren auf Durchzug zu stellen, denn es bedeutet nichts anderes, als in einer Blase der Ignoranz zu schmoren, wenn ich mich überhebe. Das kritische Auge, das kritische Bewusstsein, gilt es zu pflegen, während die konstruktive Kritik am anderen und an mir selbst nur gelingt, wenn ich den anderen und mich selbst verstehe. Die Hinwendung und die Neugier auf Veränderungen, kreative Ideen und somit auch auf konstruktive Gespräche ermöglichen mir die Teilhabe am Gedankengut anderer. „Nimm deine Gedanken ernst! Spüre dich im Kontakt mit anderen und versuche nicht, dich selbst zu erhöhen! Ein fließender Austausch gelingt nur auf Augenhöhe!" Wir blockieren uns selbst, wenn wir es allen recht machen wollen. Wir blockieren uns aber auch, wenn wir es nur uns selbst recht machen wollen. Ein übertriebenes Um-sich-Kreisen schreckt andere ab und raubt uns den Blick auf die Realität. Wenn der Gedanke: „Was habe ich davon?" im Vordergrund steht, wirst du dich nicht auf spontane Diskussionen einlassen können. Die Freiheit der Diskurse liegt in der Beweglichkeit einer Gedankenwelt, die neue Chancen der Verknüpfung von Inhalten zulässt. Du gehst aus einem freien, konstruktiven Diskurs anders heraus, als du hinein gegangen bist! Du darfst neue Gedanken nachvollziehen und auch wenn es dir zunächst bekannt oder ähnlich vorkommt, so werden die Verknüpfungen der Inhalte immer etwas anders ausfallen. Nichts bleibt, wie es ist und auch du fließt im Strom des Lebens, während du ab und zu auftauchst!" Du lernst demnach kontinuierlich etwas über dich, wenn du nachdenkst, wenn du neue Anstöße bekommst. Vielleicht empfängst du abermals neue Impulse, die dich ermutigen und kräftigen. Vielleicht wirst du gegen den Strom schwimmen können und dich besser bewegen. Du wirst dich nicht verfehlen, wenn du bereit bist, deine innere Stimme zu empfangen. „Höre in dich hinein! Die Ehrlichkeit zu dir selbst öffnet dir die Türen zum Du. Du hast es nicht nötig, etwas vorzuspielen. Wie willst du in einen authentischen Dialog eintauchen, wenn du lediglich glänzen willst? Es geht um deine Persönlichkeit!" Die Welt manipulierter und manipulativer Bilder stört und verwirrt. Dein Erkennen und deine Hingabe an das Leben haben nichts mit den Lügen und Irrwegen der Angeber und Täuscher zu tun. Die Prozesse des Erkennens sind kostbar und du wirst viel über dich erfahren, wenn du dich ins reale Leben wirfst. „Habe keine Angst vor dem Versagen! Wir lernen und wir dürfen fragen, uns austauschen. Deine Neugier wird auch Blockaden überwinden!"

Den Schmerz zulassen

Eine Veränderung erzeugt nicht selten Angst. Die Notwendigkeit zur Veränderung birgt die Chance auf ein Wachstum, denn während wir uns verändern, lassen wir Althergebrachtes los. Es mögen Gewohnheiten sein, es mögen Menschen sein, die unseren Weg nicht teilen können. Es gehört dazu loszulassen, wenn wir uns in Freiheit weiterentwickeln wollen. Die Erinnerung lebt und leuchtet in uns. Vielleicht denken wir an einen geliebten Menschen zurück, den wir verloren haben und der Schmerz erzählt uns etwas über die Kostbarkeit der gelebten Momente. Wir können nichts festhalten, aber wir dürfen uns erinnern. Der Schmerz gehört dazu, denn wir empfinden Trauer und Wehmut über den Verlust geliebter Wegbegleiter. „Du brauchst nicht zu verdrängen! Den Schmerz zu verstehen heißt, ihn zuzulassen, zu erleben und als einen Teil deiner Existenz anzunehmen." Die Erinnerung lebt. Die inneren Filme sind kostbar. Die wellenartigen Gefühle toben und schäumen in uns. Wir lernen damit zu leben, wenn wir sie annehmen, den Schmerz zulassen und gleichzeitig die Freude auf das Neue empfinden. Die Welt der Gefühle ist unberechenbar und die Wellen der Erinnerung toben in uns, während der neue Morgen hereinbricht. Ein Mensch mag von uns gegangen sein. Ein Mensch mag sich von uns entfremdet haben. Es gibt viele Erfahrungen eines tiefen Verlustes. Wir dürfen zurückblicken und daraus Kraft schöpfen. Die Erinnerung lebt!

Der Türöffner

Überwinde jegliche Form der Bequemlichkeit. Das Ausruhen dient deiner Regeneration, das stille Denken deiner Erkenntnis. Zuhören hilft dir beim Verstehen. Hören und Denken sind die Voraussetzungen einer inneren Welt, in der Bilder und Worte in dir und zu dir sprechen. Du hast dir viel zu sagen! Du hast anderen viel mitzuteilen. Öffne deine Augen, deine Ohren und dein Herz! Es wird dir niemals langweilig sein, wenn du gelernt hast, dir selber zuzuhören. Deine innere Stimme wird kraftvoll, wenn du es zulässt! Du darfst lernen! Du darfst verstehen! Du darfst zuhören! Du darfst dich öffnen! Deine Entfaltung lässt dich erstrahlen, denn die Menschen sehen und fühlen, dass du neugierig geblieben bist. Deine Augen leuchten und dein Interesse am Leben schenkt dir Strahlkraft. Das Verstehen-Wollen bleibt der Türöffner zum Du, zur Erkenntnis und zur Entfaltung. Das Leben bleibt spannend, wenn sich in dir neue Bilder entfalten. Habe keine Angst vor der Verschwendung deiner Energie, denn sie strömt immer wieder zu dir zurück, wenn du auf dem Weg der Konstruktivität zu neuen Ufern segelst.

Der Flow

Du warst immer daran interessiert, sportlich zu sein und achtetest pein-
lich auf deine Ernährung, Bewegung und deine Kondition. Doch die geistige Flexibilität litt unter deinem Sicherheitsdenken. Die Spontaneität
ließ zu wünschen übrig und du achtetest streng darauf, ob deine Aktivitäten Vorteile einbrachten. Unter Vorteilen verstandest du pekuniäre
Zuwendungen. Mit anderen Worten: Dir war es zuwider, irgendetwas
umsonst zu tun, irgendetwas zu unternehmen, bei dem sich nicht dein
Sparstrumpf füllte. Du warst Sklave deiner Suche nach Vorteilen, während du dir den Weg zur Kreativität immer mehr versperrtest. Die Zeit
verflog, die Energie verpuffte und du wirktest zunehmend unzufriedener: „Früher liebte ich es zu malen! Damals hatte ich spontane Einfälle!"
Dir war nicht klar, dass du dir deine Beweglichkeit, deine Intuition nicht
erhalten konntest. Du gabst dem spontanen Gespräch keinen Raum,
starrtest auf dein Handy und die Ohren waren auf Durchzug. „Was hattest du gesagt? Was wolltest du von mir?" Die freie Zeit, der offene Diskurs, Zuhören und freies Denken hatten nur noch wenig Platz in deinem
Leben. Die Planung, das volle Programm und der Kalender beherrschten
dich. „Doch wo warst du in dem Zirkus der Ablenkung, Verplanung und
der schrecklich wichtigen Termine? Meldete sich noch deine Stimme?"
Dein Flow braucht frische Luft und Zeit, ausreichend Energie und vor
allem eine innere Freiheit! Dein Flow braucht dich, dich und vor allem
dein echtes Selbst! Du brauchst Zeit und den nötigen Abstand zu all den
Anforderungen, die dir nicht entsprechen oder die dir widersprechen.
Die Blockaden werden erkannt und verbannt. Du darfst dich verstehen,
hören, annehmen. Du wirst frische Energie tanken, wenn du wieder zu
dir findest. Du bist es wert, von dir gehört zu werden. Du wirst dich gut
mit dir vertragen, wenn du deiner Stimme Raum gibst und deiner Intuition folgst. Wer dich einschränken und bevormunden will, hat dich nicht

verdient! Du bist es dir wert, deine positive Energie zu erleben und deinem Flow Kraft zu schenken. Du bist es wert, respektiert zu werden!

Die Verunglimpfung

Wieder einmal hatte man dich abgewertet, weil du nicht das Wunschkonzert der anderen abspieltest. Wieder einmal hatte man dich erniedrigt, weil du nicht den Vorstellungen der anderen nachkamst und du zu nett und freundlich warst. Deine Aufgeschlossenheit und Strahlkraft passten nicht ins Konzept der anderen. Du solltest still und leise die Erbsen aus der Schüssel suchen und dich nicht beschweren. Du solltest den Kopf gesenkt halten, aber nicht freundlich lächeln. Die Provokationen sollten dich aus der Reserve locken. Du solltest Fehler machen und dich wehren. Du solltest laut werden. Das alles widerstrebte dir, da du deine positive Energie bei dir behalten wolltest. Dir war klar, dass es nicht um einen klärenden Diskurs oder ein ernsthaftes, ehrliches Gespräch ging. Man wollte dich in eine Falle locken. Du solltest einen Fehler begehen und eventuell ungehalten reagieren. Doch du wolltest wahrheitsliebend bleiben. Du suchtest Frieden, während du Falschmeldungen keine Beachtung schenkest. Der billige Tratsch und die Verunglimpfung anderer ließen dich betroffen zurück. Der Abwerter war nicht an der Wahrheit interessiert und flüchtete bei jeder Gelegenheit. Er suchte den Vorteil und ignorierte die echten Umstände, Fakten und realen Grundlagen, auf denen die Kontexte basierten. Der Ignorant sagte: „Ich will nicht denken!" Er hörte nicht zu und verschwand in der Dunkelheit. Die Flucht gehörte zum System. Die Flucht und das Zerstören der Kommunikation waren ein Teil des Verdrängens, der Lüge, der Verdrehung. Das destruktive System speiste sich aus der Verachtung anderer.

Das Verstehen, die Freiheit, die Entscheidung

Du bist älter geworden. Deine Welt der Erfahrung eröffnete dir einen Zugang zur Erkenntnis. Das Erkennen erhellte den Horizont des Verstehens. Du bliebst gewillt zu denken, zu entscheiden und immer wieder zuzuhören. In einer Welt der Freiheit braucht jeder Mensch einen Kompass der Erkenntnis. Zu viele meiden die Wahrheit. Zu viele gehorchen den Ansprüchen der Mächtigen. Die Offenheit, die Freiheit zu denken, zu lernen, schenkt dem Menschen die nötige Kritikfähigkeit. Der Fleiß zeigt sich in der Bereitschaft, immer aufs Neue zu denken und zu verstehen. Die Trampelpfade mögen Strukturen mit sich bringen und diese mögen eine Erleichterung verschaffen. „Sind deine Pfade noch brauchbar im Kontext der neuen Bedingungen? Bringen sie dich noch weiter? Haben sie sich noch nicht zu Sümpfen verändert?" Du darfst denken, zuhören und entscheiden! Du darfst leben und frei atmen. Du brauchst niemals unter Druck und Stress zu nicken und alles über dich ergehen zu lassen! Du wirst auch morgen denken, hören und entscheiden! Es ist deine Verantwortung und Freiheit!

Die Blase

Du schautest durch die klebrige Blase. Manchmal putztest du verzweifelt an ihrer Oberfläche. „ Ich muss besser sehen! Ich will alles verstehen! Warum sehe ich die Welt nicht klar? Was ist los und warum kann ich keine freie Sicht erlangen?" Dir war nicht bewusst, dass du dich in der Blase der Lügen und Widersprüche aufhieltest. Du hattest irgendwann den klebrigen Stoff um dich herum akzeptiert. Es war ein schleichender Prozess des Einspinnens erfolgt und die klebrigen Fäden umgaben dich tagein und tagaus. Sie hatten eine undurchsichtige Blase gesponnen. Nun zappeltest du in der Abgeschiedenheit einer Lügenwelt. Vor dir selbst konntest du nicht bestehen, denn in deinem Kopf sprach die Stimme der Wahrheit: „Du sitzt in der Falle! Warum kannst du nicht der Realität eine Chance geben? Warum putzt du an der Innenseite der Blase? Du wirst nichts erreichen, denn der Zugriff zur Realität ist dir versagt!" In dir tobte der Orkan eines Eingesperrten, denn ein Mensch will unbeschwert lachen und weinen. Ein Mensch will echt lieben und klar denken. Nur ein frustrierter Charakter findet es angenehm, in der Falle zu sitzen. Der Bequeme betrügt sich und sagt: „Mir geht es gut! Ich leide keinen Hunger! Mein Laufstall ist sicher und ich brauche mich nicht anzustrengen!" Schon kleine Kinder wollen dem Laufstall entkommen. Schon Babys strampeln und zappeln. Sie lernen dazu und entwickeln sich in einem ausgesprochen rasanten Tempo. Du putztest verzweifelt an der Innenseite der Blase. Deine Kraft verbrauchte sich und dein Mut klopfte nicht mehr so oft an. Es war Zeit, den inneren Lügen zu entkommen. Es war Zeit, eine Katharsis zu durchlaufen. Die innere Haltung kann sich ändern, wenn sich ein Gefangener eingesteht, in der Unfreiheit zu leben. Die innere Umkehr und die Einsicht setzen die Voraussetzungen einer Veränderung in Gang. Die Blase braucht einen Stich. Du brauchst frische Luft und eine klare Sicht. Die Blase wird sofort platzen, wenn du der Kraft deiner echten Gedanken eine Chance gibst. Die Blase hält authentischen Worten und sinnvollen Botschaften nicht stand. Sie platzt. Sie kann mit ihren klebrigen Stoffen dich nicht länger gefangen halten. „Deine Wahrheit lebt in dir! Gib ihr eine Chance!"

Innerer und äußerer Frieden

Der Destruktive wird immer wieder neue böse Märchen erfinden, um kriegerische Taten zu rechtfertigen. Der Lügner wird immer wieder falsche Tatsachen ins Spiel bringen, um auf ihnen eine Scheinlogik aufzubauen. Wenn die Fundamente wackeln, stürzt früher oder später alles zusammen. Die Klardenkenden suchen nach realen Fakten. Sie geben sich nicht mit den Geschichten der Täter zufrieden. Sie bleiben unbe-

quem und stellen Fragen. Sie lassen sich nicht abschütteln oder einschüchtern. Die Wahrheit scheint durch jede Ritze und die Gewalttäti-
gen verbrauchen Unmengen an Geld, um ihre bösen Märchen zu verbreiten. Sie verbrauchen Unmengen an Geld um aufzurüsten und Menschen für ihre brutalen Vorhaben zu schmieren. Der Käufliche wird sich
aufgeben. Der Bequeme wird mitlaufen. Der Belogene wird dem Wirklichkeitsverdreher Glauben schenken. Die Wahrheit scheint durch jede
Ritze. „Wie lange werden die Belogenen im Dunkeln sitzen? Wann wird
sie der erste Lichtstrahl erreichen? Wann werden sie das Signal der Aufklärung empfangen?" Trau dich, die Wahrheit zu denken! Du wirst stärker, wenn du im Licht lebst! Du wirst einen unvorhergesehenen inneren
Frieden finden, wenn du das Gift der Lügen aus deinem Leben verbannst. Habe keine Angst vor der Wahrheit! Nur auf ihr gedeihen gute,
genießbare Pflanzen! Die Blumen des Friedens sind deutlich zu erkennen. Sie säumen den Weg des Mutigen. Sie beugen sich im Wind und
lassen sich nicht brechen. Ihre Kraft liegt in der Natürlichkeit. Sie sind
das Symbol der Liebe und des Friedens." Der innere Frieden ist die Voraussetzung für ein Leben in Klarheit und Freiheit! „Lass dich nicht unterwerfen und bleibe deinen friedlichen Vorhaben treu! Du leuchtest
und strahlst, wenn du immer in einer friedlichen Mission unterwegs
bist!"

Der freie Blick ins Leben

„Du wirst einen Menschen nicht gegen seinen Willen aufklären können!
Du wirst nichts erreichen, wenn du Vorträge hältst und mit deiner Erwartungshaltung dein Gegenüber verscheuchst!" Es kann sogar so weit
gehen, dass dir ein Sturm der Entrüstung und Abwehr entgegen kommt,
wenn du es wagst, unbequeme, anspruchsvolle Themen anzusprechen.
Viele wollen nicht geweckt werden. Sie lieben einen seichten Weg einer
guten Unterhaltung. Sie gruseln sich gern auf dem bequemen Sofa und

fühlen sich gut unterhalten, wenn sie die Nachrichten im Fernsehen hören. Vielleicht könnten sie aus ihrem Dornröschenschlaf geweckt werden, wenn eine Bombe der Verwüstung in ihrem Vorgarten einschlägt. „Es ist immer alles gutgegangen! Bitte störe mich nicht mit Themen, die mich nur runterziehen." Du wirst einen fruchtbaren Austausch in Gang setzen, wenn dein Gegenüber Interesse zeigt! Der Opportunist wird wieder einmal sich selbst fragen: „Was habe ich davon?" Der Vorteilsbedachte erahnt nicht, wie wichtig ein freier Blick auf das Leben sein kann. Die Gitterstäbe der bequemen Denkrichtung verhindern ein Verstehen-Wollen.

Der weite Blick

„Vorurteile und grobe Raster werden dich nicht weiterbringen, wenn du das Leben an sich und die Menschen verstehen willst!" Alles hängt mit allem zusammen und es betrifft dich, was in der Welt geschieht! Verdrängung mag manchmal zum Schutz dienen, doch Weggucken und Wegducken werden in eine fremdbestimmte Lebenssituation führen. Kompetenz, Bildung und Mitdenken ermöglichen die notwendige Orientierung. Konsum, Ablenkung und Weggucken führen in die Unmündigkeit. „Du brauchst einen freien Blick auf das Leben. Diesen wirst du nur erlangen, wenn du den billigen Vorurteilen und Lügen nicht vertraust." Falsche Prämissen sind der schlammige, wackelige Boden, auf dem unklare, falsche Einschätzungen gedeihen. Du wirst einen Menschen nicht als frei erleben, wenn er billigem Klatsch oder Tratsch Gehör schenkt. Erarbeite dir ein aktuelles, lebendiges Bild über Personen und Begebenheiten. Erarbeite dir eine Beurteilungskompetenz. Diese kann nicht auf dem Klatsch anderer aufbauen. In der Sachlichkeit und Faktenorientierung, in dem direkten Gespräch ohne Vorurteile wirst du Erkenntnisse generieren. Es geht um deine Urteilskraft, um deine Persönlichkeit, die der Wahrheit näher kommt. Der weite Blick muss frei sein.

Der weite Blick bleibt dir erhalten, wenn du deiner Beweglichkeit, Neugier und deinem stetigen Interesse an den Themen des Lebens eine Chance einräumst. Verlaufe dich nicht in den Sümpfen der Bequemlichkeit und Betäubung. Alles lenkt dich vom Wesentlichen ab. Es besteht die Gefahr, ein verwirrter, unmündiger Mensch zu werden.

Der Ausdruck der Bescheidenheit

Ein Ausdruck der Bescheidenheit zeigt sich im wahrhaftigen Zuhören und einem echten Interesse an Menschen und den drängenden Themen. Angesichts der Fülle an Inhalten und den sich schnell verändernden Kontexten wird wohl niemand von sich behaupten können, alles zu wissen. Dennoch spielen sich einige Personen als beinahe allwissend auf und versuchen, ihre Macht zu demonstrieren. Überheblichkeit bereitet die Grundlage für falsche Einschätzungen im alltäglichen Miteinander. Der Überhebliche kreist um sich und möchte die uneingeschränkte Bestätigung seiner Sicht auf die Welt. Vielleicht hält er Monologe, vielleicht gibt er Befehle oder manipuliert sein Gegenüber - alles ist möglich. Der Ausgangspunkt eines fruchtbaren Gespräches wäre eine notwendige Aufgeschlossenheit, ein wahrhaftig offenes Ohr und Herz. Mitdenken und Empathie öffnen die Wege zum Du. Das Um- sich-Kreisen, Eitelkeit und Konkurrenzdenken verhindern eine Partizipation am Geistesgut des Gegenübers. „Du willst die Menschen und die Welt besser verstehen? Du möchtest dich langsam vortasten und die Zusammenhänge besser einordnen? Du möchtest mitfühlend die Bedürfnisse anderer empfangen? Das alles kannst du nur erreichen, wenn du nicht überheblich, arrogant und herrschsüchtig bist!" Es ist die Bescheidenheit! Es ist die Freiheit! Du bleibst neugierig und aufgeschlossen, wenn du nicht in der Überheblichkeit versumpfst. Der Schlamm der Unwissenheit überflutet dich, wenn du dich in deiner Eitelkeit sonnst. Eine Dunkelheit der Unwissenheit überfällt dich, wenn du nur um dich kreist.

„Öffne deinen Blick! Versuche, die Menschen und auch dich immer wieder aufs Neue zu verstehen! Du wirst wachsen und gedeihen, wenn du nicht arrogant und verdrängend im Sumpf der Bequemlichkeit verkommst. Das Gespräch schenkt dir neue Impulse. Nimm diese voller Dankbarkeit an. Es sind die unvorhergesehenen Geschenke des Lebens. Nun lebst du in bester Gesellschaft, denn Sokrates sagte einst: „Ich weiß, dass ich nichts weiß!"

„Ich will leben!"

Als ich dich traf, riefst du aus vollem Herzen: „Ich will leben!" Mir war sofort klar, dass du dich aufbäumtest, dass du dich gegen irgendetwas zur Wehr setzen musstest. Dir waren Widerstände in den Weg gelegt worden und vielleicht wusstest du zunächst nicht, was dir geschah. Du hattest viel verdrängt und wenig gewagt. Es ging bei dir nicht um Fleiß oder mangelnde Intelligenz. Es ging bei dir auch nicht um deine Gesundheit. Du bist auch heute noch kräftig, relativ jung und in der Blüte deines Lebens. Die Erwartungen anderer hatten dich umzingelt und das kanntest du weder aus deiner Kindheit noch aus deiner Jugend. Du bist kräftig, intelligent und kreativ, mit allem ausgestattet, was von Bedeutung ist, wenn man seinen Weg gehen und gestalten möchte. Doch du rufst auch heute: „Ich will leben!" Du hast das Gefühl – nein, mittlerweile die Einsicht, dass dir etwas genommen wurde. Du fühlst dich eingeschränkt und fremdbestimmt. Du lebst das Leben anderer. Es hatte sich so eingeschlichen, während du von einer Zukunft in Freiheit und Selbstbestimmung träumtest. Es war der Weg einer schleichenden Fremdbestimmung. Vielleicht wolltest du keine Diskussionen, vielleicht keinen Ärger oder vielleicht wurdest du immer wieder unter Druck gesetzt. Alles ist möglich und jeder Betroffene, der wie in einem Spinnennetz zappelt, versucht, diesem Zustand der Ohnmacht zu entkommen, bevor er endgültig ausgesaugt und zur Hülle geworden ist. Du schriest lauter und lauter. Du wolltest gehört werden. Du wolltest dem totbringenden Netz entkommen.

„Ich will verstehen!"

Nun ging es darum zu begreifen, wer und was dich von dir entfremdet hat. Es ging darum, deine Entwicklung nachzuvollziehen, ohne erneut einen Selbstbetrug zu erleiden. Es sollten keine weiteren Lügen deine alten ablösen. Es sollte kein neues Märchen erfunden werden, an das man glaubt und das man sich immer wieder erzählt, wenn Probleme sichtbar werden. Dafür brauchtest du den nötigen Mut, deine Lebenskontexte genau zu betrachten. Es sollte möglichst ohne Tabus realisiert werden. Du musstest Farbe bekennen und dir Verwerfungen eingestehen. „Wann bin ich wo falsch abgebogen? Wer hat mich manipuliert? Wann und warum habe ich das zugelassen? Was war mein Antrieb?" Du hattest viel aufzuarbeiten. Es schmerzte und es fühlte sich dennoch befreiend an. Endlich durftest du dir deinen Selbstbetrug eingestehen. Du nahmst die Verantwortung für deine Schieflage an und durftest nun neue Pflanzen setzen: Die Pflanze des Mutes. Die Pflanze der Wahrheit. Die Pflanze der Menschlichkeit. Du brauchtest nicht weiter zu lügen und die Wahrheitsliebenden verbannen. Du durftest dazugehören. Deine Gemeinschaft war nun die der Menschlichen. Die Spinnen konnten nicht länger an dir saugen. Du hattest das Netz zerrissen!

„Ich möchte den Frieden!"

Nun war der Boden bereitet. Du durftest säen. Du durftest deiner Natur gemäß handeln und entscheiden. Das Verbiegen hatte ein Ende. Der Selbstbetrug fand keinen Platz mehr in dem Leben aus Freude und Verantwortung. Gelassenheit und innerer Frieden zogen ein in dein Leben, während sich die Destruktivität davonschlich. Die Lügner, die Verführer, konnten nicht mehr bei dir landen, denn du hattest verstanden, wie sie vorgingen: Sie legten Fallen aus. Sie angelten mit blinkenden Ködern. Sie lockten mit Versprechen und verbreiteten den klebrigen Schleim ihrer Netze. Sie säuselten etwas von Reichtum und Erfolg, von Freiheit und Glück, während sie alles dafür taten, Unfreiheit zu etablieren. „Hüte dich vor den Lügnern! Hüte dich vor den Denunzianten!" Du wolltest und brauchtest deine konstruktive Energie nicht mehr zu verschwenden. Deine Wachsamkeit ließ dich vorsichtig und bedacht handeln. Du wolltest nie wieder mit dem klebrigen Schleim der Destruktiven in Kontakt kommen. Gelassenheit zog in dein Herz. Der innere Frieden durchzog deine Seele. Nun warst du in der Lage, anderen Frieden zu schenken. Du konntest die kreisenden Gedanken einer Selbstanklage loslassen. Du warst in der Lage, dir selbst und anderen zu vergeben, während du wachsam und sehr konzentriert Entscheidungen trafst. Du gingst mit einer offenen und vorsichtigen Haltung durch das Leben. Dem Hass bereitetest du keine Bühne mehr, denn der Liebende sucht den Frieden und keine Feindbilder. Die Hassenden konnten bei dir nicht mehr landen und jeder Denunziant, jeder Kriegstreiber und jeder Lügner wurde von dir erkannt und aus deinem Leben verbannt. Du hieltest das Ruder in deinen Händen. Du segeltest auf dem Kurs des Friedens. So sollte es bleiben!

Der Rückblick

Du durftest loslassen! Du durftest deinen Frieden finden. Die Fehlentscheidungen vergangener Zeiten waren nicht mehr wichtig. Du hattest sie erkannt und als Lektionen aus deinem Leben angenommen, denn: Du wärst heute nicht der, der du bist, wenn du diese Erfahrungen nicht gemacht hättest. Du kannst heute vor dir bestehen und die Ballons der Erinnerungen fliegen lassen. Das Loslassen schenkt dir die Kraft für deinen Neuanfang! Heute bist du dazu bereit zu verstehen und immer das

Richtige zu wollen. Diese Haltung schenkt dir klare Augen und ein offenes Herz. Deine Ohren bleiben auf Empfang, denn du willst das Leben erfassen!

Mein Anliegen

Die Haltung einer inneren Bescheidenheit schafft die Voraussetzung für das Verstehen-Wollen. Wenn ich erkenne, dass ich im Leben nur einen sehr begrenzten Teil der Inhalte, der wissenschaftlichen Forschung und der Komplexität dieser Existenz erfassen kann, so werde ich als Mensch eine demütige Haltung einnehmen. Die Selbsterhöhung, Arroganz und Eitelkeit zeugen von dem Nicht-Begreifen, dass wir als Mensch nur einen begrenzten Zugriff auf unsere Existenz haben. Wir dürfen uns bemühen. Wir dürfen lernen und forschen. Wir können unsere Erkenntnisse und Einschätzungen mitteilen und wenn wir wollen, diese der Nachwelt hinterlassen. Doch: Wir sollten uns bewusst werden, dass uns grundsätzlich Fehler unterlaufen können, dass unsere Sicht auf die Welt auch immer hinterfragt werden darf. Der Irrtum von gestern ist die Chance auf neue Perspektiven. Die Wissenschaften belegen, wie schnell sich Fehleinschätzungen von gestern zu neuen Entwicklungen der Forschung verändern, wenn der Mensch an den Irrtümern lernt und bereit ist, offen und ehrlich andere Meinungen, Fakten und Forschungsergebnisse zuzulassen. „Ich weiß, dass ich nichts weiß!" Dieser Satz des Sokrates zeigt die Bescheidenheit und die Demut, die ein jeder braucht um zuzuhören, neue Inhalte zu überdenken, ohne dogmatisch oder überheblich zu sein. Die innere Haltung einer Lernwilligkeit schafft die Voraussetzung für das Verstehen. Eitelkeit und Abgehobenheit blockieren das Zuhören, das Forschen, das freie Lernen und natürlich den herrschaftsfreien Diskurs. Wir zerstören die Chance auf Erkenntnisse, wenn wir im Elfenbeinturm der Arroganz verharren. Wir hindern uns in unserer Entwicklung, wenn wir die Denker und Dichter, die freien Künstler und aufgeschlossenen Mitbürger abwerten. Wir dürfen an dem Wissen anderer partizipieren. Wir können dies im Gespräch, beim Lesen oder generell beim Kunstgenuss. Andere Menschen haben etwas zu sagen. Die Schriften längst verstorbener Philosophen können uns geistig zum Denken anregen. „Du darfst denken, zuhören, lesen und immer wieder in Diskussionen eintauchen. Die Bereitschaft zum Verstehen-Wollen gleicht einer Hinwendung zur Existenz. Wir müssen uns mit den zentralen Themen auseinandersetzen: „Woher kommen wir? Wohin gehen wir? Was macht uns im inneren Kern aus?" Ein weiter, freier Blick kann uns helfen. Mut und Kraft schaffen die Voraussetzung für ein lebenslanges Mitdenken, Diskutieren und Forschen. Wir können hinsehen, zuhören und dürfen Inhalte überdenken. Das offene Ohr und der weite Blick eröffnen uns ein Leben in Freiheit. „Bist du bereit und lernwillig? Schaffe freien Raum in deinem Kopf!" Lügen und die Denkfaulheit behindern jedes Verstehen. Die Blockaden der Destruktivität gilt es zu überwinden! „Dein Mut zur Wahrheit und dein Mut zur Klarheit befähigen dich, als Mensch zu bestehen!" Die Katharsis hilft dir bei der Umkehr, der Korrektur und beim Neuanfang. Denkfaulheit blockiert jedes Verstehen-Wollen. „Du bist fleißig und flexibel genug, den Trampelpfaden zu entkommen!" Der Mensch ist in der Lage, Fehlschlüsse zu erkennen und Irrtümer zu vermeiden. Wir haben nichts erreicht, wenn wir als Mensch nur sammeln und horten. Über eine Abgehobenheit durch Eitelkeit und Gier verstricken wir uns in Unmenschlichkeit. „Wir dürfen denken! Wir dürfen uns orientieren. Wir müssen dem Frieden und der Gerechtigkeit jede Chance einräumen!"

Weitere Bücher von Beate Reinecker:

Lass dich nicht verbiegen!
Lass dich nicht brechen!   ISBN: 979-3734727207

Leuchte durch dein Leben Band 1   ISBN: 978-3743149717

Leuchte durch dein Leben Band 2   ISBN: 978-3743134072

Lügen, Irrwege und Scheinwelten   ISBN: 978-3744874915

Freude und Erkenntnis   ISBN: 978-3746032719

Freude und Sein   ISBN: 978-3754327111

Über die Destruktivität – für den Frieden   ISBN: 978-3748130505

Zurück zur Menschlichkeit   ISBN: 978-3750408937

Dein Lebenstisch   ISBN: 978- 3752670332

Leben deine Kunst - Katalog 1   ISBN: 978-3749452217

Lass dich dir nicht wegnehmen – Katalog 2   ISBN: 978-3732248124

Freiheit und Verantwortung   ISBN: 978-3752602708

Ethische Horizonte   ISBN: 978-3755730361

Zusätzliche Informationen finden Sie unter:
www. beate-reinecker.de
YouTube - Kanal: Freude und Erkenntnis